Lo Shu
Das Buch der Lebenszahlen

W0034091

Richard Webster

LO SHU

Das Buch der Lebenszahlen

Ryvellus

Widmung

Für meine Freunde in
The Psychic Entertainers Association.

1 2 3 4 5 6 7 8 9 10 09 08 07 06 05 04 03 02 01 00 99

Richard Webster
Lo Shu - Das Buch der Lebenszahlen

Aus dem amerikanischen Englisch von
Christiane Schöniger
Lektorat: Andreas Lentz

Übersetzung von
Chinese Numerology
© 1998 by Richard Webster
Erschienen bei Llewellyns Publications
St. Paul, MN 55164 USA

Für die deutsche Ausgabe
Copyright © Neue Erde Verlag GmbH, 1999.
Alle Rechte vorbehalten.

Titelseite:
Dragon Design, GB
unter Verwendung einer Vorlage von Anne Marie Garrison
und eines Designs von einer Vase aus der Ming-Zeit.

Satz und Typographie: Dragon Design, GB
Gesetzt aus der Minion
Gesamtherstellung:
Legoprint, Lavis

Printed in Italy

ISBN 3-89060-450-1

NEUE ERDE Verlag GmbH
Rotenbergstr. 33 · D-66111 Saarbrücken
Deutschland · Planet Erde

Inhalt

Einführung

An einem Tag vor etwa 4000 Jahren wurde unerwartet ein unglaublich aufregender Fund gemacht. Wu aus Hsia, der später der erste der fünf mythischen Kaiser von China werden sollte, arbeitete am Hwang Ho (Gelber Fluß). Er wollte die Überschwemmungen verhindern, die alljährlich die Dörfer entlang des unteren und mittleren Flußlaufes verwüsteten.

Bei dieser Arbeit fand Wu einen Schildkrötenpanzer. Das allein war schon ein glückverheißendes Omen, da die Menschen zu dieser Zeit glaubten, Gott wohne in den Panzern der Wasser- und Landschildkröten. Dieser Schildkrötenpanzer aber wies eine außergewöhnliche Zeichnung auf. Wu und seine Ratgeber erkannten ein vollkommenes magisches Quadrat. Es wurde unter dem Namen Lo Shu Diagramm bekannt (Abb. A).

Abb. A.
Das Lo Shu
Diagramm.

4	9	2
3	5	7
8	1	6

In diesem bemerkenswerten Quadrat ist die Summe der horizontalen, vertikalen und diagonalen Reihen immer fünfzehn.

Fünfzehn Tage liegen zwischen Neumond und Vollmond. Die Zahl Fünf war im alten China hoch angesehen, und die Fünf steht im Quadrat an zentraler Stelle. Es ist kein Wunder, daß Wu und seine Ratgeber von diesem Fund begeistert waren.

Wu wurde zum Kaiser erhoben, weil es ihm gelungen war, die Überschwemmungen zu verhindern, aber sein wahres Verdienst, für das er berühmt wurde, war die Entdeckung des Schildkrötenpanzers. Daraus entwickelten sich schließlich das I Ging, Feng Shui, das Ki der Neun Sterne, die Geomantie, die chinesische Astrologie und die chinesische Numerologie.[1]

Unabhängig davon hat sich die Numerologie in jener Zeit auch in anderen Teilen der Welt entwickelt. Im Lauf der Jahre wurde sie von verschiedenen Menschen modernisiert und dem Lebensstil der Zeit angepaßt. Der bekannteste von ihnen ist Pythagoras. (Das System, das ich in diesem Buch zuerst vorstelle, wird von einigen Fachleuten tatsächlich »Die Pfade des Pythagoras« genannt.[2]) Die chinesische Numerologie spaltete sich allmählich in drei vollkommen verschiedene Systeme auf, die in diesem Buch vorgestellt werden.

Die westliche Version der chinesischen Numerologie ist in Australien und Ostasien weiter verbreitet als in anderen Teilen der Welt. Sie verdankt ihre Berühmtheit Hettie Templeton, die in den 30er, 40er und 50er Jahren die Numerologie in Australien allgemein bekannt gemacht hat. Sie unterrichtete Gruppen, leitete Kurse und war häufig im Radio zu hören. Sie hat ein Buch mit dem Titel Numbers and their Influence (Zahlen und ihr Einfluß) geschrieben, und mindestens zwei ihrer Schüler haben Bücher über dieses System veröffentlicht.[3] Infolgedessen entstand der größte Teil der Literatur über dieses System in Australien und Neuseeland.

Mein verstorbener Freund Dr. David A. Phillips hat mich 1978 in Sydney in die chinesische Numerologie eingeführt. Zehn Jahre vorher hatte ich in Singapur eine Numerologielesung bekommen, deren Detailreichtum und Genauigkeit mich völlig überraschte. Ich hielt mich immer für einigermaßen bewandert, doch das System, das der Numerologe in Singapur benutzt hat, kannte ich nicht. Seitdem versuchte ich, mehr über chinesische Numerologie herauszufinden, mit mäßigem Erfolg. Ich war ziemlich überrascht, als ich feststellte, daß der Verleger, der meine ersten Bücher in Australien herausbrachte, genauso interessiert an Numerologie war wie ich. Damit nicht genug, Dr. Phillips schrieb ebenfalls ein Buch zu diesem Thema. Die chinesischen Quellen kannte er nicht, sein Fachgebiet war Pythagoras, und ihm schrieb er dieses System zu. Wir diskutierten gerne und viel über den Ursprung dieses Numerologiesystems.

Der Ursprung der westlichen Version der chinesischen Numerologie verliert sich im Dunkel der Zeit. Ich habe nichts Älteres gefunden als Hettie Templetons Buch von 1940. Damals lehrte sie dieses System bereits seit zwanzig Jahren, aber unglücklicherweise hat sie in ihrem Buch keine Quellenangaben gemacht.

In weiten Teilen Asiens wird das traditionelle chinesische System noch heute benutzt. In Kapitel 9 erläutere ich die Grundlagen dieses Systems. Interessant finde ich die Tatsache, daß zahlreiche Numerologen in China und Hongkong lieber die westliche Version benutzen als die traditionelle chinesische.

In diesem Buch erkläre ich zunächst gründlich die westliche Version der chinesischen Numerologie. Dieses System ist am leichtesten zu verstehen, und es wird von vielen Numerologen in aller Welt angewendet. Ich hoffe jedoch, daß Sie auch die traditionelleren chinesischen Methoden kennenlernen wollen. Es gehört zum Grundlagenwissen, auch wenn man nur eines der drei vorgestellten Systeme benutzt. Hat man die westliche Version verstanden, sind die traditionelle chinesische Methode und das Ki-System viel leichter zugänglich.

Im täglichen Leben ist die chinesische Numerologie unglaublich hilfreich. Man kann sich damit ganz schnell ein vollständiges Bild von einem Menschen machen, sobald man sein Geburtsdatum kennt. Einmal in der Woche mache ich im Radio Numerologielesungen, und meine Hörer sind oft erstaunt, daß ich sofort mit der Deutung anfangen kann. Viele Wahrsagesysteme brauchen eine längere Zeit der Vorbereitung. Ich kenne kein System, das so leicht und schnell anwendbar ist wie die chinesische Numerologie.

Ich bin sicher, die hier vorgestellten Wege werden Ihnen helfen und Sie in Ihrem täglichen Leben beflügeln.

1

Die Zahl des Lebensweges

Wenn wir die Numerologie kennenlernen wollen, beginnen wir zunächst mit der Zahl des Lebensweges. Diese wird in der Numerologie allgemein als wichtigste Zahl angesehen, denn sie offenbart unser Lebensziel. Nur wenige Menschen haben eine Vorstellung davon, was sie mit ihrem Leben anfangen sollen, und allein die Kenntnis dieser Zahl kann ein Leben verändern. Es gibt elf mögliche Zahlen für den Lebensweg: 1, 2, 3, 4, 5, 6, 7, 8, 9, 11 und 22. 11 und 22 werden als Meisterzahlen bezeichnet, sie haben mehr Kraft als die anderen Zahlen.

Wir bestimmen die Zahl unseres Lebensweges, indem wir die Ziffern unseres Geburtsdatums zusammenzählen und daraus die Quersumme bilden, bis wir eine einzelne Zahl erhalten. Wenn die Summe 11 oder 22 ergibt, belassen wir es dabei.

Ein Beispiel: Stellen wir uns vor, wir machen eine Lesung für einen jungen Mann, der am 12. Juli 1973 geboren ist. Wir bilden die Summe aus seinem Geburtsdatum.

$$
\begin{array}{ll}
12 & \text{(Tag)} \\
7 & \text{(Monat)} \\
1973 & \text{(Jahr)} \\
1992 &
\end{array}
$$

$$1+9+9+2 = 21, \quad \text{und } 2+1 = 3$$

Der Lebensweg dieses Mannes hat die Zahl 3.

Ein anderes Beispiel: Eine Freundin wurde am 29. Februar 1944 geboren.

$$
\begin{aligned}
29 \quad &\text{(Tag)} \\
2 \quad &\text{(Monat)} \\
1944 \quad &\text{(Jahr)} \\
1975 \quad &
\end{aligned}
$$

$$1+9+7+5 = 22$$

Erhalten wir eine 22, bilden wir nicht die nächste Quersumme, die 4 wäre, sondern hören an dieser Stelle auf. Denn die 22 ist eine der möglichen Zahlen für den Lebensweg.

Das Geburtsdatum meines Freundes verdeutlicht einen anderen Punkt. Wir müssen wirklich eine Summe bilden und nicht einfach die einzelnen Ziffern addieren, sonst erhalten wir keine Meisterzahlen. Wenn wir die Ziffern des Beispiels einfach addieren, bekommen wir folgendes Ergebnis:

$$2+9 \text{ (Tag) } +2 \text{ (Monat) } +1+9+4+4 \text{ (Jahr) } = 31$$
$$\text{und } 3+1 = 4$$

Wie Sie sehen, entgeht uns so die Meisterzahl. In der Praxis kann man die Zahlen im Kopf zusammenzählen, aber wenn das Ergebnis 2, 4, 11 oder 22 lautet, sollte man das Ergebnis noch einmal schriftlich überprüfen.

Die Bedeutung der Zahl des Lebensweges

Jede Zahl hat eine besondere Bedeutung für den Lebensweg.

Der Lebensweg mit der Zahl 1

Der Lebensweg mit der Zahl 1

~

Schlüsselwort: *Unabhängigkeit*

Menschen, deren Lebensweg die Zahl 1 trägt, müssen lernen auf eigenen Füßen zu stehen und etwas zu leisten. Ihr Leben beginnt im allgemeinen in Abhängigkeit, und sie erreichen erst allmählich ein gewisses Maß an Unabhängigkeit, wenn sie erwachsen werden. Zu guter letzt werden sie oft Pioniere, Erfinder oder Führungspersönlichkeiten.

Einser können sehr selbstbezogen sein und stehen gerne an erster Stelle. Folglich sind sie ehrgeizig, fortschrittlich, entschlossen und hartnäckig. Sie haben einen forschenden Verstand und beträchtliche Führungsqualitäten. Sie handeln geschickt und können auf ihrem Gebiet zur höchsten Position aufsteigen. Sie haben starke persönliche Bedürfnisse, die befriedigt werden wollen. Auch wenn das für andere manchmal nicht offensichtlich ist, sind sich diese Menschen darüber bewußt. Was auch immer ihre Bedürfnisse sind, sie sorgen für deren Befriedigung.

Der Lebensweg mit der Zahl 1 hat auch negative Seiten. Manchen fällt es sehr schwer, eine gewisse Unabhängigkeit zu erreichen und ihre Abhängigkeit scheint übergroß zu sein. Folglich werden sie von anderen ausgenutzt, was sie zutiefst übelnehmen, gleichwohl sie nicht in der Lage sind, es zu verhindern.

Eine andere negative Seite des 1er Lebensweges ist, daß diese Menschen sich aufbauen, indem sie andere herabsetzen. Sie haben Probleme mit ihrem Ego und denken immer an sich selbst zuerst.

Berühmte Menschen mit einem 1er Lebensweg sind Charlie Chaplin, Michail Gorbatschow, Salvador Dali, Arthur C. Clarke, Ringo Starr, Danny De Vito, Sting, Florence Nightingale und Richard Rogers.

Ein gutes Beispiel ist auch George Washington, geboren am 22. Februar 1732. Er kam in einer Familie von Plantagenbesitzern in Virginia zur Welt, und seine Ausbildung blieb eher dem Zufall überlassen. Die erste Gelegenheit, sich zu beweisen, war für ihn der französich-indiansche Krieg (1754-1763). In dieser Zeit unternahm er zwei Expeditionen in das Gebiet von Ohio. 1755 wurde er Kommandeur der virginischen Truppen. 1758 wurde er in das Abgeordnetenhaus gewählt, und er nahm seinen Abschied vom Militär. 1774 wurde er in den ersten Kontinentalen Kongreß gewählt. Ein Jahr später wurde er in den zweiten Kongreß gewählt, in diesem Jahr (1775) wurde er Kommandeur der Kolonialtruppen.

1776 zwangen Washington und seine Leute die Briten, Boston aufzugeben. In den folgenden fünf Jahren wurde er ein allgemein beliebter und erfolgreicher Anführer. Er wurde Präsident der Verfassunggebenden Versammlung, und zwei Jahre später wurde er mit überwältigender Mehrheit zum ersten Präsidenten der Republik gewählt. 1792 wurde er wiedergewählt. Washingtons Lebensweg ist ein hervorragendes Beispiel für jemanden, der genau weiß, was er will und mit unbeirrbarer Entschlossenheit danach handelt.

Henry Ford, geboren am 30. Juli 1863, ist ebenfalls ein ausgezeichnetes Beispiel für einen Menschen, dessen Lebensweg die Zahl 1 trägt. Wenn er sich einmal zu etwas entschlossen hatte, verfolgte er sein Ziel mit unglaublicher Hartnäckigkeit. Er brauchte viele Jahre, um Zutrauen zu seinen Fähigkeiten zu finden und auf eigenen Füßen zu stehen. Als er 1903 die Ford Motor Company gründete, war er vierzig Jahre alt. Das berühmte Modell T kam 1908 auf den Markt. Er setzte auf Massenproduktion, und 1913 konnte er das Auto für 500 $ verkaufen. 1927, als er vierundfünfzig Jahre alt war, führte er das Modell A ein, fünf Jahre später den V8 Motor. 1941, im Alter von achtundsiebzig Jahren, unterzeichnete er den ersten Unionsvertrag der Automobilindustrie.

Lebensweg mit der Zahl 2

Menschen, deren Lebensweg die Zahl 2 trägt, schaffen eine Atmosphäre um sich, in der andere sich wohl fühlen. Sie sind freundlich und bezaubernd, und sie sind wunderbare Gastgeber und Gastgeberinnen. Sie spüren die Bedürfnisse von anderen und

~

Berühmte
Persönlichkeiten:

Charlie Chaplin

Arthur C. Clarke

Salvador Dali

Danny De Vito

Henry Ford

*Michail
Gorbatschow*

*Florence
Nightingale*

Sting

Richard Rogers

George Washington

*Der Lebensweg
mit der Zahl 2*

⌣

Schlüsselwort:
Kooperation

schließen leicht Freundschaft. Sie sind lieber mit Freunden zusammen als allein. Sie sind empfindsam, friedliebend und besitzen eine natürliche Intuition. Sie sind gute Freunde und können ihre Gefühle ausdrücken. Sie machen sich nicht allzu viel aus Status und materiellen Bedürfnissen, daher stehen sie häufiger an zweiter als an erster Stelle. Sie sind es zufrieden, die Macht hinter dem Thron zu verkörpern. In dieser Position erhalten sie nicht immer die volle Anerkennung, aber im allgemeinen sind sie froh zu wissen, daß sie gute Arbeit geleistet haben.

Gelegentlich geraten Menschen auf die negative Seite ihres 2er Lebensweges. Sie versuchen verzweifelt, die Führungsrolle zu erlangen und sind in dieser Position lieber zweitklassig als an zweiter Stelle hervorragend zu sein. Auch wenn sie ihr Ziel erreicht haben, sind sie in der Führungsrolle selten froh oder glücklich.

Berühmte Menschen, deren Lebensweg die Zahl 2 trägt, sind unter anderem Ronald Reagan, Madonna, Art Garfunkel, Jacqueline Onassis, Jamie Lee Curtis, Jules Verne, Bobby Fischer und Andrew Lloyd Webber.

⌣

Berühmte
Persönlichkeiten:
*Karen Carpenter
Jamie Lee Curtis
Bobby Fischer
Art Garfunkel
Madonna
Jacqueline Onassis
Prinz Phillip von
Großbritannien
Ronald Reagan
Jules Verne
Andrew Lloyd
Webber*

Die Sängerin Karen Carpenter, geboren am 2. März 1950, ist ein gutes Beispiel für jemanden mit einem 2er Lebensweg. Karen war, wie man hört, ein bezaubernder Mensch, aber sie brauchte ständig die Ermutigung durch ihre Familie, um auftreten zu können. 1965 gründete ihr Bruder Richard ein Instrumentaltrio mit Karen und ihrem gemeinsamen Freund Wes Jacobs. Als sie sechzehn Jahre alt war, nahmen sie an einem Musik-Wettbewerb im Hollywood Bowl teil. Ihre Gruppe wurde Sieger, und sie bekamen einen Plattenvertrag mit RCA.

Als sie zwei Schallplatten aufgenommen hatten, die nicht auf den Markt kamen, löste sich das Trio auf. Ein paar Jahre später entdeckte Herb Alpert die Demobänder von Karen und Richard, und sie gefielen ihm so gut, daß er ihnen einen Vertrag mit A&M anbot. Ihr erster Hit war ihre Version des Liedes »Ticket to Ride« von den Beatles. Danach folgte »Close to You«, von dem sie 1970 eine Million Platten verkauften. Es folgten noch weitere Hits, aber der Höhepunkt für Karen war die Einladung, 1974 im Weißen Haus aufzutreten.

1975 verlangte die Anorexia nervosa ihren Tribut von Karen. Die Carpenters mußten eine Europatournee absagen, weil sie zu schwach zum Auftreten war. 1980 heiratete sie, doch die Ehe hielt nicht lange. Nach mehreren Jahren Pause fing sie 1983 wieder an, öffentlich aufzutreten. Als sie am 4. Februar 1983 ihre Eltern besuchte, brach sie ohne Vorwarnung zusammen. Die Ärzte stellten fest, daß der lange Kampf mit der Anorexia nervosa ihr Herz geschwächt hatte. Der Streß und die Anstrengungen ihrer gewählten Karriere waren offensichtlich zu viel für sie. Das ist ein verbreitetes Problem für Menschen mit einem 2er Lebensweg.

Prinz Phillip, geboren am 10. Juni 1921, Gemahl von Königin Elisabeth II. von Großbritannien, ist ebenfalls ein perfektes Beispiel für jemanden mit einem 2er Lebensweg. Er kann nie die »Nummer eins« sein, ganz gleich, was er auch tut, aber er spielt seine Rolle als »Nummer zwei« unglaublich wirkungsvoll. Hier kann er Diplomat und Friedenstifter sein, ein Mensch, der alle Wogen glättet.

Lebensweg mit der Zahl 3

Menschen mit einem 3er Lebensweg müssen eine Form finden, sich selbst auszudrücken, im Idealfall kreativ. Das kann, da es meist mit verbalem Geschick einhergeht, Singen, Reden oder Schreiben sein. Diese Menschen können im allgemeinen ausgezeichnet Gespräche führen und genießen es, von den schönen Seiten des Lebens zu erzählen. Ihre Stärke liegt in der Konversation. Ihr Verstand ist hellwach und voller Phantasie, und sie sprühen vor Ideen. Häufig aber fehlt ihnen der Antrieb, sie umzusetzen. Menschen mit einem 3er Lebensweg sind freundlich, sozial und kontaktfreudig. Sie haben gerne andere Menschen um sich und können nicht lange allein sein. Sie gehen ihren Weg leichtherzig und mit weniger Ernst als andere.

Es gibt auch Menschen, die die negative Seite des 3er Lebensweges ausleben. Diese Menschen sind oberflächlich und konfus. Sie befassen sich mit zahllosen Dingen, gehen aber nicht in die Tiefe. Diese Unentschlossenheit ist anstrengend für die Menschen ihrer nächsten Umgebung, besonders wenn sie auch noch dem Alkohol, Drogen und/oder Sex verfallen sind.

Viele Entertainer haben einen 3er Lebensweg. John Belushi, Bill Cosby, Billy Crystal, Alfred Hitchcock, Johnny Mercer und Olivia Newton-John sind Beispiele dafür.

Der Lebensweg mit der Zahl 3

~

Schlüsselwort: *Selbstdarstellung*

Judy Garland, geboren am 10. Juni 1922, ist auch ein gutes Beispiel für einen 3er Lebensweg. Im Alter von drei Jahren stand sie zum ersten Mal auf der Bühne, auf der Leinwand erschien sie 1936 zum ersten Mal. Drei Jahre später erlangte sie internationalen Ruhm, als sie die Rolle der Dorothy in dem Film »The Wizard of Oz« spielte. Sie erhielt einen besonderen Preis, den Academy Award, für ihre Darstellung.

Sie fand den Starruhm zunehmend schwerer zu ertragen, und die letzten fünfzehn Jahre ihres Lebens verbrachte sie zwischen Drogen, Selbstmordversuchen und Nervenzusammenbrüchen — die negativen Züge eines 3er Lebensweges. Sie riß sich viele Male am Riemen und hatte glänzende Comebacks, die alle Erfolge in New York und London übertrafen.

~

Berühmte Persönlichkeiten:

John Belushi

Bill Cosby

Billy Crystal

Judy Garland

Alfred Hitchcock

Johnny Mercer

Olivia Newton-John

Der Lebensweg mit der Zahl 4

Menschen, deren Lebensweg die Zahl 4 trägt, müssen hart arbeiten, um ihre Ziele zu erreichen. Sie sind praktisch veranlagte, zuverlässige, gewissenhafte und gut organisierte Leute, die gern ihre gewohnte Routine beibehalten. Sie sind in der Lage, Ordnung im Chaos zu schaffen. Sie arbeiten hart und freuen sich am Ergebnis ihrer Bemühungen. Diese Menschen können jahrelang schuften, vorausgesetzt, es ist die Mühe wert. Sie sind genau und haben Freude an diffizilen, komplizierten Aufgaben. Sie neigen dazu, unbeweglich und stur zu sein, und sie können eine einmal gefaßte Meinung nur sehr schwer ändern. Sie haben starke Vorlieben und Abneigungen und scheuen sich nicht, ihre Ansichten kundzutun.

Der Lebensweg mit der Zahl 4

~

Schlüsselwörter:

System, Ordnung

Viele Menschen, die einen 4er Lebensweg beschreiten, geraten auf die negative Seite. Sie kämpfen mit Herrschsucht und Beleidigungen gegen das Gefühl der Begrenztheit und Einschränkung. Ihre Unfähigkeit, die großen Zusammenhänge zu erkennen, bringt sie um viele Gelegenheiten, was dann in wachsender Frustration endet.

Berühmte Menschen, deren Lebensweg eine 4 aufweist, sind Joseph Patrick Kennedy, Jean Cocteau, Guglielmo Marconi, Fanny Brice, Robert Heinlein und die Herzogin von Windsor.

Sir Thomas Beecham, geboren am 29. April 1879, der berühmte Dirigent, hatte einen 4er Lebensweg. Seine erste

Chance bekam er beinahe zufällig. Das Hallé Orchester gastierte in seiner Heimatstadt St. Helens in England, aber der Dirigent war ausgefallen. Der zwanzigjährige Beecham sprang ein, machte ein paar wenige Proben und dirigierte. Er hatte eigentlich Konzertpianist werden wollen, aber nach einer Verletzung am Handgelenk gab er dieses Ziel auf und konzentrierte sich auf das Dirigieren. 1905 hatte er seine erste öffentliche Aufführung in London, ein Jahr später gründete er sein eigenes Orchester. 1910 dirigierte zum erstenmal die Opernsaison in Covent Garden, dort brachte er viele Werke auf die Bühne, die bis dahin in England noch nicht zu hören gewesen waren.

Während des ersten Weltkriegs tourte Beecham mit einem kleinen Opernensemble durch England, wofür er 1916 zum Ritter geschlagen wurde. 1920 machte er die Inszenierungen für eine große Opernsaison, was ihn fast ruinierte. Nach diesem Mißerfolg verschwand er aus der Öffentlichkeit, bis er im Jahr 1929 das erste Delius Festival in London präsentierte. 1932 gründete er das London Philharmonic Orchestra. Während des zweiten Weltkrieges unternahm er eine ausgedehnte Tournee durch die Vereinigten Staaten und Australien. Nach seiner Rückkehr gründete er 1944 in London das Royal Philharmonic Orchestra. Beecham dirigierte, schrieb und ging bis zu seinem Tod im Jahr 1961 auf Tournee.

Berühmte Persönlichkeiten:
Thomas Beecham
Fanny Brice
Jean Cocteau
Robert Heinlein
Joseph Patrick Kennedy
Guglielmo Marconi
Herzogin von Windsor

Der Lebensweg mit der Zahl 5

Menschen mit einem 5er Lebensweg sind wandlungsfähig und machen gern viele verschiedene Dinge. Sie werden ruhelos und ungeduldig, wenn sie sich in irgendeiner Weise eingeengt fühlen. Sie reisen gerne, lieben Aufregung und alles, was sie aus ihrer vertrauten Routine reißt. Diese Menschen können schnell denken und lösen gerne Probleme. Schon früh im Leben neigen sie zur Oberflächlichkeit, aber haben sie erst den richtigen Weg gefunden, erreichen sie oft eine ganze Menge. Sie sind immer neugierig, begeisterungsfähig und bleiben jung im Herzen.

Die negative Seite des 5er Lebensweges ist, daß diese Menschen oft ihre Kraft vergeuden. Sie wechseln häufig ihre Ziele und können bei keiner Sache lange bleiben. Viele experimentieren mit Alkohol, Drogen und Sex und verfallen dann diesen Neigungen.

Der Lebensweg mit der Zahl 5

Schlüsselworte:
Freiheit, Vielseitigkeit

Berühmte Menschen, die einen 5er Lebensweg haben, sind Sir Isaac Newton, Mark Twain, Willie Nelson, Franklin D. Roosevelt, Eva Peron, Helen Keller und Sir Arthur Conan Doyle.

Abraham Lincoln, geboren am 12. Februar 1809, ist ein weiteres Beispiel. Nach einem bescheidenen Anfang praktizierte er als Rechtsanwalt in Illinois in den 30er und 40er Jahren des 19. Jahrhunderts. 1847 kam er in den Kongreß, 1856 wurde er Republikaner. Zwei Jahre später strebte er nach einem Sitz im Senat, was er aber nicht schaffte. Seine Debatten jedoch hatten ihn zu einer national bekannten Gestalt gemacht, und 1860 wurde er zum Präsidenten gewählt.

Seine ganze Regierungszeit war beherrscht vom Krieg gegen die Südstaaten. 1863 sprach Lincoln die Sklaven in den aufständischen Staaten frei. 1865 wurde er ermordet, wenige Tage nach dem Sieg der Union. Seine Vielseitigkeit, sein Enthusiasmus und seine Energie sind die positiven Seiten des 5er Lebensweges.

Berühmte Persönlichkeiten:

Sir Arthur Conan Doyle

Helen Keller

Abraham Lincoln

Willie Nelson

Sir Isaac Newton

Eva Peron

Franklin D. Roosevelt

Mark Twain

Der Lebensweg mit der Zahl 6

Menschen mit einem 6er Lebensweg sind fürsorglich, warmherzig und verantwortungsbewußt. Sie nehmen gern die Last anderer Menschen auf sich, und jeder kann sich an ihrer Schulter ausweinen. Sie helfen gern den Menschen, für die sie zu sorgen haben. Sie sind das Mitglied der Familie, zu dem alle gehen, wenn etwas schief läuft. Sie können Unstimmigkeiten zwischen anderen so lösen, daß jeder mit der Lösung zufrieden ist. Sympathisch, liebevoll und freundlich, sind sie am glücklichsten, wenn sie im Kreise ihrer Freunde und Angehörigen sind. Menschen mit einem 6er Lebensweg sind oft kreativ, meist auf künstlerischem Gebiet.

Es ist nicht leicht, Menschen zu finden, die die negative Seite dieses Lebensweges beschreiten. Am Ende aber werden sie oft von den Problemen anderer überwältigt, da sie sich deren Verpflichtungen aufladen.

Berühmte Menschen mit einem 6er Lebensweg sind Richard Nixon, Dwight Eisenhower, Jawalharlal Nehru, Sylvester Stallone, Stevie Wonder, Hoagie Carmichael, John Lennon und Thomas Edison.

Albert Einstein, geboren am 14. März 1879, ist ein gutes Beispiel. Als er im Jahr 1905 seine Doktorwürde erhielt, veröffentlichte

Der Lebensweg mit der Zahl 6

Schlüsselworte:

Heim und Familie Verantwortung

er vier Forschungsberichte, jeder hatte eine Neuentdeckung der Physik zum Inhalt. Zu internationalem Ruhm kam er, als 1919 seine Relativitätstheorie bewiesen wurde. Zwei Jahre später erhielt er den Nobelpreis für Physik für das Gesetz der Photoelektrik und seine Arbeit in Physiktheorie. 1933 ging er an das Institute for Advanced Studies in Princetown, New Jersey.

Elisabeth Kübler-Ross, geboren am 8. Juli 1926, ist ein ausgezeichnetes Beispiel aus unserer Zeit für jemanden, der die humanitären Qualitäten seines 6er Lebensweges dazu verwendet, anderen zu helfen. Sie erblickte in der Schweiz das Licht der Welt, wo sie später Medizin studierte. 1958 emigrierte sie in die Vereinigten Staaten, wo sie für ihre Pionierarbeit bei der Betreuung unheilbar Kranker bald berühmt wurde. Ihr Buch »Tod und Sterben« (1969) brachte ihr weltweite Anerkennung. Sie arbeitet intensiv mit unheilbar kranken Kindern und in jüngster Zeit mit AIDS Patienten.

Berühmte Persönlichkeiten:
Thomas Edison
Albert Einstein
Dwight Eisenhower
Elisabeth Kübler-Ross
John Lennon
Jawalharlal Nehru
Richard Nixon

Der Lebensweg mit der Zahl 7

Menschen, deren Lebensweg die Zahl 7 trägt, brauchen Zeit für sich selbst, um Wissen und Weisheit zu erlangen. Sie haben ihre eigene unverwechselbare Art, an Dinge heranzugehen. Das verleiht ihnen große Originalität, bedeutet aber auch, daß ihnen Veränderung und Anpassung schwer fällt. Deshalb fühlen sich manche unwohl, wenn sie Teil einer Gruppe sein müssen.

Menschen mit einem 7er Lebensweg haben lieber wenige enge Freunde als einen großen Bekanntenkreis. Es mag anfänglich schwer sein, sie kennenzulernen, da sie Barrieren zu ihrem Schutz um sich errichten, aber sie sind gute Freunde, wenn sie dem anderen erst ihr volles Vertrauen geschenkt haben. Da sie reserviert, vorsichtig und nach innen gerichtet sind, sind sie meist spirituelle Menschen und ihre Lebensphilosophie wächst und entwickelt sich mit dem Leben.

Die negative Seite des 7er Lebensweges ist, daß diese Menschen anderen nicht wirklich nahe kommen und sich selbst verstecken. Ihre Aufmerksamkeit richtet sich zunehmend nach innen, und sie werden immer selbstbezogener.

Berühmte Menschen, deren Lebensweg die 7 aufweist, sind Königin Elisabeth II, Louis Pasteur, John F. Kennedy, Jim Henson,

Der Lebensweg mit der Zahl 7

Schlüsselworte:
Analyse
Verständnis

Oliver North, Bob Geldorf, Mel Gibson, Johnny Cash, Lech Walesa und Andy Warhol.

Berühmte Persönlichkeiten:

Johnny Cash

Sir Winston Churchill

Königin Elisabeth II

Bob Geldorf

Mel Gibson

Jim Henson

John F. Kennedy

Oliver North

Louis Pasteur

Lech Walesa

Andy Warhol

Sir Winston Churchill, geboren am 30. November 1874, ist ein hervorragendes Beispiel für jemanden mit einem 7er Lebensweg. Nach einem mittelmäßigen Schulabschluß promovierte er am Royal Military College in Sandhurst, dann diente er als Offizier und Kriegsberichterstatter in Kuba, Indien und Südafrika. 1900 begann er als Konservativer die politische Laufbahn. Vier Jahre später wechselte er das Lager und trat den Liberalen bei. Sein Aufstieg verlief schnell, und er setzte sich vor dem ersten Weltkrieg sehr für die Stärkung der britischen Marine ein. 1916 und 17 diente er als Offizier beim Militär, dann kehrte er ins Parlament zurück und war bis Kriegsende Rüstungsminister.

Nach dem Ersten Weltkrieg wurde Churchill Kriegsminister, Chef des Kolonialamtes und Finanzminister. Seine größte Zeit war im Zweiten Weltkrieg, als er von 1940 bis 45 Premierminister war. Er führte Großbritannien zu einem triumphalen Sieg. 1945 wurde er abgewählt, aber 1951 wurde er wieder Premierminister. 1955 trat er zurück.

Während seiner ganzen vielbeschäftigten politischen Karriere hörte er nicht auf zu schreiben (er nutzte dabei den Forschungsdrang des 7er Lebenspfades).

Der Lebensweg mit der Zahl 8

Der Lebensweg mit der Zahl 8

Schlüsselwort:

Materialismus

Menschen, deren Lebensweg die 8 aufweist, mögen große Unternehmungen und ernten gern die Früchte ihres Erfolgs. Sie setzen sich selbst lohnende Ziele, dann machen sie sich auf die Socken, um diese Ziele zu erreichen. Sie sind ehrgeizig, entschlossen und haben unverrückbar ihr Ziel im Auge. Diese Menschen leben sehr in der wirklichen Welt, Träumer haben dort keinen Platz. Sie können gut mit Geld umgehen, und wenn sie ihr finanzielles Ziel erreicht haben, können sie sehr großzügig sein. Auch haben sie eine gute Menschenkenntnis. Sie besitzen Führungsqualitäten und steigen im allgemeinen zu verantwortlichen Positionen auf. Diese Menschen neigen zu rigiden und halsstarrigen Ansichten, auch wenn sie diesen Zug an sich selbst nicht wahrnehmen.

Menschen, die die negative Seite des 8er Lebensweges beschreiten, verdienen unglaublich viel Geld, aber auf Kosten von Gesundheit, Glück und Freundschaften. Sie werden intolerant, rachsüchtig und machthungrig.

Berühmte Menschen, deren Lebensweg eine 8 trägt, sind Ginger Rogers, Pablo Picasso, George Harrison, Barbra Streisand, Lyndon Baynes Johnson, Gene Kelly, Elisabeth Taylor, Jim Bakker und Gene Wilder.

George Bernhard Shaw, geboren am 26. Juli 1856, ist ein gutes Beispiel. Er war der Sprößling einer kaputten Familie, genoß nur eine beschränkte Bildung und schrieb fünf unveröffentlichte Romane. 1895 glaubte er, als Dramatiker ein Versager zu sein, und nahm eine Stelle als Theaterkritiker an. Eigentlich war er eher schüchtern, aber er schaffte es, sich in einen fähigen Sprecher in der Öffentlichkeit zu verwandeln. 1898 hatte er einen Zusammenbruch, im darauf folgenden Jahr erlebte er zum ersten Mal Erfolg — im Alter von 43 Jahren.

Andrew Carnegie, geboren am 25. November 1835, ist ein ausgezeichnetes Beispiel für jemanden mit einem 8er Lebensweg, der Multimillionär wurde. Er kam in Dunfernline, Schottland, zur Welt und wanderte 1848 in die Vereinigten Staaten aus. Mit fünfzehn Jahren arbeitete er in einer Baumwollfabrik, das war der erste von mehreren niedrigen Jobs, bevor er 1953 zur Pennsylvania Railroad ging. Carnegie hatte die Stellung eines Oberaufsehers erreicht, als er 1865 kündigte und sich selbständig machte. Seine eigene Gesellschaft wuchs und wurde das größte Eisen- und Stahlwerk der Vereinigten Staaten. 1901 verkaufte er sie für geschätzte 500 Millionen Dollar.

Dann kam die großzügige Seite des 8er Lebensweges zum Tragen und er spendete unglaublich viel Geld. Das umfaßte unter anderem 2500 Bibliotheken in Großbritannien, den Vereinigten Staaten und Kanada, beträchtliche Zuwendungen an amerikanische und schottische Universitäten und die Gründung etlicher Wohlfahrtseinrichtungen. Die größte ist die Carnegie Corporation in New York, die er mit 125 Millionen Dollar ausstattete, um auch nach seinem Tod seine Wohltätigkeiten unterstützen zu können.

Berühmte Persönlichkeiten:

Jim Baker

Andrew Carnegie

Lyndon Baynes Johnson

Gene Kelly

George Harrison

Ginger Rogers

Pablo Picasso

George Bernhard Shaw

Barbra Streisand

Elisabeth Taylor

Gene Wilder

Der Lebensweg mit der Zahl 9

Menschen, deren Lebensweg die 9 trägt, neigen zur Selbstaufopferung. Sie sind empfindsame, einfühlsame Menschen mit dem starken Drang anderen zu dienen. Sie haben Freude daran, anderen zu helfen, und häufig geben sie mehr als sie zurückbekommen. Folglich werden sie auch leicht ausgenutzt. Sie sind romantisch und zutiefst enttäuscht, wenn ihre tiefe, ehrliche Liebe nicht erwidert wird. Die humanitären Ziele dieser Menschen sind meist etwas losgelöst von der Welt und erreichen universelle Ausmaße. Neun ist die dritte kreative Zahl, und diese Menschen bringen ihre Kreativität oft durch Schreiben zum Ausdruck, sie kann sich aber auch auf vielen anderen Wegen äußern.

Der Lebensweg mit der Zahl 9

~

Schlüsselwort:
Humanität

Der 9er Lebensweg wirkt sich sehr oft negativ aus. Das liegt daran, daß es so schwer ist, in einer materialistischen Welt selbstlos und freigebig zu sein. Diese Menschen nehmen lieber statt zu geben. Das kann ihnen nie Befriedigung bringen, denn sie kämpfen immer gegen ihre wahre Natur an.

Berühmte Menschen mit einem 9er Lebensweg sind Shirley MacLaine, Dustin Hoffman, Harrison Ford, Patrick Swayze, Benazir Bhutto, Jimmy Carter, Jack Nicklaus, Nelson Rockefeller, Carl Gustav Jung und Carlos Castaneda.

Albert Schweitzer, geboren am 14. Januar 1875, ist ein gutes Beispiel für einen 9er Lebensweg. Er hätte auf vielen Gebieten erfolgreich sein können, doch er verbrachte sein Leben lieber mit humanitärer Arbeit in einem kleinen Dorf in Afrika. Er wurde als Theologe, Philosoph, Musiker, Autor und Missionsarzt bekannt.

1899 erhielt er die Doktorwürde in Philosophie, im Jahr darauf die Doktorwürde in Theologie. Sein erstes Buch über Theologie erschien 1906 und machte ihn international bekannt. Zur selben Zeit machte er sich als Musiker einen Namen. Seine Musikerkarriere begann 1893 in Straßburg mit einer Reihe von Orgelkonzerten. Seine erste Veröffentlichung im Bereich Musik war J. S. Bach: Le Musicien-Poète, sie erschien 1905.

In diesem Jahr verkündete er auch seine Absicht, Missionsarzt zu werden. Er gab seine Stelle an der Universität auf, um Medizin zu studieren. 1913 promovierte er. Er segelte sofort mit seiner Frau nach Französisch-Äquatorialafrika, wo sie den größten Teil ihres Lebens damit verbrachten, ein Hospital für die Eingeborenen zu bauen und zu unterhalten. Im Ersten Weltkrieg wurde Schweitzer interniert, doch 1924 kehrte er nach Afrika zurück, um sein Hospital ein paar Meilen vom ursprünglichen Platz entfernt wieder aufzubauen. Das Krankenhaus wurde immer größer. 1963 versorgte er 350 Patienten im Hospital und weitere 150 in der angrenzenden Leprakolonie. Sein ganzes Leben lang veröffentlichte er Bücher und machte Aufnahmen von J. S. Bach. Auch hielt er unzählige Vorträge und Lesungen.

Mahatma Gandhi, geboren am 2. Oktober 1869, ist ein anderes ausgezeichnetes Beispiel für einen Menschen, der sein ganzes Leben lang die positive Seite des 9er Lebensweges beschritten hat. In Indien betrachtet man ihn als Vater des Landes, in der übrigen Welt ist er für seine Politik der Gewaltlosigkeit bekannt.

Gandhi ging in Indien und England zur Schule. 1893 ging er nach Südafrika, wo er über die Rassendiskriminierung entsetzt war. Er kämpfte für Rassengleichheit, und nachdem er die südafrikanische Regierung immer wieder angegriffen hatte, wurde er eingesperrt. 1919 kehrte er nach Indien zurück und trat in die Politik ein. Er führte die indische Nationale Kongreß Partei in einen politischen Feldzug, in dem die Zusammenarbeit mit den Briten verweigert wurde. Während des Zweiten Weltkrieges wurde die Partei bekämpft, doch 1947 zahlten sich Gandhis Anstrengungen aus und Indien wurde unabhängig. Am 30. Januar 1948 wurde er ermordet.

Berühmte
Persönlichkeiten:
Benazir Bhutto
Jimmy Carter
Carlos Castaneda
Harrison Ford
Mahatma Gandhi
Dustin Hoffman
Carl Jung
Shirley MacLaine
Jack Nicklaus
Nelson Rockefeller
Albert Schweizer
Patrick Swayze

Die Lebenswege mit den Meisterzahlen

In der Numerologie werden die Zahlen 11 und 22 als Meisterzahlen angesehen. Sie gehören zu hochentwickelten Seelen — Menschen, die die einfachen Lektionen bereits in vergangenen Inkarnationen gelernt haben und die jetzt größere Herausforderungen zu bestehen haben. (Im Osten glauben die meisten Menschen an Reinkarnation.) Menschen, deren Lebensweg eine Meisterzahl hat, haben sich schon oft inkarniert und haben jetzt die Gelegenheit, der Welt ihre Spuren aufzudrücken. Unglücklicherweise kommen viele Menschen auf diesem Weg nur schwer zurecht und entwickeln nur einen Bruchteil ihres Potentials.

Die Meisterzahlen bringen immer ein gewisses Maß an innerer Spannung mit sich, was es diesen Menschen obendrein erschwert, ihre Ziele zu erreichen. Der Erfolg stellt sich auf dem Meisterzahlweg selten früh im Leben ein. Im allgemeinen spiegelt sich in ihnen zu Beginn das Potential einer 2 oder 4 wider, erst allmählich fassen sie Zutrauen und werden selbstsicher, und die Eigenschaften der Meisterzahlen werden immer offensichtlicher. Die größten Erfolge erreichen sie meist spät in ihrem Leben.

Der Lebensweg mit der Zahl 11

Der Lebensweg mit der Zahl 11

~

Schlüsselwort:
Idealismus

Menschen, deren Lebensweg eine 11 aufweist, sind Idealisten. Häufig sind es Visionäre, die außerordentliche Ideen haben, sie sind eher Träumer als Handelnde. Gleichwohl sind sie hochgradig geschickt in allem, was sie tun, und wenn sie genügend motiviert sind, erreichen sie jedes Ziel. Da ihre Ideen nicht immer praktikabel sind, müssen sie sie sorgfältig abwägen, bevor sie den Versuch wagen, diese zu verwirklichen. Diese Menschen sind immer intuitiv und einfühlsam.

Menschen auf der negativen Seite des 11er Lebensweges sind unpraktische Träumer, die wenig erreichen und in einer Welt leben, wo Wirklichkeit und Phantasie kaum zu unterscheiden sind.

In den letzten 200 Jahren sind nur wenige Menschen mit einem 11er Lebensweg geboren worden. In diesem Zeitraum lassen sich die Geburtsdaten eher auf eine 2 reduzieren als auf eine 11. Von jetzt an jedoch wird es wesentlich mehr geben. (Ein Beispiel ist der Sohn eines Freundes von mir, der am 30. März 1985 geboren wurde.) Da wir im 21. Jahrhundert mitten im Zeitalter des Wassermannes sind, überrascht es nicht, daß es dann auch mehr 11er Menschen geben wird.

Berühmte Menschen, deren Lebensweg eine 11 hat, sind Hans Christian Anderson und Beatrix Potter.

Auch Harry Houdini, geboren am 24. März 1874, ist ein Beispiel für einen 11er Lebensweg. Er war ein Mann mit Ideen, und er konnte viele von ihnen verwirklichen, was ihm dauerhaften Ruf einbrachte. Fragt man jemanden nach einem Magier, ist sein Name auch heute noch, über siebzig Jahre nach seinem Tod, der erste, wenn nicht der einzige, der den Leuten einfällt.

Houdini war der Sohn eines Rabbi, der von Ungarn in die Vereinigten Staaten auswanderte. Sein richtiger Name war Erik Weiß. Er nahm den Künstlernamen Houdini an im Gedenken an sein Vorbild, den berühmten französischen Magier Robert-Houdin. Er begann seine Karriere als Trapezartist, Entfesselungskünstler wurde er erst, als er merkte, daß er für seine unglaublichen Kunststücke viel mehr Publikum fand.

Aber er war nicht nur ein gewandter Zauberkünstler, er bekämpfte auch Scharlatane, die sich als Medien ausgaben. Er hatte seiner Mutter sehr nahe gestanden, und als sie starb, suchte er mehrere Medien auf, um mit ihr in Kontakt zu treten. Zu seiner großen Enttäuschung benutzten viele einfache magische Tricks, und er stellte sie mit unnachgiebiger Schärfe bloß. Andererseits traf er eine Abmachung mit seiner Frau, daß derjenige von ihnen, der zuerst starb, versuchen sollte, mit dem Überlebenden zu kommunizieren. Nach seinem Tod hielt seine Witwe Bessie zehn Jahre lang an seinem Geburtstag eine Séance ab. (Leider wurde dieses Experiment nicht von Erfolg gekrönt.)

*Berühmte
Persönlichkeiten:
Hans Christian
Anderson
Harry Houdini
Beatrix Potter*

Der Lebensweg mit der Zahl 22

Menschen, deren Lebensweg die Zahl 22 trägt, können alles erreichen, was sie sich vornehmen. Meist haben sie große Ziele. Sie haben viele Fähigkeiten, die sie in konstruktive Bahnen lenken müssen. 11er sind meistens Träumer, 22er haben auch Träume, verwirklichen diese aber. Diese Menschen sind praktisch veranlagt, unkonventionell und meistens auch charismatisch. Sie können andere Menschen mit Worten und Taten begeistern und motivieren.

*Der Lebensweg
mit der Zahl 22*

Schlüsselwort:
Baumeister

Die negative Seite des 22er Lebensweges ist Selbstsucht. 22er setzen ihre beachtlichen Talente zum eigenen Vorteil ein und mißachten die Bedürfnisse von anderen. Manche sind sich dieses Zuges bewußt, aber es fällt ihnen schwer, sich in eine positive Richtung zu bewegen.

Berühmte Menschen mit einem 22er Lebensweg sind Elton John, Arnold Schwarzenegger, Marie Curie und Marcel Marceau.

Der Komödiant Lenny Bruce, geboren am 13. Oktober 1925, ist ein gutes Beispiel für einen Lebensweg mit der Zahl 22. Er war ein vielversprechender Mann mit einem großen Potential, aber er hielt den Druck nicht aus und zerstörte sein Leben mit Drogen. Er war Autodidakt, als er im Anschluß an die Schule 1942 zur Navy ging. Er wurde entlassen, als er einem Psychiater der Navy gestand, homosexuell zu sein.

Mit Hilfe seiner Mutter bekam er Engagements in Nachtklubs, 1948 wurde er bei »Arthur Godfrey's Talent Scouts« entdeckt. Allmählich wurde er immer bekannter, 1964 jedoch wurde er wegen Unzüchtigkeit festgenommen. Danach wurde er ständig von der Polizei verfolgt und wurde immer depressiver. 1965 hatte er 40.000 $ Schulden. Am 3. August 1966 starb er an einer Überdosis.

Margaret Thatcher, geboren am 13. Oktober 1925, ist ein anderes gutes Beispiel. Ihr Leben begann in aller Bescheidenheit, aber sie stieg alle Stufen der Politik empor und regierte schließlich viele Jahre lang Großbritannien.

~

Berühmte Persönlichkeiten:
Lenny Bruce
Marie Curie
Bill Gates
Elton John
Marcel Marceau
Arnold Schwarzenegger
Margaret Thatcher

2

Der Tag der Geburt

Der Monatstag, an dem man geboren ist, wird bei einer numerologischen Analyse ebenfalls in Betracht gezogen. Jeder Tag hat seine eigene besondere Qualität oder Schwingung. Im Osten werden immer häufiger Wehen eingeleitet, damit Babys an einem Tag geboren werden, den die Eltern für günstig halten.

Ich gebe zu, daß ich jeweils vor der Geburt unserer drei Kinder ein numerologisches Diagramm für jeden Tag erstellt habe, an dem das Kind möglicherweise zur Welt kommt. Ich konnte also zum Beispiel sagen: »Wenn das Kind am Dienstag geboren wird, wird es so oder so sein …« und dann konnte ich seine Charakterzüge beschreiben. Das war eine interessante Übung, aber nie war ich versucht zu sagen, die Wehen sollten eingeleitet werde, damit das Kind an einem bestimmten Tag zur Welt kommt. Ich glaube, wir werden geboren, wann es uns bestimmt ist, und ich lehne es ab, uns da einzumischen.

Die Schwingung des Tages ist bei weitem nicht so stark und bedeutsam wie die Zahl des Lebensweges. Der Tag, an dem man geboren ist, modifiziert die Eigenschaften des Lebensweges. Zum Beispiel ist jemand mit einem 7er Lebensweg eher ruhig und introvertiert. Ist er an einem 3., 12., 21. oder 30. des Monats geboren, bekommt er ein wenig von den nach außen gehenden, expressiven Eigenschaften der 3, und er wird wesentlich kommunikativer sein als andere mit einem 7er Lebensweg.

Die Eigenschaften der einzelnen Tage

Der 1. des Monats

Menschen, die am 1. eines Monats geboren sind, haben die reine Kraft der 1. Sie vereinen in sich Logik, Energie, Enthusiasmus, Unabhängigkeit und analytische Fähigkeiten. Sie neigen dazu, ihre Gefühle zurückzuhalten, um keine Schwäche zu zeigen. Sie sind geboren Führer, die gerne jede Gelegenheit ergreifen, bei der sie ihre Fähigkeiten unter Beweis stellen können.

Der 2. der Monats

Menschen, die am 2. eines Monats geboren sind, sind freundlich, liebevoll, hilfsbereit, idealistisch, gefühlvoll, intuitiv und gelegentlich launenhaft. Sie mögen zwar Menschen, fühlen sich aber in großen Gruppen oft unwohl. Manchmal sind sie niedergeschlagen und brauchen dann den Beistand von anderen. Sie arbeiten lieber in einem Team als allein.

Der 3. des Monats

Menschen, die am 3. eines Monats geboren sind, sind kontaktfreudige, phantasievolle und gesellige Gesprächspartner. Sie zeigen ihre Freude am Leben und sind im allgemeinen sehr beliebt. Sie können neue Ideen besser entwickeln als ausführen. Sie sind ruhelos und haben häufig mehr als nur eine große Beziehung in ihrem Leben. Sie haben sprachliches Talent und sind oft in Bereichen erfolgreich, wo dieses Talent von Nutzen ist. (Unterrichten und Handel sind zwei gute Beispiele dafür.)

Der 4. eines Monats

Menschen, die am 4. eines Monats geboren sind, können sich gut organisieren und lieben Herausforderungen. Sie haben eine enge Beziehung zu Familie, Heim und Heimat. Sie sind stur, und es fällt ihnen schwer, eine einmal gefaßte Meinung zu ändern. Sie sind gewissenhaft, verantwortungsbewußt und bereit, lange und hart für das, was sie erreichen wollen, zu arbeiten.

Der 5. eines Monats

Menschen, die am 5. eines Monats geboren sind, sind vielseitig und kontaktfreudig. Sie müssen lernen, ihre Kräfte zu konzentrieren, denn am liebsten würden sie alles ausprobieren. Diese Menschen sind gern mit Gleichgesinnten zusammen, oft sind sie gute Geschäftsleute. Sie sind gesellige, anpassungsfähige und intelligente Menschen. Sie brauchen ihre Freiheit und Abwechslung im Leben.

Der 6. eines Monats

Menschen, die am 6. eines Monats geboren sind, sind positive, warmherzige, großzügige Menschenfreunde. Sie sind am glücklichsten, wenn sie anderen helfen können. Sie mögen die Verbindlichkeit von Ehe und Familie. Sie haben einen wachen Verstand, starke Gefühle und hohe Empfindsamkeit. Sie haben keine Scheu, anderen ihre Gefühle zu zeigen.

Der 7. eines Monats

Menschen, die am 7. eines Monats geboren sind, sind empfindsam, verschlossen, intuitiv und kommen gut allein zurecht. Sie verbringen ihre Zeit gern allein mit Lernen und Forschen. Sie lieben ihre Freunde sehr, aber es fällt ihnen schwer, Zuneigung zu zeigen und anzunehmen. Sie handeln auf ihre eigene, unverwechselbare Art.

Der 8. eines Monats

Menschen, die am 8. eines Monats zur Welt kamen, sind geborene Geschäftsleute. Sie beschäftigen sich gerne mit Geld und Finanzen und haben ausgezeichnete gewinnträchtige Ideen. Sie sind ehrgeizig, motiviert und praktisch. Sie sind bereit, hart zu arbeiten, wenn das Ziel lohnend ist.

Der 9. eines Monats

Menschen, die am 9. eines Monats zur Welt kamen, sind geborene Menschenfreunde, auf denen andere oft herumtrampeln und deren Hilfe als selbstverständlich angesehen wird. Sie stecken häufig in einer Ehe, in der sie viel mehr geben als empfangen. Man kann das als eine Lernerfahrung betrachten, da sie im allgemeinen lieber geben als nehmen. Sie haben eine reiche Phantasie und sind am glücklichsten, wenn sie in einem kreativen Bereich arbeiten können. Sie sind großzügig, tolerant und idealistisch.

Der 10. eines Monats

Menschen, die am 10. eines Monats geboren sind, sind positive, entschlossene, kreative Menschen, die wissen, wie sie sich selbst und ihre Ideen verkaufen können. Sie sind in der Lage, mehrere Dinge gleichzeitig zu erledigen, und oft muß man sie zwingen, sich einmal auszuruhen. Sie sind unabhängig, ehrgeizig und zuversichtlich, aber zeigen selten ihre wahren Gefühle.

Der 11. eines Monats

Wir haben die Meisterzahlen bereits im ersten Kapitel besprochen. Menschen, die am 11. geboren sind, haben große Ideen, sind aber selten in der Lage, sie zu verwirklichen oder zu Ende zu führen. Diese Menschen sind sehr intuitiv und haben viele Fähigkeiten, aber ihr unruhiges und nervöses Temperament macht es ihnen schwer, ihre Ziele zu erreichen. Ihre Gefühle schwanken schnell von einem Extrem ins andere. Sie haben die Fähigkeit, andere mit ihren Ideen zu inspirieren.

Der 12. eines Monats

Menschen, die am 12. eines Monats geboren sind, haben die Energie der 3 ($1+2 = 3$), aber auch die individuelle Kraft der 1 und der 2. Dadurch sind sie vielfältiger als die Menschen, die am 3. des Monats zur Welt kamen. Sie können sich selbst und ihre Ideen hervorragend verkaufen. Sie sind bezaubernd, unterhaltsam und ausgezeichnete Gesprächspartner. Ihre blühende Phantasie läßt sie die Wahrheit häufig beschönigen. Sie besitzen das Potential, ihre herausragenden Vorstellungen in kreative Bahnen zu lenken. Sie neigen zur Ungeduld und wollen alles am liebsten sofort.

Der 13. eines Monats

Menschen, die am 13. eines Monats geboren sind, können hart und methodisch arbeiten und dabei sehr erfolgreich sein. Sie sind vorsichtig, hartnäckig, diszipliniert und beharrlich. Sie kümmern sich um alle Einzelheiten und verlieren manchmal das große Ganze aus den Augen. Sie fühlen sich oft frustriert, eingeschränkt und von den Umständen behindert, obgleich sie letztendlich ihre Sache gut machen.

Der 14. eines Monats

Menschen, die am 14. eines Monats geboren sind, sind abenteuerlustig, mutig, anpassungsfähig und immer bereit, etwas Neues und Anderes auszuprobieren. Sie besitzen eine natürliche Intuition. Sie lassen sich gern von anderen führen und sollten zuviel Alkohol, Drogen und Sex vermeiden. Sie arbeiten gern mit anderen zusammen, und wenn es sein muß, können sie hart arbeiten, aber im allgemeinen nicht über einen langen Zeitraum.

Der 15. eines Monats

Menschen, die am 15. eines Monats geboren sind, sind verständnisvoll und treu. Sie haben kreative Neigungen, besonders im Bereich der Musik. Sie spüren instinktiv, wenn jemand eine Schulter zum Anlehnen braucht und sind die ersten, die ihre Hilfe anbieten. Sie sind liebevoll, überschwenglich und man kommt gut mit ihnen aus. Sie sind verantwortungsbewußt, brauchen aber gleichzeitig ein kleines Maß an Unabhängigkeit. Sie sind sympathisch, hilfsbereit und pflichtbewußt.

Der 16. eines Monats

Menschen, die am 16. eines Monats geboren sind, sind reserviert, vorsichtig und introvertiert. Sie können ihre Gedanken und Gefühle nur schwer ausdrücken. Sie ziehen sich lieber in sich selbst zurück als sich möglicherweise schwierigen Situationen zu stellen. Es fällt ihnen schwer, Liebe und Zuneigung zu geben und zu empfangen. Im Laufe der Zeit errichten sie sich einen festen

Glauben oder eine starke Lebensphilosophie. Sie interessieren sich häufig für technische oder wissenschaftliche Bereiche und forschen und arbeiten gern allein.

Der 17. eines Monats

Menschen, die am 17. eines Monats geboren sind, können gut mit Geld und Finanzen umgehen. Sie arbeiten sich stetig mit großer Entschlossenheit voran. Am Ende bekommen sie immer, was sie wollen, auch wenn sie auf ihrem Weg eine Reihe von Rückschlägen erdulden müssen. Sie sind zuversichtlich, verläßlich, realistisch und haben das nötige Talent, mit großen Projekten umzugehen.

Der 18. eines Monats

Menschen, die am 18. eines Monats geboren sind, sind gute Verwalter und geborene Menschenfreunde. Oft können sie diese Eigenschaften verbinden und machen eine philanthropische Karriere. Trotz ihres Bedürfnisses, anderen zu helfen, haben sie oft Probleme im persönlichen Leben. Diese Menschen müssen lernen, daß Wohltätigkeit zu Hause anfängt. Sie sind sympathisch, tolerant, verständnisvoll und lösen Probleme auf kreative Weise.

Der 19. eines Monats

Menschen, die am 19. eines Monats geboren sind, sind verantwortungsbewußt, idealistisch und ehrgeizig. Manchmal werden sie von ihren Gefühlen niedergedrückt, denn diese sind immer stärker als jede Logik. Sie sind vielseitig und arbeiten am liebsten ungestört von anderen.

Der 20. eines Monats

Menschen, die am 20. eines Monats geboren sind, sind freundlich, verbindlich und man kommt leicht mit ihnen aus. Sie bevorzugen ein ruhiges Dasein und vermeiden am liebsten den Trubel des modernen Lebens. Meist können sie sich gut schriftlich ausdrücken. Sie können launenhaft sein und brauchen den Rückhalt ihrer engen Freunde und der Familie.

Der 21. eines Monats

Menschen, die am 21. eines Monats geboren sind, sind intelligent, unterhaltsam und kreativ. Sie neigen dazu, sich wegen Kleinigkeiten aufzuregen und sind oft nervös und launisch. In einem Augenblick sind sie auf dem höchsten Gipfel, im nächsten in den tiefsten Tiefen. Sie haben eindeutig sprachliches Talent und sind da erfolgreich, wo die Stimme gebraucht wird.

Der 22. eines Monats

Die 22 ist eine Meisterzahl, und Menschen, die am 22. geboren sind, haben viele Fähigkeiten, aber auch große Hochs und Tiefs in ihrem Leben, denn sie haben Zugang zu Energien und Schwingungen, die den meisten anderen Menschen verborgen bleiben. Infolgedessen leiden sie manchmal unter nervlicher oder körperlicher Erschöpfung. Später im Leben erreichen sie jedoch im allgemeinen mehr als die meisten Menschen. Sie sind hochgradig intuitiv, neigen aber zu Nervosität.

Der 23. eines Monats

Menschen, die am 23. eines Monats geboren sind, sind sensibel, sympathisch, verständnisvoll und unabhängig. Sie haben Freude daran, anderen zu helfen. Sie sind vielseitig und lieben Herausforderungen aller Art.

Der 24. eines Monats

Menschen, die am 24. eines Monats geboren sind, sind warmherzig, motiviert und begeisterungsfähig. Die positive, oft dramatische Vorgehensweise, mit der sie sich ihren Zielen nähern, läßt sie in fünf Minuten mehr erreichen als andere in Jahren schaffen.

Der 25. eines Monats

Menschen, die am 25. eines Monats geboren sind, sind intuitiv, sanftmütig und brauchen Zeit für sich selbst. Sie sind leicht verletzt und neigen dann dazu, sich zurückzuziehen. Man kommt ihnen nur schwer nahe, doch wenn sie einmal Freundschaft geschlossen haben, hält diese für immer.

Der 26. eines Monats

Menschen, die am 26. eines Monats geboren sind, sind unbeugsam und hartnäckig, sie wollen unbedingt ihr Ziel erreichen. Sie haben Talent, aus einer einfachen Idee Geld zu machen. Sie können sehr großzügig sein.

Der 27. eines Monats

Menschen, die am 27. eines Monats geboren sind, sind entschlossen, vertrauensvoll und leidenschaftlich. Sie mögen Veränderung und Abwechslung. Sie übernehmen gern Verantwortung und sind anderen gern gefällig.

Der 28. eines Monats

Menschen, die am 28. eines Monats geboren sind, sind liebevoll und freiheitsliebend. Sie lassen sich nicht gerne etwas vorschreiben und sind im allgemeinen am glücklichsten, wenn sie ihr eigener Herr sind.

Der 29. eines Monats

Menschen, die am 29. eines Monats geboren sind, werden von den Energien der 2 und auch der 9 beeinflußt, sie erhalten aber auch größere Möglichkeiten durch die 11 (2+9 = 11). Diese Menschen führen ein Leben entweder ganz oben oder ganz unten. Ihr Potential ist für alle offensichtlich, nur sie selbst sehen es nicht. Sie sind begnadete Träumer, die ihre wunderbaren Visionen nur sehr schwer umsetzen können.

Der 30. eines Monats

Menschen, die am 30. eines Monats geboren sind, sind intelligent, kreativ und liebevoll. Aber es fehlt ihnen an Antriebskraft, und sie verlassen sich lieber auf ihren Charme statt auf ihre beachtlichen Fähigkeiten. Das meiste erreichen sie in Partnerschaft mit jemandem, der sie häufig ermutigt und zum Handeln anstößt.

Der 31. eines Monats

Menschen, die am 31. eines Monats geboren sind, haben einen guten Geschäftssinn, Organisationstalent und Führungsqualitäten. Meistens fangen sie ganz unten an und arbeiten sich langsam aber sicher die Leiter hinauf. Sie schätzen ihre Freunde und helfen, wo es nötig ist. Sie haben ein gutes Gedächtnis und vergessen keinen Gefallen und keine Kränkung.

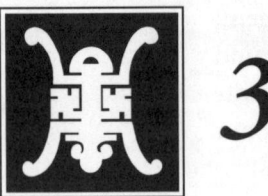

3

Das Lo Shu Diagramm

Das magische Quadrat auf dem Rücken der Schildkröte wurde Lo Shu Diagramm genannt. Es war ein vollkommenes magisches Quadrat auf der Basis von 3 X 3 Kästchen (Abb. 3A). Die Summe jeder horizontalen, vertikalen und diagonalen Reihe ist 15.

4	9	2
3	5	7
8	1	6

Abb. 3A

Die Numerologie des Fernen Ostens verwendet immer noch die ursprünglichen Positionen der Zahlen, wie sie im Lo Shu Diagramm angegeben sind; wir werden in Kapitel 10 darauf eingehen. Im Westen jedoch wird das Diagramm etwas anders benutzt. Wir nehmen das vollständige Datum der Geburt einer Person und schreiben die Einsen in das linke untere Quadrat (Abb. 3B). Alle Zweien werden in das Quadrat darüber gesetzt, alle Dreien in das Quadrat oben links.

1		

Abb. 3B

Die drei Quadrate in der Mitte enthalten unten die Vieren, in der Mitte die Fünfen und oben die Sechsen. In die Kästchen auf der rechten Seite schreiben wir unten alle Siebenen, in die Mitte alle Achten, und oben

3	6	9
2	5	8
1	4	7

Abb. 3C

alle Neunen. In Abb. 3C sind die richtigen Positionen für jede Zahl dargestellt. (Das nur, um zu zeigen, wo jede Zahl steht.) Es gibt kein Quadrat, in dem jedes Kästchen eine Zahl enthält. Genauso unmöglich ist es, ein ganz leeres Quadrat zu haben. Leere Quadrate warten auf Menschen, die noch nicht auf die Welt gekommen sind. Das Quadrat wird lebendig, sobald ein Kind geboren wird.

Wir nehmen die zwei Beispiele aus dem vorigen Kapitel, um ein solches Quadrat darzustellen. Das Quadrat des jungen Mannes, der am 12. Juli 1973 geboren wurde, ist in Abb. 3D zu sehen. Die 1 und die 2 der zwölf stehen jeweils im unteren und mittleren Quadrat auf der linken Seite, die 7 für den Juli steht im rechten unteren Quadrat. Die 1 von 1973 wird auch in das linke untere Qua-drat eingetragen, die 9 steht im rechten oberen Kästchen, die 7 rechts unten, und die 3 links oben.

Abb. 3D

Ein anderes Beispiel: Das Diagramm für die Frau, die am 29. Februar 1944 Geburtstag hat. (Abb. 3E) Die 2 von der 29 wird in das mittlere linke Kästchen geschrieben, die 9 oben rechts. Die andere 2 für Februar wird auch in das mittlere linke Kästchen eingetragen. Dann kommen die vier Zahlen des Jahres: die 1 unten links, die 9 oben rechts und die bei-den Vieren unten in der Mitte.

Abb. 3E

Noch ein Beispiel. Ein Mensch, der am 27. Mai 1948 Geburtstag hat, erhält ein Diagramm wie in Abb. 3F abgebildet.

Alle Menschen, die im 20. Jahrhundert geboren wurden, haben mindestens eine 1 und eine 9 in ihrem Diagramm, aber für die anderen Zahlen gibt es unzählige Kombinationsmöglichkeiten. Jeder, der im 21. Jahrhundert geboren werden wird, hat mindestens eine 2 in seinem Diagramm. Es gibt viele ähnliche Diagramme, aber selten findet man zwei identische, außer bei Menschen, die am selben Tag geboren sind.

Abb. 3F

Man kann so ein Diagramm nun auf verschiedene Weise betrachten. Die obere Reihe mit den Zahlen 3, 6 und 9 kann den Kopf eines Menschen darstellen. Die mittlere Reihe mit den Zahlen 2, 5 und 8 steht für den Leib. Die untere Reihe mit den Zahlen 1, 4 und 7 schließlich repräsentiert Beine und Füße.

Die obere Reihe wird im allgemeinen als geistige Ebene angesehen. Dazu gehören Denken, schöpferische Tätigkeit, Vorstellungskraft und analytisches Denken.

Die mittlere Reihe wird die emotionale Ebene genannt, das Herz liegt ja mitten im Körper. Diese Ebene umfaßt Spiritualität, Intuition, Gefühle und Emotionen.

Die untere Reihe nennt man die praktische Ebene. Dazu gehören körperliche Arbeit, die Geschicklichkeit der Hände und die praktischen Fähigkeiten im Alltag. Wenden wir die Kopf-Leib-Beine Analogie an, so sind die Füße fest auf den Boden der praktischen Ebene gegründet. (Abb. 3G)

Geistig
Emotional
Praktisch

Abb. 3G

Auch die senkrechten Reihen haben eine Bedeutung. Die erste Reihe mit den Zahlen 1, 2 und 3 ist die Ebene der Gedanken. Sie gibt Aufschluß über die Fähigkeit einer Person, Ideen zu haben, Dinge zu erfinden und sie zu verwirklichen.

Die mittlere Reihe mit den Zahlen 4, 5 und 6 ist die Ebene des Willens. Sie zeigt Entschlossenheit und Durchhaltevermögen an.

Die letzte senkrechte Reihe mit den Zahlen 7, 8 und 9 ist die Ebene der Tat. Sie zeigt die Fähigkeit eines Menschen, seine Ideen in die Tat umzusetzen. (Abb. 3H.)

Gedanken	*Wille*	*Tat*

Abb. 3H

Die drei senkrechten Reihen stehen in der Folge einer natürlichen Entwicklung. Zuerst muß man eine Idee haben (Ebene der Gedanken). Dann braucht man Entschlossenheit und Ausdauer (Ebene des Willens), sonst kommt die Idee nie zur Ausführung. Das ist das Planungsstadium. Schließlich muß der Idee und der Entschlossenheit die Ausführung folgen (Ebene der Tat).

Jede Zahl des Diagramms hat eine Bedeutung.

Die Zahl 0

Die Null hat keinen Platz im Diagramm, sie wird einfach ignoriert. Cliff Richard, dessen Diagramm in Abb. 3I dargestellt ist, hat zweimal eine Null in seinem Geburtsdatum, dem 14. Oktober 1940. Wir setzen die Einsen, Vieren und die Neun an ihren Platz im Diagramm und lassen die beiden Nullen einfach weg. Einer der interessantesten Menschen, denen ich je begegnet bin, war

		9
111	44	

Abb. 3I

Cliff Richard
14. Oktober 1940

ein pensionierter Marinekommandeur. Er wurde am 10. Oktober 1910 geboren, und sein Diagramm bestand nur aus vier Einsen und einer Neun. Noch interessanter werden die Diagramme der Menschen sein, die am 20. Februar 2020 zur Welt kommen werden. Dieses Diagramm wird nur eine Zahl enthalten.

Die Zahl 1

Die Eins hat ihren Platz im linken unteren Kästchen, dort, wo die praktische Ebene beginnt. Sie ist ein wertvoller Schlüssel dafür, wie die betreffende Person reagiert und mit anderen kommuniziert.

Eine 1

Menschen, die eine 1 in ihrem Diagramm haben, können ihre innersten Gefühle nur schwer ausdrücken. Andererseits sind sie gute Redner, doch fällt es ihnen nicht leicht, ihr inneres Selbst ans Licht zu bringen. Sie haben Schwierigkeiten, den Standpunkt anderer einzubeziehen.

Senator Edward Kennedy, geboren am 22. Februar 1932, ist ein gutes Beispiel für einen Menschen mit einer 1 in seinem Diagramm (Abb. 3J). Im Kongreß konnte er sich hervorragend ausdrücken, aber selbst mit den Menschen, die er am meisten liebte, konnte er kaum über seine innersten

3		9
2222		
1		

Abb. 3J

Edward Kennedy
22. Februar 1932

Gefühle sprechen. Man beachte auch die Zahl für den Tag der Geburt, die 22.

Zwei 1en

Menschen, in deren Diagramm zwei Einsen vorkommen, können

Abb. 3K
John F. Kennedy
29. Mai 1917

		99
2	5	
11		7

Abb. 3K
John F. Kennedy
29. Mai 1917

sich leicht und flüssig ausdrücken. Sie haben eine ausgeglichene Lebenseinstellung und können Situationen unparteiisch beurteilen. Sie verstehen den Standpunkt ihres Gegenüber so gut wie ihren eigenen. Das ist die perfekte Anzahl von Einsen in einem Diagramm. Präsident John F. Kennedy, geboren am 29. Mai 1917 ist ein guten Beispiel (Abb. 3K).

Drei 1en

Menschen, in deren Diagramm drei Einsen vorkommen, spalten sich in zwei Gruppen. Im allgemeinen sind sie Schnattergänse, die ohne Ende reden können. Aber man findet auch Menschen, die still und in sich gekehrt sind. Interessanterweise vereinen viele dieser Menschen beides in sich; was gerade zum Tragen kommt, hängt von der Situation ab.

Wer drei Einsen hat, ist im allgemeinen glücklich und kontaktfreudig. Viele Prominente Unterhaltungskünstler haben diese Kombination in ihrem Diagramm. Cliff Richard, geboren am 14. Oktober 1940, ist ein gutes Beispiel dafür (siehe Abb. 3I).

Vier 1en

Menschen, die vier Einsen in ihrem Diagramm haben, fällt es

Abb. 3L
Fürstin Gracia von Monaco
12. November 1929

		99
22		
1111		

außerordentlich schwer, sich verbal auszudrücken. Es sind empfindsame, warmherzige Menschen, die häufig mißverstanden werden. Sie können sich nur schwer entspannen und loslassen. Die spätere Fürstin Gracia von Monaco, geboren am 12. November 1929, ist ein gutes Beispiel (Abb. 3L).

Fünf, sechs oder sieben 1en

Menschen, die fünf und mehr Einsen in ihrem Diagramm haben, können sich nur äußerst schwer mit Worten ausdrücken. Sie werden oft mißverstanden, daher lenken sie ihre Ausdrucksmöglichkeiten in Bereiche, die weniger schmerzhaft für sie sind, wie Malen, Schreiben oder Tanzen. Manche Menschen mit dieser Kombination ergeben sich dem Essen, Alkohol oder Drogen. Die Premierministerin von Indien, Indira Gandhi, geboren am 19. November 1917 ist ein Beispiel für fünf Einsen im Diagramm.

Abb. 3M

Indira Gandhi
19. November 1917

		99
111 11		7

Die Zahl 2

Die 2 ist die erste Zahl auf der emotionalen Ebene. Sie zeigt wie empfindsam und intuitiv jemand ist. In diesem Jahrhundert ist es die dritthäufigste Zahl in den Diagrammen der chinesischen Numerologie. Im 21. Jahrhundert hat jeder Mensch mindestens eine 2 in seinem Diagramm. Das kann man als Zeichen des kommenden Wassermannzeitalters betrachten, alle werden mitfühlende, empfindsame und intuitive Eigenschaften besitzen. Wie — und ob — diese Eigenschaften benutzt werden, ist natürlich eine andere Frage.

Eine 2

Menschen mit einer 2 im Diagramm sind empfindsam und intuitiv. Unglücklicherweise sind sie auch leicht zu verletzen. Sie können andere Menschen auf den ersten Blick einschätzen und haben die unheimliche Fähigkeit, Unaufrichtigkeit zu durchschauen. Nostradamus, der gefeierte Parapsychologe des 16. Jahrhunderts, geboren am 14. Dezember 1503, hatte eine 2 in seinem Diagramm (Abb. 3N).

Abb. 3N

Nostradamus
14. Dezember 1503

3		
2	5	
111	4	

Zwei 2en

Menschen, die zwei 2en in ihrem Diagramm haben, sind hoch-intelligent, feinfühlig und intuitiv. Im Gegensatz zu den Menschen mit nur einer 2 können sie ihre Intuition gut einsetzen. Sie erkennen leicht die Absichten anderer und können Menschen auf den ersten Blick einschätzen. Jacqueline Onassis ist ein Beispiel dafür (Abb. 3O).

Abb. 3O

Jacqueline Onassis
28. Juli 1929

		99
22		8
1		7

Drei 2en

Menschen, die drei 2en in ihrem Diagramm haben, haben eine zu starke feinfühlige und intuitive Energie und sind sehr leicht zu verletzen. Sie machen den Eindruck, als seien sie unnah-bar, weil sie in ihrer eigenen Gefühlswelt leben. Meist sind sie lieber allein als mit anderen zusammen, die sie nur verletzen könnten. Elisabeth Taylor hat drei 2en in ihrem Diagramm (Abb. 3P).

Abb. 3P

Elisabeth Taylor
27. Februar 1932

3		9
222		
1		7

Vier 2en

Menschen, die vier 2en in ihrem Diagramm haben, sind unge-duldig und neigen dazu, kleine Probleme überzubewerten. Sie sind äußerst sensibel und verbringen ihre Zeit lieber allein als zu riskieren, von anderen verletzt zu werden. Louis Pasteur, geboren am 27. Dezember 1822, ist ein Beispiel (Abb. 3Q). Ein anderes Beispiel ist Edward Kennedy (Abb. 3J).

Abb. 3Q

Louis Pasteur
27. Dezember 1822

2222		8
11		7

Fünf 2en

Menschen, die fünf 2en in ihrem Diagramm haben, sind sehr selten. Das ist ein Glück, denn sie finden das Leben äußerst schwierig. Sie sind übermäßig sensibel. Sie leiden ständig unter Selbstzweifeln und mangelndem Vertrauen in andere.

Im nächsten Jahrhundert wird man Menschen finden können, die sechs 2en in ihrem Diagramm haben (22. Februar 2022). Diesen Menschen wird es fast unmöglich erscheinen, mit ihrer unglaublichen Sensibilität umzugehen.

Die Zahl 3

Die 3 steht oben links im Diagramm, am Anfang der geistigen Ebene. Es ist die letzte Zahl der Reihe der Gedanken und die erste Zahl der geistigen Ebene. Folglich hängt sie eng mit den intellektuellen Fähigkeiten zusammen. Die 3 ist eine positive, glückliche Zahl. Die 3 weist auch auf das Gedächtnis und die Fähigkeit hin, klar und logisch zu denken.

Eine 3

Menschen mit einer 3 im Diagramm besitzen einen wachen, kreativen Verstand und ein ausgezeichnetes Gedächtnis. Sie stehen mit beiden Beinen auf der Erde und gehen mit einer positiven Einstellung an ihre Ziele. Sie können andere mit ihrem Optimismus und ihrer Aufrichtigkeit inspirieren. Elvis Presley, geboren am 8. Januar 1935, hat eine 3 in seinem Diagramm (Abb. 3R).

3		9
	5	8
11		

Abb. 3R

Elvis Presley
8. Januar 1935

Zwei 3en

Menschen, die zwei 3en im Diagramm haben, besitzen eine gute Vorstellungskraft. Sie haben einem scharfen Verstand und sind oft kreativ. Sie pfeifen auf Konventionen und erscheinen leicht exzentrisch. Viele Menschen mit dieser Kombination werden Schriftsteller, denn sie können ihre kreative Vorstellungskraft kanalisieren und ihre Ideen in Worten ausdrücken. Michail Gorbatschow, geboren am 2. März 1931, ist ein Beispiel (Abb. 3S).

Abb. 3S
Michail
Gorbatschow
2. März 1931

33		9
2		
11		

Drei 3en

Menschen, die drei 3en in ihrem Diagramm haben, leben in einer reichen Vorstellungswelt. Es fällt ihnen schwer, eine Beziehung zu anderen zu finden, sie scheinen mit sich selbst beschäftigt und zurückhaltend. Sie haben ausgezeichnete geistige Fähigkeiten, verbringen ihr Dasein aber meist in einer Traumwelt. Sie können anderen nur schwer zuhören, hin und wieder sind sie streitsüchtig und kleinlich. Richard Chamberlain, der Schauspieler, hat ein Diagramm mit drei 3en. Er wurde am 31. März 1935 geboren (Abb. 3T).

Abb. 3T
Richard
Chamberlain
31. März 1935

333		9
	5	
11		

Vier 3en

Menschen, die vier 3en im Diagramm haben sind unpraktisch, ängstlich und haben zuviel Phantasie. Deshalb fällt es ihnen schwer, im alltäglichen Leben zurecht zu kommen.

Diese Kombination ist sehr selten. Das nächste Mal wird sie am 3. März 2033 auftreten (Abb. 3U), ebenso am 13., 23., 30. und 31. März desselben Jahres.

Abb. 3U
Menschen, die
am 3. März 2033
geboren werden,
haben vier 3en
im Diagramm.

3333		
2		

Die Zahl 4

Die 4 deutet auf praktische Fähigkeiten und harte Arbeit, sie repräsentiert Ordnung und Gleichgewicht. Menschen, die diese Zahl in ihrem Diagramm haben, sind im allgemeinen gepflegt, ordentlich und gründlich.

Eine 4

Menschen, die eine 4 im Diagramm haben, sind meist handwerklich geschickt. Sie ergreifen gerne tatkräftige Berufe. Sie haben wenig Geduld für phantastische Vorstellungen und Theorien. Sie können die Arbeit für andere organisieren und Planungen perfekt ausführen. Eine 4 steht auch in Beziehung mit Musik und Kunsthandwerk. Liza Minelli, geboren am 12. März 1946 ist ein Beispiel (Abb. 3V).

3	6	9
2		
11	4	

Abb. 3V

Liza Minelli
12. März 1946

Zwei 4en

Menschen, die zwei 4en in ihrem Diagramm haben, verstricken sich leicht in übermäßige körperliche und materielle Aktivitäten, was auf Kosten von anderen Dingen geht. Sie können hervorragend organisieren und erledigen eine Aufgabe gerne von Anfang bis Ende. Sie sind gewissenhaft, genau und ordentlich. Sie haben oft eine beachtliche kreative Geschicklichkeit und machen gern schöne Dinge. Priscilla Presley, geboren am 24. Mai 1946, ist ein Beispiel für jemand mit zwei 4en im Diagramm (Abb. 3W).

	6	9
2	5	
1	44	

Abb. 3W

Priscilla Presley
24. Mai 1946

Drei 4en

Menschen, die drei 4en im Diagramm haben, beschäftigen sich fast ausschließlich mit physischen Aktivitäten, es fällt ihnen schwer, anderen Bereichen ihres Lebens Aufmerksamkeit zu widmen. Sie sind gut organisiert, diszipliniert und arbeiten hart. Ihre Fähigkeiten sind für andere offensichtlich, sie selbst aber können ihre Begabungen nur schwer akzeptieren und vergeuden Jahre mit Arbeit in falschen Bereichen. Shirley MacLaine, geboren am 24. April 1934, ist ein gutes Beispiel (Abb. 3X).

Abb. 3X

Shirley MacLaine
24. April 1934

3		9
2		
1	444	

Vier 4en

Menschen, die vier 4en in ihrem Diagramm haben, sind selten. Ein solches Diagramm gab es am 24. April 1944 zum letzten Mal (Abb. 3Y), das nächste Mal wird erst 2044 sein. Diese Menschen gehen ganz in physischer Aktivität auf. Sie haben wenig Verständnis für Menschen, die sich für intellektuelle oder spirituelle Dinge interessieren. Sie haben ein enormes Geschick für alles, was mit den Händen zu tun hat. Menschen mit vier 4en neigen zu Verletzungen an den unteren Gliedmaßen.

Abb. 3Y

24. April 1944
An diesem Tag
traten vier Vieren
zum letzten
Mal auf.

		9
	2	
1	4444	

Die Zahl 5

Die 5 steht an zentraler Stelle im Diagramm und weist auf Gleichgewicht und emotionale Stabilität. Auch deutet sie auf Freiheit hin, denn Menschen mit einer 5 im Diagramm brauchen einen gewissen Raum um sich herum; sie laufen lieber weg, wenn sie sich zu sehr eingeschränkt fühlen.

Eine 5

Menschen, die eine 5 in ihrem Diagramm haben, sind emotional ausgeglichen. Sie sind mitfühlend, verständnisvoll und warmherzig. Sie können andere Menschen motivieren und inspirieren, so daß sie mehr erreichen, als sonst möglich gewesen wäre. Die Schauspielerin Goldie Hawn, geboren am 21. November 1945, hat eine 5 in ihrem Diagramm (Abb. 3Z). Man beachte auch die vier 1en.

		9
2	5	
1111	4	

Abb. 3Z

Goldie Hawn
21. November 1945

Zwei 5en

Menschen mit zwei 5en in ihrem Diagramm sind ernsthaft und entschlossen. Sie besitzen viel Antriebskraft und Enthusiasmus. Es fällt ihnen schwer, ihre Gefühle zu zügeln, was manchmal zu Ausbrüchen führt, die sie später bedauern. Das führt oft zu Schwierigkeiten im Familienleben. Stevie Wonder, geboren am 13. Mai 1950, ist ein Beispiel für jemanden mit zwei 5en (Abb. 3AA).

3		9
	55	
11		

Abb. 3AA

Stevie Wonder
13. Mai 1950

Dreimal eine 5

Menschen, die drei 5en in ihrem Diagramm haben, reden gern ohne viel nachzudenken und können andere damit unbeabsichtigt verletzen. Sie haben viel Antriebskraft und Energie, aber diese Eigenschaften müssen sorgfältig gelenkt werden. Sie mögen Abwechslung, Abenteuer und Aufregung, oft gehen sie unnötige Risiken ein. Der Wirtschaftswissenschaftler Paul Samuelson, geboren am 15. Mai 1915 hat drei Fünfen in seinem Diagramm (Abb. 3BB).

		9
	555	
111		

Abb. 3BB

Paul Samuelson
15. Mai 1915

Vier 5en

Menschen mit vier 5en sind sehr schwer zu finden, denn das gibt es nur dreimal in hundert Jahren. Das nächste Mal wird diese Kombination am 5. Mai 2055 auftreten (Abb. 3CC). Sie ist gefährlich, denn sie birgt die Möglichkeit für Unfälle. Menschen, die vier 5en haben, müssen ihr Tempo drosseln und denken bevor sie handeln.

Abb. 3CC

Vier 5en gibt es das nächste Mal am 5. Mai 2055

2	5555	

Die Zahl 6

Die Zahl 6 in der Mitte der oberen Reihe, weist auf Kreativität und Liebe zu Heim und Familie.

Eine 6

Menschen, die eine 6 in ihrem Diagramm haben, lieben ihr Heim und die Familie. Sie übernehmen gern häusliche Verpflichtungen und haben außerdem ein beachtliches schöpferisches Potential. Sie sind gute Eltern, und jeder in der Familie kommt gern zu ihnen, wenn es Probleme gibt. Oft sind sie unsicher und haben Angst, den Ehepartner zu verlieren und dann auf sich gestellt zu sein. Ginger Rogers, geboren am 16. Juli 1911, hat eine 6 in ihrem Diagramm (Abb. 3DD).

Abb. 3DD

Ginger Rogers 16. Juli 1911

	6	9
1111		7

Zwei 6en

Menschen mit zwei 6en im Diagramm neigen zu unnötiger Sorge
um Heim und Familie. Dadurch sind sie
nervlich ständig angespannt und brauchen mehr Ruhe als andere Menschen. Sie
arbeiten gern kreativ und umgeben sich
am liebsten mit schönen Dingen. Meist
sind sie über-behütend, und es fällt ihnen
schwer, ihre Kinder auf eigenen Füßen stehen zu lassen. Jerry Lewis, geboren am 16.
März 1926, ist ein gutes Beispiel (Abb. 3EE).

3	66	9
2		
11		

Abb. 3EE

Jerry Lewis
16. März 1926

Drei 6en

Menschen mit drei 6en in ihrem Diagramm sind über-behütend
und besitzergreifend. Auch haben sie ein
beträchtliches schöpferisches Vermögen,
das zum Ventil für ihre emotionale
Anspannung werden kann. Sie sehen eher
die negative Seite des Lebens und brauchen ständig Ermutigung. Streß und Sorgen können für diese Menschen zum Problem werden. Der Boxer Mike Tyson,
geboren am 30. Juni 1966, ist ein Beispiel für jemanden mit drei
Sechsen in seinem Diagramm (Abb. 3FF).

3	666	9
1		

Abb. 3FF

Mike Tyson
30. Juni 1966

Vier 6en

Menschen mit vier 6en sind hochgradig kreativ, aber in jungen
Jahren fällt es ihnen schwer, diese Energie
zu kanalisieren. Alles berührt sie gefühls-
mäßig, und so ist das Alltagsleben für sie
nicht einfach. In jedem Jahrhundert gibt
es nur drei Tage, an denen Menschen mit
vier Sechsen geboren werden. Der letzte
war am 26. Juni 1966 (Abb. 3GG).

	66 66	9
2		
1		

Abb. 3GG

Der 26. Juni 1966
war der letzte Tag
mit vier 6en.

Die Zahl 7

Die Zahl 7 steht im unteren rechten Quadrat des Diagramms. Sie repräsentiert Opfer, Lernen durch den harten Weg, durch Enttäuschung oder Verlust.

Eine 7

Menschen, die eine 7 in ihrem Diagramm haben, lernen durch Verlust von geliebten Menschen, Besitz oder Gesundheit. Wenn sie diese Erfahrungen gemacht haben, wächst ihr Interesse an metaphysischen oder spirituellen Dingen. Elisabeth Kübler-Ross, geboren am 8. Juli 1926, hat eine 7 in ihrem Diagramm (Abb. 3HH).

	6	9
2		8
1		7

Abb. 3HH
Elisabeth
Kübler-Ross
8. Juli 1926

Zwei 7en

Menschen mit zwei 7en in ihrem Diagramm wachsen an Weisheit und Wissen, wenn sie entweder Liebe, Gesundheit oder Geld verlieren. Letztendlich führt das zu einem Interesse an psychischen oder okkulten Welten. Sie haben einen analytischen Verstand und können gut schwierige, technische Probleme lösen.

Edgar Cayce, geboren am 18. März 1877, hat zwei 7en in seinem Diagramm

3		
		88
11		77

Abb. 3II
Edgar Cayce
18. März 1877

(Abb. 3II). Auch Wolfgang Amadeus Mozart, geboren am 27. Januar 1756, hat ein Diagramm mit zwei 7en.

Drei 7en

Menschen, die drei 7en in ihrem Diagramm haben, führen oft ein unglückliches Leben, sie müssen große Enttäuschungen im Bereich von Liebe, Gesundheit und Geld hinnehmen. Häufig entwickeln diese Menschen gewaltige innere Kraft infolge dieser Widrigkeiten. Der Dichter William Wordsworth, geboren am 7. April 1770, ist ein Beispiel dafür (Abb. 3JJ).

Abb. 3JJ
William
Wordsworth
7. April 1770

1	4	777

Vier 7en

Menschen mit vier 7en müssen große Lektionen durch den Verlust von Liebe, Gesundheit und Geld lernen. Glücklicherweise gibt es in jedem Jahrhundert nur drei Tage, bei denen diese Kombination auftaucht. Zum letzten Mal kam das am 27. Juli 1977 vor (Abb. 3KK).

Abb. 3KK
27. Juli 1977
Das letzte Datum
mit vier 7en.

		9
2		
1		7777

Die Zahl 8

Die Zahl 8 weist auf Gründlichkeit.

Eine 8

Menschen mit einer 8 in ihrem Diagramm sind methodisch, gewissenhaft und gründlich. Überraschenderweise fällt es ihnen manchmal schwer, ihre Aufgaben zu Ende zu führen. Sie haben einen rastlosen, wachen Verstand und brauchen ständig geistige Herausforderungen. Napoleon Bonaparte, geboren am 15. August 1769 ist ein Beispiel für einen Menschen mit einer 8 in seinem Diagramm (Abb. 3LL).

Abb. 3LL
Napoleon
Bonaparte
15. August 1769

	6	9
	5	8
11		7

Zwei 8en

Menschen mit zwei 8en sind äußerst scharfsinnig und gewissen-haft. Sie überprüfen lieber alles selbst, da sie nichts in gutem Glauben hinnehmen wollen. Sie haben feste Ansichten und Meinungen und ändern nur ungern ein-mal getroffene Entscheidungen. Der große britische Philosoph Bertrand Russell, geboren am 18. Mai 1872, ist in Beispiel (Abb. 3MM).

Abb. 3MM

**Bertrand Russell
18. Mai 1872**

2	*5*	*88*
11		*7*

Drei 8en

Menschen, die drei 8en in ihrem Diagramm haben, sind gewis-senhaft, genau und häufig ruhelos. Sie fin-den ihr Lebensziel oft erst mit etwa vierzig Jahren und machen dann eine schnelle Entwicklung durch. Sie haben hervorra-gende Fähigkeiten im Bereich Handel und Finanzen. Sie können übermäßig materia-listisch sein und müssen lernen, daß Besitz nicht dauerhaft glücklich macht. Der Schriftsteller Jules Verne, geboren am 8. Februar 1828 ist ein Bei-spiel für einen Menschen mit drei 8en in seinem Diagramm (Abb. 3NN).

Abb. 3NN

**Jules Verne
8. Februar 1828**

22		*888*
1		

Vier 8en

Menschen mit vier 8en sind äußerst ruhelos und haben ein star-kes Bedürfnis nach Abwechslung und Vielfalt in ihrem Leben. Wenn sie ein Ziel gefunden haben, das sie wirklich erstre-ben, ist es eine Freude, ihre Entwicklung zu verfolgen. Bis dahin neigen sie dazu, ein ziel- und sinnloses Leben zu führen. Diese Kombination erscheint nur dreimal in jedem Jahrhundert. Das letzte Mal war der 28. August 1988. Lawrence von Arabien, geboren am 15. August 1888, ist ein Beispiel dafür (Abb. 3OO).

Abb. 3OO

**Lawrence von
Arabien
15. August 1888**

	5	*88* *88*
11		

Die Zahl 9

Jeder Mensch, der im 20. Jahrhundert zur Welt kam, hat mindestens eine 9 in seinem Diagramm. Die 9 ist eine humanitäre Zahl, sie repräsentiert Idealismus, Heldenmut und Ehrgeiz.

Eine 9

Menschen mit einer 9 sind ehrgeizig. Es ist ihnen ein großes Bedürfnis, sich selbst zu verbessern. Die Zahl 9 steht sowohl auf der geistigen Ebene als auch auf der Ebene der Tat. Aus diesem Grund hat die Menschheit im 20. Jahrhundert so viel erreicht. Dennoch müssen viele immer noch lernen, humanitäre Fähigkeiten auszubilden. Es ist nicht schwer, einen Menschen zu finden, dessen Diagramm als Beispiel für eine 9 dient. Mutter Teresa, geboren am 27. August 1910, ist ein treffendes Beispiel für die humanitären Eigenschaften der 9 (Abb. 3PP).

		9
2		8
11		7

Abb. 3PP

Mutter Teresa
27. August 1910

Zwei 9en

Menschen mit zwei 9en im Diagramm sind idealistisch und intelligent, neigen aber dazu, andere zu kritisieren. Da sie hochintelligent sind, schauen sie manchmal auf andere herab, die nicht so gesegnet sind. Sie müssen lernen, mit Menschen aller Gesellschaftsschichten zusammen zu sein. Michael Jackson, geboren am 29. August 1958, ist ein gutes Beispiel für jemanden mit zwei Neunen in seinem Diagramm (Abb. 3QQ).

		99
2	5	88
1		

Abb. 3QQ

Michael Jackson
29. August 1958

Drei 9en

Menschen mit drei 9en sind idealistisch, warmherzig und intelligent. Sie neigen zu Übertreibungen und »machen aus einer Mücke einen Elefanten«. Wenn sie erwachsen werden, können sie allmählich besser damit umgehen. Sie sind glücklich und positiv, wenn sie ihre geistigen Fähigkeiten gut nutzen. Jedoch sind sie schnell frustriert und mutlos, wenn sie das Gefühl haben, sich in eingefahrenen Gleisen zu bewegen. Billy Joel, geboren am 9. Mai 1949, ist ein Beispiel für einen Menschen mit drei 9en in seinem Diagramm (Abb. 3RR).

Abb. 3RR
Billy Joel
9. Mai 1949

		999
4	*5*	
1		

Vier oder fünf 9en

Menschen, die vier oder fünf 9en in ihrem Diagramm haben, sind hochintelligent, aber es fällt ihnen schwer, mit den Füßen auf dem Boden der Alltagswelt zu bleiben. Oft ziehen sie sich in ihre eigene Phantasiewelt zurück. Wenn sie lernen, ihr großes Energiepotential zu zügeln und zu lenken, können sie viel Gutes in der Welt bewirken.

Fünf 9en sind äußerst selten. Die nächsten Male werden der 9., 19. und 29. September 1999 sein (Abb. 3SS), dann wird diese Kombination erst wieder am 9. September 2999 auftreten.

Abb. 3SS
29. September 1999
Zum letzten Mal
fünf 9en in diesem
Millennium.

		999 *99*
2		
1		

Fehlende Zahlen

Fehlende Zahlen im Diagramm deuten auf Lektionen, die dieser Mensch in seinem Leben lernen muß. Wenn wir wissen, welche Zahlen im Diagramm unserer Freunde und Verwandten fehlen, können wir erkennen, was sie zu lernen haben. Wir können dann mehr Verständnis für sie entwickeln und ihnen helfen. Ohne dieses Wissen kritisieren wir leicht andere für ihr Verhalten in bestimmten Bereichen, und das nützt keinem etwas. Wenn wir die fehlenden Zahlen kennen, können wir diese Menschen ermutigen und sie in ihrem Bereich unterstützen.

In jedem Diagramm fehlt mindestens eine Zahl.

Die Zahl 1

Im nächsten Jahrhundert wird es wieder Menschen geben, die keine 1 in ihrem Diagramm haben. Während der letzten tausend Jahre war das nicht möglich gewesen. Menschen mit einer fehlenden 1 können ihre Individualität nur schwer ausdrücken, sie helfen und kümmern sich mehr um andere. Sie werden fast kein Ego haben. Sie werden ein kreatives Ventil entwickeln müssen, um ihre Gefühle auf konstruktive Weise auszudrücken.

Die Zahl 2

Menschen ohne 2 in ihrem Diagramm mangelt es an Empfindsamkeit und Intuition. Sie machen viele Fehler, da sie die leise, schwache, sanfte innere Stimme überhören. Sie neigen zu Ungeduld und Ungenauigkeit. Lieber rechtfertigen sie ihre Handlungsweise, als einen Fehler zuzugeben. Diese Menschen müssen Gleichgewicht in ihrem Leben erreichen. Das Diagramm des Schriftstellers Roald Dahl, geboren am 13. September 1916, ist ein Beispiel für eine fehlende 2 (Abb. 3TT).

3	6	99
111		

Abb. 3TT
Roald Dahl
13. September 1916

Die Zahl 3

Menschen, in deren Diagramm die 3 fehlt, mangelt es an Selbstvertrauen, und sie können sich nur schwer ausdrücken. Sie neigen dazu, sich zu unterschätzen und sich zu sehr zurückzuhalten. Wenn sie beunruhigt sind, fällt ihnen logisches Denken schwer. Sie müssen lernen, sich selbst anzunehmen, um dann Zuversicht und Selbstachtung zu gewinnen. Diana, Prinzessin von Wales, geboren am 1. Juli 1961, ist ein Beispiel für eine fehlende 3 im Diagramm (Abb. 3UU).

Abb. 3UU
Diana, Prinzessin
von Wales
1. Juli 1961

	6	9
111		7

Die Zahl 4

Menschen ohne 4 in ihrem Diagramm können sich nur schwer eine feste Routine schaffen. Sie können sich nicht gut organisieren und haben wenig Motivation. Infolgedessen erreichen sie selten viel, wenn sie ihre Einstellung nicht ändern. Sie müssen lernen, ihr Leben zu ordnen und für ihr Ziel zu arbeiten. Da die Zahl 4 auch für Geschicklichkeit steht, haben Menschen ohne 4 im Diagramm selten geschickte Hände. Wenn sie allmählich mehr Geduld und Toleranz entwickeln, wird das Leben leichter für sie. Emily Bronte, geboren am 20. August 1818, ist ein Beispiel dafür (Abb. 3VV).

Abb. 3VV
Emily Bronte
20. August 1818

2		888
11		

Die Zahl 5

Menschen, deren Diagramm keine 5 enthält, können sich nur schwer Ziele setzten. Es mangelt ihnen an Flexibilität und Antrieb. Sie brauchen immer jemand, der sie motiviert. Diese Menschen müssen lernen, sich realistische Ziele zu setzen, die sie erst erreichen müssen, bevor sie an Neues gehen. Diagramme ohne 5 sind weit verbreitet. Thomas Edison, geboren am 11. Februar 1847, ist ein Beispiel für einen Menschen, dessen Diagramm die 5 fehlt (Abb. 3WW).

2		8
111	4	7

Abb. 3WW

Thomas Edison
11. Februar 1847

Die Zahl 6

Menschen, deren Diagramm die 6 fehlt, müssen lernen, mehr von sich selbst preiszugeben. Sie neigen dazu, ihre innersten Gefühle vor anderen zu verbergen. Das hängt oft mit Schwierigkeiten mit einem Elternteil (meist der Vater) in der Kindheit zusammen. Diese Menschen haben Probleme in ihren Beziehungen, wenn sie nicht lernen, offen und frei zu sein. Willie Nelson, geboren am 30. April 1933, hat keine 6 in seinem Diagramm (Abb. 3XX).

333		9
1	4	

Abb. 3 XX

Willie Nelson
30. April 1933

Die Zahl 7

Menschen, deren Diagramm die 7 fehlt, neigen dazu, auf die Gefühle anderer Menschen keine Rücksicht zu nehmen. Ihr Alltag ist mangelhaft organisiert. Sie haben wenig oder kein Interesse an spirituellen oder metaphysischen Dingen. Es fällt ihnen schwer, selbständig zu sein, und sie sind nicht gern allein. Sie müssen lernen, ihre Gefühle auszudrücken und mit anderen entspannter umzugehen. Sir Isaac Newton, geboren am 25. Dezember 1642, ist ein Beispiel dafür (Abb. 3YY).

	6	
222	5	
11	4	

Abb. 3YY

Sir Isaac Newton
25. Dezember 1642

Die Zahl 8

Menschen, deren Diagramm die 8 fehlt, können nicht gut mit ihrem Geld umgehen. Sie sind zu sorglos oder zu vertrauensvoll und erleiden dadurch finanzielle Verluste. Sie haben wenig Motivation und erledigen Aufgaben nur halb. Sie müssen lernen, ihre natürliche Impulsivität zu beherrschen und zu denken bevor sie handeln. Mick Jagger, geboren am 26. Juli 1943, ist ein Mensch mit einem Diagramm ohne 8 (Abb. 3ZZ).

Abb. 3ZZ

Mick Jagger
26. Juli 1943

3	6	9
2		
1	4	7

Die Zahl 9

Jeder, der im 20. Jahrhundert zur Welt kam, hat eine 9 in seinem Diagramm, aber im 21. Jahrhundert wird es viele Menschen geben, die keine 9 haben. Menschen ohne 9 neigen dazu, Gefühle und Bedürfnisse von anderen zu übergehen. Sie scheinen losgelöst vom Leben der anderen Menschen. Sie müssen lernen, zu geben und wahre Menschenfreunde zu werden. Bertrand Russel, geboren am 18. Mai 1872, ist ein Beispiel für einen Menschen ohne 9 in seinem Diagramm (Abb. 3MM).

Man sieht, wie vielfältig die Kombinationsmöglichkeiten sind. Im nächsten Kapitel werden wir diese Kombinationen interpretieren.

4

Die Pfade der Stärke und der Schwäche

Ein Diagramm kann 15 Pfade oder Reihen aufweisen. Pfade der Stärke entstehen, wenn drei Zahlen in einer horizontalen, vertikalen oder diagonalen Reihe stehen. Pfade der Schwäche ergeben sich, wenn drei leere Kästchen eine horizontale, vertikale oder diagonale Reihe bilden.

Diese Pfade sind auch als Pfade des Pythagoras bekannt. Möglich ist, daß Pythagoras sie benutzt hat. Wenn das so war, waren sie verschollen — jedenfalls für die westliche Welt — bis Dr. Hettie Templeton diese Pfade in den dreißiger Jahren dieses Jahrhunderts wieder entdeckte. Sie schrieb darüber in ihrem Buch *Numbers and Their Influence.*[1]

Nicht jedes Diagramm enthält Pfade. Das Diagramm von Wolfgang Amadeus Mozart zum Beispiel, geboren am 27. Januar 1756, weist keinen Pfad auf (Abb. 4A). Die meisten Diagramme jedoch enthalten Pfade, diese sind dann ein wertvoller Hinweis auf Struktur und Persönlichkeit eines Menschen. Manche Menschen haben mehrere Pfade in ihrem Diagramm. Sind es Pfade der Stärke, weisen sie auf bedeutende Fähigkeiten und Charakterstärken.

Abb. 4A
Wolfgang
Amadeus Mozart
27. Januar 1756

	6	
2	5	
11		77

Es zählt jedoch nicht nur, was uns gegeben wurde. Ich habe viele Menschen mit bemerkenswerten Diagrammen getroffen, die in ihrem Leben nur wenig erreicht haben, auch bin ich Menschen mit schwierigen Diagrammen begegnet, die ihre Grenzen überwunden haben. Wir werden noch das Diagramm von Indira Gandhi betrachten, die ein gutes Beispiel für einen Menschen mit äußerst schwierigem Diagramm ist, die aber Großes geleistet hat.

Die Pfade der Stärke

Die Pfade der Stärke repräsentieren positive Einflüsse. Ihr bloßes Vorhandensein bedeutet aber noch nicht, daß jemand diese positiven Kräfte auch einsetzt. Sie sind naturgegebene Anlagen, die entwickelt werden müssen. Sie weisen auf jene Bereiche hin, in denen die betreffende Person schnell vorankommt.

Der Pfad der Entschlossenheit

Dieser Pfad besteht aus der diagonalen Reihe mit den Zahlen 1, 5 und 9. Er ist recht häufig, da ihn jeder hat, der in den fünfziger Jahren dieses Jahrhunderts geboren wurde. Wie der Name sagt, bringt er Entschlußkraft und Ausdauer mit sich. Menschen mit diesem Pfad sind einfallsreich, ernsthaft und fortschrittlich. Auch sind sie geduldig und bereit, auf das zu warten, was sie sich in den Kopf gesetzt haben.

Es ist jedoch nicht immer leicht, über einen langen Zeitraum Geduld aufzubringen, so müssen diese Menschen lernen, ihr Temperament zu zügeln. Das gilt insbesondere, wenn die Zahl 4 im Diagramm fehlt.

Abb. 4B
Margaret Thatcher
13. Oktober 1925

Margaret Thatcher, geboren am 13. Oktober 1925, ist ein gutes Beispiel für einen Menschen mit dem Pfad der Entschlossenheit (Abb. 4B). Bevor sie ihre Machtstellung erreichte, mußte sie in langen Jahren erst Geduld und Ausdauer lernen.

Der Pfad des Mitgefühls

Dieser Pfad besteht aus der diagonalen Reihe mit den Zahlen 3, 5 und 7. Menschen mit dieser Kombination entwickeln einen festen Glauben und eine starke Lebensphilosophie. Da man diese Dinge durch Lebenserfahrung lernt, führen diese Menschen oft ein unglückliches Leben. Mit zunehmender Reife jedoch entwickeln sie eine innere Gelassenheit und ein starkes Vertrauen, was sie trägt und tröstet. Manche Menschen mit diesem Pfad haben ein großes Interesse an Musik.

Dieser Pfad wird auch Pfad der Mystik genannt. Interessant ist, daß jeder Mensch, der im 20. Jahrhundert mit einem Pfad des Mitgefühls zur Welt kam, auch den Pfad der Entschlossenheit besitzt.

Elton John, geboren am 25. März 1947, ist ein gutes Beispiel dafür (Abb. 4C). Sein Glaube und seine Philosophie werden in seiner Musik lebendig.

Abb. 4C
Elton John
25. März 1947

Der Pfad des Intellekts

Der Pfad des Intellektes besteht aus der horizontalen Zahlenreihe 3, 6 und 9. Das sind die Zahlen der Verstandesebene, sie bringen einen wachen Verstand und ein ausgezeichnetes Gedächtnis mit sich. Menschen mit dieser Kombination neigen dazu, ihren Verstand auf Kosten ihrer Gefühle einzusetzen. Auch sehen sie leicht auf andere Menschen herab, die ihnen geistig unterlegen sind. Davon abgesehen, sind sie ausgeglichen und helfen anderen gern. Heim und Familie sind ihnen wichtig.

George Orwell, geboren am 25. Juni 1903, ist ein gutes Beispiel für einen Menschen mit dem Pfad des Intellekts (Abb. 4D). Orwells Diagramm weist auch den Pfad des Entschlossenheit und den Pfad des Planens auf, er war also mit einem enormen Potential gesegnet. Bekannt wurd er durch seine satirische Zukunftsbeschreibung in »1984«. Er schrieb aber auch allgemeine Werke und eine Reihe von Essays über führende Autoren und ihre Werke.

Abb. 4D
George Orwell
25. Juni 1903

Der Pfad des emotionalen Gleichgewichts

Der Pfad des emotionalen Gleichgewichts besteht aus den Zahlen 2, 5 und 8 der emotionalen Ebene. Menschen mit dieser Kombination im Diagramm sind verständnisvoll, mitfühlend und emotional ausgeglichen. Sie können den Standpunkt anderer gut verstehen und sich leicht in andere hineinversetzen. Auch haben sie eine natürliche Begabung zum Heilen. Dieser Pfad ist äußerst stark, da er die 5 enthält. Wenn ein Mensch mit diesem Pfad einmal etwas beschlossen hat, hört er nicht auf halbem Wege auf. Er erreicht sein Ziel.

Der gefeierte Schauspieler Sean Connery, geboren am 25. August 1930, ist ein gutes Beispiel für einen Menschen mit dem Pfad des emotionalen Gleichgewichtes (Abb. 4E).

Abb. 4E

Sean Connery
25. August 1930

3		9
2	5	8
1		

Der Pfad der praktischen Veranlagung

Der Pfad der praktischen Veranlagung besteht aus den Zahlen 1, 4 und 7 der praktischen Ebene. Es ist wohl kaum verwunderlich, daß Menschen mit dieser Kombination geschickte Hände haben. Das kann heißen, daß sie zupacken oder auch eine gewisse Kreativität ausdrücken können. Diese Menschen sind im allgemeinen das »Salz der Erde«, sie sind erdverbunden, geschickt und praktisch veranlagt, und man kommt gut mit ihnen aus. Dieser Pfad steht in Beziehung mit physischen Talenten, kann aber auch mit mentalen Fähigkeiten zusammenhängen. Diese Menschen sind bereit, lange und hart für das zu arbeiten, an was sie glauben.

Winston Churchill, geboren am 30. November 1874, ist ein gutes Beispiel für einen Menschen mit dem Pfad der praktischen Veranlagung (Abb. 4F). Trotz seiner privilegierten Herkunft und Erziehung stand er immer dem »gemeinen Volk« nahe und war anderen ein guter Freund. Er arbeitete auch gern mit seinen Händen, errichtete riesige Wände aus Ziegelsteinen und malte Bilder.

Abb. 4F

Winston Churchill
30. November 1874

3		
		8
111	4	7

Der Pfad des Planens

Der Pfad des Planens besteht aus der ersten senkrechten Reihe mit den Zahlen 1, 2 und 3. Menschen mit dieser Kombination haben jeweils wenigstens eine Zahl auf der mentalen, emotionalen und praktischen Ebene. Sie können gut organisieren und planen im voraus, wie sie ihre Ziele erreichen. Ihre Schwäche liegt darin, daß sie Kleinigkeiten nicht so genau nehmen. Sie können sich gut ausdrücken und mögen lange Gespräche über interessante Dinge. Auch sind sie lernbegierig und vergessen alles um sich her, wenn sie sich in ihre Studien vertiefen.

Der berühmte englische Musicalkomponist Andrew Lloyd Webber, geboren am 22. März 1948, ist ein gutes Beispiel dafür (Abb. 4G).

3		9
22		8
1	4	

Abb. 4G

**Andrew Lloyd Webber
22. März 1948**

Der Pfad der Willenskraft

Der Pfad der Willenskraft besteht aus der senkrechten Reihe mit den Zahlen 4, 5 und 6. Dieser Pfad ist selten, doch er verleiht beträchtliche Stärke und Ausdauer. Menschen mit diesem Pfad sind egozentrisch, dynamisch und unglaublich hartnäckig. Sie neigen dazu, die Gefühle anderer Menschen zu mißachten und unabsichtlich zu verletzten, wenn sie erst in Schwung sind und ihre Ziele erreichen wollen. Dennoch sind sie äußert gute Freunde. Wenn jemand mit diesem Pfad erst Freundschaft geschlossen hat, kann diese Freundschaft durch nichts auseinander gebracht werden. Diese Menschen müssen in ihrem Leben oft große Probleme bewältigen, doch bleiben sie immer positiv und optimistisch. Unweigerlich finden sie eine Lösung.

Der Filmstar Gregory Peck, geboren am 5. April 1916, ist ein gutes Beispiel für einen Menschen mit dem Pfad der Willenskraft (Abb. 4H).

	6	9
	5	
11	4	

Abb. 4H

**Gregory Peck
5. April 1916**

Der Pfad der Aktivität

Der Pfad der Aktivität besteht aus den Zahlen 7, 8 und 9. Menschen, die diesen Pfad in ihrem Diagramm haben, müssen aktiv sein. Sie sind immer geschäftig, körperlich oder geistig. Sie mögen keine einengenden Räume und sind am liebsten draußen, wo sie viel Platz um sich haben. Sie neigen zu Nervosität und können sich gut schriftlich ausdrücken.

Richard Simmons, geboren am 12. Juli 1948, ist ein interessantes Beispiel für einen Menschen mit dem Pfad der Aktivität (Abb. 4I).

Abb. 4I

Richard Simmons
12. Juli 1948

		9
2		8
11	4	7

Die Pfade der Schwäche

Die Pfade der Schwäche enthüllen die Bereiche des Lebens, um die sich der betreffende Mensch am meisten bemühen muß. Jeder kann sein Leben verändern und sich auf viele verschiedene Weisen verbessern. Diese Pfade zeigen, wo man beginnen sollte.

Der Pfad der Entschlußlosigkeit

In den letzten tausend Jahren hat niemand diesen Pfad gehabt, da er aus den fehlenden Zahlen 1, 5 und 9 besteht. Im 21. Jahrhundert wird es wieder Menschen mit diesem Pfad geben. Die 1 ist eine egozentrische Zahl, was heißt, daß jeder, der im letzten Jahrtausend geboren wurde, sich selbst an erste Stelle setzt. Wer im 21. Jahrhundert geboren werden wird, hat eine 2 in seinem Diagramm. (Die 2 ist mitfühlend, sorgend und intuitiv, was auf Gutes für die Menschheit in den nächsten tausend Jahren hindeutet.)

Menschen mit dem Pfad der Entschlußlosigkeit sind liebenswerte, einfühlsame Menschen, die alles richtig machen wollen. Folglich fällt es ihnen schwer, Entscheidungen zu treffen, die vielleicht nicht jedem gefallen.

Der Pfad des Zweifels

Der Pfad des Zweifels besteht aus den fehlenden Zahlen 3, 5 und 7. Menschen mit dieser Kombination wollen lieber alles mit eigenen Augen sehen oder bewiesen haben, als etwas auf guten Glauben hin zu akzeptieren. Sie haben eine konservative Einstellung zur Religion und übernehmen einfach den Glauben ihrer Eltern ohne ihn in Frage zu stellen. Diese Menschen sind liebevoll, ehrlich und fair, können ihre Gefühle aber oft nur schwer ausdrücken. Sie sind Idealisten und können starke Visionen haben, die sie hochgradig intuitiv handeln lassen.

Präsident Abraham Lincoln, geboren am 12. Februar 1809, ist ein gutes Beispiel für einen Menschen mit dem Pfad des Zweifels in seinem Diagramm (Abb. 4J).

Abb. 4J

Abraham Lincoln
12. Februar 1809

Der Pfad des schwachen Gedächtnisses

Im 20. Jahrhundert wurde niemand mit diesem Pfad geboren, denn er besteht aus den fehlenden Zahlen 3, 6 und 9. Im 21. Jahrhundert wird es diesen Pfad wieder geben.

Das Fehlen der geistigen Zahlen bedeutet nicht einen schwachen Intellekt. In der Tat ist häufig das Gegenteil der Fall, und viele Menschen mit dieser Kombination sind sehr flink und geistreich. Dieser Pfad deutet darauf hin, daß die mentalen Fähigkeiten mit zunehmendem Alter geringer werden bis hin zur Vergeßlichkeit und Geistesabwesenheit. Menschen mit diesem Pfad lernen als Kinder im allgemeinen eher langsam, holen aber später auf. In fortgeschrittenem Alter läßt ihr Verstand sie allmählich im Stich. Das kann man verhindern, wenn man sich mit vielen Hobbies und Interessen geistig fit hält.

Bertrand Russell, geboren am 18. Mai 1872, ist ein interessantes Beispiel für einen Menschen mit den Pfad des schwachen Gedächtnisses (Abb. 4K). Er wird allgemein als geistige Größe angesehen, und er hat unglaublich viel erreicht. Sein Gedächtnis jedoch hat ihn im Alter zunehmend im Stich gelassen.

Abb. 4K

Bertrand Russell
18. Mai 1872

Der große britische Schriftsteller William Somerset Maugham, geboren am 25. Januar 1874, ist ein weiteres Beispiel für einen Menschen mit diesem Pfad (Abb. 4L). (Zufällig enthält sein Diagramm auch die Pfade des emotionalen Gleichgewichts und der praktischen Veranlagung.) Sein letzter großer Erfolg vor seinem Tod im Jahr 1965 war Auf Messers Schneide im Jahr 1944.

Abb. 4L
William Somerset Maugham
25. Januar 1874

2	5	8
11	4	7

Der Pfad der emotionalen Empfindsamkeit

Der Pfad der emotionalen Empfindsamkeit besteht aus den fehlenden Zahlen 2, 5 und 8. Das bedeutet, daß die emotionale Ebene keine Zahlen enthält, die diesem Lebensbereich Schutz bieten könnten. Folglich sind Menschen mit diesem Pfad überempfindlich und leicht verletzbar. Sie lernen schnell, ihre Gefühle zu verstecken. Sie können andere Menschen stützen und sich um sie kümmern, besonders wenn sie ihre Hilfe brauchen. Menschen mit diesem Pfad sind als Kinder im allgemeinen scheu, gleichwohl die meisten das als Erwachsene überwinden. Manche leiden unglücklicherweise ihr ganzes Leben lang unter einem Minderwertigkeitskomplex.

Abb. 4M
Diana, Prinzessin von Wales
1. Juli 1961

	6	9
111		7

Diana, Prinzessin von Wales, geboren am 1. Juli 1961, ist ein Beispiel für einen Menschen mit dem Pfad der emotionalen Empfindsamkeit (Abb. 4M).

Der Pfad der mangelnden praktischen Veranlagung

Auch diesen Pfad gab es in den letzten tausend Jahren nicht, da er entsteht, wenn die Zahlen 1, 4 und 7 fehlen. Im 21. Jahrhundert jedoch wird er wieder auftreten.

Die Diagramme dieser Menschen enthalten keine Zahlen auf der praktischen Ebene, so daß sie in erster Linie in einer geistigen und emotionalen Welt leben. Sie sind unpraktisch und idealistisch, und es fällt ihnen schwer, den Alltag in den Griff zu bekommen. Diese Menschen werden sich eher in theoretischen als in praktischen Bereichen hervortun.

Der Pfad der Enttäuschungen

Dieser Pfad besteht aus den fehlenden Zahlen 4, 5 und 6. Dadurch wird das Diagramm in zwei Hälften mit Zahlen auf beiden Seiten und einer leeren Mitte geteilt. Menschen mit diesem Pfad erleben mehr Rückschläge, Enttäuschungen und Frustrationen als andere. Im allgemeinen ist es ihre eigene Schuld, da sie mehr von anderen erwarten als gut ist. Sie müssen Enttäuschungen und Desillusionierungen erleben, bis sie gelernt haben, andere so zu nehmen wie sie sind.

Abb. 4N

Elisabeth Taylor
27. Februar 1932

Elisabth Taylor, geboren am 27. Februar 1932, ist ein gutes Beispiel dafür (Abb. 4N).

Der Pfad des Zögerns

Dieser Pfad besteht aus den fehlenden Zahlen 7, 8 und 9. Folglich hat niemand, der im 20. Jahrhundert geboren wurde, diesen Pfad in seinem Diagramm, doch in Kürze wird er wieder auftreten.

Menschen mit diesem Pfad fehlt der Antrieb, ihre Gedanken sind ungerichtet und sie vergessen zu planen. Aus diesem Grund erreichen sie meist nicht viel, wenn sie nicht lernen, sich zu disziplinieren und sich lohnende Ziele zu setzen. Wenn sie das umsetzen, können sie sogar Pioniere und Erneuerer werden. Ihre Fähigkeit, zweigleisig zu denken, ihre originellen Ideen und ihre Hingabe können Türen zu neuen Entwicklungen öffnen.

Abb. 4O

Sir Isaac Newton
25. Dezember 1642

Sir Isaac Newton, geboren am 25. Dezember 1642, ist ein Beispiel für einen Menschen mit dem Pfad des Zögerns in seinem Diagramm (Abb. 4O).

Wenn wir die Interpretation der Pfade und die Bedeutung der Zahlen miteinander kombinieren, können wir die ersten Charakterlesungen für Freunde und Verwandte machen. Zwei Beispiele für Lesungen folgen im nächsten Kapitel.

5

Charakteranalyse

Jetzt wissen wir genug, um für jedes Geburtsdatum eine vollständige Charakterdeutung zu entwerfen. Als Beispiel nehmen wir einen Mann, der am 29. Mai 1917 geboren wurde (Abb. 5A).

Abb. 5A

Diagramm für einen Mann, der am 29. Mai 1917 geboren wurde.

Der Lebensweg dieses Mannes trägt die Zahl 7. Das heißt, der Sinn seines Lebens liegt darin, Wissen und Weisheit zu erlangen und sich spirituell zu entwickeln. Er muß sich Zeit für stille Kontemplation nehmen. Er wird die Welt etwas anders als die meisten Menschen sehen, was ihn ungewöhnliche Lösungen finden läßt.

Seine Tageszahl ist 29, deren Quersumme ist die Meisterzahl 11. Sie schenkt ihm Ideenreichtum und die Möglichkeit, Großes zu erreichen.

Das Diagramm enthält den Pfad der Entschlossenheit, also ist er hartnäckig und fest entschlossen, seine Ziele zu erreichen.

Dieser Mann hat zwei Neunen auf der mentalen Ebene. Er ist idealistisch und denkt tiefgründig. Da er eine natürliche Intelligenz besitzt, muß er aufpassen, nicht auf andere herabzusehen, die weniger intelligent sind als er.

Die 5 verschafft ihm emotionale Ausgeglichenheit, Mitgefühl und eine beträchtliche Charakterstärke. Die 2 auf derselben Ebene schenkt ihm natürliche Intuition, aber auch leichte Verletzbarkeit. Auch kann er andere Menschen gut einschätzen und hat Verständnis für die Bedürfnisse der anderen.

Die einzelne 7 auf der Ebene der praktischen Veranlagung zeigt, daß er durch Verlust oder Opfer lernen muß.

Die zwei Einsen weisen darauf hin, daß er sich gut ausdrücken kann. Er hat ausgewogene Ansichten und die Fähigkeit, beide Seiten einer Medaille zu sehen.

Im Diagramm dieses Mannes fehlen die Zahlen 3, 4, 6 und 8. Er muß lernen sich mitzuteilen, loyal zu sein, in einer festen Routine zu arbeiten, Verantwortung für Heim und Familie zu übernehmen und mit Geld klug umzugehen.

Dieser Mann war Präsident John F. Kennedy.

Ein anderes Beispiel ist eine Frau, die am 19. November 1917 geboren wurde (Abb. 5B).

Die Zahl ihres Lebensweges ist 3. Sie muß sich in ihrem Leben irgendwie ausdrücken, das kann durch Singen, Schreiben, Reden oder eine andere Form der Kommunikation sein.

Abb. 5B

Diagramm für eine Frau, die am 19. November 1917 geboren wurde.

Ihre Tageszahl 19 läßt sich auf 1 reduzieren. Diese Frau wird sich selbst immer als Individuum sehen. Sie ist verantwortungsbewußt, ehrgeizig und auch idealistisch.

Bei ihrem Diagramm fallen zuerst die beiden Pfade der Schwäche auf. Der Pfad der emotionalen Empfindsamkeit zeigt ihre ausgeprägte Empfindlichkeit. Obgleich die Zahl ihres Lebensweges 3 ist, war sie wahrscheinlich ein scheues Kind und ihr Leben lang leicht verletzbar.

Der Pfad der Enttäuschungen zeigt, daß sie von anderen oft mehr erwartet, als diese geben wollen oder können. Ihre Aufgabe ist es, Willenskraft zu entwickeln.

Die beiden 9en auf der mentalen Ebene zeigen ihren wachen Verstand, gepaart mit einer Menge Idealismus. Da sie intelligent ist, muß sie, genau wie Präsident Kennedy, lernen, geduldig mit anderen Menschen zu sein, die weniger intelligent sind.

Die einzelne 7 bedeutet, daß sie durch Verlust, Rückschlag oder Opfer lernen muß.

Im Diagramm dieser Frau fehlen viele Zahlen. Außer der 3 sind alle durch die Pfade der Enttäuschungen und der emotionalen Empfindsamkeit abgedeckt. Die fehlende 3 weist darauf hin, daß sie Loyalität und eine gesunde Selbsteinschätzung lernen muß und sich nicht selbst betrügen darf.

Am interessantesten an diesem Diagramm sind die fünf 1en. Für diese Frau ist es ungeheuer schwer, ihre wahren Gefühle auszudrücken. Sie wird oft mißverstanden und fühlt sich wahrscheinlich oft einsam und verlassen.

Dennoch wurde diese Frau 1966 Regierungschefin von Indien. Ihr Name war Indira Gandhi.

Frau Gandhi ist ein hervorragendes Beispiel für einen Menschen, der viele Hindernisse und Schwierigkeiten, die im Diagramm aufgezeigt sind, überwunden hat und sich einen Namen machte. Sie erfuhr gewiß genug Verluste und Rückschläge. Sie verlor ihren Ehemann, ihren Sohn und die Macht. Dennoch stand sie nach jedem Rückschlag wieder auf.

Es ist interessant, daß viele Führungspersönlichkeiten in Vergangenheit und Gegenwart scheinbar große Mängel in ihrem Diagramm haben. Sie dienen als ausgezeichnetes Beispiel für das Sprichwort: »Nicht, was du mitbekommen hast, zählt, sondern was du daraus machst.« Sie können die Diagramme von Ronald Reagan, geboren am 6. Februar 1911, und von Margaret Thatcher, geboren am 13. Oktober 1925, aufstellen und schauen, ob diese Aussage zutrifft.

Auch gibt es Menschen, die scheinbar wunderbare Diagramme haben und dennoch wenig im Leben erreichen. Daran zeigt sich die Tatsache, das ein leicht geschenktes Talent nicht immer genutzt wird. Wir schätzen die Dinge mehr, für die wir uns anstrengen mußten.

Ich erforsche gern interessant erscheinende Diagramme. Wie würden Sie zum Beispiel ein Diagramm für einen Menschen interpretieren, der am 2. Februar 2000 zur Welt kommt? Es ist fast 900 Jahre her, daß jemand ein Diagramm hatte, daß nur aus einer Zahl bestand.

Wie würden Sie das Diagramm vom 20. April 1889 deuten (Abb. 5C)?

Das ist das Geburtsdatum von Adolf Hitler. Es gibt sicher viele andere Menschen, die an diesem Tag zur Welt kamen, die meisten waren wahrscheinlich ganz durchschnittlich. Was lief im Fall Adolf Hitlers schief? Er benutzte seinen Lebensweg mit der Zahl 5 auf negative Weise, er mißbrauchte die Freiheit. Er war ein brillanter Redner, obgleich er nur eine 1 in seinem Diagramm hat, die zeigt,

		9
2		88
1	4	

Abb. 5C
Adolf Hitler
20. April 1889

daß es ihm schwerfiel, seine innersten Gefühle auszudrücken. Die eine 2 macht ihn empfindlich und leicht verletzbar. Die einzelne 4 weist darauf hin, daß er bereit war, für seine Ziele hart zu arbeiten. Die zwei Achten zeigen seine Genauigkeit, aber sie machen ihn auch unbeugsam und stur. Der Pfad des Zweifels deutet an, daß er nichts einfach glaubte, sondern alles sehen oder bewiesen haben wollte.

Diese Anlagen können positiv eingesetzt werden, aber die mißtrauische Natur, die der Pfad des Zweifels und die einzelne 2 bewirken, zusammen mit der Unbeugsamkeit und Sturheit der 4 und der 8en neben der negativen Seite des 5er Lebensweges machten Adolf Hitler zu einem Ungeheuer, das die Welt beherrschen wollte.

Es ist eine interessante Übung, die Charaktere von Menschen aus der Vergangenheit zu untersuchen. Zum Beispiel die Frage, wieviel von Mozarts musikalischem Genie von den beiden 7en in seinem Diagramm bewirkt wurde. Er wurde am 27. Januar 1756 geboren. Die 7en deuten darauf hin, daß er gewiß originelle Ideen hatte, aber wieviel trug die Intuition der 2 dazu bei oder die emotionale Ausgeglichenheit der 5 und die intellektuellen Fähigkeiten der 6? Natürlich war Mozart eine Mischung all dieser Anlagen; die Kombination ist bedeutsamer als die einzelne Zahl eines Diagramms.

Wenn wir für andere Menschen Lesungen machen, ist es wichtig, das Positive hervorzuheben. Natürlich hat jeder immer positive und negative Züge in seinem Charakter, aber es ist nichts gewonnen, wenn wir uns auf das Negative konzentrieren. Selbstverständlich erwähne ich die Lebensbereiche, in denen ein

Mensch an sich arbeiten und sich verbessern sollte, aber ich spreche auch über die positiven Anlagen. Es kommen also positive und negative Züge zur Sprache, den größeren Nachdruck aber sollte man auf die positive Seite legen. Ich möchte meine Klienten mit dem Gefühl nach Hause schicken, daß sie ihre Hürden überwinden und ihre Ziele erreichen können.

6

Die Zukunft erforschen

Wir können jetzt die Zukunftstendenzen eines Menschen erforschen, indem wir die persönlichen Jahre und die Pyramiden (auch als Gipfel bekannt) betrachten. Diese zeigen die unterschiedlichen Einflüsse an, die zu einer gegebenen Zeit auf einen Menschen einwirken.

Die persönlichen Jahre und der Epizykel

In der Numerologie betrachten wir unser Leben in einem neunjährigen Zyklus, der auch Epizykel genannt wird. Jedes dieser neun Jahre wird von einer anderen Energie bestimmt, und wenn wir mit der Energie oder der Schwingung des Jahres arbeiten, werden wir leicht und schnell vorankommen. Anders gesagt, werden wir uns das ganze Jahr plagen, wenn wir gegen die Schwingung des Jahres ankämpfen.

Es ist ganz einfach, das persönliche Jahr, in dem man sich gerade befindet, zu bestimmen. Man bildet die Summe wie bei der Bestimmung der Zahl des Lebensweges, aber wir setzen nicht das Jahr der Geburt ein, sondern die Jahreszahl des aktuellen Jahres.

Im ersten Kapitel wurde das Beispiel eines jungen Mannes angeführt, der am 12. Juli 1973 Geburtstag hat. 1997 erlebt er ein persönliches Jahr mit der Zahl 9.

$$12 \quad (Tag)$$
$$7 \quad (Monat)$$
$$1997 \quad (Jahr)$$
$$2016$$

$$2+0+1+6 = 9$$

Da sich das Leben in einem Neunjahres-Zyklus abspielt, wird er im folgenden Jahr ein persönliches Jahr mit der Zahl 1 erleben.

$$12 \quad (Tag)$$
$$7 \quad (Monat)$$
$$1998 \quad (Jahr)$$
$$2017$$

$$2+0+1+7 = 10 \quad und \quad 1+0 = 1$$

Für ein anderes Beispiel nehmen wir eine Frau, die am 25. August 1962 geboren wurde. 1999 hat sie ein persönliches Jahr mit der Zahl 7.

$$25 \quad (Tag)$$
$$8 \quad (Monat)$$
$$1999 \quad (Jahr)$$
$$2032$$

$$2+0+3+2 = 7$$

Ergibt die Summe 11 oder 22, wird sie auf 2 oder 4 reduziert. Wenn die Summe eines persönlichen Jahres 11 oder 22 ergibt, zeigt das, daß dieses Jahr mehr Energie hat und mehr Möglichkeiten bieten wird als die anderen Jahre.

Kennen wir das aktuelle persönliche Jahr eines Menschen, wissen wir, welche Energien ihn beeinflussen, und verstehen so, was in seinem Leben gerade geschieht.

Das persönliche Jahr mit der Zahl 1

Dies ist ein Jahr des Neubeginns. Sie werden in diesem Jahr mehr Begeisterungsfähigkeit und Energie haben als in den Jahren zuvor. Alles, was Sie jetzt anfangen, wird lange Zeit Bedeutung haben. Sie werden vielleicht viel Neues beginnen, aber Sie werden auch genug Kraft und Enthusiasmus haben, alles zu tragen.

Schlüsselworte:

Neubeginn

Enthusiasmus

Energie

Das persönliche Jahr mit der Zahl 2

Das ist ein langsames, sanftes Jahr. In vieler Hinsicht ist es ein Jahr der Konsolidierung. Im persönlichen Jahr mit der Zahl 1 kann es in alle Richtungen gehen. Das persönliche Jahr mit der Zahl 2 fügt alles zu überschaubaren Verhältnissen zusammen. Das Schlüsselwort für dieses Jahr ist »geduldiges Abwarten.« Diese beiden Worte passen nicht immer gut zusammen, meist ist es schwer, geduldig zu warten. Sie werden versucht sein, nachzuhelfen, damit etwas geschieht; das funktioniert in einem Jahr mit der Zahl 1, in einem Jahr mit der Zahl 2 aber ist es Energie- und Zeitverschwendung. In diesem Jahr kann man Geduld und Vertrauen in die eigene Intuition üben, und man sollte die schöne Zeit mit geliebten Menschen genießen. Hält man sich daran, findet man sich am Jahresende ziemlich genau dort wieder, wo man sein wollte.

Schlüsselworte:

*Geduldiges
Abwarten*

Das persönliche Jahr mit der Zahl 3

Das ist ein freudiges, glückliches und sorgloses Jahr. Im Idealfall können Sie das ganze Jahr über nichts tun und das Leben genießen. Unglücklicherweise ist das meistens nicht der Fall, und Sie müssen hart arbeiten, gleichwohl ihre Gedanken bei angenehmen und freudvollen Tätigkeiten sind. Es ist ein gutes Jahr, um viel Zeit mit alten Freunden zu verbringen, neue Freunde zu finden, neuen Hobbys und Interessen nachzugehen oder bestehenden Interessen mehr Aufmerksamkeit zu widmen. Vielleicht haben Sie in diesem Jahr mehrere kurzlebige Interessen, die kommen und wieder gehen.

Schlüsselworte:

Freude

Glück

Sorglosigkeit

Das persönliche Jahr mit der Zahl 4

Schlüsselworte:

Harte Arbeit

Erreichen der Ziele

Nach einem Jahr der Freude sind Sie jetzt bereit für etwas Ernsthafteres. Das persönliche Jahr mit der Zahl 4 ist ein Jahr der harten Arbeit. Wenn Sie sich zu Beginn des Jahres ein bestimmtes Ziel setzen, werden Sie es am Ende des Jahres erreicht haben. Sie werden wahrscheinlich froh sein, wenn das Jahr vorüber ist, aber Sie werden auch etwas vorzuweisen haben. Auch wenn Sie kein bestimmtes Ziel vor Augen haben, wird die Grundschwingung des Jahres ernsthaft, schwer und einschränkend sein. Aus diesem Grund halten die meisten Menschen dieses Jahr für das schwierigste des Epizykels.

Das persönliche Jahr mit der Zahl 5

Schlüsselworte:

Veränderung

Vielseitigkeit

Erwarte das Unerwartete

Das ist ein Jahr der Veränderung und Vielseitigkeit. Nach der Ernsthaftigkeit des Jahres mit der Zahl 4 werden Sie bereit für etwas Aufregendes und Neues sein. Das ist das beste Jahr, um zu verändern, womit Sie nicht glücklich sind — sei es Beruf, Heim, Partner oder auch das Land. Seien Sie bereit, das Unerwartete zu erwarten. Folglich werden Sie Dinge tun, die Sie niemals für möglich hielten. Wenn Sie schon immer mal Bungee Jumping machen wollten, es aber nie geschafft haben, jetzt ist die beste Zeit, es auszuprobieren.

Das persönliche Jahr mit der Zahl 6

Schlüsselworte:

Heim und Familie

Das ist ein Jahr für Heim und Familie. Es ist das beste Jahr um zu heiraten (oder sich scheiden zu lassen). Beides ist möglich, denn die Zahlen an sich sind weder gut noch schlecht. Läuft die Partnerschaft gut, sollte man sich in diesem Jahr binden. Ist die Partnerschaft allerdings auf den Nullpunkt gesunken, ist es die beste Zeit, um sich zu trennen. Es ist auch ein Jahr der Familie, um ein Kind zu bekommen und viel Zeit mit den Angehörigen zu verbringen. In dieser Zeit hat man große Freude daran, anderen zu helfen. Es ist ein gutes Jahr für einen Umzug oder die Umgestaltung der Wohnung. Vielleicht renovieren oder verschönern Sie Haus und Garten. Ihre Gedanken und Kräfte werden sich meist auf Ihr Zuhause oder die Menschen, die ihnen am Herzen liegen, richten.

Das persönliche Jahr mit der Zahl 7

Das Jahr mit der Zahl 7 ist ruhiger und gemächlicher. Sie werden mehr Zeit für sich selbst beanspruchen, um nachzudenken, zu lernen oder zu meditieren. Viele Menschen setzten in diesem Jahr ihre Ausbildung fort. Auch wenn es kein formales Studium ist, werden Sie lernen und an Wissen und Weisheit gewinnen. Es ist eine gute Zeit, um Pläne zu machen und Dinge gedanklich zu durchdringen. Bei vielen Menschen erwacht ein Interesse an spirituellen oder philosophischen Themen. Dieses Jahr ist in vieler Hinsicht ein Forschungsurlaub. Sie werden weniger nach materiellem Besitz als nach innerer Entwicklung streben.

Schlüsselworte:
Lernen
Weisheit
Innere Entwicklung

Das persönliche Jahr mit der Zahl 8

Das ist ein Jahr des Geldes, der harten Arbeit, aber mit finanziellem Gewinn. In diesem Jahr erhalten Sie den Lohn für die Arbeit der letzten Dekade. Haben Sie wenig getan, werden Sie auch wenig erhalten. In einem Jahr mit der Zahl 8 werden sich Geldangelegenheiten in die von Ihnen gewünschte Richtung entwickeln. Wenn Sie etwas anschaffen, werden Sie einen günstigen Preis bekommen. Wenn Sie etwas verkaufen, werden Sie ebenfalls einen guten Preis erzielen. Nehmen Sie sich in diesem Jahr immer wieder Zeit, um auszuspannen und abzuschalten. Viele Menschen neigen in diesem Jahr dazu, sich zu überarbeiten und bekommen dann gesundheitliche Probleme.

Schlüsselworte:
Geld
Lohn

Das persönliche Jahr mit der Zahl 9

Das ist das letzte Jahr des Epizykels. Es ist ein Jahr der Neubewertung. Sie werden auf die vergangenen 9 Jahre zurückblicken und sich von Dingen trennen, die ihren Sinn verloren haben. Es ist nicht immer leicht, etwas loszulassen. Es kann eine schmerzhafte und schwierige Aufgabe werden. Richten Sie Ihren Blick auch in die Zukunft, um herauszufinden, wohin Ihr Weg Sie führen wird. Sie werden auch ein paar falschen Pfaden folgen, aber in den drei letzten Monaten des Jahres wird Ihnen klar werden, welchen Weg Sie in den nächsten neun Jahren beschreiten werden.

Schlüsselworte:
Neubewertung
Loslassen
Vorausschau

Persönliche Monate

Wenn wir unser persönliches Jahr kennen, können wir auch den persönlichen Monat bestimmen. Wir brauchen nur die Zahl des Monats zur der des Jahres zu addieren und das Ergebnis auf eine Zahl reduzieren.

Jemand, der sich zum Beispiel in einem persönlichen Jahr mit der Zahl 3 befindet, ist im Februar in einem persönlichen Monat mit der Zahl 5 (3+2 = 5). Im November hätte derjenige wieder einen persönlichen Monat mit der Zahl 5 (3+11 = 14 und 1+4 = 5). Da das Jahr 12 Monate hat, es aber nur 9 persönliche Monate gibt, wiederholen sich 3. Die persönlichen Monatszahlen für Januar, Februar und März wiederholen sich im Oktober, November und Dezember.

Die persönlichen Monate werden genauso gedeutet wie die persönlichen Jahre, sie haben aber weniger Einfluß, da ihre Zeitspanne kürzer ist. Auch wird der Einfluß durch das persönliche Jahr modifiziert. Wenn zum Beispiel jemand in einem persönlichen Jahr mit der Zahl 5 ist, wird er oder sie Veränderung und Wechsel erleben. In diesem Jahr werden Februar und November die persönliche Zahl 7 haben. Dieser Monat wird eine ruhige, nachdenkliche, kontemplative Zeit sein. Das mag scheinbar der Schwingung des Jahres entgegenlaufen, tatsächlich aber wird die Zeit des Nachdenkens und der Meditation zu Veränderung und neuen Wegen führen.

Persönliche Tage

Es ist sogar möglich, persönliche Tage zu bestimmen, indem wir den Tag des Monats zur persönlichen Monatszahl hinzuzählen. Hat zum Beispiel jemand den März mit der persönlichen Zahl 7, so wäre der 24. März für ihn ein persönlicher Tag mit der Zahl 4 (2+4+7 = 13 und 1+3 = 4).

Natürlich ist der Einfluß eines persönlichen Tages gering im Vergleich zu dem des persönlichen Jahres, aber das Wissen darum kann sehr hilfreich sein. Wenn man zum Beispiel einen Vertrag oder ein Abkommen, bei dem es um viel Geld geht, zu unterschreiben hat, ist es gut, das an einem persönlichen Tag mit der Zahl 8 zu tun.

Vor Jahren lernte ich in Indien einen Numerologen kennen, der seinen Klienten ihre persönlichen Stunden berechnete. Möglicherweise erteilte er den Rat, den Zahnarzt um 15.00 Uhr aufzusuchen und um 11.00 Uhr ein Paar Schuhe zu kaufen. Man kann die persönlichen Stunden zwar leicht berechnen, indem man die Stunde zur persönlichen Zahl des Tages hinzuzählt, aber ich denke, das geht doch zu weit.

Pyramiden

Zusätzlich zu dem neunjährigen Epizykel und den persönlichen Monaten können wir einen Blick auf die Richtung werfen, die das Leben eines Mensch nehmen wird, wenn wir die Pyramiden anschauen.

Zunächst zeichnen wir ein Diagramm wie in Abbildung 6A gezeigt.

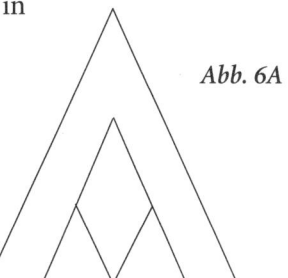

Abb. 6A

An der Basis der beiden inneren Pyramiden tragen wir das Geburtsdatum der Person ein. Erst reduzieren wir aber die Zahlen von Tag, Monat und Jahr jeweils auf eine Ziffer (ausgenommen 11 oder 22).

Als Beispiel nehmen wir einen Menschen, der am 12. Juli 1973 geboren wurde (Abb. 6B).

Auf die linke Seite der inneren Pyramide schreiben wir den Monat. Den Tag der Geburt (12, reduziert auf 3) schreiben wir in die Mitte, das Geburtsjahr (1973, reduziert auf 2) tragen wir auf der rechten Seite der inneren Pyramide ein.

Abb. 6B

Dann errechnen wir durch Addition die anderen Zahlen. Wir zählen Monat und Tag zusammen und schreiben das Ergebnis an die Spitze der linken inneren Pyramide. In unserem Beispiel zählen wir 7 (Monat) und 3 (Tag) zusammen, das ergibt 10, 1+0 = 1. An die Spitze der Pyramide schreiben wir die 1. (Ist das Ergebnis eine Meisterzahl, reduzieren wir natürlich nicht weiter auf 2 oder 4.)

7   3   2

Genauso verfahren wir mit der rechten inneren Pyramide, wir zählen hier Tag und Jahr zusammen. In unserem Beispiel addieren wir 3 und 2, das Ergebnis, die 5, schreiben wir an die Spitze der inneren rechten Pyramide.

Auf diesen beiden Pyramiden steht eine weitere Pyramide. Wir zählen die zwei Zahlen an den Spitzen der unteren Pyramiden zusammen und setzten das Ergebnis, reduziert zu einer Ziffer, an die Spitze dieser Pyramide. In unserem Beispiel zählen wir 1 und 5 zusammen und schreiben eine 6 oben hin.

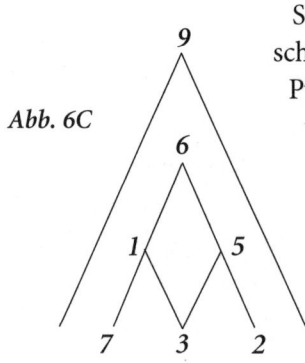

Abb. 6C

Schließlich addieren wir Monat und Jahr und schreiben das Ergebnis an die Spitze der äußeren Pyramide. In unserem Beispiel ist das 7 (Monat) und 2 (Jahr), was 9 ergibt. Diese Zahl schreiben wir an die oberste Spitze. Unser Ergebnis sollte aussehen wie Abb. 6C.

Jetzt müssen wir zu unserem Diagramm die Zeit hinzufügen, damit es für unseren Zweck brauchbar ist. Das erste wichtige Jahr schreiben wir an die Spitze der ersten Pyramide. Sie gibt das Alter an, in dem die Person erwachsen wird, numerologisch gesehen. Wir bestimmen dieses Alter, indem wir die Zahl des Lebensweges von 36 abziehen. In diesem Fall werden 11 und 22 auf 2 oder 4 reduziert. Dies ist das einzige Mal in diesem numerologischen System, daß die Meisterzahlen reduziert werden. Folglich wird ein Mensch mit einem 11er Lebensweg mit 34 erwachsen und nicht mit 25. Jemand mit einem 22er Lebensweg wird die Reife mit 32 erreichen und nicht mit 14.

Die Person in unserem Beispiel hat einen Lebensweg mit der Zahl 3. Wenn wir 3 von 36 abziehen, erhalten wir 33. Diese Zahl schreiben wir neben die 1, die bereits an der Spitze der ersten Pyramide steht.

Da unser Leben in einem Neunjahres-Zyklus abläuft, ist das nächste wichtige Alter neun Jahre nach dem Erreichen der Reife. In unserem Beispiel ist das 42. Diese Zahl schreiben wir neben die 5 an die Spitze der zweiten Pyramide.

Die Zahl 51 (42+9 Jahre) kommt an die Spitze der nächsten Pyramide neben die Zahl 6.

Die Zahl 60 schreiben wir über die Spitze der äußeren Pyramide, über oder neben die 9.

Unter das Diagramm schreiben wir die Zahl 69 (60+9 Jahre) neben die Zahl 7 (Tag der Geburt). 78 kommt unter die 3 (Monat) und 87 unter die 2 (Jahr) (Abb. 6D).

Wir können das noch weiter fortführen und die Zahl 96 im Geiste neben das Alter der Reife (33) setzen und auf diese Weise das ganze Diagramm noch einmal durchgehen.

Man sollte auf keinen Fall vergessen, daß diese Zahlen Zeitperioden kennzeichnen. Sie haben nichts damit zu tun, wie lange die betreffende Person leben wird. Sie zeigen nur die Tendenzen eines jeden Zyklus auf.

```
              60
               9

           51        Abb. 6D
            6

      1   33  42  5

      7    3    2
     69   78   87
```

Die Jahre, die das Diagramm angibt, sind wichtige Jahre im Leben der betreffenden Person. Sie entsprechen immer einem persönlichen Jahr der Zahl 9 oder 1. Tatsächlich erleben die meisten Menschen in dieser Zeit teilweise die Einflüsse beider Jahre. Ausnahmen sind die Menschen, die direkt am Anfang oder Ende eines Jahres geboren wurden.

Der Übergang von einer Pyramide zur nächsten geschieht im allgemeinen sehr schnell. Ein paar Monate vor dem Ende des einen Erfahrungszyklus spürt man bereits den Einfluß des nächsten. Der Einfluß der letzten Pyramide dauert selten länger als einen Monat nach seinem Ende. Die Veränderungen können also manchmal sehr plötzlich sein, besonders wenn zwei sehr unterschiedliche Zahlen aufeinandertreffen.

Der erste Zyklus

Dieser Zyklus beginnt mit der Geburt und dauert bis zur Reife, numerologisch gesehen. Das Alter der Reife liegt zwischen siebenundzwanzig und fünfunddreißig. Für achtzehn oder zwanzig Jahre alte Menschen ist es wahrscheinlich nur schwer zu verstehen, daß es noch ein paar Jahre bis zur erwachsenen Reife dauert, da sie sich selbst natürlich schon als Erwachse betrachten. In der Numerologie nimmt man jedenfalls an, daß der Mensch sich ständig weiterentwickelt und lernt. Er ist erst dann tatsächlich erwachsen, wenn er die erste Pyramide erreicht hat.

Von Geburt an strebt die Person nach der Zahl, die an der Spitze der ersten Pyramide steht. Sie muß alles nötige dafür lernen. Der junge Mann in unserem Beispiel strebt nach den Kräften der Zahl 1. Das ist die Zahl der Unabhängigkeit und der Verwirklichung.Wahrscheinlich beginnt sein Leben in Abhängigkeit, und erst allmählich wird er unabhängig werden. Im Alter von 33 wird er fest auf eigenen Füßen stehen. Wahrscheinlich wird er dann etwas Lohnendes verwirklicht haben.

Der zweite Zyklus

Das ist die erste Pyramide des Neun-Jahres-Zyklus. Die erste Pyramide (von der Geburt bis zur Reife) ist oft einschränkend. Im zweiten Zyklus ist die Arbeit des Menschen fruchtbarer. In dieser Zeit lernt er die Möglichkeiten der Zahl kennen, die neben dem nächsten wichtigen Alter steht. In unserem Beispiel strebt der junge Mann nach der 5. Er wird in diesen Jahren Veränderungen und Wandel erleben. Das kann auf eine berufliche Veränderung oder Umzug hindeuten. Wahrscheinlich wird er weite Reisen machen.

Der dritte Zyklus

Das ist der erste der beiden Reifezyklen. Er ist im allgemeinen fruchtbarer und erfolgreicher als der zweite Zyklus. Die Person befindet sich jetzt in ihren mittleren Jahren und sollte in der Lage sein, eine Vorstellung von ihrem Lebensweg zu entwickeln. Dieser Zyklus beginnt zwischen sechsunddreißig und vierundvierzig. Der alte Spruch »Das Leben fängt mit vierzig erst an« bewahrheitet sich hier. Überraschend viele Menschen finden schließlich am Ende des zweiten Zyklus heraus, was sie mit ihrem Leben anfangen wollen, im dritten und den folgenden Zyklen wird es verwirklicht.

Der vierte Zyklus

Dieser Zyklus führt am Ende zum Abschied aus dem Arbeitsleben. Welche Erfahrungen die Menschen in diesem Zyklus machen, hängt davon ab, was sie in den beiden vorhergehenden Zyklen erreicht haben. Die Kinder sind jetzt erwachsen und aus dem Haus, und so können die Menschen dieser Altersgruppe einander wiederentdecken. Im allgemeinen sind sie jetzt in einer besseren finanziellen Situation als je zuvor. Sie haben den Höhepunkt ihrer Karriere erreicht, soweit das möglich ist, und sie sollten sich langsam Gedanken machen, was sie nach der Pensionierung mit ihrem Leben anfangen wollen.

Der fünfte, sechste und siebente Zyklus

Für die meisten Menschen sind das die Jahre, in denen sie nicht mehr arbeiten müssen. Sie haben sich während ihres Arbeitslebens hoffentlich darauf vorbereitet und können nun die fruchtbaren und glücklichen Jahre genießen. Diese Jahre können eine Zeit der Erfüllung sein, man kann Mühe und Anstrengungen vergessen und seine Zeit ruhigeren und schönen Aktivitäten widmen. Die Menschen besitzen jetzt einen Schatz an Weisheit, den sie der nächsten Generation weitergeben können, und solange sie fit bleiben, können sie die letzten Jahre genießen.

Es ist möglich, daß die Zahlen nicht alle neun Jahre wechseln. Wiederholt sich eine Zahl, heißt das, die Lektion wurde in einem Zyklus nicht vollständig gelernt und die betreffende Person muß den Zyklus wiederholen. Im allgemeinen ist die Lektion im letzten Zyklus, in dem die Zahl auftaucht, abgeschlossen. (Nur interessehalber: Zeichnen Sie die Pyramiden für einen Menschen, der am 9. September 1971 Geburtstag hat. Dieser Mensch hat nur Neunen. Für diesen Menschen ist es augenscheinlich äußerst schwer zu lernen, humanitäre Wesenszüge herauszubilden und anderen zu helfen.)

In den meisten Fällen aber wechselt die Pyramidenzahl alle neun Jahre. Dann wird die Lektion im Lauf der neunjährigen Periode gelernt. Die gleiche Zahl kann aber auch an späterer Stelle der Pyramide wieder auftauchen. Das heißt, die Lektion wurde zwar im Lauf der ersten neun Jahre gelernt, aber das Wissen darum geriet allmählich wieder in Vergessenheit und muß aufgefrischt werden.

Es ist sehr hilfreich, wenn man bei Zukunftsplänen oder schwierigen Aufgaben die persönlichen Jahre, Monate, Tage und die Pyramide beachtet. Es dürfte klar geworden sein, daß es leichter ist, mit den Zahlen zu arbeiten, als gegen sie anzukämpfen.

7

Namensdiagramm

Mit dem Diagramm des Geburtstages können wir eine gute Charakterlesung vornehmen. Wir können die Lesung deutlich erweitern, wenn wir die Buchstaben des Namens in Zahlen übertragen und diese in ein Diagramm eintragen. Das ist ganz leicht und geht wie folgt:

1	2	3	4	5	6	7	8	9
A	B	C	D	E	F	G	H	I
J	K	L	M	N	O	P	Q	R
S	T	U	V	W	X	Y	Z	

Als Beispiel nehmen wir den Namen Arthur Conan Doyle, der Spiritist und berühmte Autor der geheimnisvollen Geschichten über Sherlock Holmes. Unter den Buchstaben A schreiben wir eine 1, denn das A steht in der ersten Reihe. Unter das R schreiben wir eine 9. Unter das T eine 2 und so fort, bis wir den ganzen Namen in Zahlen vor uns haben. So sieht es dann aus:

ARTHUR CONAN DOYLE

192839 36515 46735

Dann stellen wir fest, wie oft jede Zahl vorkommt. Für Arthur Conan Doyle:

Die 1 kommt 2 Mal vor.
Die 2 kommt 1 Mal vor.
Die 3 kommt 3 Mal vor.
Die 4 kommt 1 Mal vor.
Die 5 kommt 3 Mal vor.
Die 6 kommt 2 Mal vor.
Die 7 kommt 1 Mal vor.
Die 8 kommt 1 Mal vor
Die 9 kommt 2 Mal vor.

Diese Zahlen werden jetzt in gewohnter Weise in das Diagramm eingetragen. In das erste Kästchen schreiben wir zwei 1en, in das zweite Kästchen tragen wir eine 2 ein, da in den Namen Arthur Conan Doyle nur eine 2 vorkommt, in das dritte Kästchen kommt dreimal die 3 und so weiter, bis alle Zahlen eingetragen sind. Das fertige Diagramm ist in Abb. 7A zu sehen.

Abb. 7A
Sir Arthur Conan Doyle

333	*66*	*99*
2	*555*	*8*
11	*4*	*7*

Bevor wir das Diagramm interpretieren, folgt noch ein Beispiel. Unser zweites Beispiel ist eine erfundene Frau mit Namen Olive Lee Brown.

OLIVE LEE BROWN
6 3945 355 29655

Die 1 kommt kein Mal vor.
Die 2 kommt 1 Mal vor.
Die 3 kommt 2 Mal vor.
Die 4 kommt 1 Mal vor.
Die 5 kommt 5 Mal vor.
Die 6 kommt 2 Mal vor.
Die 7 kommt kein Mal vor.
Die 8 kommt kein Mal vor.
Die 9 kommt 2 Mal vor.

Wenn wir Olives Diagramm (Abb. 7B) betrachten, fällt uns auf, daß drei Zahlen fehlen, die 1, die 7 und die 8. Man kann die Kästchen frei lassen oder eine Null eintragen. Das kann man tun wie man möchte. Desweiteren fällt auf, daß Olive viele 5en in ihrem Diagramm hat.

33	66	99
2	555 55	
	4	

Abb. 7B
Olive Lee Brown

Die Bedeutung der Zahlen

Mit den folgenden Bedeutungen können wir die Beispiele interpretieren.

Die Zahl 1

Fehlt die Zahl 1 im Diagramm, zeigt das einen Mangel an Zuversicht, Antrieb und Motivation. Menschen ohne 1 neigen zu Zaghaftigkeit und trauen sich nicht, ihre Gedanken auszusprechen.

Die Zahl 1
~
Schlüsselworte:
Unabhängigkeit
Ego

Die angemessene Anzahl 1en ergibt sich aus der Anzahl der anderen Zahlen im Diagramm. Arthur Conan Doyle hat eine angemessene Anzahl von 1en (siehe Abb. 7A), da die anderen Zahlen alle ein, zwei oder drei Mal vorkommen. Man kann nicht genau festlegen, welche Anzahl angemessen ist, das ergibt sich auch aus der Länge des Namens. Zwei, drei oder vier Einsen würde man als genug ansehen.

Eine passende Anzahl 1en schenkt Vertrauen, Ehrgeiz, Stolz und Originalität. Diese Menschen stehen auf eigenen Füßen und folgen ihren eigenen Wünschen.

Menschen, die zuviele 1en in ihrem Diagramm haben (auf Kosten der anderen Zahlen), sind zu dominant und verlangen, daß andere sich nach ihren Wünschen richten. Sie neigen dazu, brutal, herrisch und rücksichtslos zu sein.

Die Zahl 2

Die Zahl 2

~

Schlüsselworte:

Taktgefühl

Diplomatie

Eine fehlende 2 in Diagramm zeigt einen Mangel an Geschick im Umgang mit Menschen. Diesen Menschen fällt es schwer, sich anderen anzuschließen und mit ihnen auszukommen. Sie sind übermäßig empfindlich und suchen die Schuld für Fehler gern bei anderen.

Menschen mit einer angemessenen Anzahl von 2en kommen gut mit anderen aus. Bei ihnen kann man sich wohl fühlen. Sie sind taktvoll, diplomatisch und einfühlsam.

Menschen, die zuviele 2en haben, sind übermäßig gefühlsbetont, es fällt ihnen schwer, für sich selbst einzutreten.

Die Zahl 3

Die Zahl 3

~

Schlüsselworte:

Selbstdarstellung

Kommunikation

Menschen ohne 3 im Diagramm sind selbstbezogen, verschlossen und nach innen gekehrt. Ihnen fehlt Freude und Spontaneität.

Menschen mit einer angemessenen Anzahl von 3en sind freundlich, aufgeschlossen und gesellig. Sie kommen gut mit anderen aus. Sie schätzen schöne Dinge, und nicht selten haben sie künstlerisches Talent.

Menschen mit zuvielen 3en neigen zu Prahlerei. Sie sind von sich eingenommen und haben viele großartige Ideen, die sie nie umsetzen.

Die Zahl 4

Die Zahl 4

~

Schlüsselworte:

Einschränkungen

Begrenzung

Harte Arbeit

Menschen ohne 4 im Diagramm vermeiden gern schwere Arbeit, insbesondere Arbeit mit den Händen.

Menschen mit passender Anzahl 4en arbeiten für das, was sie möchten. Harte Arbeit macht ihnen nichts aus und sie mögen Herausforderungen. Im allgemeinen sind sie gewissenhaft und genau.

Menschen mit zuvielen 4en neigen dazu, sich mit Arbeit zu überschütten. Sie können sich so stark mit Kleinigkeiten befassen, daß sie das große Ganze aus den Augen verlieren.

Die Zahl 5

Menschen ohne 5 können Veränderungen in ihrem Leben nur schwer annehmen. Sie möchten am liebsten, daß alles so bleibt, wie es immer war. Sie führen ein Leben in Schranken und Grenzen.

Menschen mit einer vernünftigen Anzahl 5en verstehen es, ihre Zeit klug zu nutzen. Sie wissen, wann sie arbeiten müssen, nehmen sich aber auch Freizeit. Sie mögen Abwechslung und Vielseitigkeit.

Menschen mit zuvielen 5en können mit Freiheiten nicht gut umgehen und neigen zur Zügellosigkeit. Denen, die sie lieben, bereiten sie häufig Kummer, wenn sie Alkohol, Drogen oder Sex mißbrauchen.

Die Zahl 5

~

Schlüsselworte:
Abwechslung
Freiheit
Vielseitigkeit

Die Zahl 6

Fehlt die 6 im Diagramm, fällt es den Menschen schwer, Verantwortung zu tragen. Ihr Verlangen nach einem perfekten Heim und Familienleben ist unrealistisch.

Menschen, die eine angemessene Anzahl 6en haben, sind in der Lage, Verantwortung zu übernehmen und sich auf veränderte Situationen in der Familie einzustellen. Sie leben in der Wirklichkeit und stehen mit beiden Beinen auf dem Boden der Tatsachen.

Menschen mit zuvielen 6en beschäftigen sich zu stark mit Familienangelegenheiten. Sie sorgen und beunruhigen sich unnötig um sämtliche Familienmitglieder. Das führt oft dazu, daß sie von anderen ausgenutzt werden.

Die Zahl 6

~

Schlüsselworte:
Heim
Verantwortung
Humanität

Die Zahl 7

Menschen ohne 7 im Diagramm interessieren sich nicht für philosophische oder spirituelle Wahrheiten. Sie neigen zu Ungeduld und Impulsivität. Sie haben keine Zeit für Menschen, die einen spirituellen Weg einschlagen. Mit zunehmendem Alter jedoch fangen sie an, nach einem Glauben oder einer Philosophie zu suchen, die sie akzeptieren können. Diagramme ohne 7 sind weit verbreitet.

Die Zahl 7

~

Schlüsselworte:
Analyse
Wissen
Spiritualität

Menschen, die eine angemessenen Anzahl 7en im Diagramm haben, sind verständnisvoll und mitfühlend, sie haben einen Glauben, den sie leben. Sie haben einen wachen Verstand und lernen gern.

Menschen mit zuvielen 7en findet man kaum. Je mehr Siebenen ein Diagramm aufweist, desto größer ist das spirituelle Bewußtsein des betreffenden Menschen.

Die Zahl 8

Die Zahl 8

～

Schlüsselworte:

Materialismus

Geld

Macht

Menschen ohne 8 gehen recht sorglos mit Geld und Besitz um. Gleichzeitig wollen sie unbedingt viel Geld besitzen, aber das gelingt ihnen nicht.

Menschen mit einer passenden Anzahl 8en im Diagramm, wollen sich finanziell verbessern, doch sehen sie das ganz nüchtern. Sie arbeiten sich langsam aber sicher voran und leben allmählich in immer besseren finanziellen Verhältnissen.

Menschen mit zuvielen 8en sind besessen von Geld, Macht und Besitz. Sie tun alles, um es zu erreichen, und meist geht das auf Kosten ihrer Freunde.

Die Zahl 9

Die Zahl 9

～

Schlüsselworte:

Humanismus

Es gibt nur wenige Menschen, die keine 9 im Diagramm haben. Diese Menschen haben noch nicht gelernt, mitfühlend und warmherzig zu sein. Im allgemeinen lernen sie diese Lektion in dieser Inkarnation.

Menschen mit passender Anzahl 9en sind mitfühlend; sie verstehen und unterstützen andere Menschen und helfen gern.

Menschen mit zuvielen 9en sind bestimmende Menschen, die den einzig richtigen Weg zu kennen glauben. Deshalb hören sie anderen nur selten richtig zu und müssen mit harten Mitteln lernen. Oft versuchen sie, die Probleme der Welt zu lösen.

Die Beurteilung des Diagramms

Jetzt wollen wir uns die beiden Diagramme anschauen, die wir am Anfang dieses Kapitels aufgestellt haben. Sir Arthur Conan Doyle hat ein sehr ausgewogenes Diagramm. Keine Zahl fehlt, jedes Quadrat enthält eine, zwei oder drei Zahlen. Dennoch wird die mentale Ebene (die oberste Reihe) stärker betont, da sie sieben Zahlen enthält, im Vergleich zu den fünf Zahlen der emotionalen Ebene und den vier der praktischen Ebene. Augenscheinlich war er intellektueller Arbeit mehr zugetan als der Arbeit mit den Händen.

Auch hat er sieben Zahlen auf dem Pfad der Entschlossenheit. Das zeigt seine starke Motivation und Ausdauer. Wenn er etwas wollte, hielt er durch, bis er es hatte.

Sir Arthur hat auch sieben Zahlen auf dem Pfad der Spiritualität. Seine Beschäftigung mit spirituellen Dingen ist bekannt, und sein Glaube war zweifellos stark und fest.

Mit einem starken, ausgewogenen Diagramm, das so viel Potential aufweist, ist es nicht verwunderlich, das Sir Arthur bleibenden Ruhm für sein Werk erlangte.

Jetzt wollen wir Olives Diagramm betrachten. Ich habe sie ausgewählt, weil ihr Diagramm das genaue Gegenteil von Arthur Conan Doyles harmonischem Diagramm ist.

In Olives Diagramm fehlen drei Zahlen, die 1, die 7 und die 8. Ihr fehlen Zuversicht und Antrieb, und wahrscheinlich verläßt sie sich sehr auf die Unterstützung von anderen (fehlende 1). Sie hat keinen Glauben und kein Interesse an Philosophie (fehlende 7). Im Laufe ihres Lebens wird es ihr wahrscheinlich immer wichtiger werden, eine persönliche Philosophie oder einen Glauben zu finden. Sie achtet nicht auf Geld, gleichzeitig aber möchte sie mehr Geld haben (fehlende 8).

Ihr Diagramm enthält zu viele Fünfen, dafür sind die anderen Zahlen zu gering vertreten. (Das tritt durchaus häufig auf.) Sie verletzt andere, wenn sie ihre Freiheit ausnutzt, und muß sich hüten, nicht dem Alkohol, Sex oder Drogen zu verfallen.

Auf der mentalen und der emotionalen Ebene hat sie jeweils sechs Zahlen, aber nur eine auf der praktischen Ebene. Sie ist wahrscheinlich nicht sehr geschickt, hat aber einen klaren Verstand. Der Pfad des Intellekts ist vollkommen ausgewogen (an jeder Stelle zwei Zahlen). Auf der Diagonalen 1-5-9 stehen sieben

Zahlen, aber sie bilden nicht den Pfad der Entschlossenheit, da die Zahl 1 fehlt.

Soweit haben wir die Fehler der armen Olive abgehandelt. Wir müssen auch die Zahlen 2, 3, 6 und 9 betrachten, die in angemessener Anzahl vorhanden sind. Wahrscheinlich ist sie kooperativ und zu Hause bei ihren Angehörigen am glücklichsten (die Zahl 2). Die 2 schenkt ihr auch diplomatisches Geschick, Taktgefühl und Empfindsamkeit. Sie kann sich gut selbst darstellen, wenn sie will (die Zahl 3). Sie übernimmt Verantwortung für Heim und Familie (die Zahl 6) und befaßt sich ganz allgemein mit Fragen der Menschheit (die Zahl 9).

Olive ist eine erfundene Person. Wenn ich eine Lesung für sie zu machen hätte, würde ich sie soweit wie möglich ermutigen und bestärken, um ihre Selbstachtung und Zuversicht aufzubauen. Ich würde ihr zu einem Beruf raten, in dem sie ihren ausgezeichneten Verstand einsetzten kann, der aber nicht direkt mit Geld oder Finanzen zu tun hat. Wenn sie Single ist, lebt sie wahrscheinlich noch bei ihren Eltern. Ich würde sie ermutigen, auszugehen und unter Leute zu kommen, damit sie die Möglichkeit hat, potentielle Partner kennenzulernen. Sie wird in einer Ehe glücklicher sein als allein (die Zahlen 2 und 6), da sie sich in einer engen Beziehung bestimmt am besten ausdrücken kann. Außerdem würde ihr das wahrscheinlich mehr Zuversicht und Selbstvertrauen schenken, als wenn sie allein leben würde.

Namensänderungen

Wenn Sie eine Namensänderung in Erwägung ziehen, kann man ein Namensdiagramm für den alten und den neuen Namen aufstellen, um zu sehen, was man »gewinnt« und was man »verliert.«

Nach der Numerologie wählen wir selbst unseren Namen, passend zu den Erfahrungen, die wir in diesem Leben machen müssen. Daher bleibt das Diagramm, das wir von unserem Geburtsnamen erstellen, immer wirksam, gleich wie oft wir unseren Namen ändern. Das Diagramm des neuen Namens aber wirkt wie eine »überlagernde Schwingung« und kann das Leben der betreffenden Person erleichtern oder erschweren, je nachdem, welche Zahlen hinzukamen oder verloren wurden.

Wir wollen einmal annehmen, daß Olive Lee Brown einen Jonathan Hayton heiratet und seinen Namen annimmt. Ihr neuer Name füllt nun die leeren Kästchen ihres Diagramms aus.

OLIVE LEE HAYTON
6 3945 355 8 17 2 0 5

Die 1 kommt 1 Mal vor.
Die 2 kommt 1 Mal vor.
Die 3 kommt 3 Mal vor.
Die 4 kommt 1 Mal vor.
Die 5 kommt 4 Mal vor.
Die 6 kommt 1 Mal vor.
Die 7 kommt 1 Mal vor.
Die 8 kommt 1 Mal vor.
Die 9 kommt 1 Mal vor.

Der neue Name wird ihr Leben offensichtlich leichter gestalten, da jetzt an jeder Stelle des Diagramm wenigstens eine Zahl vorhanden ist. Da das Diagramm ihres Geburtsnamens aber das wichtigere bleibt, darf sie nicht vergessen, daß sie die Lektionen der fehlenden 1, 7 und 8 noch zu lernen hat. Mit dem neuen Namen jedoch wird das viel leichter sein.

Olive hätte aber genauso gut Jason O'Neil heiraten können. In diesem Fall hätte ihr neues Diagramm noch mehr leere Kästchen als das alte.

OLIVE LEE O'NEIL
6 3945 355 6 5 593

Die 1 kommt kein Mal vor.
Die 2 kommt kein Mal vor.
Die 3 kommt 3 Mal vor.
Die 4 kommt 1 Mal vor.
Die 5 kommt 5 Mal vor.
Die 6 kommt 2 Mal vor.
Die 7 kommt kein Mal vor.
Die 8 kommt kein Mal vor.
Die 9 kommt 2 Mal vor.

Ihr Mädchenname hatte keine 1, 7 und 8. Ihrem neuen Namen fehlen 1, 2, 7 und 8. Der neue Name wird ihr Leben eher etwas erschweren, da sie natürlich immer noch mit den Lektionen der 1, 7 und 8 ringt, aber jetzt kommt noch die Lektion der fehlenden 2 hinzu. Die neue Lektion wird jedoch weniger schwer wiegen als die anderen und wird nur so lange anhalten, wie sie den neuen Namen benutzt.

Wir können unseren Namen natürlich aus verschiedenen Gründen ändern, der häufigste Grund ist wohl Heirat. Wir können unseren Namen aber auch ändern, um Energien zu erhalten, die wir zu einer bestimmten Zeit brauchen. In diesem Fall sollte man eine Reihe von Namen ausprobieren, um herauszufinden, welcher sich richtig »anfühlt.« Dann fertigen Sie ein Namensdiagramm an, ob der neue Namen das Leben eher leichter oder schwerer macht.

Aber vergessen Sie nicht, der Geburtsnamen bleibt bestehen und zeigt uns die Lehre, die wir in diesem Leben lernen müssen, ganz gleich, wie oft wir unseren Namen auch wechseln mögen.

Das Namensdiagramm erfordert ein ernsthaftes Studium, da es einen tiefen Einblick in den Charakter und die Motivationen der Menschen ermöglicht. Wir können anderen Menschen natürlich viel besser helfen und sie anleiten, wenn wir ihre Stärken und Schwächen kennen. Seien Sie immer feinfühlig und freundlich, wenn Sie das Diagramm eines anderen Menschen deuten. Ganz gleich, was sie in einem Namensdiagramm entdecken, Sie können nie genau wissen, wie der andere empfindet.

8

Partnerschaft

Die Numerologie ist eine wunderbare Methode, um die Persönlichkeit eines Menschen zu erfassen und Trends für die Zukunft zu erkennen. Auch ist sie besonders gut geeignet, um zu sehen, ob Partner zusammenpassen.

Ich denke, beinahe jede Beziehung kann von Dauer sein, wenn die Partner sich lieben und auf beiden Seiten der gute Wille besteht. Manche Beziehungen jedoch scheinen mit wenig Anstrengung unglaublich gut zu laufen, während andere ständige Arbeit erfordern. Natürlich muß an jeder Partnerschaft gearbeitet werden, manche aber verlangen mehr Einsatz als andere, und unglücklicherweise bleibt die schwere Arbeit meistens an einem Partner hängen. Mit Hilfe der Numerologie können Fehler vermieden und der richtige Partner gefunden werden.

Ein guter Freund von mir hat vor vielen Jahren eine Gruppe in Numerologie unterrichtet. Er hatte gerade eine schwierige Scheidung hinter sich und war dabei, sein Leben neu zu ordnen. Als er während des Kurses über Partnerschaft sprach, bat er eine Zuhörerin um ihr Geburtsdatum. Als er das Diagramm an die Tafel schrieb, rief er: »Meine Güte, Sie wären absolut passend für mich!« Dann zeichnete er sein Diagramm daneben und erzählte der Gruppe, wie diese Partnerschaft sich entwickeln würde. Nach dem Unterricht lud er die Dame auf eine Tasse Kaffee ein, zwölf Monate später haben sie geheiratet! Mein Freund starb vor ein paar Jahren, die letzten zwölf Jahre seines Lebens aber waren die glücklichsten, denn endlich hatte er die richtige Partnerin gefunden. Obgleich er ein professioneller Numerologe war, hatte er seine beiden vorhergehenden Beziehungen erst numerologisch beurteilt, als es zu spät war. Bei dem Numerologiekurs hatte er seine und die Zukunft seiner Frau eingeschätzt, bevor er überhaupt ihren Namen kannte.

Es ist ganz leicht, nach dem chinesischen System einzuschätzen, ob eine Partnerschaft passend ist. Drei Schritte müssen beachtet werden:

1. Wir schauen, ob die Diagramme der Geburtsdaten ähnlich sind, jeder Partner sollte eine Zahl haben, die der andere nicht hat.
2. Wir betrachten, ob die Zahlen der Lebenswege zusammenpassen.
3. Wir schauen auf die persönlichen Jahre, um zu erkennen, ob die beiden harmonisch durchs Leben gehen.

Im Idealfall sind die beiden Diagramme ähnlich, aber jedes sollte eine Zahl enthalten, die dem anderen fehlt. Die Abbildungen 8A und 8B sind ein gutes Beispiel. Bill wurde am 21. Juli 1948 geboren, seine Frau Alice zwei Jahre später am 27. April 1950. Beide Diagramme enthalten die Zahlen 1, 2, 4, 7 und 9.

Abb. 8A

Ehemann Bill
21. Juli 1948

		9
2		8
11	4	7

Abb. 8B

Ehefrau Alice
27. April 1950

		9
2	5	
1	4	7

Bei der Beurteilung, ob die Diagramme zusammenpassen, bleibt die Anzahl der einzelnen Zahlen unberücksichtigt. In diesem Fall hat Bill zwei Einsen und Alice nur eine. Das deutet natürlich auf die Art und Weise ihrer Kommunikation hin, aber das lassen wir bei dieser kurzen Einschätzung außer acht.

Wichtig ist hier, daß der Ehemann seiner Frau die Energie der 8 gibt, die in ihrem Diagramm fehlt, und sie gibt ihm die Energie der 5, die ihm fehlt. Sie können einander etwas geben, was der andere jeweils nicht hat. Das hält die Beziehung lebendig und anregend.

Wir kümmern uns jetzt nicht um die Bedeutung der Zahlen, sondern schauen nur, ob einer dem anderen eine Zahl geben kann. Dabei spielt es keine große Rolle, welche Zahl das ist.

Anschließend schauen wir uns in Abbildung 8C die Verträglichkeit der Lebenswege an. In unserem Beispiel hat Bill einen Lebensweg der 5 und Alice einen Lebensweg der 1. In der Tabelle hat diese Kombination ein A. Das ist die bestmögliche Kombination, die zukünftiges Glück für dies Paar erahnen läßt.

Lebens-weg	1	2	3	4	5	6	7	8	9	11	22
1	B	C	D	A	A	C	A	B	D	D	C
2	C	B	B	A	C	A	B	D	B	B	A
3	D	B	A	C	C	A	C	A	A	C	B
4	A	A	C	B	D	B	A	A	D	C	B
5	A	C	C	C	B	C	C	D	B	B	C
6	C	A	A	B	C	A	C	C	A	B	D
7	A	B	C	A	C	C	B	D	C	B	A
8	B	D	C	A	D	C	D	C	C	B	A
9	D	B	A	C	B	A	B	C	A	B	B
11	D	B	C	C	B	B	B	B	B	B	A
22	C	A	B	B	C	D	A	A	B	A	B

Abb. 8C
Verträglichkeit der Lebenswege. »A« bedeutet am besten zusammenpassend, »D« am wenigsten zusammenpassend.

In dieser Tabelle, die die Verträglichkeit der Lebenswege aufzeigt, ist A die beste Möglichkeit und D die schwierigste. Dennoch sollten Sie nicht verzweifeln, wenn ihre derzeitige Partnerschaft als D eingestuft wird. Denn das ist nur einer der Faktoren, die das Zusammenpassen der Partner bestimmen. Auch sollten Sie nicht vergessen, was zu Beginn des Kapitels über Liebe und guten Willen gesagt wurde.

Im letzten Schritt betrachtet man die persönlichen Jahre. 1998 wird Bill sich in einem persönlichen Jahr mit der Zahl 1 befinden. Er steht am Anfang eines neuen Erfahrungszyklus und wird mit viel Begeisterung und Energie viele neue Dinge in Angriff nehmen. Alice befindet sich 1998 in einem persönlichen Jahr mit der Zahl 4. Sie wird hart arbeiten und ein lohnendes Ziel erreichen.

Das klingt nach guter Verträglichkeit. Er liefert Ideen und Begeisterung, und sie wird viel Arbeit leisten können.

Wir betrachten dieses Paar drei Jahre später, im Jahr 2001. Bill steht vor einem persönlichen Jahr mit der 4, er ist bereit hart zu arbeiten, um etwas zu erreichen. Alice hat ein persönliches Jahr mit der 7 vor sich, sie wird Zeit für sich brauchen, um nachzudenken und Wissen und Weisheit zu sammeln. Paßt das zusammen? Das paßt in der Tat zusammen, denn sie haben gut verträgliche Diagramme und passende Lebenswege. Im Jahr 2001 aber müssen sie Zugeständnisse machen. Er muß ihr genug Zeit für sich lassen, und sie muß ihn arbeiten lassen, wie er es möchte. Für Alice ist das wahrscheinlich leichter als für Bill, da er hin und wieder Bestätigung und Unterstützung haben will.

Die persönlichen Jahre der meisten Paare sind einige Jahre lang im Einklang und dann einige Jahre lang nicht. Die beste Kombination ist, wenn sich beide Partner in demselben persönlichen Jahr befinden. Wenn einer von ihnen eine weite Reise unternehmen will (wahrscheinlich in einem persönlichen Jahr mit der Zahl 5), wird der andere gleichermaßen begeistert sein.

Am schwierigsten ist es, wenn die persönlichen Jahre der Partner ein Jahr auseinander sind. Hat einer von beiden ein persönliches Jahr der 4 und möchte arbeiten und verfolgt seine Ziele, ist der andere in einem persönlichen Jahr mit 3 und möchte Freizeit und Spaß haben. Im darauf folgenden Jahr wir ersterer etwas Aufregendes unternehmen wollen, aber nun ist der andere in einem Jahr der 4 und möchte arbeiten.

Auch muß uns klar sein, daß wir in den verschiedenen persönlichen Jahren unterschiedliche Energien aussenden. In einem Jahr der 2 oder 6 senden wir wahrscheinlich romantischere Signale aus als in den anderen Jahren. Dadurch erscheinen wir anderen Menschen attraktiver, die uns in einem anderen Jahr nicht beachtet hätten.

Wir wollen uns die Verbindung von George Burns, geboren am 20. Januar 1896 (Abb. 8D), und Gracie Allen, geboren am

Abb. 8D

George Burns
20. Januar 1896

	6	9
2		8
11		

Abb. 8E

Gracie Allen
26. Juli 1902

	6	9
22		
1		7

26. Juli 1902 (Abb. 8E), ansehen. George gibt Gracie eine 8, und sie gibt ihm eine 7. Beide tragen gleich viel zu ihrer Beziehung bei. Sie haben denselben Lebensweg — mit der Zahl 9. Das ist eine ausgezeichnete Kombination, beide sind bereit, dem anderen etwas zu geben.

Ihre persönlichen Jahre schließlich sind drei Jahre auseinander. Wenn George in einem persönlichen Jahr der 2 war, befand Gracie sich in einem der 5. Manchmal befanden sie sich also nicht im Einklang, dann aber harmonierten sie wieder wunderbar. Sie haben 1926 geheiratet, es war ein hervorragendes Jahr dafür. Sie war in einem persönlichen Jahr der 6, er in einem der 3. Es ist nicht verwunderlich, daß dies eine der erfolgreichsten und dauerhaftesten Partnerschaften des Showgeschäfts war.

Schwierige Verbindungen

Es gibt viele Kombinationen, die schwierig sein können. Die augenfälligste ist die, wenn zwei Menschen dieselben Zahlen im Diagramm haben. Das Paar, dessen Diagramme wir in Abbildung 8F und 8G sehen, sind ein Beispiel dafür. Jared wurde am 28. Juni 1955 geboren, seine Frau Rachel am 5. August 1962. Vom Standpunkt des Partnerschaftsvergleichs aus betrachtet, sind ihre Diagramme identisch. (Jareds Diagramm enthält eine 5 mehr, aber das fällt bei der Partnerschaftsanalyse unter den Tisch.)

	6	9
2	55	8
1		

Abb. 8F
Jared
28. Juni 1955

	6	9
2	5	8
1		

Abb. 8G
Rachel
5. August 1962

Die beiden haben anfangs eine ganze Menge gemeinsam, aber die Beziehung würde allmählich schal und langweilig werden. Deshalb ist es so wichtig, daß beide Partner etwas zu geben haben (eine Zahl), was dem anderen fehlt.

Menschen mit praktisch identischen Diagrammen sind wunderbare platonische Freunde, denn »gleich und gleich gesellt sich gern.« Wir wollen, daß unsere Freunde uns ähnlich sind, und jemand der dieselben Zahlen (vielleicht in unterschiedlicher Menge) hat, kann wahrscheinlich ein sehr guter Freund werden.

Jetzt wollen wir uns einer einseitigen Beziehung zuwenden. Chuck wurde am 5. Juni 1960 geboren, Mary am 28. Mai 1967 (Abb. 8H und 8I). Wenn wir die Diagramme betrachten, sehen wir, daß Mary keine Zahl von Chuck erhält, er aber drei Zahlen von ihr, nämlich 2, 7 und 8. Chuck zieht den Nutzen aus diesen Zahlen, kann aber nichts zurückgeben. In dieser Beziehung würde Mary allmählich das Gefühl bekommen, immer viel zu geben, mehr als sie zurückbekommt. Folglich ist diese Beziehung etwas einseitig.

Abb. 8H
Chuck
5. Juni 1960

	66	9
	5	
1		

Abb. 8I
Mary
28. Mai 1967

	6	9
2	5	8
1		7

Interessanterweise funktionieren viele dieser einseitigen Beziehungen recht gut, wenn es einem von beiden ein Bedürfnis ist, zu geben. Diese Menschen stöhnen und jammern vielleicht, weil sie immer geben müssen, aber tief im Innern tun sie es gern.

Aus diesem Grund könnte Chuck und Marys Beziehung Bestand haben. Mary hat einen Lebensweg der 2, sie fühlt sich in einer Beziehung wohler, als wenn sie allein leben müßte. Chuck hat einen Lebensweg der 9, er ist also ein mitfühlender, sorgender Mensch, auch wenn er wahrscheinlich viel Zeit und Kraft für die Menschen der Gemeinde aufwendet. Zu Hause ist er wahrscheinlich eher distanziert. Darüber ist Mary natürlich enttäuscht, aber sie wird lernen, damit zu leben.

Westliche Methoden des Partnerschaftsvergleichs

Die Kombination von östlichen und westlichen Methoden der Numerologie kann einem Partnerschaftsvergleich neue Gesichtspunkte hinzufügen.

Im vorigen Kapitel haben wir die Buchstaben unseres Namens in Zahlen verwandelt. In diesem Fall werden den Buchstaben des Namens auch Zahlen zugeordnet, die dann addiert und auf eine Ziffer reduziert werden, mit Ausnahme der Meisterzahlen. So entsteht eine neue Zahl, Zahl des Ausdrucks genannt. Sie stellt die angeborenen Fähigkeiten einer Person dar, also den Bereich, in dem sie gut ist.

Addieren wir die Selbstlaute im Namen eines Menschen und reduzieren die Summe auf eine Ziffer, erhalten wir eine Zahl, die Seelentrieb genannt wird. Sie repräsentiert die Motivationen eines Menschen und das, was er gern tut.

Eine weitere Zahl, die Zahl der Persönlichkeit, kann aus den Mitlauten des Namens gebildet werden. Diese werden zusammengezählt und auf eine Ziffer reduziert. Das Charakteristische, das diese Zahl ausdrückt, ist das erste, was Fremden auffällt, die diesem Menschen zum ersten Mal begegnen.

Die Persönlichkeitszahl wird in der Partnerschaftsanalyse nicht gebraucht, wohl aber die Zahl des Ausdrucks und die des Seelentriebs.

Ein paar Regeln sollte man im Kopf haben:

1. Es wird immer der volle Geburtsname einer Person benutzt. Es spielt keine Rolle, ob William von seinen Freunden Willi genannt wird, bei der Partnerschaftsanalyse nehmen wir den vollen Namen.

2. Der Buchstabe Y wird meist als Selbstlaut eingestuft. Wird er als Selbstlaut verwendet wie in Yvonne, Kay oder Sybille, wird er auch als Selbstlaut gezählt. Ist das Y vie J gesprochen, wie in Yolande, wird er den Mitlauten zugerechnet.

3. Meisterzahlen (11 und 22) bleiben als solche erhalten. Sie werden nicht auf eine einzelne Ziffer reduziert.

Wir wollen den Namen Barbara Evelyn Sadgrove als Beispiel nehmen. Wir verwandeln alle Buchstaben in Zahlen, dafür benutzen wir die Tabelle aus dem vorigen Kapitel.

```
1    1  1 5  5 7    1      6 5
BARBARA EVELYN SADGROVE
2 92 9    4 3 5 1  479 1
```

Das Y in Evelyn wurde als Selbstlaut eingestuft, nicht als Mitlaut.

Dann zählen wir die Zahlen der Namen zusammen und reduzieren die Summe auf eine Zahl, ausgenommen die Meisterzahlen.

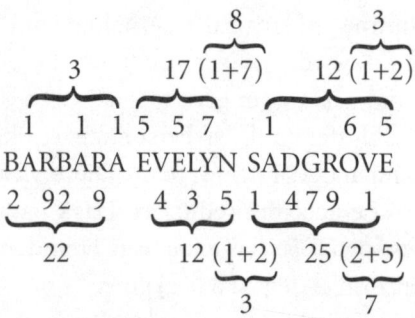

Die drei Selbstlaute in Barbara ergeben die Zahl 3. In Evelyn ergeben die Selbstlaute zusammen 17, 1+7 = 8. Die Selbstlaute in Sadgrove ergeben 12, 1+2 = 3.

Genauso verfahren wir mit den Mitlauten. Die Summe der Mitlaute in Barbara ergibt 22 und wird nicht weiter reduziert.

Jetzt können wir die Zahl des Ausdrucks und des Seelentriebs berechnen. Die Zahl des Ausdrucks ist die Summe aller Zahlen des Namens, also zählen wir Selbstlaute und Mitlaute zusammen:

3+8+3 (die Selbstlaute) +22+3+7 (die Mitlaute) = 46
4+6 = 10 und 1+0 = 1

Barbaras Ausdruckszahl erhalten wir, indem wir die Summe 46 auf eine Ziffer reduzieren, wir erhalten eine 1.

Die Zahl des Seelentriebs finden wir, indem wir die Summe der Selbstlaute auf eine Ziffer reduzieren:

3+8+3 = 14 und 1+4 =5

Barbaras Ausdruckszahl ist 1, und ihre Seelentriebzahl ist 5.

Nehmen wir an, sie wurde am 27. Juli 1953 geboren. Daraus ergibt sich die Zahl des Lebensweges von 7, die Zahl des Geburtstages ist 9 (2+7 = 9).

Jetzt können wir die vier Hauptzahlen von Barbara aufstellen:

Lebensweg 7
Ausdruck 1
Seelentrieb 5
Geburtstag 9

In der westlichen Numerologie macht der Lebensweg etwa 40% der Person aus, der Ausdruck 30%, der Seelentrieb 20% und der Geburtstag 10%. Das sind natürlich nur Näherungswerte, aber sie zeigen die relative Gewichtung der Zahlen zueinander.

Bei einem Partnerschaftsvergleich sollten beide Partner eine Zahl gemeinsam haben. Barbara würde gut zu einem Partner passen, der eine der Zahlen 7, 1, 5 oder 9 unter seinen Hauptzahlen hat.

Im allgemeinen ist es besser, wenn die Zahlen nicht in demselben Bereich gleich sind. Barbara würde wahrscheinlich besser zu einem Menschen passen, der die Zahl 7 als Ausdruck, Seelentrieb oder Geburtstag hat. Aber auch wenn die Zahlen im selben Bereich gleich sind, ist eine gute Verbindung möglich. (Siehe George Burns und Gracie Allen, die beide einen Lebensweg der 9 hatten.)

Es gibt eine große Ausnahme. Wenn zwei Menschen dieselbe Zahl des Seelentriebs haben, wird eine Verbindung dieser beiden geradezu himmlisch. Leider ist das nicht sehr häufig. Diese zwei Menschen leben nur füreinander, sie brauchen sonst niemanden. Gleich welche Probleme sie zu bewältigen haben, sie werden den Sturm in den Armen des anderen sicher überstehen.

Kein Mensch weiß, warum man sich von einem Menschen angezogen fühlt und von einem anderen nicht. Zum Glück bleibt diese rätselhafte Anziehungskraft immer ein wunderbares Geheimnis. Die Partnerschaftsanalyse kann dazu beitragen, wenigstens einen kleinen Teil davon zu verstehen. Das eigentliche Geheimnis wird jedoch immer ein Geheimnis bleiben.

Hier folgen noch ein paar interessante Partnerschaften, die man analysieren kann:

Ferdinand Marcos, geboren am 11. September 1917, und Imelda Marcos, geboren am 2. Juli 1931.

John F. Kennedy, geboren am 29. Mai 1917 und Jacqueline Bouvier, geboren am 28. Juli 1929.

Aristoteles Onassis, geboren am 20. Januar 1906, und Jacqueline Bouvier Kennedy, geboren am 28. Juli 1929.

Carlo Ponti, geboren am 11. Dezember 1910, und Sophia Loren, geboren am 20. September 1934.

Ronald Reagan, geboren am 6. Februar 1911, und Nancy Davis, geboren am 6. Juli 1912.

9

Numerologie im Osten

In weiten Teilen des Fernen Ostens wird in der Numerologie dasselbe Lo Shu Diagramm verwendet, das wir auch benutzen. Es kommen dieselben Pfade zur Anwendung, aber die Zahlen werden an ihre ursprüngliche Position in Wus magischem Quadrat gesetzt. Außerdem wird nicht der solare Kalender wie im Westen, sondern der lunare Kalender zugrunde gelegt.

Der lunare Kalender birgt einige Besonderheiten. Da er auf dem Mondzyklus beruht, hat jeder Monat neunundzwanzig oder dreißig Tage.[1] In bestimmten Abständen hat der lunare Kalender dreizehn Monate, da sich die zwölf lunare Monate nicht mit dem solaren Kalender decken. Dieser Extramonat wird Schaltmonat genannt. Die alten Gelehrten fanden heraus, daß der lunare Kalender nach drei solaren Jahren etwa dreiunddreißig Tage hinter der Sonne zurücklag. Für eine Kultur, die weitgehend vom Ackerbau abhing, war das eine schwierige Situation, so daß der Schaltmonat eingefügt wurde.[2] Die Astronomen entdeckten, daß ein Zyklus von neunzehn Jahren mit sieben Schaltmonaten den solaren und den lunaren Kalender in Einklang brachte. Im solaren Kalender ist die Wintersonnenwende im elften Monat und sorgt so für die richtige zeitliche Abfolge der Jahreszeiten. Im lunaren Kalender beginnt das neue Jahr am zweiten Neumond nach der Wintersonnenwende. Der Geburtstag eines Menschen, der nach abendländischem Kalender im Januar oder Februar geboren wurde, kann nach dem chinesischen lunaren System im vorigen Jahr liegen, da das chinesische neue Jahr immer an einem anderen Datum anfängt.

Der lunare Kalender hat 353 bis 355 Tage im Jahr, und 380 bis 385 in einem Schaltjahr.

Im östlichen System gibt es keine Zahl für den Lebensweg. Man nimmt an, daß Pythagoras die Zahlen des Lebensweges entdeckte, als er vor 2500 Jahren die Numerologie für den Westen modernisierte. Im Osten gibt es kein Äquivalent dafür.

Im Westen sind die drei Ebenen des Diagramms die mentale (obere waagerechte Reihe), die emotionale (mittlere Reihe) und die praktische Ebene (untere Reihe) (siehe Kapitel 3). Im Osten wird die obere Reihe intellektuelle Ebene genannt, die mittlere Reihe spirituelle Ebene und die untere Reihe materielle Ebene (Abb. 9A).

| Intellektuell |
| Spirituell |
| Materiell |

Abb. 9A

Der Unterschied ist sehr subtil. Die obere Reihe bezieht sich in beiden Fällen auf den Intellekt. Die mittlere Reihe zeigt, trotz verschiedener Bezeichnungen, Gefühle, Emotionen und Intuition. Die untere Reihe weist im Westen auf den physischen Ausdruck, Talente und Geschick mit den Händen, im Osten aber deutet sie auf finanziellen und beruflichen Erfolg. Die negativen Aspekte dieser Ebene sind jedoch gleich, Ichbezogenheit, Prahlerei, Materialismus und Verschwendungssucht.

Im Osten werden die Ebenen auch noch auf andere Weise betrachtet, man setzt sie in Beziehung zu Wetter und Ackerbau. Das ist nicht verwunderlich, da das Wetter in einer reinen Ackerbaugesellschaft vor 4000 Jahren einen entscheidenden Einfluß auf das Wohlergehen jedes einzelnen Menschen ausübte.

Die obere waagerechte Reihe steht für Sonne und Regen, beides ist für das Pflanzenwachstum wichtig. Die mittlere Reihe steht für Nahrungspflanzen und Getreide, die untere Reihe schließlich stellt die Erde dar.

| Denken | Aktivität | Stärke |

Abb. 9B

Auch die senkrechten Reihen haben eine Bedeutung. Die linke Spalte steht für das Denken, die mittlere für Aktivität und die rechte für Stärke (Abb. 9B).

Unter Beachtung der Bedeutungen der waagerechten und senkrechten Reihen können wir jetzt die Zahlen des Diagramms betrachten. Wir wollen die 4 als Beispiel nehmen. Diese Zahl steht an einem ausgezeichneten Platz in der Ebene der Sonne und der Reihe des Denkens im Lo Shu Diagramm (Abb. 9C).

4	9	2
3	5	7
8	1	6

Abb. 9C

Das Lo Shu Diagramm

Die Zahl 4 hat die Schlüsselworte logisches Denken, Vorsicht und Intelligenz. Das Denken badet im Sonnenlicht und weist auf Glücklichsein hin. Folglich ist das Denken wahrscheinlich positiv. Die Hitze der Sonne verhindert Impulsivität, der Mensch mit einer 4 ist eher vorsichtig. Dadurch hat er Zeit zu denken bevor er handelt, das kann auf hohe Intelligenz deuten.

Natürlich ergibt sich ein anderes Diagramm, wenn wir den lunaren Kalender anwenden. Ich wurde zum Beispiel am 9. Dezember 1946 geboren, mein Diagramm nach westlicher Numerologie zeigt Abbildung 9D.

	6	99
2		
11	4	

Abb. 9D

Das Diagramm der Autors nach westlicher Methode, beruht auf dem solaren Geburtsdatum 9. Dezember 1946

Nach dem lunaren Kalender ist mein Geburtsdatum der 16. November 1946. Das Lo Shu Diagramm ist in Abbildung 9E zu sehen.

Die zwei Einsen des Monats November werden in das mittlere Kästchen unten eingetragen (das ist der Platz der 1 im Lo Shu Diagramm, siehe Abb. 9C). Dazu kommt die dritte Eins vom Tag (der 16.), die 6 kommt in das rechte untere Kästchen.

4	9	
	1111	66

Abb. 9E

Das Lo Shu Diagramm des Autors, nach lunarem Kalender 16. November 1946

Dann kommt noch das Jahr dazu, die 1 in das mittlere Kästchen unten, die 9 in das mittlere Kästchen oben, die 4 links daneben und die 6 neben die andere 6 in das Quadrat rechts unten.

Das lunare Diagramm (Abb. E) sieht ganz anders aus als das solare Diagramm (Abb. 9D). Heißt das, daß ich ein anderer Mensch wäre, wenn ich zum Beispiel in Malaysia lebte?

Nein, natürlich nicht. Im Osten ist die Bedeutung der Zahlen eine andere. Der Numerologe beachtet nicht nur die Bedeutung der einzelnen Zahl, sondern wendet auch seine Kenntnisse der fünf Elemente der chinesischen Astrologie und des Feng Shui an. Außerdem haben Zahlenkombinationen oft eine größere Bedeutung als die einzelne Zahl. Aus diesem Grund wird im Osten das Fehlen einer Zahl nicht unbedingt negativ betrachtet. Chinesische Numerologie hat viel mit Gleichgewicht zu tun, manche Kombinationen können ein gutes Gleichgewicht haben, auch wenn im Diagramm einige Zahlen fehlen. Auch kann eine Lücke »geheilt« werden, wenn man die fünf Elemente der chinesischen Astrologie einsetzt.

Im Westen unterzieht man eigentlich nur die Pfade einer genauen Betrachtung. Im Osten werden auch andere Kombinationen untersucht, ob sie günstig sind oder nicht.

Bedeutung der Zahlen nach der östlichen Numerologie

Hier folgen die Bedeutungen der einzelnen Zahlen, wie sie im Osten zur Anwendung kommen.

Die Zahl 1

Die Zahl 1

~

Deutet auf die Fähigkeit, Geld zu verdienen

Die 1 steht an zentraler Stelle der materiellen Ebene. Sie wird allgemein als positive Zahl angesehen, da sie die Fähigkeit anzeigt, Geld zu verdienen und ein Leben in Wohlstand zu führen.

Menschen mit einer 1 im Diagramm sind finanziell recht erfolgreich. Die Potential, viel Geld zu verdienen, steigt dramatisch an, wenn die beiden anderen Zahlen der materiellen Ebene da sind (8 und 6), und so der Pfad des Wohlstands entsteht.

Menschen, die zwei Einsen im Diagramm haben, sind prädestiniert, viel Geld zu verdienen. Auch haben sie häufig einfach Glück. Enthält das Diagramm auch noch zwei oder drei Siebenen und den Pfad des Wohlstands, ist diese Person äußerst vielseitig und wird auf zahlreichen Gebieten sehr erfolgreich sein.

Menschen mit drei Einsen sind finanziell erfolgreich und mit einer positiven, glücklichen Lebenseinstellung gesegnet. Wenn das Diagramm auch noch den Pfad des Wohlstands enthält, steigt die Möglichkeit, Glück zu haben. Sind auch noch zwei Siebenen vorhanden, hat dieser Mensch äußerst viel Glück in seinem Leben. In der östlichen Numerologie betrachtet man drei Einsen als die ideale Anzahl.

Menschen mit vier Einsen oder mehr konzentrieren sich so sehr auf Wohlstand und Besitz, daß für anderes kein Raum mehr bleibt. Dieses Besessensein von Geld ist sehr einseitig, und diese Person wird in anderen Lebensbereichen wenig oder nicht glücklich sein. Enthält das Diagramm Zahlen auf der spirituellen Ebene (3, 5 oder 7), wird das etwas abgemildert.

Die Zahl 2

Die Zahl 2 findet sich im oberen rechten Quadrat auf der mentalen Ebene. Sie ist die unvorteilhafteste Zahl des Intellekts, da sie so häufig erscheint. Im nächsten Jahrhundert wird ihre Bedeutung noch weiter abnehmen, da jeder Mensch wenigstens eine 2 im Diagramm haben wird. In der östlichen Numerologie wird die 2 als eine negative oder neutrale Zahl angesehen, außer wenn sie von der 4 und der 9 begleitet wird und so der Pfad des Intellekts entsteht. Kommt zu der 2 noch eine 3 dazu, kennzeichnet das einen Menschen, der gern diskutiert und streitet.

Die Zahl 2

~

Deutet auf einen durchschnittlichen Verstand und wenig originelles Denken

Menschen mit nur einer 2 auf der mentalen Ebene haben einen eher durchschnittlichen Verstand. Selten haben sie eigene originelle Einfälle. Menschen mit einer 2, dazu die Zahlen 4 und 9, die den Pfad des Intellekts bilden, können viel auf den Gebieten des Rechts, der Philosophie und der Literatur erreichen. Eine 2, dazu eine 5 und eine 8, bilden den Pfad der Entschlossenheit. Diese Menschen haben einen kraftvollen Geist, sie sind gefestigt, entschlußfreudig und bestimmend.

Zwei 2en auf der mentalen Ebene werden als sehr negativ angesehen, wenn sie nicht von einer 4 oder einer 9 oder von beiden begleitet werden. Zwei 2en für sich allein erzeugen Energiemangel und Krankheitsneigung. Sind die beiden 2en aber Bestandteil des Pfads des Intellekts oder der Entschlossenheit, ist ihre Bedeutung sehr viel positiver. Dann verbessern sich die mentalen Anlagen, und diese Person hat einen wachen, klaren Verstand und ein ausgezeichnetes Gedächtnis.

Drei 2en sind höchst unglücklich, wenn sie nicht vom Pfad des Intellekts oder der Entschlossenheit unterstützt werden. Drei 2en für sich können auf schwere Krankheiten hinweisen. Der Pfad des Wohlstands (8, 1 und 6) kann das abwenden.

Vier oder mehr 2en sind noch ungünstiger. Abgesehen von möglichen gesundheitlichen Problemen sind Menschen mit dieser Kombination oft arrogant, sarkastisch und grob. Sie reagieren übertrieben und schieben die Schuld für ihre Fehler unwillkürlich auf andere.

Die Zahl 3

Die Zahl 3

~

Weist auf Spiritualität, Empfindsamkeit und Intuition

Die Zahl 3 ist die erste spirituelle Zahl, sie steht auf der linken Seite der mittleren Reihe. In der westlichen Numerologie hängt die 3 mit logischem Denken zusammen. In der östlichen Numerologie bezieht sie sich auf Feinfühligkeit und Intuition.

Menschen mit einer 3 brauchen den Beistand der 5 und 7 (das bildet den Pfad der Spiritualität) oder der 8 und 4 (das bildet den Pfad des Planens). Ohne ein oder zwei dieser Zahlen sind Menschen mit einer 3 leicht verletzbar und ertragen Belastungen nur schlecht. Es fällt ihnen schwer, sich in Konkurrenzsituationen zu behaupten. Eine 3 in Verbindung mit einer 8 zeigt, daß dieser Mensch jemanden hat, der Trost, Unterstützung und Führung bietet.

Menschen mit zwei 3en sind intelligent, empfindsam und intuitiv. Sie sind ausgeglichen und anpassungsfähig und kommen gut mit anderen aus. Sie sind einfühlsam und können die Beweggründe anderer Menschen durchschauen. Sie sind gute Freunde. Sind die beiden 3en Teil des Pfads der Spiritualität, wird die Person einen festen Glauben und eine starke Philosophie entwickeln.

Menschen mit drei 3en sind übersensibel. Sie leben in einer imaginären Traumwelt und fühlen sich ständig von eingebildeten oder wirklichen Taten anderer verletzt. Sind die drei 3en Teil des Pfads der Spiritualität, wird ihre Wirkung um einiges abgemildert. Diese Menschen sind intellektuell mit spiritueller Neigung und intuitiv. Wenn sie gelernt haben, in der realen Welt zu bestehen, können sie bedeutende Entwicklungen machen.

Menschen mit vier und mehr 3en sind ungeduldig, rücksichtslos und impulsiv. Diese Eigenschaften werden auch durch den Pfad der Spiritualität nur wenig abgeschwächt. Tatsächlich ist die Intuition dieser Menschen äußerst unzuverlässig. Sie werden überrascht sein, aber in diesem Fall werden die intuitiven Fähigkeiten besser vom Pfad des Planens unterstützt als vom Pfad der Spiritualität.

Die Zahl 4

Die 4 ist im Osten eine interessante Zahl. In einigen chinesischen Dialekten klingt das Wort Vier wie das Wort für Tod. Folglich wird die Zahl 4 häufig negativ betrachtet. In bestimmten Fällen aber kann sie auch günstig sein.[3] In der östlichen Numerologie steht die Zahl 4 im linken Quadrat der mentalen Ebene und findet sich bei hochintelligenten Menschen.

Die Zahl 4

Oft negativ, manchmal auch günstig; deutet auf hohe Intelligenz.

Menschen mit einer 4 im Diagramm denken logisch, sind vorsichtig und intelligent. Diese Fähigkeiten können auf vielen Gebieten eingesetzt werden, das wird von den anderen Zahlen des Diagramms bestimmt.

Menschen mit zwei 4en neigen zu Sturheit und Intoleranz, sie sind überzeugt davon, immer recht zu haben. Zahlen auf der spirituellen Ebene (3, 5 und 7) können diese Eigenschaften mäßigen. Menschen mit zwei 4en haben ein ausgezeichnetes Denkvermögen und setzen es zu ihrem Vorteil ein. Sie neigen aber auch dazu, sich selbst als überlegen zu betrachten, dann müssen sie lernen, mit anderen besser auszukommen.

Menschen mit drei 4en sind extrem stur und unflexibel. Sie können kaum mit weniger intelligenten Menschen zurecht kommen und führen oft ein einsames, trostloses Leben.

Sehr selten sind Menschen mit vier 4en. Dies schafft ein sehr unausgeglichenes Diagramm. Diese Menschen verstehen sich selbst nicht und haben große Schwierigkeiten mit anderen.

Die Zahl 5

Die Zahl 5 nimmt die zentrale Stelle im Diagramm ein. In der westlichen Numerologie ist es die Zahl des Gleichgewichts. In der östlichen Numerologie offenbart sie die Intensität der Gefühle und Emotionen.

Die Zahl 5

~

Enthüllt die Intensität der Gefühle und Empfindungen

Menschen mit einer 5 im Diagramm sind emotional ausgeglichen. Sie treffen instinktiv die richtigen Entscheidungen, insbesondere, wenn das Diagramm den Pfad der Spiritualität oder der Willenskraft aufweist. Wenn eine einzelne 5 von den Zahlen 2 und 3 begleitet wird, nutzt diese Person eher die negativen Seiten ihrer Fähigkeiten, sie ist herzlos und abweisend. Ohne 2 und 3 deutet eine einzelne 5 auf große Charakterstärke hin.

Menschen mit zwei 5en sind begeisterungsfähig, eifrig und voller Leben. Sie mögen Herausforderungen und freuen sich, wenn sie ihre Fähigkeiten unter Beweis stellen können. Sie sind entschlossen, zuversichtlich und ehrgeizig. Diese Eigenschaften werden vom Pfad der Willenskraft noch verstärkt (1, 5 und 9). Zwei 5en können sich negativ auswirken, wenn diese Menschen keine passende Ausdrucksmöglichkeit für ihre Fähigkeiten finden. Dann neigen sie zu übermäßigen Gebrauch von Alkohol, Drogen und Sex.

Menschen mit drei 5en sind leicht bevormundend und herrschsüchtig. Sie müssen diese Neigung erst zu beherrschen lernen, bevor sie mit anderen Menschen auskommen können.

Menschen mit vier 5en sind sehr selten. Die emotionale Kraft dieser Menschen ist so ungeheuer stark, daß sie sie kaum beherrschen können. In extremen Fällen kann das zu Selbstmord führen.

Die Zahl 6

Die Zahl 6

~

Repräsentiert finanziellen Erfolg und ein Leben in Wohlstand

Die Zahl 6 findet sich auf der rechten Seite der materiellen Ebene. Sie stellt finanziellen Erfolg und Wohlstand dar.

Menschen mit einer 6 im Diagramm haben Glück im Kleinen. Ist sie Teil des Pfads des Wohlstands, garantiert sie ein Leben ohne finanzielle Sorgen. Auf sich allein gestellt, ohne 8 und 1, bedeutet die 6, daß die Person auf kreativem Gebiet finanziell Erfolg hat.

Das kreative Potential einer einzelnen 6 richtet sich oft auf das Zuhause. Diese Menschen haben Familiensinn, sie leben und arbeiten gern in einer angenehmen Umgebung. Mit wachsendem Wohlstand helfen Menschen mit einer 6 oft weniger begünstigten Menschen ihrer Gemeinschaft. Dieser Zug tritt besonders deutlich zutage, wenn die 6 Teil des Pfads des Handelns ist.

Menschen mit zwei 6en sind hochgradig kreativ, aber es fehlt ihnen an Vertrauen in ihre Fähigkeiten. Sie machen sich unnötig Sorgen, und es kann lange dauern, bis sich selbst von kleinen Rückschlägen erholt haben. Diese Menschen sind am erfolgreichsten, wenn sie von ihren Angehörigen sanft unterstützt und ermutigt werden.

Menschen mit drei 6en machen sich ständig Sorgen um die Familie. Bei Menschen mit vier 6en ist das noch stärker ausgeprägt. Diesen Menschen hilft es sehr, wenn der Pfad des Wohlstands vorhanden ist. In diesen Fällen verhindert der finanzielle Erfolg die schlimmsten Sorgen. Auch Zahlen auf der spirituellen Ebene wirken unterstützend.

Die Zahl 7

Die Zahl 7 hat ihren Platz auf der rechten Seite der spirituellen Ebene. Nach der chinesischen Numerologie ist sie bis zum Jahr 2003 die herrschende Zahl.[4] Von 1983 bis 2003 bedeutet die 7 im Diagramm ein glückliches Geschick. Sie repräsentiert Spiritualität, Intuition und sich entwickelnden Glauben. Diese Menschen werden sich in ihren mittleren Jahre dieses Einflusses immer bewußter, in der Jugend wird er meist noch ignoriert.

Die Zahl 7

~

Kennzeichnet Spiritualität, Intuition und Glauben.

Eine 7, ohne die Zahlen 3 und 5, weist auf einen Menschen, der Vollkommenheit sucht und geheime Wahrheiten entdecken will. Ist die 7 Teil des Pfades der Spiritualität (3, 5 und 7), ergreift derjenige wahrscheinlich einen Beruf auf spirituellem oder humanitärem Gebiet. Sind zwei oder mehr 3en und 5en dabei, neigt die Person zu übermäßigem Dogmatismus und verliert oft das große Ganze aus den Augen, weil sie sich zu sehr mit Kleinigkeiten abgibt. Eine 7 mit dem Pfad des Wohlstands zusammen deutet auf einen Menschen, der erfolgreich und mitfühlend ist.

Menschen mit zwei 7en mögen lieber den Pomp und die Schau des spirituellen Lebens als die Spiritualität selbst. Sie sind oft materiell sehr erfolgreich, empfinden dabei aber ein vages Schuldgefühl.

Menschen mit drei 7en spalten sich in zwei Gruppen. Die meisten sind vorbildliche Bürger, die sich anpassen und hart arbeiten, um ihre Ziele zu erreichen. Die anderen analysieren ständig ihre

Lebenseinstellung und leiden daher sehr unter Depressionen. In den Diagrammen dieser zweiten Gruppe findet sich im allgemeinen auch der Pfad des Mißtrauens (das Fehlen der 4, 5 und 6).

Menschen mit vier 7en sind sehr selten zu finden. (In diesem Jahrhundert nur am 7., 17. und 27. Juli 1977). Leider nutzen sie wahrscheinlich mehr die negative Seite ihrer Möglichkeiten, da die vielen 7en das Diagramm aus dem Gleichgewicht bringen.

Die Zahl 8

Die Zahl 8

~

Bedeutet Geld, finanziellen Erfolg und Glück.

Die 8 sitzt an ausgezeichneter Stelle im Diagramm, im linken Quadrat am Anfang der materiellen Ebene. Für die Chinesen steht die 8 für Geld und war schon immer eine beliebte Zahl. Nach dem Feng Shui wird im Jahr 2004 ein zwanzigjähriger Zyklus der Zahl 8 beginnen.[5] Eine 8 im Diagramm deutet auf finanziellen Erfolg und Glück. Die Jahre von 2004 bis 2023 werden für Menschen mit einer 8 im Diagramm eine besonders glückliche Zeit.

Eine 8 ohne die Zahlen 1 und 6 steht für Effizienz, Geld und Genauigkeit. Wenn sie mit der 1 und der 6 den Pfad des Wohlstands bildet, repräsentiert sie bedeutenden Wohlstand und ein glückliches Leben. Sind auch die Zahlen 5 und 7 vorhanden, wird das Glück noch größer.

Menschen mit zwei 8en tun sich im geschäftlichen Bereich hervor. Folglich sind sie in einer angenehmen Position, wenn sie aus dem Arbeitsleben ausscheiden. Sie sind gewitzt und können günstige Gelegenheiten schnell erkennen und ergreifen. Sie müssen aber unbedingt die nicht-materiellen Aspekte des Lebens beachten, um im Gleichgewicht zu bleiben, harmonische Freundschaften zu pflegen und geistigen Frieden zu finden.

Menschen mit drei und mehr 8en sind kaum zu finden. Drei 8en wird als positive Kombination angesehen, auch wenn sie der betreffenden Person in jungen Jahren Schwierigkeiten bereiten kann. Diese Menschen sind in der Jugend finanziell nicht sehr erfolgreich, sie müssen zunächst Fehler machen und aus ihnen lernen, doch wenn sie die Vierzig überschritten haben, machen sie ihren Weg. Dann sind sie reif und weise genug, um die guten Gelegenheiten zu ergreifen und von den schlechten die Finger zu lassen.

Die Zahl 9

In der östlichen Numerologie wird die 9 als höchst glückver-heißend angesehen, denn sie symbolisiert Vervollkommnung und die Synthese von Himmel und Erde. Wie in der westlichen Nume-rologie ist sie eine Zahl des Intellekts. Eine 9 deutet auf Glück in ferner Zukunft, denn der östlichen Numerologie zufolge beginnt im Jahr 2024 ein zwanzigjähriger Zyklus der 9.

Die Zahl 9

Symbolisiert Vervollkommnung, deutet auf Glück in ferner Zukunft.

Jeder in diesem Jahrhundert Geborene hat wenigstens eine 9 in seinem Diagramm. Sie weist auf Idealismus, Humanitarismus und Ehrgeiz. In vergangenen Jahrhunderten gingen Menschen mit einer 9 oft in die Politik oder traten in den Dienst der Regie-rung. Man fand eine einzelne 9 im allgemeinen bei Rechtsanwäl-ten und Richtern.

Menschen mit zwei 9en haben einen wachen Verstand und ler-nen gern. Es sind ernsthafte Denker, die gern in intellektuell anre-genden Bereichen arbeiten. Der einzige negative Aspekt ist, daß diese Menschen ausschließlich mit dem Kopf denken und ihr Herz ignorieren. Das trifft nicht zu, wenn ihr Diagramm den Pfad der Spiritualität aufweist.

Menschen mit drei 9en sind idealistisch und hochintelligent. Sie sind ehrgeizig und erstreben akademische Auszeichnungen. Dieses Ungleichgewicht zu Gunsten der 9 kann jedoch auch zu Arroganz und Härte führen. Das trifft besonders dann zu, wenn das Diagramm auch die Pfade der Einsamkeit oder des Verlustes enthält.

Die Pfade

Sie werden schon festgestellt haben, daß die Pfade in der östlichen Interpretationsweise eine besondere Stellung einnehmen. Auch wenn manche Pfade dieselben Namen tragen und dieselbe Posi-tion im Diagramm belegen, enthalten sie doch andere Zahlen. Nun folgen die Bedeutungen der Pfade, wie sie im fernen Osten gelehrt werden.

Die Pfade der Stärke

Der Pfad der Entschlossenheit

Dieser Pfad liegt an gleicher Stelle wie in der westlichen Numerologie und besteht aus den Zahlen 8, 5 und 2. Menschen mit diesem Pfad sind geduldig, ausdauernd und entschlossen. Sie warten auf den rechten Augenblick und handeln dann mit Bestimmtheit. Gleich was passiert, sie verlieren ihr Ziel nie aus den Augen.

Abb. 9F

18. Mai 1926
Diagramm mit
dem Pfad der
Entschlossenheit

Jemand, der nach dem lunaren Kalender am 18. Mai 1926 geboren wurde, hat den Pfad der Entschlossenheit im Diagramm (Abb. 9F).

Der Pfad des emotionalen Gleichgewichts

Dieser Pfad folgt dem Pfad des Mitgefühls der westlichen Deutung und enthält die Zahlen 4, 5 und 6.

Menschen mit diesem Pfad sind mitfühlend und warmherzig, häufig ergreifen sie einen Beruf, in dem sie anderen helfen können. Sie sind empfindsam, oft intuitiv und haben die unheimliche Fähigkeit, die Bedürfnisse anderer Menschen zu ahnen. Diese Menschen wirken schüchtern, besonders in der Jugend. Als Kinder sind sie brav, ruhig und sanftmütig.

Abb. 9G

15. April 1966
Diagramm mit
dem Pfad des
emotionalen
Gleichgewichts

Ein Mensch, der nach dem lunaren Kalender am 15. April 1966 geboren ist, hat den Pfad des emotionalen Gleichgewichts.

Der Pfad der Spiritualität

Dieser Pfad ist interessant, da er aus den Zahlen 3, 5 und 7 besteht. Die westliche Version dieses Pfades enthält dieselben Zahlen, nur daß dieser die Diagonale belegt und nicht die mittlere waagerechte Reihe.

Die Deutung dieses Pfades ist mit der im Westen identisch. Er verstärkt Gefühle, Emotionen und Spiritualität des Menschen. Er weist auf eine ernsthafte Lebensanschauung und auf innere Ruhe und Gelassenheit, die aber oft erst in den mittleren Jahren auftritt.

Abb. 9H

17. März 1953 Diagramm mit dem Pfad der Spiritualität

Jemand, der nach dem lunaren Kalender am 17. März 1953 geboren wurde, hat den Pfad der Spiritualität in seinem Diagramm (Abb. 9H).

Der Pfad des Intellekts

Dieser Pfad befindet sich an derselben Stelle wie im westlichen Diagramm, aber die Zahlen sind 4, 9 und 2. Diese Zahlen schenken intellektuelle Fähigkeiten und ein ausgezeichnetes Gedächtnis. Menschen mit diesem Pfad denken analytisch und logisch; sie können sich klar ausdrücken, halten sich aber manchmal für besser als die anderen.

Abb. 9I

12. April 1919 Diagramm mit dem Pfad des Intellekts

Im nächsten Jahrhundert wird es Menschen geben, die keine Zahl auf der spirituellen oder der materiellen Ebene haben. Diese Menschen werden so von ihren Gedanken überwältigt sein, daß sie in Gefahr laufen, kein mentales Gleichgewicht zu finden. Sie können sich nur schwer entspannen und loslassen und brauchen ständig Unterstützung und Hilfe von anderen Menschen.

Jemand, der nach dem lunaren Kalender am 12. April 1919 geboren wurde, hat den Pfad des Intellekts in seinem Diagramm (Abb. 9I).

Der Pfad der Willenskraft

Dieser Pfad steht an gleicher Stelle wie im westlichen Diagramm, aber er besteht aus den Zahlen 1, 5 und 9. (In der westlichen Version sind das die Zahlen des Pfads der Entschlossenheit.)

Menschen mit diesem Pfad sind hartnäckig, ausdauernd und entschlossen. Sie neigen zu Streitlust und haben zu jedem Thema eine feste Meinung. Dieser Pfad wird als ein Symbol für Erfolg angesehen, denn Menschen mit diesem Pfad erreichen mit ihrer beständigen Beharrlichkeit ihr höchstes Ziel.

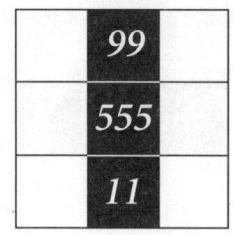

Abb. 9J
15. September 1955
Diagramm mit
dem Pfad der
Willenskraft

Ein Mensch, dessen lunarer Geburtstag am 15. September 1955 war, hat den Pfad der Willenskraft (Abb. 9J).

Der Pfad des Wohlstands

Dieser Pfad deckt die untere waagerechte Reihe ab, wie der Pfad der praktischen Fähigkeiten der westlichen Deutung. Er besteht aus den Zahlen 8, 1 und 6.

Abb. 9K
18. Juni 1974
Diagramm mit
dem Pfad des
Wohlstands

4	9	
		7
8	11	6

Menschen mit dem Pfad des Wohlstands tun sich in Beruf und Geschäftsleben hervor. Sie mögen Geld um seiner selbst willen und kümmern sich nicht um die höheren Werte des Lebens.

Menschen mit dem Pfad des Wohlstands, die keine Zahlen auf der spirituellen Ebene haben, sind kalt, berechnend und gefühllos. Sie haben großen materiellen Erfolg, weil sie die Gefühle und Bedürfnisse von anderen nicht wahrnehmen.

Wer nach lunarem Kalender am 18. Juni 1974 geboren ist, hat den Pfad des Wohlstands im Diagramm (Abb. 9K).

Der Pfad des Planens

Dieser Pfad ist im solaren und im lunaren Diagramm an der gleichen Stelle. Im Osten aber besteht er aus den Zahlen 8, 3 und 4.

Abb. 9L
18. Mai 1943
Diagramm mit
dem Pfad des
Planens

4	9	
3	5	
8	11	

Die grundlegende Bedeutung ist in beiden Interpretationsweisen gleich, die chinesischen Vorstellung umfaßt aber eher einen Menschen, der clever, berechnend und nicht sehr moralisch ist. Es mag zutreffen oder nicht, manchmal wird er auch »Pfad des Politikers« genannt.

Ein Mensch, der nach lunarem Kalender am 18. Mai 1943 geboren ist, hat den Pfad des Planens in seinem Diagramm (Abb. 9L).

Der Pfad der Tat

Dieser Pfad verläuft an derselben Stelle wie der Pfad des Handelns der westlichen Numerologie. Das ist nicht verwunderlich, da eines der Schlüsselwörter dafür Tat ist. Der Pfad besteht aus den Zahlen 6, 7 und 2.

Menschen mit diesem Pfad brauchen Geschäftigkeit. Sie lieben körperliche Tätigkeiten und treiben gern Sport. Sie haben ungeheure Energiereserven, die sie am liebsten bei körperlichen Herausforderungen einsetzen.

Abb. 9M

12. Juli 1960
Diagramm mit
dem Pfad der Tat

Ein Mensch, der nach dem lunaren Kalender am 12. Juli 1960 geboren wurde, hat den Pfad der Tat in seinem Diagramm (Abb. 9M).

Die Pfade der Schwäche

Der Pfad der Enttäuschungen

Im westlichen Diagramm besteht der Pfad der Enttäuschung aus den fehlenden Zahlen 4, 5 und 6. Im östlichen Diagramm verläuft der Pfad diagonal und besteht aus den fehlenden Zahlen 8, 5 und 2.

Dieser Pfad deutet auf viele Rückschläge und Enttäuschungen. Im Osten sieht man ihn als Zeichen für ständigen Mißerfolg. Menschen mit diesem Pfad sollten aus jeder Erfahrung zu lernen versuchen und jede Handlung sorgfältig abwägen.

Abb. 9N

19. Juni 1934
Diagramm mit
dem Pfad der
Enttäuschungen

Jemand, der nach dem lunaren Kalender am 19. Juni 1934 geboren wurde, hat den Pfad der Enttäuschung im Diagramm (Abb. 9N).

Der Pfad des Mißtrauens

Dieser Pfad besteht aus den fehlenden Zahlen 4, 5 und 6, in der westlichen Numerologie bilden diese Zahlen, wenn sie fehlen, den Pfad der Enttäuschung.

Abb. 9O

12. Juli 1932 Diagramm mit dem Pfad des Mißtrauens

Im Osten deutet dieser Pfad auf mißtrauische, zynische und launenhafte Menschen. Sie neigen dazu, sich Sorgen zu machen und immer das Schlimmste anzunehmen. Ein Numerologe in Hongkong sagte mir, dieser Pfad enthülle einen »Schattenmenschen«, jemand, der immer immer in der Düsternis lebt und nie ins helle Licht des Tages tritt.

Ein Mensch, der nach dem lunaren Kalender am 12. Juli 1932 geboren wurde, hat den Pfad des Mißtrauens in seinem Diagramm (Abb. 9O).

Der Pfad der Einsamkeit

Dieser Pfad besteht aus den fehlenden Zahlen 3, 5 und 7. Er nimmt die mittlere waagerechte Reihe ein, wo im westlichen Diagramm der Pfad der emotionalen Empfindlichkeit verläuft.

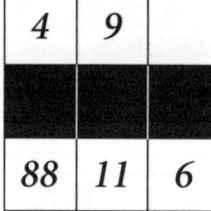

Abb. 9P

18. August 1946 Diagramm mit dem Pfad der Einsamkeit

Dieser Pfad deutet auf einen Mangel an Gefühlen. Diese Menschen sind so sehr damit beschäftigt, ihre Ziele zu erreichen, daß sie Freunde und Familie vergessen. Folglich fehlt ihrem Leben Freude, Liebe und Lachen. Meist leiden sie im Alter unter großer Einsamkeit.

Jemand, der nach dem lunaren Kalender am 18. August 1946 geboren wurde, hat den Pfad der Einsamkeit in seinem Diagramm (Abb. 9P).

Der Pfad der Trägheit

Dieser Pfad entsteht, wenn die Zahlen 2, 7 und 6 fehlen. Im westlichen Diagramm befindet sich an dieser Stelle der Pfad des Zögerns, dessen Bedeutung ähnlich ist.

Menschen mit diesem Pfad fehlt es an Motivation, sie lassen sich Gelegenheiten entgehen, selbst wenn sie ihnen serviert werden. Sie sind unentschlossen und haben Angst vor Risiken. Im allgemeinen erreichen sie nur einen Bruchteil dessen, was möglich wäre, wenn sie sich etwas anstrengen würden.

Ein Mensch, der nach dem lunaren Kalender am 14. Mai 1983 geboren wurde, hat den Pfad der Trägheit in seinem Diagramm (Abb. 9Q).

4	9	
3	5	
8	11	

Abb. 9Q

14. Mai 1983 Diagramm mit dem Pfad der Trägheit

Der Pfad der Verwirrung

Dieser Pfad besteht aus den fehlenden Zahlen 8, 3 und 4. Er nimmt die linke, senkrechte Spalte ein.

Menschen mit diesem Pfad denken nicht logisch, sie handeln unmethodisch und unorganisiert. Sie leben von einem Tag zum anderen und machen selten Pläne auf lange Sicht. Tun sie es doch einmal, werfen sie ihre Pläne meist über den Haufen, bevor sie Früchte tragen konnten.

	9	2
	5	77
	11	

Abb. 9R

12. Juli 1975 Diagramm mit dem Pfad der Verwirrung

Jemand, der nach dem lunaren Kalender am 12. Juli 1975 geboren wurde, hat den Pfad der Verwirrung in seinem Diagramm (Abb. 9R).

Der Pfad der Verluste

Dieser Pfad besteht aus den fehlenden Zahlen 8, 1 und 6. In den letzten tausend Jahren gab es diesen Pfad nicht, aber im 21. Jahrhundert wird er wieder erscheinen. Diese Menschen werden versuchen, auf schnelle Art zu Wohlstand zu gelangen. Es wird ihnen ständig mißlingen, und erst im mittleren Alter werden sie erkennen, daß sie durchaus erfolgreich gewesen wären, wenn sie dieselbe Anstrengung auf ein lohnendes Ziel gerichtet hätten.

4		22
33	5	

Abb. 9S

23. April 2035 Diagramm mit dem Pfad der Verluste

Menschen, die nach dem lunaren Kalender am 23. April 2035 geboren werden, haben den Pfad der Verluste im Diagramm (Abb. 9S).

Der Pfad der Unentschlossenheit

Dieser Pfad besteht aus den fehlenden Zahlen 1, 5 und 9. In den letzten tausend Jahren hatte niemand diesen Pfad in seinem Diagramm, aber im 21. Jahrhundert wird es ihn wieder geben.

Abb. 9T

8. Juli 2346 Diagramm mit dem Pfad der Unentschlossenheit

Menschen mit diesem Pfad haben eine verzweifelte Sehnsucht, von anderen geliebt und akzeptiert zu werden. Folglich sind sie leicht zu beeinflussen. Es fällt ihnen sehr schwer, für etwas einzustehen, denn sie wollen es jedem recht machen und können keine Ansicht vertreten, die andere vielleicht nicht akzeptieren würden (Abb. 9T).

Der Pfad des schlechten Gedächtnisses

Dieser Pfad entsteht, wenn die Zahlen 4, 9 und 2 fehlen. Es wird ihn erst wieder im 31. Jahrhundert geben. Jeder, der im letzten Jahrhundert zur Welt kam, hat eine 9 im Diagramm und in den nächsten tausend Jahren hat jeder eine 2.

Abb. 9U

6. Mai 3087 Diagramm mit dem Pfad des schlechten Gedächtnisses

Menschen mit diesem Pfad beginnen ihr Leben mit starken intellektuellen Fähigkeiten, die mit zunehmendem Alter immer schwächer werden. Diese Menschen fühlen sich oft von ihrer lebhaften Gedankenwelt überwältigt und leiden unter ihrer geistigen Unausgeglichenheit (Abb. 9U).

Die vier kleinen Pfade

Im fernen Osten werden auch vier kleine Pfade in Betracht gezogen. Sie entstehen, wenn man die mittleren Zahlen der äußeren waagerechten und senkrechten Reihen verbindet. Diese kleinen Pfade enthalten die Zahlen 1 und 3, 3 und 9, 9 und 7, 7 und 1.

Der Pfad der Genauigkeit und Täuschung

Dieser Pfad besteht aus den Zahlen 1 und 3. Menschen mit diesem Pfad befassen sich gern mit den Einzelheiten einer Sache. Sind die Zahlen mehr als einmal vorhanden, neigt die betreffende Person zum Perfektionismus.

Abb. 9V

13. März 1967 Diagramm mit dem Pfad der Genauigkeit und Täuschung

Dieser Pfad hat auch eine negative Seite. Diese Menschen neigen zu Unehrlichkeit, wenn es ihnen in den Kram paßt. Sie lügen oder verheimlichen die Wahrheit, um sich zu schützen. In China wird sie manchmal auch die kriminelle Linie genannt, aber nach meiner Erfahrung haben eher Menschen, die lügen, diesen Pfad als Diebe oder Gewaltverbrecher.

Ein Mensch, der nach lunarem Kalender am 13. März 1967 geboren wurde, hat den Pfad der Genauigkeit und Täuschung in seinem Diagramm (Abb. 9V).

Der Pfad des Rechtsstreites

Dieser Pfad entsteht, wenn das Diagramm die Zahlen 3 und 9 enthält. Menschen mit diesem Pfad neigen zu Diskussionen und Wortgefechten aller Art. Werden diese ernst, müssen sie vor Gericht verhandelt werden, deshalb wird diese Kombination Pfad des Rechtsstreites genannt.

Abb. 9W

3. Juli 1985 Diagramm mit dem Pfad des Rechtsstreites

Ein Mensch, der nach lunarem Kalender am 3. Juli 1985 geboren wurde, hat den Pfad des Rechtsstreites in seinem Diagramm (Abb. 9W).

Der Pfad des geistigen Friedens

Dieser Pfad entsteht, wenn das Diagramm die Zahlen 9 und 7 enthält. Menschen mit dieser Kombination sind positiv, zuversichtlich und haben einen festen Glauben. Die Logik der 9 unterstützt die Spiritualität der 7 und umgekehrt. Diese Menschen gehen schwierige Situationen mit Gelassenheit an, zuversichtlich, daß sich alles zum Besten wendet.

Abb. 9X

8. Juli 1966
Diagramm mit
dem Pfad des
geistigen Friedens

Jemand, der nach lunarem Kalender am 8. Juli 1966 geboren wurde, hat den Pfad des geistigen Friedens in seinem Diagramm (Abb. 9X).

Der Pfad der Wissenschaft

Menschen, deren Diagramm die Zahlen 1 und 7 enthält, interessieren sich für die Geheimnisse dieser Welt. Sie suchen nach verborgenen Wahrheiten und können so sehr in ihre Studien eintauchen, daß sie sich darin verlieren. Sie interessieren sich häufig für Naturwissenschaften (oft solche, die mit den Meeren zu tun haben), daher hat dieser Pfad seinen Namen erhalten.

Abb. 9Y

27. Mai 1974
Diagramm mit
dem Pfad der
Wissenschaft

Ein Mensch, der nach lunarem Kalender am 27. Mai 1974 geboren wurde, hat den Pfad der Wissenschaften in seinem Diagramm (Abb. 9Y).

Numerologische Heilung

Die östliche Numerologie glaubt, daß fehlende Zahlen »geheilt« oder korrigiert werden können, wenn man sich mit Gegenständen umgibt, die zu der betreffenden Zahl gehören. Im allgemeinen kann man nur ein oder zwei der Leerräume im Diagramm »heilen.« Nehmen wir als Beispiel ein Diagramm, das die Zahlen 8 und 1 enthält. Die Zahl 6 würde den Pfad des Wohlstands vervollständigen. Natürlich würde ein Mensch mit diesem Diagramm das leere Kästchen gerne füllen.

Fehlt eine ganze Reihe oder Spalte, wie es der Fall ist, wenn das Diagramm die Pfade der Enttäuschung, des Mißtrauens, der Einsamkeit, der Trägheit, der Verwirrung oder der Verluste enthält, würde man eine Zahl der Reihe oder Spalte »heilen«, um den Pfad der Schwäche zu beseitigen.

Die fünf Elemente

In der chinesischen Astrologie gibt es fünf Elemente: Holz, Feuer, Erde, Metall und Wasser. Alle Dinge dieser Welt können einem dieser Elemente zugeordnet werden. Die Elemente können schöpferisch oder zerstörerisch wirken.[6]

Der schöpferische Zyklus lautet:

Holz brennt und erschafft das Feuer.
Daraus entsteht Erde, die das Metall hervorbringt.
Metall wird flüssig wie Wasser.
Wasser nährt Holz.

Der zerstörerische Zyklus lautet:

Holz nimmt von Erde.
Erde verschmutzt Wasser.
Wasser löscht Feuer.
Feuer schmilzt Metall.
Metall spaltet und zerstört Holz.

Jeder Zahl wird ein Element zugeordnet:

1 gehört zu Wasser
2 gehört zu Erde
3 gehört zu Holz
4 gehört zu Holz
5 gehört zu Erde
6 gehört zu Metall

7 gehört zu Metall
8 gehört zu Erde
9 gehört zu Feuer

Holz

Fehlen die Zahlen 3 oder 4 im Diagramm, kann man diesen Mangel »heilen«, wenn man sich mit Dingen aus Holz umgibt. Man kann lebendes Holz nehmen wie Bäume, Sträucher, Topfpflanzen oder sogar Gras. Vielleich bevorzugen Sie Gegenstände aus Holz wie Möbel oder dekorative Dinge. Da das Element Holz oft auch »Baum« genannt wird, entfaltet lebendes Holz natürlich die größte Wirkung.

Feuer

Wenn die Zahl 9 im Diagramm fehlt, kann man sich mit hellen Dingen umgeben, besonders solche, die Licht abstrahlen. Auch alles Rote gehört zum Feuer.

Erde

Ein Mangel an Erde kommt in numerologischen Diagrammen häufig vor, denn die Erde repräsentiert die drei Zahlen, die den Pfad der Entschlossenheit bilden, 8, 5 und 2. (Das Fehlen dieser Zahlen schafft den Pfad der Enttäuschung.) Um einen Mangel an einer oder allen Zahlen auszugleichen, kann man sich mit Dingen umgeben, die aus der Erde kommen, aber nicht aus Metall sind. Quarzkristalle sind besonders wirkungsvoll.

Metall

Die Zahlen 6 und 7 gehören zum Element Metall. Fehlt eine von ihnen, ist es gut, sich mit Dingen aus Metall zu umgeben. Ein Ring oder eine Kette aus Gold oder Silber ist eine wirksame »Heilmethode.« Das Element Metall wird auch Gold genannt, was im wesentlichen Geld bedeutet, daher können auch Metallmünzen zur »Heilung« eingesetzt werden.

Wasser

Wasser gehört zur Zahl 1. Im vergangenen Jahrtausend war es natürlich nicht möglich, daß diese Zahl fehlt, im 21. Jahrhundert jedoch wird es wieder Menschen geben, die eine »Heilung« brauchen. Alles Blaue oder Schwarze ist wirkungsvoll. Wasser selbst ist natürlich am besten. Ein Aquarium, ein kleiner Teich, der Blick auf einen See oder das Meer sind ausgezeichnete Heilmethoden.

Ein interessanter Aspekt dieser Heilmethoden ist, daß jedes Element in Bezug zu einer erwünschten Eigenschaft steht. Man kann seine Fähigkeiten auf diesen Gebieten vergrößern, wenn man sich mit Dingen umgibt, die zu dem betreffenden Element gehören.

- **Holz** steht in Bezug zu Kreativität.
- **Feuer** steht in Bezug zu Begeisterung, Anregung und Motivation.
- **Erde** steht in Bezug zu Stabilität und der Fähigkeit, sein Ziel zu erreichen.
- **Metall** steht in Bezug zu Mut und der Fähigkeit, für sich selbst gerade zu stehen.
- **Wasser** steht in Bezug zu Kommunikation mit anderen.

Wenn Sie auf einem dieser Gebiete Mangel empfinden, machen Sie einen Versuch und umgeben Sie sich mit Dingen, die zu dem betreffenden Element gehören. Dann beobachten Sie Ihren allmählichen und stetigen Fortschritt.

10

Das Ki

Aus dem magischen Quadrat des Wu haben sich zwei völlig verschiedene Numerologiesysteme entwickelt. Bisher haben wir die westliche und die östliche Interpretationsweise der chinesischen Numerologie betrachtet. Es gibt noch ein anderes chinesisches System, das als Ki bekannt ist und das auch aus dem Lo Shu Diagramm des Wu entstanden ist.

Das Ki-System, auch als Ki der neun Sterne oder Weissagung der neun Häuser bekannt, beruht auf demselben magischen Quadrat, aber die Zahlen stehen in jedem Jahr an anderer Stelle und bilden so neun verschiedene Kombinationen (Abb. 10A). Eigentlich kann man nur das ursprüngliche Diagramm als magisches Quadrat bezeichnen, da die Summe jeder waagerechten, senkrechten oder diagonalen Reihe immer fünfzehn ergibt. Das ist bei den anderen Quadraten zwar nicht der Fall, doch folgen auch sie einem bestimmten Muster. In jedem Fall ergibt die Summe der Reihen eine bestimmte Zahl oder diese Zahl plus ein Vielfaches von Neun.[1]

Das Ki-System gründet auf dem alten chinesischen Konzept von Yin und Yang. Yin und Yang sind die gegensätzlichen Polaritäten des Universums, zum Beispiel männlich und weiblich. Die chinesischen Taoisten klassifizierten das ganze Universum und alles, was es enthält, als Yin oder Yang. Yin und Yang sind die gegensätzlichen Kräfte der Natur. Die Zeichen auf Wus

8	4	6
7	9	2
3	5	1

7	3	5
6	8	1
2	4	9

6	2	4
5	7	9
1	3	8

5	1	3
4	6	8
9	2	7

4	9	2
3	5	7
8	1	6

3	8	1
2	4	6
7	9	5

2	7	9
1	3	5
6	8	4

1	6	8
9	2	4
5	7	3

9	5	7
8	1	3
4	6	2

Abb. 10A
Ki-System, die Zahlen stehen jedes Jahr an anderer Stelle und bilden so neun verschiedene Kombinationen.

Schildkrötenpanzer waren schwarz und weiß. Die ungeraden Zahlen waren schwarz (Yin), die geraden weiß (Yang).[2] Ursprünglich bezeichneten Yin und Yang die beiden Seiten eines Berges. Yin war die schattige Nordseite, Yang die sonnige Südseite. Daraus entstand die Bedeutung hell und dunkel, weiß und schwarz, Tag und Nacht und unzählige andere Gegensatzpaare. Auch heute noch erfinden die Chinesen gern Yin-und-Yang-Kombinationen.

Das Ki-System verwendet auch die fünf Elemente Holz, Feuer, Erde, Metall und Wasser, die in Kapitel 9 kurz angesprochen wurden. Die Zahlen von 1 bis 9 werden einem Element zugeordnet. Holz gehört zu 3 und 4; Feuer gehört zur 9; Erde hat die 2, 5 und 8; Metall die 6 und 7; und Wasser gehört zur 1 (Abb. 10B).

Holz	Feuer	Erde
4	9	2
Holz	Erde	Metall
3	5	7
Erde	Wasser	Metall
8	1	6

Abb. 10B

Jede Zahl korrespondiert auch mit einer Farbe:

1 ist weißes Wasser
2 ist schwarze Erde
3 ist türkisfarbener Baum (Holz)
4 ist grüner Baum (Holz)
5 ist gelbe Erde
6 ist weißes Metall
7 ist rotes Metall
8 ist weiße Erde
9 ist purpurfarbenes Feuer

Tatsächlich haben viele alte Ki-Diagramme, die bis heute erhalten geblieben sind, häufiger Farben als Zahlen in den Kästchen.[4]

Im numerologischen Ki-System gibt es drei wichtige Zahlen, die Zahl des Geburtsjahres, die Zahl des Geburtsmonats und die Zahl des Hauses.

Die Zahl des Geburtsjahres

Sie finden die Zahl des Geburtsjahres in der Tabelle in Abbildung 10C.

Jahr	Zahl	Jahr	Zahl	Jahr	Zahl	Jahr	Zahl
1901	9	1931	6	1961	3	1991	9
1902	8	1932	5	1962	2	1992	8
1903	7	1933	4	1963	1	1993	7
1904	6	1934	3	1964	9	1994	6
1905	5	1935	2	1965	8	1995	5
1906	4	1936	1	1966	7	1996	4
1907	3	1937	9	1967	6	1997	3
1908	2	1938	8	1968	5	1998	2
1909	1	1939	7	1969	4	1999	1
1910	9	1940	6	1970	3	2000	9
1911	8	1941	5	1971	2	2001	8
1912	7	1942	4	1972	1	2002	7
1913	6	1943	3	1973	9	2003	6
1914	5	1944	2	1974	8	2004	5
1915	4	1945	1	1975	7	2005	4
1916	3	1946	9	1976	6	2006	3
1917	2	1947	8	1977	5	2007	2
1918	1	1948	7	1978	4	2008	1
1919	9	1949	6	1979	3	2009	9
1920	8	1950	5	1980	2	2010	8
1921	7	1951	4	1981	1	2011	7
1922	6	1952	3	1982	9	2012	6
1923	5	1953	2	1983	8	2013	5
1924	4	1954	1	1984	7	2014	4
1925	3	1955	9	1985	6	2015	3
1926	2	1956	8	1986	5	2016	2
1927	1	1957	7	1987	4	2017	1
1928	9	1958	6	1988	3	2018	9
1929	8	1959	5	1989	2	2019	8
1930	7	1960	4	1990	1	2020	7

Abb. 10C

Die Zahlen der Geburtsjahre von 1901 bis 2020.

Das chinesische Neujahr liegt um den 4. Februar, wenn Sie also zwischen dem 1. Januar und dem 5. Februar geboren sind, ist die Zahl Ihres Geburtsjahres wahrscheinlich die des vorigen Jahres. In Abbildung 10D können Sie sehen, welche Zahl die richtige ist. Die Tabelle zeigt für das 20. Jahrhundert, an welchem Tag das neue Jahr angefangen hat.

Jahr	Datum	Jahr	Datum	Jahr	Datum	Jahr	Datum
1901	Feb. 4	1926	Feb. 4	1951	Feb. 5	1976	Feb. 5
1902	Feb. 5	1927	Feb. 5	1952	Feb. 5	1977	Feb. 4
1903	Feb. 5	1928	Feb. 5	1953	Feb. 4	1978	Feb. 4
1904	Feb. 5	1929	Feb. 4	1954	Feb. 4	1979	Feb. 4
1905	Feb. 4	1930	Feb. 4	1955	Feb. 5	1980	Feb. 5
1906	Feb. 5	1931	Feb. 5	1956	Feb. 5	1981	Feb. 4
1907	Feb. 5	1932	Feb. 5	1957	Feb. 4	1982	Feb. 4
1908	Feb. 5	1933	Feb. 4	1958	Feb. 4	1983	Feb. 4
1909	Feb. 4	1934	Feb. 4	1959	Feb. 4	1984	Feb. 4
1910	Feb. 5	1935	Feb. 5	1960	Feb. 5	1985	Feb. 4
1911	Feb. 5	1936	Feb. 5	1961	Feb. 4	1986	Feb. 4
1912	Feb. 5	1937	Feb. 4	1962	Feb. 4	1987	Feb. 4
1913	Feb. 4	1938	Feb. 4	1963	Feb. 4	1988	Feb. 4
1914	Feb. 5	1939	Feb. 5	1964	Feb. 5	1989	Feb. 4
1915	Feb. 5	1940	Feb. 5	1965	Feb. 4	1990	Feb. 4
1916	Feb. 5	1941	Feb. 4	1966	Feb. 4	1991	Feb. 4
1917	Feb. 4	1942	Feb. 4	1967	Feb. 4	1992	Feb. 4
1918	Feb. 5	1943	Feb. 5	1968	Feb. 5	1993	Feb. 4
1919	Feb. 5	1944	Feb. 5	1969	Feb. 4	1994	Feb. 4
1920	Feb. 5	1945	Feb. 4	1970	Feb. 4	1995	Feb. 4
1921	Feb. 4	1946	Feb. 4	1971	Feb. 4	1996	Feb. 4
1922	Feb. 5	1947	Feb. 5	1972	Feb. 5	1997	Feb. 4
1923	Feb. 5	1948	Feb. 5	1973	Feb. 4	1998	Feb. 4
1924	Feb. 5	1949	Feb. 4	1974	Feb. 4	1999	Feb. 4
1925	Feb. 4	1950	Feb. 4	1975	Feb. 4	2000	Feb. 4

Abb. 10D
Anfangsdaten der lunaren Jahre.

Auch ohne Tabelle kann man die Zahl des Geburtsjahres leicht errechnen. Man addiert die beiden letzten Zahlen seines Geburtsjahres und reduziert das Ergebnis auf eine Ziffer. Diese Zahl wird von Zehn abgezogen.

Hier nun ein Beispiel. Nehmen wir als Geburtsjahr 1967, wir zählen 6 und 7 zusammen und reduzieren das Ergebnis auf eine Ziffer.

$$6 + 7 = 13 \text{ und } 1 + 3 = 4$$

Jetzt ziehen wir 4 von 10 ab und sehen, die Zahl des Geburtsjahres ist 6.

$$10 - 4 = 6$$

Ist das Geburtsjahr 1989, addieren wir 8 und 9, das ergibt 17, reduziert auf eine Zahl ist 8. Diese wird von 10 abgezogen und wir haben die 2 als Zahl des Geburtsjahres.

Die Meisterzahlen werden ebenfalls reduziert. Ist das Geburtsjahr 1974, erhalten wir 11, reduziert auf 2, von 10 abgezogen erhalten wir die 8 als Zahl des Geburtsjahres.

Liegt das Geburtsdatum zum Beispiel am 29. Januar 1952, ist die Zahl des Geburtsjahres 4, nicht 3, denn wir müssen die Zahl des vorhergehenden Jahres nehmen.

Im nächsten Jahrhundert ändert sich die Formel. Wir ziehen dann nicht von 10 ab, sondern von 9. Jemand der im Jahr 2015 geboren wird, hat die 3 als Zahl des Geburtsjahres.

$$1 + 5 = 6 \text{ und } 9 - 6 = 3$$

Es wird Jahre geben, wo wir 9 von 9 abziehen müssen, zum Beispiel 2009 und 2018, und Null erhalten. Diese Jahre bekommen die 9 als Zahl des Geburtsjahres. Die Zahl der Geburtsjahres eines Menschen, der 2009 geboren wird, ist also die 9.

Das numerologische Diagramm leitet sich vom ursprünglichen Lo Shu Quadrat ab, hat aber die Zahl des Geburtsjahres an zentraler Stelle. Die neun Variationen sind in Abbildung 10A zu sehen.

Bevor wir zur Interpretation der Geburtsjahreszahlen kommen, werden wir die Zahl des Geburtsmonats berechnen.

Die Zahl des Geburtsmonats

Die Zahl des Geburtsjahres ist die wichtigste Zahl des Ki-Systems und bestimmt unser Leben als Erwachsene. Bis zum Alter von etwa 18 Jahren ist die Zahl des Geburtsmonats am wichtigsten, sie beeinflußt uns in erster Linie während der Kindheit. Dennoch ist ihr Einfluß immer spürbar, genau wie das Kind in uns. In Konfliktsituationen oder bei Streß fallen wir leicht in die Gefühle und Reaktionsmuster unserer Monatszahl zurück.

Wenn äußere Umstände ein Kind zwingen, selbstverantwortlich zu leben, entwickelt es die Eigenschaften der Jahreszahl stärker. Die Monatszahl kann auch dann wieder bestimmend werden, wenn der betreffende Mensch von anderen abhängig wird, zum Beispiel im Alter.

Leider gibt es keine einfache Formel, um die Zahl des Geburtsmonats auszurechnen. Zunächst muß man seinen Geburtsmonat bestimmen. Da die Chinesen den lunaren Kalender anwenden, wechseln die Monate zu anderen Zeiten als bei uns. Ist man in den ersten Tagen eines Monats geboren, hat man nach diesem System wahrscheinlich im vorigen Monat Geburtstag.

Wer zum Beispiel am 8. Oktober 1959 geboren wurde, hat nach dem Ki-System im September Geburtstag. Marilyn Monroe hatte am 1. Juni 1926 Geburtstag. Wenn wir ein Ki Diagramm für sie erstellen, betrachten wir den Mai als ihren Geburtsmonat.

Die Tabelle, nach der Sie den Geburtsmonat bestimmen können, sehen Sie in Abbildung 10E. In der Abbildung 10F finden Sie die Zahl des Geburtsmonats. Das Diagramm für den Geburtsmonat hat diese Zahl an zentraler Stelle, Sie finden es in Abb. 10A.

Jahr	Feb.	Mär.	Apr.	Mai	Juni	Juli	Aug.	Sep.	Okt.	Nov.	Dez.	Jan.
1900	4	6	5	6	6	8	8	8	9	8	7	6
1901	4	6	5	6	6	8	8	8	9	8	8	6
1902	5	6	6	6	7	8	8	9	9	8	8	6
1903	5	7	6	7	7	8	9	9	9	9	8	7
1904	5	6	5	6	6	8	8	8	9	8	7	6
1905	4	6	5	6	6	8	8	8	9	8	7	6
1906	5	6	6	6	7	8	8	9	9	8	8	6
1907	5	7	6	7	7	8	9	9	9	8	8	7
1908	5	6	5	6	6	7	8	8	9	8	7	6
1909	4	6	5	6	6	8	8	8	9	8	8	6
1910	5	6	6	6	7	8	8	8	9	8	8	6
1911	5	7	6	7	7	8	9	9	9	8	8	7
1912	5	6	5	6	6	7	8	8	9	8	7	6
1913	4	6	5	6	6	8	8	8	9	8	8	6
1914	5	6	6	6	7	8	8	8	9	8	8	6
1915	5	7	6	7	7	8	9	9	9	8	8	7
1916	5	6	5	6	6	7	8	8	9	8	7	6
1917	4	6	5	6	6	8	8	8	9	8	8	6
1918	5	6	6	6	6	8	8	8	9	8	8	6
1919	5	7	6	7	7	8	9	9	9	8	8	7
1920	5	6	5	6	6	7	8	8	9	8	7	6
1921	4	6	5	6	6	8	8	8	9	8	8	6
1922	5	6	5	6	6	8	8	8	9	8	8	6
1923	5	7	6	6	7	8	9	9	9	8	8	7
1924	5	6	5	6	6	7	8	8	8	8	7	6
1925	4	6	5	6	6	8	8	8	9	8	8	6
1926	4	6	5	6	6	8	8	8	9	8	8	6
1927	5	6	6	6	7	8	8	9	9	8	8	6
1928	5	6	5	6	6	7	8	8	8	8	7	6
1929	4	6	5	6	6	8	8	8	9	8	7	6
1930	4	6	5	6	6	8	8	9	9	8	8	6
1931	5	6	6	6	7	8	8	9	9	8	8	6
1932	5	6	5	6	6	7	8	8	8	8	7	6
1933	4	6	5	6	6	8	8	8	9	8	7	6

Abb. 10E

Tabelle für das Datum des Monatswechsels

Jahr	Feb.	Mär.	Apr.	Mai	Juni	Juli	Aug.	Sep.	Okt.	Nov.	Dez.	Jan.
1934	4	6	5	6	6	8	8	8	9	8	8	6
1935	5	6	6	6	7	8	8	9	9	8	8	6
1936	5	6	5	6	6	7	8	8	8	8	7	6
1937	4	6	5	6	6	8	8	8	9	8	7	6
1938	4	6	5	6	7	8	8	8	9	8	8	6
1939	5	6	6	6	6	8	8	8	9	8	8	6
1940	5	6	5	6	6	7	8	8	8	8	7	6
1941	4	6	5	6	6	7	8	8	9	8	7	6
1942	4	6	5	6	6	8	8	8	9	8	8	6
1943	5	6	6	6	7	8	8	8	9	8	8	6
1944	5	6	5	6	6	7	8	8	8	7	7	6
1945	4	6	5	6	6	7	8	8	9	8	7	6
1946	4	6	5	6	6	8	8	8	9	8	8	6
1947	5	6	6	6	6	8	8	8	9	8	8	6
1948	5	6	5	6	6	7	8	8	8	7	7	6
1949	4	6	5	6	6	7	8	8	9	8	7	6
1950	4	6	5	6	6	8	8	8	9	8	8	6
1951	5	6	6	6	6	8	8	8	9	8	8	6
1952	5	6	5	6	6	7	8	8	8	7	7	6
1953	4	6	5	6	6	7	8	8	9	8	7	6
1954	4	6	5	6	6	8	8	8	9	8	8	6
1955	5	6	6	6	6	8	8	8	9	8	8	6
1956	5	5	5	5	6	7	7	8	8	7	7	5
1957	4	6	5	6	6	7	8	8	8	8	7	6
1958	4	6	5	6	6	8	8	8	9	8	7	6
1959	4	6	5	6	6	8	8	8	9	8	8	6
1960	5	5	5	5	6	7	7	8	8	7	7	5
1961	4	6	5	6	6	7	8	8	8	8	7	6
1962	4	6	5	6	6	7	8	8	9	8	7	6
1963	4	6	5	6	6	8	8	8	9	8	8	6
1964	5	5	5	5	6	7	7	7	8	7	7	5
1965	4	6	5	6	6	7	8	8	8	8	7	6
1966	4	6	5	6	6	7	8	8	9	8	7	6
1967	4	6	5	6	6	8	8	8	9	8	8	6

Abb. 10E

Tabelle für das
Datum des
Monatswechsels

Jahr	Feb.	Mär.	Apr.	Mai	Juni	Juli	Aug.	Sep.	Okt.	Nov.	Dez.	Jan.
1968	5	5	5	5	6	7	7	7	8	7	7	5
1969	4	6	5	6	6	7	8	8	8	7	7	6
1970	4	6	5	6	6	7	8	8	9	8	7	6
1971	4	6	5	6	6	8	8	8	9	8	8	6
1972	5	5	5	5	5	7	7	7	8	7	7	5
1973	4	6	5	6	6	7	8	8	8	7	7	6
1974	4	6	5	6	6	7	8	8	9	8	7	6
1975	4	6	7	6	6	8	8	8	9	8	8	6
1976	5	5	5	5	5	7	7	7	8	7	7	5
1977	4	6	5	5	6	7	8	8	8	7	7	6
1978	4	6	5	6	6	7	8	8	9	8	7	6
1979	4	6	5	6	6	8	8	8	9	8	8	6
1980	5	5	4	5	5	7	7	7	8	7	7	5
1981	4	6	5	5	6	7	7	8	8	7	7	6
1982	4	6	5	6	6	7	8	8	8	8	7	6
1983	4	6	5	6	6	8	8	8	9	8	7	6
1984	4	5	4	5	5	7	7	7	8	7	7	5
1985	4	5	5	5	6	7	7	8	8	7	7	5
1986	4	6	5	6	6	7	8	8	8	8	7	6
1987	4	6	5	6	6	8	8	8	9	8	7	6
1988	4	5	4	5	5	7	7	7	8	7	7	5
1989	4	5	5	5	6	7	7	8	8	7	7	5
1990	4	6	5	6	6	7	8	8	9	8	7	6
1991	4	6	5	6	6	7	8	8	9	8	7	6
1992	4	5	4	5	5	7	7	7	8	7	7	5
1993	4	5	5	5	6	7	7	8	8	7	7	5
1994	4	6	5	6	6	7	8	8	8	7	7	6
1995	4	6	5	6	6	7	8	8	9	8	7	6
1996	4	5	4	5	5	7	7	7	8	7	7	5
1997	4	5	5	5	6	7	7	7	8	7	7	5
1998	4	6	5	6	6	7	8	8	8	7	7	5
1999	4	6	5	6	6	7	8	8	9	8	7	6
2000	4	5	4	5	5	7	7	7	8	7	7	6

Abb. 10E

Tabelle für das
Datum des
Monatswechsels

	1, 4, oder 7	2, 5, oder 8	3, 6, oder 9	
Zahl des Geburtsjahres:				
				Geburtstag zwischen:
Zahl des Geburtsmonats:	8	2	5	4. Feb. bis 5. März
	7	1	4	6. März bis 5. April
	6	9	3	5. April bis 5. Mai
	5	8	2	6. Mai bis 5. Juni
	4	7	1	6. Juni bis 7. Juli
	3	6	9	8. Juli bis 7. August
	2	5	8	8. August bis 7. Sept.
	1	4	7	8. Sept. bis 8. Okt.
	9	3	6	9. Okt. bis 7. Nov.
	8	2	5	8. Nov. bis 7. Dez.
	7	1	4	8. Dez. bis 5. Jan.
	6	9	3	6. Jan. bis 3. Feb.

Abb. 10F

Bestimmung der Zahl des Geburtsmonats

Die Zahl des Hauses

Die Zahl des Hauses ist die dritte wichtige Zahl im Ki-System. Diese Zahl wird durch das Haus oder Kästchen bezeichnet, in dem die Geburtsjahreszahl im Diagramm der Monatszahl steht.

Abb. 10G

Diagramm des Geburtsjahres für einen Mann, geboren am 21. September 1947.

7	3	5
6	8	1
2	4	9

Nehmen wir an, wir wollen ein Diagramm für einen Mann erstellen, der am 21. September 1947 geboren wurde. Das Diagramm für sein Geburtsjahr trägt die 8 an zentraler Stelle (Abb. 10G). Die Zahl seines Geburtsmonats ist 4, sie steht im Monatsdiagramm an zentraler Stelle

(Abb. 10H). Jetzt schauen wir, an welcher Stelle die Jahreszahl im Monatsdiagramm steht. Wir finden die 8 in der Mitte der oberen Reihe. Jetzt schauen wir, welche Zahl im Lo Shu Diagramm an dieser Stelle steht (Abb. 10I). Es ist die 9. Also ist die Zahl des Hauses 9.

3	⑧	1
2	4	6
7	9	5

Abb. 10H.
Diagramm des Geburtsmonats für einen Mann, geboren am 21. September 1947.

Diese Person hat also die Jahreszahl 8, die Monatszahl 4 und die Hauszahl 9. Es ist das Diagramm für Stephen King.

Wir wollen noch ein Beispiel betrachten. Diesmal eine Frau, geboren am 27. Februar 1932. Ihre Jahreszahl ist 5, ihre Monatszahl 2, die Hauszahl 8. Wir erhalten die Hauszahl, wenn wir im Monatsdiagramm die Jahreszahl suchen. Sie steht im linken Kästchen der unteren Reihe. Im

4	⑨	2
3	5	7
8	1	6

Abb. 10I.
Lo Shu Diagramm und Zahl des Hauses für einen Mann, geboren am 21. September 1947.

universalen Diagramm finden wir an dieser Stelle die 8. Das ist die Zahl des Hauses. Dieses Diagramm gehört zu Elisabeth Taylor.

Noch ein letztes Beispiel. Marilyn Monroe wurde am 1. Juni 1926 geboren. Ihre Jahreszahl ist 2, die Monatszahl 8 und die Hauszahl auch 8. (Wir betrachten sie als im Mai geboren, da sie am 1. Juni Geburtstag hat. Also ist ihre Monatszahl 8 und nicht 7.)

Es gibt 108 mögliche Kombinationen dieser drei Zahlen des Ki-Systems. Im nächsten Kapitel lernen wir die Bedeutung der einzelnen Zahlen kennen.

Zusammenfassung

Um die Jahrszahl eines Menschen zu bestimmen:
1. Man addiert die letzten beiden Zahlen des Geburtsjahres und reduziert sie auf eine Ziffer.
2. Das Ergebnis wird von 10 abgezogen (wenn derjenige im 20. Jahrhundert geboren wurde, im 21. Jahrhundert ziehen wir das Ergebnis von 9 ab).
3. Das ist die Zahl des Geburtsjahres.

Um die Monatszahl zu bestimmen:

1. Man bestimmt den Geburtsmonat nach dem chinesischen Kalender (Abb. 10E).
2. Dann sucht man die Monatszahl in der Tabelle in Abb. 10F.

Liegt der Geburtstag nach dem 9. eines Monats, kann man die Monatszahl auch auf andere Weise bestimmen. Diese schnelle Methode kann man nicht anwenden, wenn das Geburtsdatum in den ersten 9 Tagen eines Monats liegt.

Wenn die Jahreszahl 1, 4 oder 7 ist, ist die Zahl des Geburtsmonats:

6, wenn der Geburtstag im Januar liegt

8, wenn der Geburtstag im Februar liegt

7, wenn der Geburtstag im März liegt

6, wenn der Geburtstag im April liegt

5, wenn der Geburtstag im Mai liegt

4, wenn der Geburtstag im Juni liegt

3, wenn der Geburtstag im Juli liegt

2, wenn der Geburtstag im August liegt

1, wenn der Geburtstag im September liegt

9, wenn der Geburtstag im Oktober liegt

8, wenn der Geburtstag im November liegt

7, wenn der Geburtstag im Dezember liegt

Wenn die Jahreszahl 2, 5 oder 8 ist, ist die Zahl des Geburtsmonats:

9, wenn der Geburtstag im Januar liegt

2, wenn der Geburtstag im Februar liegt

1, wenn der Geburtstag im März liegt

9, wenn der Geburtstag im April liegt

8, wenn der Geburtstag im Mai liegt

7, wenn der Geburtstag im Juni liegt

6, wenn der Geburtstag im Juli liegt

5, wenn der Geburtstag im August liegt

4, wenn der Geburtstag im September liegt

3, wenn der Geburtstag im Oktober liegt
2, wenn der Geburtstag im November liegt
1, wenn der Geburtstag im Dezember liegt

Wenn die Zahl des Geburtsjahres 3, 6 oder 9 ist, ist die Zahl des Geburtsmonats:

3, wenn der Geburtstag im Januar liegt
5, wenn der Geburtstag im Februar liegt
4, wenn der Geburtstag im März liegt
3, wenn der Geburtstag im April liegt
2, wenn der Geburtstag im Mai liegt
1, wenn der Geburtstag im Juni liegt
9, wenn der Geburtstag im Juli liegt
8, wenn der Geburtstag im August liegt
7, wenn der Geburtstag im September liegt
6, wenn der Geburtstag im Oktober liegt
5, wenn der Geburtstag im November liegt
4, wenn der Geburtstag im Dezember liegt

Um die Zahl des Hauses zu bestimmen:

1. Man sucht die Stelle, wo im Monatsdiagramm die Jahreszahl zu finden ist.
2. Die Zahl, die im Lo Shu Diagramm an dieser Stelle steht, ist die Zahl des Hauses.

Jetzt haben wir genug gerechnet. Im nächsten Kapitel betrachten wir die Deutung der Zahlen.

11

Die Bedeutung der Zahlen

Im Ki-System korrespondiert jede Zahl mit einer Farbe, einem Element und einem der acht Trigramme des I Ging, die Natur der Zahl ist entweder Yin oder Yang (männlich oder weiblich).

Bei Erwachsenen treten die Eigenschaften der Zahlen in der Jahreszahl am deutlichsten hervor, sie repräsentiert ungefähr 45% der Erscheinung eines Menschen, die Monatszahl etwa 30%.[1] (Für Menschen unter 18 aber ist das die wichtigste Zahl, auch für Menschen, die ihrem Wesen nach noch nicht erwachsen sind. Die Monatszahl kann auch dann Bedeutung erlangen, wenn die Person unter Streß oder großem Druck steht.) Die Hauszahl macht die übrigen 25% aus.

Die meisten Menschen haben zwei oder drei verschiedene Zahlen. Menschen mit drei gleichen Zahlen sind selten. Wer zum Beispiel zwischen 8. August und 7. September 1995 geboren wurde, hat die Jahreszahl 5, Monatszahl und Hauszahl sind ebenfalls 5.

Wer am 3. August 1953 geboren wurde, hat die Jahreszahl 2, die Monatszahl 6 und die Hauszahl 1. Bei der Deutung legen wir das meiste Gewicht auf die Eigenschaften der Zahl des Geburtsjahres, dann folgen Monatszahl und Hauszahl, die auch wichtig sind, aber geringere Wirkung entfalten.

Bedeutung der einzelnen Zahlen

Die Zahl 1

Farbe: Weiß
Element: Wasser
Trigramm: K'an

Menschen, die im Jahr des weißen Wassers geboren wurden, sind anpassungsfähig, meistens freundlich und man kommt gut mit ihnen aus. Sie haben einen wachen, oft kreativen Verstand. Sie sind einfühlsam und können blitzschnell beide Seiten einer Sache abwägen. Sie sind aber auch vorsichtig und offenbaren nur selten ihre wahren Gedanken. Es sind gründliche Denker, die lieber zuhören als selbst zu reden. Man kann schlecht einschätzen, was sie denken, und Geheimnisse sind bei ihnen gut aufgehoben. Sie sind gern allein und genießen die Zeit, die sie für sich haben. Es sind gute Geschäftsleute, die zielsicher eine Position nahe der Spitze erreichen. Sie mögen Abwechslung und reisen viel im Laufe ihres Lebens. Eins ist Yang oder männlich.

Die Zahl 2

Farbe: Schwarz
Element: Erde
Trigramm: K'un

Menschen, die im Jahr der scharzen Erde geboren wurden, sind stabil, ausgeglichen und nachdenklich. Sie sind im allgemeinen kontaktfreudig und mögen Geselligkeit. Sie arbeiten gut im Team. Unterstützung erwarten sie nicht. Sie sind bereit, für ihr Ziel hart zu arbeiten. Folglich erzielen sie die größten Erfolge im späteren Leben. Sie sind ausdauernd und widersetzen sich Veränderungen. Es fällt ihnen schwer zu delegieren, da sie als Perfektionisten glauben, niemand könne eine Aufgabe so gut erledigen wie sie. Sie sind sehr genau, aber auch mitfühlend, verständnisvoll und hilfsbereit. Sie haben ein großes Bedürfnis nach Anerkennung, und wenn sie genug Anerkennung und Aufmerksamkeit bekommen, können sie lange Zeit schwer arbeiten. Sie mögen gutes Essen und nehmen leicht zu, wenn sie älter werden. Zwei ist Yin oder weiblich.

Die Zahl 3

Farbe: Grün
Element: Holz
Trigramm: Chen

Menschen, die im Jahr des hellgrünen Baumes (manchmal auch Türkis- oder Jadeholzjahr genannt) geboren wurden, sind idealistisch und gefühlvoll. Sie denken schnell, berühren aber oft nur die Oberfläche, wo sie ein flüchtiges Wissen ohne Tiefgang statt eines gründlichen Verständnisses erwerben. Sie sind großzügig und liebenswürdig. Auch sind sie ehrgeizig und schon in jungen Jahren erfolgreich. Es sind impulsive Menschen, die viel Energie haben. Manchmal aber zerstreuen sie ihre Kräfte auf zu vielen Gebieten. Weil sie so gefühlvoll sind, können sie auf Enttäuschungen sehr ungehalten reagieren. Auch wenn sie im Normalfall heiraten, bleiben sie doch immer unabhängig. Das bedeutet auch, daß sie am liebsten als Selbständige arbeiten, andererseits wäre eine Stellung als »Ideenlieferant« ideal. Sie können ihr Geld schlecht zusammenhalten, da sie das Leben genießen und sehr großzügig sind. Drei ist Yang.

Die Zahl 4

Farbe: Grün
Element: Holz
Trigramm: Sun

Menschen, die im Jahr des grünen Holzes geboren wurden, sind praktisch veranlagt, unabhängig, nachdenklich und ehrgeizig. Sie sind ein beständiger Quell erfrischender neuer Ideen, weshalb man gern mit ihnen zusammen ist. Sie sind vehemente Verfechter der Gerechtigkeit und melden sich zu Wort, wenn sie die persönliche Freiheit eines Menschen bedroht sehen. Jedoch tun sie das auf freundliche Weise, die niemanden kränkt. Sie nehmen Details nicht so genau, behalten lieber den Überblick. Im Beruf brauchen sie andere, die sich um die Kleinigkeiten kümmern. Sie schieben Dinge gern vor sich her, was dann zu verzweifelten Versuchen führt, in letzter Minute noch fertig zu werden. Das schafft Spannung, und das Arbeiten unter Streß fällt ihnen sehr schwer. Vier ist Yin.

Die Zahl 5

Farbe: Gelb
Element: Erde
Trigramm: K'un und Ken

Menschen, die im Jahr der gelben Erde geboren wurden, sind praktische Realisten. Sie sind freundlich und umgänglich, haben aber einen unbeugsamen Kern. Über wichtige Dinge haben sie feste Ansichten. Aus diesem Grund können sie recht stur erscheinen. Obgleich sie nach außen zuversichtlich und verantwortungsbewußt wirken, fühlen sie sich innerlich oft unsicher. Sie ergreifen gern die Führungsrolle, obgleich ihnen ihre Unabhängigkeit wichtig ist und sie nicht gern im Team arbeiten. Sie sind verantwortungsbewußt. Die 5 steht in der Mitte des universalen Diagramms und in der Mitte des Neunjahreszyklus. Aus diesem Grund sind die Energien von Yin und Yang vorhanden.

Die Zahl 6

Farbe: Weiß
Element: Metall
Trigramm: Ch'ien

Menschen, die im Jahr des weißen Metalls geboren wurden, sind diszipliniert und selbstbeherrscht. Sie sind analytisch, logisch und in sich gekehrt. Deshalb fällt es ihnen manchmal schwer, Freundschaft zu schließen. Diese Menschen haben unverrückbare Ansichten und wirken oft unnachgiebig. Sie gehen hart zu Gericht mit sich und suchen den Grund für Fehler im eigenen Handeln. Sie arbeiten viel und übernehmen oft mehr, als ihnen gut tut. Das führt im allgemeinen zu materiellem Erfolg, aber sie müssen sich unbedingt Zeit zum Abschalten nehmen. Sie gehen vorsichtig mit ihrem Geld um und geben es nicht für unwichtige Dinge aus. Sie interessieren sich für Technik und ergreifen häufig einen technischen Beruf. Schon früh haben sie ein starkes Verantwortungsbewußtsein. Familie bedeutet ihnen viel, und sie helfen gern den jüngeren oder älteren Familienmitgliedern. Sie haben einen starken, traditionellen Glauben und leben und arbeiten gern für eine Gruppe Gleichgesinnter. Sechs ist Yang.

Die Zahl 7

Farbe: Rot
Element: Metall
Trigramm: Tui

Rotes Metall ist geschmolzenes Metall. Menschen, die in diesem Jahr geboren sind, erleben viele Veränderungen. Oft fällt es ihnen schwer, auf eigenen Füßen zu stehen, doch haben sie ihre Unabhängigkeit erst erreicht, machen sie große Entwicklungsschritte. Sie denken schnell, aber ihre Sprunghaftigkeit kann es ihnen schwer machen, sich auf ein Ziel zu konzentrieren. Es sind Überlebenskünstler, die, was auch geschehen mag, am Ende mit einem Lächeln dastehen. Man kann sich gut mit ihnen unterhalten; sie reden gern, ob sie etwas vom Thema verstehen oder nicht. Streit und Streß mögen sie nicht, lieber sagen sie genau das, was andere hören wollen. Sie wollen gemocht werden und können nicht »nein« sagen. Sieben ist Yin.

Die Zahl 8

Farbe: Weiß
Element: Erde
Trigramm: Ken

Menschen, die im Jahr der weißen Erde geboren wurden, sind beständig und verantwortungsvoll. Sie führen die Familientradition weiter und brauchen die Liebe und Unterstützung der Familie. Sie handeln methodisch und sorgfältig. Das bedeutet, daß sie ihre Arbeit manchmal langsamer als andere machen, was Probleme verursachen kann. Diese Menschen sind Perfektionisten, die gerne Aufgaben übernehmen, die ihr Können herausfordern. Sie dürfen das große Ganze nicht aus den Augen verlieren und müssen aufpassen, sich nicht in Nebensächlichkeiten zu verlieren. Sie sind eher zurückhaltend, aber wenn sie etwas sagen, sprechen sie aus, was sie denken. Diese Ehrlichkeit und Freimütigkeit bringt sie hin und wieder in ziemliche Schwierigkeiten. Sie sind beharrlich und stur. Sie sind von Natur aus konservativ und mögen keine Veränderungen. Nach außen geben sie sich ruhig und leidenschaftslos, aber tief im Innern sind sie sehr empfindsam.

Im Lauf ihres Lebens kommen sie stetig voran, die größten Erfolge verzeichnen sie in mittleren Jahren. Sie kommen oft zu Wohlstand, auch wenn das nicht immer offensichtlich ist, da sie ihn nicht zur Schau stellen. Acht ist Yang.

Die Zahl 9

Farbe: Purpur
Element: Feuer
Trigramm: Li

Menschen, die im Jahr des purpurfarbenen Feuers geboren wurden, sind fröhlich, heiter und voller Einfälle. Sie haben guten Geschmack und leben und arbeiten gern in einer angenehmen Umgebung. Sie können gut neue Aufgaben in Angriff nehmen, aber es fällt ihnen schwer, sie zu Ende zu führen. Ihre Begeisterung läßt nach, wenn die Aufgabe nicht in einer bestimmten Zeit beendet werden kann. Wenn sie nicht wegen ihres attraktiven Äußeren die Aufmerksamkeit auf sich ziehen, dann wegen ihres Humors und ihres Charmes. Manchmal nehmen sie kein Blatt vor den Mund. Sie vermitteln immer den Eindruck, ihr Leben im Griff zu haben, auch wenn das nicht der Fall ist. Sie haben Führungsqualitäten und können andere leicht motivieren und inspirieren. Der Umgang mit Geld ist nicht ihre starke Seite. Sie neigen dazu, alles auszugeben, da ihnen das Sparen schwerfällt. Neun ist Yin.

Wie wir die Deutung zusammenfügen

Jetzt kennen wir die Bedeutung der Zahlen im Ki-System und können die ersten Charakterlesungen für Freunde und Angehörige vornehmen.

Hier folgt ein Beispiel für einen Mann, der am 23. September 1920 geboren wurde. Seine Jahreszahl ist 8, die Monatszahl 4 und die Hauszahl 9. Wir können also folgendes sagen:

»Du bist ein beständiger und verantwortungsvoller Mensch. Du fühlst dich wohl, wenn du die Liebe und Unterstützung deiner Familie verspürst. Im allgemeinen handelst du methodisch und vorsichtig. Du willst alles richtig machen und bist bereit, so viel Zeit aufzuwenden, wie nötig ist, um eine gute Arbeit abzuliefern.

Obgleich du nach außen hin fröhlich und positiv wirkst, kannst du manchmal sehr reserviert sein. Wenn du deine Gedanken äußerst, sagst du genau, was du denkst. Dummheit ist dir ein Greuel. Deine Freimütigkeit und Ehrlichkeit bringt dich manchmal in arge Schwierigkeiten. Auch wenn du deine Gefühle manchmal deutlich aussprichst, bist du tief im Innern sehr empfindlich.

Geld ist für dich nur wichtig, um dein Leben zu erleichtern. Du brauchst keine Extravaganz und Show. (Das bisher gesagte bewirkt die Jahreszahl. Jetzt kommt die Monatszahl.) Dennoch kann das Geld manchmal recht locker sitzen.

Du bist praktisch veranlagt, unabhängig, nachdenklich und ehrgeizig. Du hast immer viele Einfälle, deshalb ist man gern in deiner Gesellschaft. Wenn du deine Meinung sagst, dann auf freundliche Weise, so daß andere gern deinen Standpunkt teilen. Du kümmerst dich ungern um Details, lieber ist dir der große Überblick. Im Beruf brauchst du Menschen, die die Einzelheiten erledigen. Es bringt dich in Streß, Dinge vor dir herzuschieben, wie du es hin und wieder tust. (Jetzt fügen wir die Eigenschaften der Hauszahl hinzu.)

Du bist eindeutig ein Mensch mit Ideen. Du kannst dich für etwas begeistern, manchmal so sehr, daß eine Sache noch nicht beendet ist und du bereits mit einer neuen anfängst. Glücklicherweise hast du eine starke Jahreszahl, die dir hilft, die wirklich wichtigen Dinge zu Ende zu führen.

Mit deiner humorvollen und bezaubernden Art kannst du andere Menschen faszinieren. Man wird auf dich aufmerksam, und das genießt du. Du hast von Natur aus einen guten Geschmack und lebst und arbeitest gern in einer angenehmen Umgebung.

Andere sollen glauben, du hättest immer alles unter Kontrolle. Du lächelst, selbst wenn du traurig bist. Du wirkst immer so, als wäre in deinem Leben alles in Ordnung, auch wenn das nicht der Fall ist.«

Der Name dieses Mannes ist Mickey Rooney.

12

Die neun Häuser

Es ist nicht schwer, Tendenzen für die Zukunft zu bestimmen, da die Zahlen im Ki-System ihre Position ständig verändern.

Jedes der neun Kästchen des Quadrats repräsentiert ein Haus. Die Zahlen des Jahres und des Monats wandern in einer bestimmten Zeitspanne durch das Diagramm und bieten uns damit Gelegenheit, die Wirkung der unterschiedlichen Häuserenergien auf die beiden Hauptzahlen zu erfahren.

1997 zum Beispiel hat das Diagramm für das Jahr eine 3 in der Mitte. 1998 hat das Jahresdiagramm eine 2 in der Mitte, 1999 eine 1, im Jahr 2000 eine 9, 2001 eine 8 usw.

Auch das Monatsdiagramm ändert sich in jedem Monat. Abbildung 12A zeigt die Zahlen in der Mitte dieser Monatsdiagramme.

Wir können für jeden beliebigen Zeitpunkt bestimmen, wo sich unsere Zahlen im magischen Quadrat befinden, und finden so mit Hilfe des Ki-Systems heraus, welche Kräfte uns dann beeinflussen. Diese Kenntnis hilft uns, wichtige Entscheidungen zum richtigen Zeitpunkt zu treffen und in Harmonie mit dem Universum zu leben.

Wenn Sie die Jahrestendenzen betrachten, achten Sie an erster Stelle auf das Haus, das die Jahreszahl der Geburt enthält, dann das Haus der Monatszahl und der Hauszahl.

Es gibt natürlich monatliche und auch tägliche Zyklen mit ungeheuer vielen Variationen. In der Praxis beachte ich den Tageszyklus nur, wenn ich etwas Wichtiges vorhabe und den günstigsten Tag dafür auswählen möchte. Jedoch erstelle ich immer meinen Jahres- und Monatszyklus als Richtschnur.

Wenn das Jahresdiagramm die 1, 4 oder 7 in der Mitte hat, dann hat der
Januar die 6 in der Mitte.
Februar die 8.
März die 7.
April die 6.
Mai die 5.
Juni die 4.
Juli die 3.
August die 2.
September die 1.
Oktober die 9.
November die 8.
Dezember die 7.

Wenn das Jahresdiagramm die 3, 6 oder 9 in der Mitte hat, dann hat der
Januar die 3 in der Mitte.
Februar die 5.
März die 4.
April die 3.
Mai die 2.
Juni die 1.
Juli die 9.
August die 8.
September die 7.
Oktober die 6.
November die 5.
Dezember die 4.

Abb. 12A

Bestimmung der Monatsdiagramme

Wenn das Jahresdiagramm die 2, 5 oder 8 in der Mitte hat, dann hat der

Januar die 2 in der Mitte.

Februar die 2.

März die 1.

April die 9.

Mai die 8.

Juni die 7.

Juli die 6.

August die 5.

September die 6.

Oktober die 5.

November die 4.

Dezember die 3.

Abb. 12A
Bestimmung der Monatsdiagramme

Günstige und ungünstige Positionen

Wenn die Geburtszahlen durch das Diagramm wandern, verbringen sie eine bestimmte Zeit in jedem Haus. Manche Häuser sind besonders günstig, und in dieser Zeit scheint alles so zu laufen, wie man will. Dann wieder befinden sich die Geburtszahlen in ungünstigen Häusern, und es scheint sich alles gegen einen zu verschwören und man kommt kaum voran.

Am einfachsten ist es, die Elemente zu betrachten, die die Häuser beherrschen. Ist die Zahl des Geburtsjahres zum Beispiel 2, 5 oder 8, die zum Erdelement gehören, kommt man am leichtesten weiter, wenn diese Zahl in einem Erdhaus steht. Auch im 9. Haus steht eine dieser Zahlen glücklich, denn das ist ein Feuerhaus, und Feuer bringt Erde hervor. Steht eine dieser Zahlen im 1. Haus, einem Wasserhaus, wäre das weniger glücklich, denn Erde verschmutzt Wasser.

Genauso müssen Holzmenschen (3 und 4) aufpassen, wenn ihre Zahl in einem Feuerhaus (9) oder Metallhaus (6 und 7) steht, denn beides kann Holz zerstören.

Es ist eine interessante Übung, den Lauf der eigenen Geburtszahl durch einen Neunjahreszyklus zu verfolgen und die verschiedenen Energien zu erkunden.

Die Richtungen des magischen Quadrats

Im magischen Quadrat gibt es auch Himmelsrichtungen (Abb. 12B). Die Richtungen bleiben bestehen, wenn auch die Zahlen in den Kästchen wandern. Die Stellung der Zahlen des Geburtsjahres und des Geburtsmonats zeigen uns die Richtung, in die wir in dieser Zeit am besten reisen. Das wird besonders deutlich, wenn die Zahl in einem positiven Haus steht. Befindet sich die Zahl des Geburtsjahres oder -monats im 5. Haus (in der Mitte des Diagramms) sind Reisen nicht zu empfehlen.

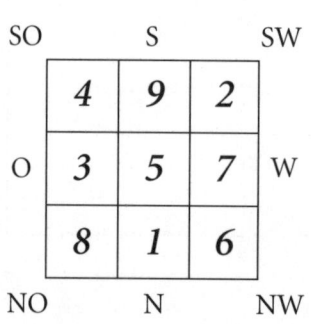

Abb. 12B

Die Himmelsrichtungen in Zuordnung zum magischen Quadrat

Die Bedeutung der Häuser

Das Basisdiagramm wechselt jährlich, daher steht die Zahl des Geburtsjahres immer an anderer Stelle. Man kann die Bedeutung der Häuser betrachten, um zu sehen, in welche Richtung sich ein Jahr entwickeln wird. (Natürlich kann man das auch monatlich tun.) Jedes Haus hat eine bestimmte Bedeutung.

Das 1. Haus

Befindet sich die Jahres- oder Monatszahl in diesem Haus, muß man geduldig und vorsichtig sein. Es ist Zeit nachzudenken, zu reflektieren und Pläne zu machen. Häufig tauchen finanzielle Probleme auf. Beachten Sie auch Kleinigkeiten und verausgaben Sie sich nicht, besonders in finanzieller Hinsicht.

Sie werden Zeiten für sich selbst brauchen, auch wenn Sie einige Zeit mit Freunden und Angehörigen verbringen werden. Verständigen Sie sich mit ihrer Familie und Freunden darüber, wie Sie Mißverständnisse vermeiden wollen.

In dieser Zeit wird die größte Entwicklung im Inneren stattfinden. Es ist gut, der Intuition zu vertrauen und diese Seite Ihrer Persönlichkeit stärker zu fördern.

Das 1. Haus

⌒

Element: Wasser
Farbe: Weiß
Richtung: Nord

Das 2. Haus

Es kommt eine Zeit langsamen und stetigen Fortschritts. Ihr Geschick wird sich zum Besseren wenden, und Sie werden alle Aspekte des Lebens positiv empfinden. Die Nachdenklichkeit aber, die im 1. Haus ihren Anfang nahm, wird sich weiter fortsetzen; warten Sie also den rechten Zeitpunkt ab und vermeiden Sie impulsive Entscheidungen. Es ist keine gute Zeit, um etwas Neues anzufangen, aber Sie können bestehende Dinge verbessern und stabilisieren. Scheuen Sie sich nicht, im Zweifelsfall bei anderen Rat zu suchen. Sie werden wahrscheinlich Streß haben. Nehmen Sie sich Zeit zu entspannen und loszulassen. Halten Sie Kontakt mit engen Freunden und Ihrer Familie.

Das 2. Haus

⌒

Element: Erde
Farbe: Schwarz
Richtung: Südwest

Das 3. Haus

Jetzt kommt eine Zeit des Neubeginns. Sie werden viel Energie und Enthusiasmus haben und ihre Kreativität wird aufblühen. Sie wollen unbedingt, daß etwas geschieht. Sie sind optimistisch und positiv. Auch wenn Sie es kaum abwarten können, Ihre Unternehmungen zu beginnen, vergewissern Sie sich erst, daß alles durchdacht und machbar ist. Es ist eine gute Zeit für Reisen und neue Unternehmungen, ebenso für Liebe und Romantik. Vermeiden Sie nervöse Anspannung, essen Sie vernünftig und tun Sie etwas für Ihren Körper.

Das 3. Haus

⌒

Element: Holz
Farbe: Türkis
Richtung: Ost

Das 4. Haus

Das 4. Haus

~

Element: Holz
Farbe: Grün
Richtung: Südost

Wenn sich Ihre Geburtszahlen in diesem Haus befinden, werden Sie die Früchte Ihrer Arbeit ernten. Sie haben eine klare Vorstellung davon, was Sie erreichen wollen, wodurch Sie ihre Ziele viel leichter verwirklichen können. Sie werden das weiterentwickeln, was Sie im vergangenen Jahr angefangen haben, und Sie werden reibungslos vorankommen. Es ist auch eine gute Zeit für Liebe und Freundschaft.

Sie können sich gut ausdrücken und haben eine zuversichtliche und abgeklärte Weltanschauung. Dieses Jahr wird erfolgreich sein.

Das 5. Haus

Das 5. Haus

~

Element: Erde
Farbe: Gelb
Richtung: Mitte

Dieses Haus wird manchmal auch Haus des Unglücks genannt, aber das ist im allgemeinen eine Übertreibung. Stehen die Geburtszahlen an dieser Stelle des Diagramms, geschehen oft unerwartete Dinge, diese können gut oder schlecht sein. In diesem Jahr sollten Sie eine Pause einlegen, eine Inventur Ihres Lebens machen und Pläne für die Zukunft schmieden. Seien Sie vorsichtig, diszipliniert und vermeiden Sie unbedachte Handlungen. Unangemessene Eile und Ungeduld können Probleme verursachen.

Es ist kein gutes Jahr, um zu reisen. Die fünf steht in zentraler Position, und auch Sie sollten in diesem Jahr im Zentrum bleiben — mit anderen Worten, möglichst zu Hause.

Die Zahl des Geburtsjahrs steht im Jahr der Geburt natürlich in der Mitte. Daher bleibt dieses Haus das wichtigste, und alle neun Jahre, wenn die Geburtszahl wieder darin steht, können Sie ernten, was Sie gesät haben. Aus diesem Grund ist es auch ein karmisches Haus. Das Ki-System beruht wie die anderen Systeme der Numerologie auf dem Neunjahreszyklus, und auch die anderen Zahlen stehen dann wieder an derselben Stelle wie im Jahr der Geburt. Das bedeutet, daß Sie in diesem Jahr Ihr Leben betrachten und beurteilen und sowohl zurück als auch nach vorne schauen.

Allgemein gesagt, verläuft die erste Hälfte dieses Jahres glatter als die zweite. Das gilt für Liebe und Romantik und auch die anderen Bereiche des Lebens.

Das 6. Haus

In dieser Zeit kommen Sie gut voran. Die Strömung geht in die gewünschte Richtung, und Sie sollten die Gelegenheiten ergreifen, die sich Ihnen bieten. Geleistete Arbeit wird sich jetzt auszahlen. Arbeiten Sie jedoch nicht zuviel, nehmen Sie sich genügend Zeit zum Entspannen. Es ist eine gute Zeit, um mit Freunden zusammenzusein, wenn Sie nicht übermäßig essen und trinken.

Hüten Sie sich vor Kleinlichkeit und Arroganz, auch andere Menschen können mit ihren Ansichten manchmal recht haben. Vermeiden Sie Widerspruch und konzentrieren Sie sich auf ihre Ziele. Sich in dieser fruchtbaren Zeit auf kleinkarierte Dinge zu beschränken, wäre Verschwendung.

Das 6. Haus

⌣

Element: Metall
Farbe: Weiß
Richtung: Nordwest

Das 7. Haus

Alles wird sich scheinbar mühelos nach Ihren Vorstellungen entwickeln. Sie werden den Lohn für das erhalten, was Sie in der Vergangenheit getan haben. Auch wenn alles von selbst zu laufen scheint, müssen doch die Kleinigkeiten beachtet werden, um den größten Nutzen aus dieser Zeit zu ziehen. Es ist eine gute Zeit für Kreativität, Partnerschaft und Geld. Nicht ratsam ist es, etwas Neues anzufangen, aber es ist eine gute Gelegenheit, die Anstrengungen der Vergangenheit zu nutzen.

Das 7. Haus

⌣

Element: Metall
Farbe: Rot
Richtung: West

Das 8. Haus

In dieser Zeit scheinen Sie auf der Stelle zu treten. In Wirklichkeit entwickeln Sie sich innerlich, sind sich dessen aber nicht völlig bewußt. Es ist jetzt gut, eine Ausbildung fortzusetzen, vielleicht etwas, für das man in der Vergangenheit nicht genug Zeit hatte. Dieses Jahr ist finanziell ausgeglichen. Vielleicht haben Sie ein starkes Bedürfnis, Ihre Fitneß zu fördern. Freundschaften und Beziehungen blühen jetzt auf.

Zum Jahresende haben Sie wahrscheinlich eine andere Richtung eingeschlagen. Das kann den Beruf, den Wohnort oder eine Meinung betreffen. Das wird sich so allmählich entwickeln, fast unbemerkt, daß diese Veränderung überraschend aufzutauchen scheint. Sie wird neue Möglichkeiten eröffnen und vergangene Enttäuschungen wettmachen.

Das 8. Haus

⌣

Element: Erde
Farbe: Weiß
Richtung: Nordost

Das 9. Haus

Das 9. Haus

~

Element: Feuer

Farbe: Purpur

Richtung: Süd

In dieser Zeit werden alle Seiten Ihres Lebens hell erleuchtet. Auf der positiven Seite kann das Ruhm, Glück und großen Erfolg bringen. Andererseits werden Dinge, die Sie lieber verbergen wollten, ans Licht geholt, was Kummer und Schwierigkeiten verursachen kann. Waren Sie immer ehrlich und gibt es nichts, worüber Sie beschämt sein müßten, wird es eine Zeit großer Freude sein.

Wahrscheinlich werden Sie neue Freunde gewinnen und neue Erfahrungen machen. Beschäftigen Sie sich nur mit einer Sache und versuchen Sie nicht, alles gleichzeitig zu machen. Langjährige Freundschaften gedeihen gut in diesem Jahr, wenn Sie sich darum bemühen. Es ist keine gute Zeit für kurze, oberflächliche Beziehungen.

13

Schlußbetrachtung

Ich hoffe nun, daß Sie die chinesische Numerologie im täglichen Leben anwenden werden. Sie werden sicher feststellen, daß sie auf vielerlei Art hilfreich sein kann.

Wir haben drei Spielarten der Numerologie betrachtet — die östliche und die westliche Version der chinesischen Numerologie und das Neun-Sterne-Ki-System, die alle drei mit dem Schildkrötenpanzer des Wu ihren Anfang nahmen. Experimentieren Sie mit allen Methoden und entscheiden Sie selbst, welche Sie vorziehen. Die meisten meiner Schüler bevorzugen im allgemeinen eine bestimmte Methode, wenden im Einzelfall die beiden anderen aber auch an, wenn sie besser zu passen scheinen.

Ich benutze meist die westliche Version, da sie auf unserem Sonnenkalender beruht und die Diagramme schnell und leicht zu erstellen sind, ohne daß man etwas nachschlagen muß. In meiner regelmäßigen Radiosendung benutze ich diese Methode ausschließlich. Häufig nehme ich noch das Ki-System dazu, da es weitere Einsichten eröffnet.

Das traditionelle chinesische System wende ich nur an, wenn ich in Asien reise oder einen asiatischen Klienten habe, denn bis heute war es außerordentlich schwierig, Umrechnungstabellen zu finden. Asiaten aber kennen ihren lunaren Geburtstag. Da dieses Buch nun die solare und lunare Konvertierungstabelle für das ganze 20. Jahrhundert enthält, werde ich wahrscheinlich die traditionelle chinesische Numerologie immer häufiger anwenden.

Probieren Sie alle drei Systeme. Berechnen Sie Diagramme von Freunden und Familienangehörigen, und finden Sie heraus, welche Methode Sie bevorzugen. Machen Sie so viele Diagramme wie möglich, Sie werden dabei ständig weiter lernen. Vielleicht finden Sie einen Pfad der Entschlossenheit im Diagramm eines Menschen, den Sie immer für sanftmütig und nachgiebig hielten. Sprechen Sie mit diesen Menschen, und Sie werden die unterschiedlichen Ausprägungen kennenlernen, die so ein Pfad haben kann. Ich habe eine Freundin, die anderen immer fügsam und unterwürfig erschien, dennoch hat sie den Pfad der Entschlossenheit in ihrem Diagramm. Als ich sie danach fragte, lachte sie und sagte, sie beuge sich nur so weit, wie es ihr paßt, tatsächlich aber verfolge sie unausweichlich ihren eigenen Weg. Das tat sie auf so bezaubernde Weise, daß es niemandem auffiel.

Ich wünsche Ihnen viel Erfolg mit der Numerologie, gleich für welche Methode Sie sich entscheiden.

Anhang: Solar-lunare Umrechnungstabelle

Wie man ein solares Kalenderdatum in ein lunares Kalenderdatum umwandelt

Im solaren Kalender haben alle Monate dreißig oder einunddreißig Tage, ausgenommen der Februar. Im lunaren Kalender haben die Monate neunundzwanzig oder dreißig Tage. In bestimmten Jahren kommt ein Monat zweimal vor, dieses Jahr hat dann dreizehn Monate. Das erste Beispiel dafür tritt am 24. September 1900 auf, wenn der lunare Monat August sich wiederholt.

In der folgenden Tabelle stehen die Monate vor den Tagen. 8/3 heißt also 3. August und nicht 8. März.

1900		1/12	12/12	1/25	12/25	2/7	1/8
Solar	**Lunar**	1/13	12/13	1/26	12/26	2/8	1/9
1/1	12/1/1899	1/14	12/14	1/27	12/27	2/9	1/10
1/2	12/2	1/15	12/15	1/28	12/28	2/10	1/11
1/3	12/3	1/16	12/16	1/29	12/29	2/11	1/12
1/4	12/4	1/17	12/17	1/30	12/30	2/12	1/13
1/5	12/5	1/18	12/18	1/31	1/1/1900	2/13	1/14
1/6	12/6	1/19	12/19	2/1	1/2	2/14	1/15
1/7	12/7	1/20	12/20	2/2	1/3	2/15	1/16
1/8	12/8	1/21	12/21	2/3	1/4	2/16	1/17
1/9	12/9	1/22	12/22	2/4	1/5	2/17	1/18
1/10	12/10	1/23	12/23	2/5	1/6	2/18	1/19
1/11	12/11	1/24	12/24	2/6	1/7	2/19	1/20

2/20	1/21	4/17	3/18	6/12	5/16	8/7	7/13	10/2	8/9	11/27	10/6
2/21	1/22	4/18	3/19	6/13	5/17	8/8	7/14	10/3	8/10	11/28	10/7
2/22	1/23	4/19	3/20	6/14	5/18	8/9	7/15	10/4	8/11	11/29	10/8
2/23	1/24	4/20	3/21	6/15	5/19	8/10	7/16	10/5	8/12	11/30	10/9
2/24	1/25	4/21	3/22	6/16	5/20	8/11	7/17	10/6	8/13		
2/25	1/26	4/22	3/23	6/17	5/21	8/12	7/18	10/7	8/14	12/1	10/10
2/26	1/27	4/23	3/24	6/18	5/22	8/13	7/19	10/8	8/15	12/2	10/11
2/27	1/28	4/24	3/25	6/19	5/23	8/14	7/20	10/9	8/16	12/3	10/12
2/28	1/29	4/25	3/26	6/20	5/24	8/15	7/21	10/10	8/17	12/4	10/13
3/1	2/1	4/26	3/27	6/21	5/25	8/16	7/22	10/11	8/18	12/5	10/14
3/2	2/2	4/27	3/28	6/22	5/26	8/17	7/23	10/12	8/19	12/6	10/15
3/3	2/3	4/28	3/29	6/23	5/27	8/18	7/24	10/13	8/20	12/7	10/16
3/4	2/4	4/29	4/1	6/24	5/28	8/19	7/25	10/14	8/21	12/8	10/17
3/5	2/5	4/30	4/2	6/25	5/29	8/20	7/26	10/15	8/22	12/9	10/18
3/6	2/6	5/1	4/3	6/26	5/30	8/21	7/27	10/16	8/23	12/10	10/19
3/7	2/7	5/2	4/4	6/27	6/1	8/22	7/28	10/17	8/24	12/11	10/20
3/8	2/8	5/3	4/5	6/28	6/2	8/23	7/29	10/18	8/25	12/12	10/21
3/9	2/9	5/4	4/6	6/29	6/3	8/24	7/30	10/19	8/26	12/13	10/22
3/10	2/10	5/5	4/7	6/30	6/4	8/25	8/1	10/20	8/27	12/14	10/23
3/11	2/11	5/6	4/8	7/1	6/5	8/26	8/2	10/21	8/28	12/15	10/24
3/12	2/12	5/7	4/9	7/2	6/6	8/27	8/3	10/22	8/29	12/16	10/25
3/13	2/13	5/8	4/10	7/3	6/7	8/28	8/4	10/23	9/1	12/17	10/26
3/14	2/14	5/9	4/11	7/4	6/8	8/29	8/5	10/24	9/2	12/18	10/27
3/15	2/15	5/10	4/12	7/5	6/9	8/30	8/6	10/25	9/3	12/19	10/28
3/16	2/16	5/11	4/13	7/6	6/10	8/31	8/7	10/26	9/4	12/20	10/29
3/17	2/17	5/12	4/14	7/7	6/11	9/1	8/8	10/27	9/5	12/21	10/30
3/18	2/18	5/13	4/15	7/8	6/12	9/2	8/9	10/28	9/6	12/22	11/1
3/19	2/19	5/14	4/16	7/9	6/13	9/3	8/10	10/29	9/7	12/23	11/2
3/20	2/20	5/15	4/17	7/10	6/14	9/4	8/11	10/30	9/8	12/24	11/3
3/21	2/21	5/16	4/18	7/11	6/15	9/5	8/12	10/31	9/9	12/25	11/4
3/22	2/22	5/17	4/19	7/12	6/16	9/6	8/13	11/1	9/10	12/26	11/5
3/23	2/23	5/18	4/20	7/13	6/17	9/7	8/14	11/2	9/11	12/27	11/6
3/24	2/24	5/19	4/21	7/14	6/18	9/8	8/15	11/3	9/12	12/28	11/7
3/25	2/25	5/20	4/22	7/15	6/19	9/9	8/16	11/4	9/13	12/29	11/8
3/26	2/26	5/21	4/23	7/16	6/20	9/10	8/17	11/5	9/14	12/30	11/9
3/27	2/27	5/22	4/24	7/17	6/21	9/11	8/18	11/6	9/15	12/31	11/10
3/28	2/28	5/23	4/25	7/18	6/22	9/12	8/19	11/7	9/16		
3/29	2/29	5/24	4/26	7/19	6/23	9/13	8/20	11/8	9/17	**1901**	
3/30	2/30	5/25	4/27	7/20	6/24	9/14	8/21	11/9	9/18	Solar	Lunar
3/31	3/1	5/26	4/28	7/21	6/25	9/15	8/22	11/10	9/19	1/1	11/11
4/1	3/2	5/27	4/29	7/22	6/26	9/16	8/23	11/11	9/20	1/2	11/12
4/2	3/3	5/28	5/1	7/23	6/27	9/17	8/24	11/12	9/21	1/3	11/13
4/3	3/4	5/29	5/2	7/24	6/28	9/18	8/25	11/13	9/22	1/4	11/14
4/4	3/5	5/30	5/3	7/25	6/29	9/19	8/26	11/14	9/23	1/5	11/15
4/5	3/6	5/31	5/4	7/26	7/1	9/20	8/27	11/15	9/24	1/6	11/16
4/6	3/7	6/1	5/5	7/27	7/2	9/21	8/28	11/16	9/25	1/7	11/17
4/7	3/8	6/2	5/6	7/28	7/3	9/22	8/29	11/17	9/26	1/8	11/18
4/8	3/9	6/3	5/7	7/29	7/4	9/23	8/30	11/18	9/27	1/9	11/19
4/9	3/10	6/4	5/8	7/30	7/5	9/24	8/1	11/19	9/28	1/10	11/20
4/10	3/11	6/5	5/9	7/31	7/6	9/25	8/2	11/20	9/29	1/11	11/21
4/11	3/12	6/6	5/10	8/1	7/7	9/26	8/3	11/21	9/30	1/12	11/22
4/12	3/13	6/7	5/11	8/2	7/8	9/27	8/4	11/22	10/1	1/13	11/23
4/13	3/14	6/8	5/12	8/3	7/9	9/28	8/5	11/23	10/2	1/14	11/24
4/14	3/15	6/9	5/13	8/4	7/10	9/29	8/6	11/24	10/3	1/15	11/25
4/15	3/16	6/10	5/14	8/5	7/11	9/30	8/7	11/25	10/4	1/16	11/26
4/16	3/17	6/11	5/15	8/6	7/12	10/1	8/8	11/26	10/5	1/17	11/27

Bitte beachten: Die erste Zahl ist der Monat, die zweite der Tag.

1/18	11/28	3/15	1/25	5/10	3/22	7/5	5/20	8/30	7/17	10/25	9/14
1/19	11/29	3/16	1/26	5/11	3/23	7/6	5/21	8/31	7/18	10/26	9/15
1/20	12/1	3/17	1/27	5/12	3/24	7/7	5/22	9/1	7/19	10/27	9/16
1/21	12/2	3/18	1/28	5/13	3/25	7/8	5/23	9/2	7/20	10/28	9/17
1/22	12/3	3/19	1/29	5/14	3/26	7/9	5/24	9/3	7/21	10/29	9/18
1/23	12/4	3/20	2/1	5/15	3/27	7/10	5/25	9/4	7/22	10/30	9/19
1/24	12/5	3/21	2/2	5/16	3/28	7/11	5/26	9/5	7/23	10/31	9/20
1/25	12/6	3/22	2/3	5/17	3/29	7/12	5/27	9/6	7/24	11/1	9/21
1/26	12/7	3/23	2/4	5/18	4/1	7/13	5/28	9/7	7/25	11/2	9/22
1/27	12/8	3/24	2/5	5/19	4/2	7/14	5/29	9/8	7/26	11/3	9/23
1/28	12/9	3/25	2/6	5/20	4/3	7/15	5/30	9/9	7/27	11/4	9/24
1/29	12/10	3/26	2/7	5/21	4/4	7/16	6/1	9/10	7/28	11/5	9/25
1/30	12/11	3/27	2/8	5/22	4/5	7/17	6/2	9/11	7/29	11/6	9/26
1/31	12/12	3/28	2/9	5/23	4/6	7/18	6/3	9/12	7/30	11/7	9/27
2/1	12/13	3/29	2/10	5/24	4/7	7/19	6/4	9/13	8/1	11/8	9/28
2/2	12/14	3/30	2/11	5/25	4/8	7/20	6/5	9/14	8/2	11/9	9/29
2/3	12/15	3/31	2/12	5/26	4/9	7/21	6/6	9/15	8/3	11/10	9/30
2/4	12/16	4/1	2/13	5/27	4/10	7/22	6/7	9/16	8/4	11/11	10/1
2/5	12/17	4/2	2/14	5/28	4/11	7/23	6/8	9/17	8/5	11/12	10/2
2/6	12/18	4/3	2/15	5/29	4/12	7/24	6/9	9/18	8/6	11/13	10/3
2/7	12/19	4/4	2/16	5/30	4/13	7/25	6/10	9/19	8/7	11/14	10/4
2/8	12/20	4/5	2/17	5/31	4/14	7/26	6/11	9/20	8/8	11/15	10/5
2/9	12/21	4/6	2/18	6/1	4/15	7/27	6/12	9/21	8/9	11/16	10/6
2/10	12/22	4/7	2/19	6/2	4/16	7/28	6/13	9/22	8/10	11/17	10/7
2/11	12/23	4/8	2/20	6/3	4/17	7/29	6/14	9/23	8/11	11/18	10/8
2/12	12/24	4/9	2/21	6/4	4/18	7/30	6/15	9/24	8/12	11/19	10/9
2/13	12/25	4/10	2/22	6/5	4/19	7/31	6/16	9/25	8/13	11/20	10/10
2/14	12/26	4/11	2/23	6/6	4/20	8/1	6/17	9/26	8/14	11/21	10/11
2/15	12/27	4/12	2/24	6/7	4/21	8/2	6/18	9/27	8/15	11/22	10/12
2/16	12/28	4/13	2/25	6/8	4/22	8/3	6/19	9/28	8/16	11/23	10/13
2/17	12/29	4/14	2/26	6/9	4/23	8/4	6/20	9/29	8/17	11/24	10/14
2/18	12/30	4/15	2/27	6/10	4/24	8/5	6/21	9/30	8/18	11/25	10/15
2/19	1/1/1901	4/16	2/28	6/11	4/25	8/6	6/22	10/1	8/19	11/26	10/16
2/20	1/2	4/17	2/29	6/12	4/26	8/7	6/23	10/2	8/20	11/27	10/17
2/21	1/3	4/18	2/30	6/13	4/27	8/8	6/24	10/3	8/21	11/28	10/18
2/22	1/4	4/19	3/1	6/14	4/28	8/9	6/25	10/4	8/22	11/29	10/19
2/23	1/5	4/20	3/2	6/15	4/29	8/10	6/26	10/5	8/23	11/30	10/20
2/24	1/6	4/21	3/3	6/16	5/1	8/11	6/27	10/6	8/24	12/1	10/21
2/25	1/7	4/22	3/4	6/17	5/2	8/12	6/28	10/7	8/25	12/2	10/22
2/26	1/8	4/23	3/5	6/18	5/3	8/13	6/29	10/8	8/26	12/3	10/23
2/27	1/9	4/24	3/6	6/19	5/4	8/14	7/1	10/9	8/27	12/4	10/24
2/28	1/10	4/25	3/7	6/20	5/5	8/15	7/2	10/10	8/28	12/5	10/25
3/1	1/11	4/26	3/8	6/21	5/6	8/16	7/3	10/11	8/29	12/6	10/26
3/2	1/12	4/27	3/9	6/22	5/7	8/17	7/4	10/12	9/1	12/7	10/27
3/3	1/13	4/28	3/10	6/23	5/8	8/18	7/5	10/13	9/2	12/8	10/28
3/4	1/14	4/29	3/11	6/24	5/9	8/19	7/6	10/14	9/3	12/9	10/29
3/5	1/15	4/30	3/12	6/25	5/10	8/20	7/7	10/15	9/4	12/10	10/30
3/6	1/16	5/1	3/13	6/26	5/11	8/21	7/8	10/16	9/5	12/11	11/1
3/7	1/17	5/2	3/14	6/27	5/12	8/22	7/9	10/17	9/6	12/12	11/2
3/8	1/18	5/3	3/15	6/28	5/13	8/23	7/10	10/18	9/7	12/13	11/3
3/9	1/19	5/4	3/16	6/29	5/14	8/24	7/11	10/19	9/8	12/14	11/4
3/10	1/20	5/5	3/17	6/30	5/15	8/25	7/12	10/20	9/9	12/15	11/5
3/11	1/21	5/6	3/18	7/1	5/16	8/26	7/13	10/21	9/10	12/16	11/6
3/12	1/22	5/7	3/19	7/2	5/17	8/27	7/14	10/22	9/11	12/17	11/7
3/13	1/23	5/8	3/20	7/3	5/18	8/28	7/15	10/23	9/12	12/18	11/8
3/14	1/24	5/9	3/21	7/4	5/19	8/29	7/16	10/24	9/13	12/19	11/9

Bitte beachten: Die erste Zahl ist der Monat, die zweite der Tag.

12/20	11/10	2/11	1/4	4/8	3/1	6/3	4/27	7/29	6/25	9/23	8/22
12/21	11/11	2/12	1/5	4/9	3/2	6/4	4/28	7/30	6/26	9/24	8/23
12/22	11/12	2/13	1/6	4/10	3/3	6/5	4/29	7/31	6/26	9/25	8/24
12/23	11/13	2/14	1/7	4/11	3/4	6/6	5/1	8/1	6/27	9/26	8/25
12/24	11/14	2/15	1/8	4/12	3/5	6/7	5/2	8/2	6/28	9/27	8/26
12/25	11/15	2/16	1/9	4/13	3/6	6/8	5/3	8/3	6/29	9/28	8/27
12/26	11/16	2/17	1/10	4/14	3/7	6/9	5/4	8/4	7/1	9/29	8/28
12/27	11/17	2/18	1/11	4/15	3/8	6/10	5/5	8/5	7/2	9/30	8/29
12/28	11/18	2/19	1/12	4/16	3/9	6/11	5/6	8/6	7/3	10/1	8/30
12/29	11/19	2/20	1/13	4/17	3/10	6/12	5/7	8/7	7/4	10/2	9/1
12/30	11/20	2/21	1/14	4/18	3/11	6/13	5/8	8/8	7/5	10/3	9/2
12/31	11/21	2/22	1/15	4/19	3/12	6/14	5/9	8/9	7/6	10/4	9/3
		2/23	1/16	4/20	3/13	6/15	5/10	8/10	7/7	10/5	9/4
1902		2/24	1/17	4/21	3/14	6/16	5/11	8/11	7/8	10/6	9/5
Solar	**Lunar**	2/25	1/18	4/22	3/15	6/17	5/12	8/12	7/9	10/7	9/6
1/1	11/22	2/26	1/19	4/23	3/16	6/18	5/13	8/13	7/10	10/8	9/7
1/2	11/23	2/27	1/20	4/24	3/17	6/19	5/14	8/14	7/11	10/9	9/8
1/3	11/24	2/28	1/21	4/25	3/18	6/20	5/15	8/15	7/12	10/10	9/9
1/4	11/25	3/1	1/22	4/26	3/19	6/21	5/16	8/16	7/13	10/11	9/10
1/5	11/26	3/2	1/23	4/27	3/20	6/22	5/17	8/17	7/14	10/12	9/11
1/6	11/27	3/3	1/24	4/28	3/21	6/23	5/18	8/18	7/15	10/13	9/12
1/7	11/28	3/4	1/25	4/29	3/22	6/24	5/19	8/19	7/16	10/14	9/13
1/8	11/29	3/5	1/26	4/30	3/23	6/25	5/20	8/20	7/17	10/15	9/14
1/9	11/30	3/6	1/27	5/1	3/24	6/26	5/21	8/21	7/18	10/16	9/15
1/10	12/1	3/7	1/28	5/2	3/25	6/27	5/22	8/22	7/19	10/17	9/16
1/11	12/2	3/8	1/29	5/3	3/26	6/28	5/23	8/23	7/20	10/18	9/17
1/12	12/3	3/9	1/30	5/4	3/27	6/29	5/24	8/24	7/21	10/19	9/18
1/13	12/4	3/10	2/1	5/5	3/28	6/30	5/25	8/25	7/22	10/20	9/19
1/14	12/5	3/11	2/2	5/6	3/29	7/1	5/26	8/26	7/23	10/21	9/20
1/15	12/6	3/12	2/3	5/7	3/30	7/2	5/27	8/27	7/24	10/22	9/21
1/16	12/7	3/13	2/4	5/8	4/1	7/3	5/28	8/28	7/25	10/23	9/22
1/17	12/8	3/14	2/5	5/9	4/2	7/4	5/29	8/29	7/26	10/24	9/23
1/18	12/9	3/15	2/6	5/10	4/3	7/5	6/1	8/30	7/27	10/25	9/24
1/19	12/10	3/16	2/7	5/11	4/4	7/6	6/2	8/31	7/28	10/26	9/25
1/20	12/11	3/17	2/8	5/12	4/5	7/7	6/3	9/1	7/29	10/27	9/26
1/21	12/12	3/18	2/9	5/13	4/6	7/8	6/4	9/2	8/1	10/28	9/27
1/22	12/13	3/19	2/10	5/14	4/7	7/9	6/5	9/3	8/2	10/29	9/28
1/23	12/14	3/20	2/11	5/15	4/8	7/10	6/6	9/4	8/3	10/30	9/29
1/24	12/15	3/21	2/12	5/16	4/9	7/11	6/7	9/5	8/4	10/31	10/1
1/25	12/16	3/22	2/13	5/17	4/10	7/12	6/8	9/6	8/5	11/1	10/2
1/26	12/17	3/23	2/14	5/18	4/11	7/13	6/9	9/7	8/6	11/2	10/3
1/27	12/18	3/24	2/15	5/19	4/12	7/14	6/10	9/8	8/7	11/3	10/4
1/28	12/19	3/25	2/16	5/20	4/13	7/15	6/11	9/9	8/8	11/4	10/5
1/29	12/20	3/26	2/17	5/21	4/14	7/16	6/12	9/10	8/9	11/5	10/6
1/30	12/21	3/27	2/18	5/22	4/15	7/17	6/13	9/11	8/10	11/6	10/7
1/31	12/22	3/28	2/19	5/23	4/16	7/18	6/14	9/12	8/11	11/7	10/8
2/1	12/23	3/29	2/20	5/24	4/17	7/19	6/15	9/13	8/12	11/8	10/9
2/2	12/24	3/30	2/21	5/25	4/18	7/20	6/16	9/14	8/13	11/9	10/10
2/3	12/25	3/31	2/22	5/26	4/19	7/21	6/17	9/15	8/14	11/10	10/11
2/4	12/26	4/1	2/23	5/27	4/20	7/22	6/18	9/16	8/15	11/11	10/12
2/5	12/27	4/2	2/24	5/28	4/21	7/23	6/19	9/17	8/16	11/12	10/13
2/6	12/28	4/3	2/25	5/29	4/22	7/24	6/20	9/18	8/17	11/13	10/14
2/7	12/29	4/4	2/26	5/30	4/23	7/25	6/21	9/19	8/18	11/14	10/15
2/8	1/1	4/5	2/27	5/31	4/24	7/26	6/22	9/20	8/19	11/15	10/16
2/9	1/2	4/6	2/28	6/1	4/25	7/27	6/23	9/21	8/20	11/16	10/17
2/10	1/3	4/7	2/29	6/2	4/26	7/28	6/24	9/22	8/21	11/17	10/18

Bitte beachten: Die erste Zahl ist der Monat, die zweite der Tag.

11/18	10/19	1/11	12/13	3/8	2/10	5/3	4/7	6/27	5/3	8/22	6/30
11/19	10/20	1/12	12/14	3/9	2/11	5/4	4/8	6/28	5/4	8/23	7/1
11/20	10/21	1/13	12/15	3/10	2/12	5/5	4/9	6/29	5/5	8/24	7/2
11/21	10/22	1/14	12/16	3/11	2/13	5/6	4/10	6/30	5/6	8/25	7/3
11/22	10/23	1/15	12/17	3/12	2/14	5/7	4/11	7/1	5/7	8/26	7/4
11/23	10/24	1/16	12/18	3/13	2/15	5/8	4/12	7/2	5/8	8/27	7/5
11/24	10/25	1/17	12/19	3/14	2/16	5/9	4/13	7/3	5/9	8/28	7/6
11/25	10/26	1/18	12/20	3/15	2/17	5/10	4/14	7/4	5/10	8/29	7/7
11/26	10/27	1/19	12/21	3/16	2/18	5/11	4/15	7/5	5/11	8/30	7/8
11/27	10/28	1/20	12/22	3/17	2/19	5/12	4/16	7/6	5/12	8/31	7/9
11/28	10/29	1/21	12/23	3/18	2/20	5/13	4/17	7/7	5/13	9/1	7/10
11/29	10/30	1/22	12/24	3/19	2/21	5/14	4/18	7/8	5/14	9/2	7/11
11/31	11/1	1/23	12/25	3/20	2/22	5/15	4/19	7/9	5/15	9/3	7/12
12/1	11/2	1/24	12/26	3/21	2/23	5/16	4/20	7/10	5/16	9/4	7/13
12/2	11/3	1/25	12/27	3/22	2/24	5/17	4/21	7/11	5/17	9/5	7/14
12/3	11/4	1/26	12/28	3/23	2/25	5/18	4/22	7/12	5/18	9/6	7/15
12/4	11/5	1/27	12/29	3/24	2/26	5/19	4/23	7/13	5/19	9/7	7/16
12/5	11/6	1/28	12/30	3/25	2/27	5/20	4/24	7/14	5/20	9/8	7/17
12/6	11/7	1/29	1/1	3/26	2/28	5/21	4/25	7/15	5/21	9/9	7/18
12/7	11/8	1/30	1/2	3/27	2/29	5/22	4/26	7/16	5/22	9/10	7/19
12/8	11/9	1/31	1/3	3/28	2/30	5/23	4/27	7/17	5/23	9/11	7/20
12/9	11/10	2/1	1/4	3/29	3/1	5/24	4/28	7/18	5/24	9/12	7/21
12/10	11/11	2/2	1/5	3/30	3/2	5/25	4/29	7/19	5/25	9/13	7/22
12/11	11/12	2/3	1/6	3/31	3/3	5/26	4/30	7/20	5/26	9/14	7/23
12/13	11/13	2/4	1/7	4/1	3/4	5/27	5/1	7/21	5/27	9/15	7/24
12/14	11/14	2/5	1/8	4/2	3/5	5/28	5/2	7/22	5/28	9/16	7/25
12/15	11/15	2/6	1/9	4/3	3/6	5/29	5/3	7/23	5/29	9/17	7/26
12/16	11/16	2/7	1/10	4/4	3/7	5/30	5/4	7/24	6/1	9/18	7/27
12/17	11/17	2/8	1/11	4/5	3/8	5/31	5/5	7/25	6/2	9/19	7/28
12/18	11/18	2/9	1/12	4/6	3/9	6/1	5/6	7/26	6/3	9/20	7/29
12/19	11/19	2/10	1/13	4/7	3/10	6/2	5/7	7/27	6/4	9/21	8/1
12/20	11/20	2/11	1/14	4/8	3/11	6/3	5/8	7/28	6/5	9/22	8/2
12/21	11/21	2/12	1/15	4/9	3/12	6/4	5/9	7/29	6/6	9/23	8/3
12/22	11/22	2/13	1/16	4/10	3/13	6/5	5/10	7/30	6/7	9/24	8/4
12/23	11/23	2/14	1/17	4/11	3/14	6/6	5/11	7/31	6/8	9/25	8/5
12/24	11/24	2/15	1/18	4/12	3/15	6/7	5/12	8/1	6/9	9/26	8/6
12/25	11/25	2/16	1/19	4/13	3/16	6/8	5/13	8/2	6/10	9/27	8/7
12/26	11/26	2/17	1/20	4/14	3/17	6/9	5/14	8/3	6/11	9/28	8/8
12/27	11/27	2/18	1/21	4/15	3/18	6/10	5/15	8/4	6/12	9/29	8/9
12/28	11/28	2/19	1/22	4/16	3/19	6/11	5/16	8/5	6/13	9/30	8/10
12/29	11/29	2/20	1/23	4/17	3/20	6/12	5/17	8/6	6/14	10/1	8/11
12/30	12/1	2/21	1/24	4/18	3/21	6/13	5/18	8/7	6/15	10/2	8/12
12/31	12/2	2/22	1/25	4/19	3/22	6/14	5/19	8/8	6/16	10/3	8/13
		2/23	1/26	4/20	3/23	6/15	5/20	8/9	6/17	10/4	8/14
1903		2/24	1/27	4/21	3/24	6/16	5/21	8/10	6/18	10/5	8/15
Solar	**Lunar**	2/25	1/28	4/22	3/25	6/17	5/22	8/11	6/19	10/6	8/16
1/1	12/3	2/26	1/29	4/23	3/26	6/18	5/23	8/12	6/20	10/7	8/17
1/2	12/4	2/27	2/1	4/24	3/27	6/19	5/24	8/13	6/21	10/8	8/18
1/3	12/5	2/28	2/2	4/25	3/28	6/20	5/25	8/14	6/22	10/9	8/19
1/4	12/6	3/1	2/3	4/26	3/29	6/21	5/26	8/15	6/23	10/10	8/20
1/5	12/7	3/2	2/4	4/27	4/1	6/22	5/27	8/16	6/24	10/11	8/21
1/6	12/8	3/3	2/5	4/28	4/2	6/23	5/28	8/17	6/25	10/12	8/22
1/7	12/9	3/4	2/6	4/29	4/3	6/24	5/29	8/18	6/26	10/13	8/23
1/8	12/10	3/5	2/7	4/30	4/4	6/25	5/1	8/19	6/27	10/14	8/24
1/9	12/11	3/6	2/8	5/1	4/5	(Schaltmonat)		8/20	6/28	10/15	8/25
1/10	12/12	3/7	2/9	5/2	4/6	6/26	5/2	8/21	6/29	10/16	8/26

Bitte beachten: Die erste Zahl ist der Monat, die zweite der Tag.

10/17	8/27	12/12	10/24	2/3	12/18	3/30	2/14	5/25	4/11	7/20	6/8
10/18	8/28	12/13	10/25	2/4	12/19	3/31	2/15	5/26	4/12	7/21	6/9
10/19	8/29	12/14	10/26	2/5	12/20	4/1	2/16	5/27	4/13	7/22	6/10
10/20	9/1	12/15	10/27	2/6	12/21	4/2	2/17	5/28	4/14	7/23	6/11
10/21	9/2	12/16	10/28	2/7	12/22	4/3	2/18	5/29	4/15	7/24	6/12
10/22	9/3	12/17	10/29	2/8	12/23	4/4	2/19	5/30	4/16	7/25	6/13
10/23	9/4	12/18	10/30	2/9	12/24	4/5	2/20	5/31	4/17	7/26	6/14
10/24	9/5	12/19	11/1	2/10	12/25	4/6	2/21	6/1	4/18	7/27	6/15
10/25	9/6	12/20	11/2	2/11	12/26	4/7	2/22	6/2	4/19	7/28	6/16
10/26	9/7	12/21	11/3	2/12	12/27	4/8	2/23	6/3	4/20	7/29	6/17
10/27	9/8	12/22	11/4	2/13	12/28	4/9	2/24	6/4	4/21	7/30	6/18
10/28	9/9	12/23	11/5	2/14	12/29	4/10	2/25	6/5	4/22	7/31	6/19
10/29	9/10	12/24	11/6	2/15	12/30	4/11	2/26	6/6	4/23	8/1	6/20
10/30	9/11	12/25	11/7	2/16	1/1	4/12	2/27	6/7	4/24	8/2	6/21
10/31	9/12	12/26	11/8	2/17	1/2	4/13	2/28	6/8	4/25	8/3	6/22
11/1	9/13	12/27	11/9	2/18	1/3	4/14	2/29	6/9	4/26	8/4	6/23
11/2	9/14	12/28	11/10	2/19	1/4	4/15	2/30	6/10	4/27	8/5	6/24
11/3	9/15	12/29	11/11	2/20	1/5	4/16	3/1	6/11	4/28	8/6	6/25
11/4	9/16	12/30	11/12	2/21	1/6	4/17	3/2	6/12	4/29	8/7	6/26
11/5	9/17	12/31	11/13	2/22	1/7	4/18	3/3	6/13	4/30	8/8	6/27
11/6	9/18			2/23	1/8	4/19	3/4	6/14	5/1	8/9	6/28
11/7	9/19	**1904**		2/24	1/9	4/20	3/5	6/15	5/2	8/10	6/29
11/8	9/20	**Solar**	**Lunar**	2/25	1/10	4/21	3/6	6/16	5/3	8/11	7/1
11/9	9/21	1/1	11/14	2/26	1/11	4/22	3/7	6/17	5/4	8/12	7/2
11/10	9/22	1/2	11/15	2/27	1/12	4/23	3/8	6/18	5/5	8/13	7/3
11/11	9/23	1/3	11/16	2/28	1/13	4/24	3/9	6/19	5/6	8/14	7/4
11/12	9/24	1/4	11/17	2/29	1/14	4/25	3/10	6/20	5/7	8/15	7/5
11/13	9/25	1/5	11/18	3/1	1/15	4/26	3/11	6/21	5/8	8/16	7/6
11/14	9/26	1/6	11/19	3/2	1/16	4/27	3/12	6/22	5/9	8/17	7/7
11/15	9/27	1/7	11/20	3/3	1/17	4/28	3/13	6/23	5/10	8/18	7/8
11/16	9/28	1/8	11/21	3/4	1/18	4/29	3/14	6/24	5/11	8/19	7/9
11/17	9/29	1/9	11/22	3/5	1/19	4/30	3/15	6/25	5/12	8/20	7/10
11/18	9/30	1/10	11/23	3/6	1/20	5/1	3/16	6/26	5/13	8/21	7/11
11/19	10/1	1/11	11/24	3/7	1/21	5/2	3/17	6/27	5/14	8/22	7/12
11/20	10/2	1/12	11/25	3/8	1/22	5/3	3/18	6/28	5/15	8/23	7/13
11/21	10/3	1/13	11/26	3/9	1/23	5/4	3/19	6/29	5/16	8/24	7/14
11/22	10/4	1/14	11/27	3/10	1/24	5/5	3/20	6/30	5/17	8/25	7/15
11/23	10/5	1/15	11/28	3/11	1/25	5/6	3/21	7/1	5/18	8/26	7/16
11/24	10/6	1/16	11/29	3/12	1/26	5/7	3/22	7/2	5/19	8/27	7/17
11/25	10/7	1/17	12/1	3/13	1/27	5/8	3/23	7/3	5/20	8/28	7/18
11/26	10/8	1/18	12/2	3/14	1/28	5/9	3/24	7/4	5/21	8/29	7/19
11/27	10/9	1/19	12/3	3/15	1/29	5/10	3/25	7/5	5/22	8/30	7/20
11/28	10/10	1/20	12/4	3/16	1/30	5/11	3/26	7/6	5/23	8/31	7/21
11/29	10/11	1/21	12/5	3/17	2/1	5/12	3/27	7/7	5/24	9/1	7/22
11/30	10/12	1/22	12/6	3/18	2/2	5/13	3/28	7/8	5/25	9/2	7/23
12/1	10/13	1/23	12/7	3/19	2/3	5/14	3/29	7/9	5/26	9/3	7/24
12/2	10/14	1/24	12/8	3/20	2/4	5/15	4/1	7/10	5/27	9/4	7/25
12/3	10/15	1/25	12/9	3/21	2/5	5/16	4/2	7/11	5/28	9/5	7/26
12/4	10/16	1/26	12/10	3/22	2/6	5/17	4/3	7/12	5/29	9/6	7/27
12/5	10/17	1/27	12/11	3/23	2/7	5/18	4/4	7/13	6/1	9/7	7/28
12/6	10/18	1/28	12/12	3/24	2/8	5/19	4/5	7/14	6/2	9/8	7/29
12/7	10/19	1/29	12/13	3/25	2/9	5/20	4/6	7/15	6/3	9/9	7/30
12/8	10/20	1/30	12/14	3/26	2/10	5/21	4/7	7/16	6/4	9/10	8/1
12/9	10/21	1/31	12/15	3/27	2/11	5/22	4/8	7/17	6/5	9/11	8/2
12/10	10/22	2/1	12/16	3/28	2/12	5/23	4/9	7/18	6/6	9/12	8/3
12/11	10/23	2/2	12/17	3/29	2/13	5/24	4/10	7/19	6/7	9/13	8/4

Bitte beachten: Die erste Zahl ist der Monat, die zweite der Tag.

9/14	8/5	11/9	10/3	**1905**		2/24	1/21	4/21	3/17	6/16	5/14
9/15	8/6	11/10	10/4	Solar	Lunar	2/25	1/22	4/22	3/18	6/17	5/15
9/16	8/7	11/11	10/5	1/1	11/26	2/26	1/23	4/23	3/19	6/18	5/16
9/17	8/8	11/12	10/6	1/2	11/27	2/27	1/24	4/24	3/20	6/19	5/17
9/18	8/9	11/13	10/7	1/3	11/28	2/28	1/25	4/25	3/21	6/20	5/18
9/19	8/10	11/14	10/8	1/4	11/29	3/1	1/26	4/26	3/22	6/21	5/19
9/20	8/11	11/15	10/9	1/5	11/30	3/2	1/27	4/27	3/23	6/22	5/20
9/21	8/12	11/16	10/10	1/6	12/1	3/3	1/28	4/28	3/24	6/23	5/21
9/22	8/13	11/17	10/11	1/7	12/2	3/4	1/29	4/29	3/25	6/24	5/22
9/23	8/14	11/18	10/12	1/8	12/3	3/5	1/30	4/30	3/26	6/25	5/23
9/24	8/15	11/19	10/13	1/9	12/4	3/6	2/1	5/1	3/27	6/26	5/24
9/25	8/16	11/20	10/14	1/10	12/5	3/7	2/2	5/2	3/28	6/27	5/25
9/26	8/17	11/21	10/15	1/11	12/6	3/8	2/3	5/3	3/29	6/28	5/26
9/27	8/18	11/22	10/16	1/12	12/7	3/9	2/4	5/4	4/1	6/29	5/27
9/28	8/19	11/23	10/17	1/13	12/8	3/10	2/5	5/5	4/2	6/30	5/28
9/29	8/20	11/24	10/18	1/14	12/9	3/11	2/6	5/6	4/3	7/1	5/29
9/30	8/21	11/25	10/19	1/15	12/10	3/12	2/7	5/7	4/4	7/2	5/30
10/1	8/22	11/26	10/20	1/16	12/11	3/13	2/8	5/8	4/5	7/3	6/1
10/2	8/23	11/27	10/21	1/17	12/12	3/14	2/9	5/9	4/6	7/4	6/2
10/3	8/24	11/28	10/22	1/18	12/13	3/15	2/10	5/10	4/7	7/5	6/3
10/4	8/25	11/29	10/23	1/19	12/14	3/16	2/11	5/11	4/8	7/6	6/4
10/5	8/26	11/30	10/24	1/20	12/15	3/17	2/12	5/12	4/9	7/7	6/5
10/6	8/27	12/1	10/25	1/21	12/16	3/18	2/13	5/13	4/10	7/8	6/6
10/7	8/28	12/2	10/26	1/22	12/17	3/19	2/14	5/14	4/11	7/9	6/7
10/8	8/29	12/3	10/27	1/23	12/18	3/20	2/15	5/15	4/12	7/10	6/8
10/9	9/1	12/4	10/28	1/24	12/19	3/21	2/16	5/16	4/13	7/11	6/9
10/10	9/2	12/5	10/29	1/25	12/20	3/22	2/17	5/17	4/14	7/12	6/10
10/11	9/3	12/6	10/30	1/26	12/21	3/23	2/18	5/18	4/15	7/13	6/11
10/12	9/4	12/7	11/1	1/27	12/22	3/24	2/19	5/19	4/16	7/14	6/12
10/13	9/5	12/8	11/2	1/28	12/23	3/25	2/20	5/20	4/17	7/15	6/13
10/14	9/6	12/9	11/3	1/29	12/24	3/26	2/21	5/21	4/18	7/16	6/14
10/15	9/7	12/10	11/4	1/30	12/25	3/27	2/22	5/22	4/19	7/17	6/15
10/16	9/8	12/11	11/5	1/31	12/26	3/28	2/23	5/23	4/20	7/18	6/16
10/17	9/9	12/12	11/6	2/1	12/27	3/29	2/24	5/24	4/21	7/19	6/17
10/18	9/10	12/13	11/7	2/2	12/28	3/30	2/25	5/25	4/22	7/20	6/18
10/19	9/11	12/14	11/8	2/3	12/29	3/31	2/26	5/26	4/23	7/21	6/19
10/20	9/12	12/15	11/9	2/4	1/1	4/1	2/27	5/27	4/24	7/22	6/20
10/21	9/13	12/16	11/10	2/5	1/2	4/2	2/28	5/28	4/25	7/23	6/21
10/22	9/14	12/17	11/11	2/6	1/3	4/3	2/29	5/29	4/26	7/24	6/22
10/23	9/15	12/18	11/12	2/7	1/4	4/4	2/30	5/30	4/27	7/25	6/23
10/24	9/16	12/19	11/13	2/8	1/5	4/5	3/1	5/31	4/28	7/26	6/24
10/25	9/17	12/20	11/14	2/9	1/6	4/6	3/2	6/1	4/29	7/27	6/25
10/26	9/18	12/21	11/15	2/10	1/7	4/7	3/3	6/2	4/30	7/28	6/26
10/27	9/19	12/22	11/16	2/11	1/8	4/8	3/4	6/3	5/1	7/29	6/27
10/28	9/20	12/23	11/17	2/12	1/9	4/9	3/5	6/4	5/2	7/30	6/28
10/29	9/21	12/24	11/18	2/13	1/10	4/10	3/6	6/5	5/3	7/31	6/29
10/30	9/22	12/25	11/19	2/14	1/11	4/11	3/7	6/6	5/4	8/1	7/1
10/31	9/23	12/26	11/20	2/15	1/12	4/12	3/8	6/7	5/5	8/2	7/2
11/1	9/24	12/27	11/21	2/16	1/13	4/13	3/9	6/8	5/6	8/3	7/3
11/2	9/25	12/28	11/22	2/17	1/14	4/14	3/10	6/9	5/7	8/4	7/4
11/3	9/26	12/29	11/23	2/18	1/15	4/15	3/11	6/10	5/8	8/5	7/5
11/4	9/27	12/30	11/24	2/19	1/16	4/16	3/12	6/11	5/9	8/6	7/6
11/5	9/28	12/31	11/25	2/20	1/17	4/17	3/13	6/12	5/10	8/7	7/7
11/6	9/29			2/21	1/18	4/18	3/14	6/13	5/11	8/8	7/8
11/7	10/1			2/22	1/19	4/19	3/15	6/14	5/12	8/9	7/9
11/8	10/2			2/23	1/20	4/20	3/16	6/15	5/13	8/10	7/10

Bitte beachten: Die erste Zahl ist der Monat, die zweite der Tag.

8/11	7/11	10/6	9/8	12/1	11/5	1/23	12/29	3/20	2/26	5/15	4/22
8/12	7/12	10/7	9/9	12/2	11/6	1/24	12/30	3/21	2/27	5/16	4/23
8/13	7/13	10/8	9/10	12/3	11/7	1/25	1/1	3/22	2/28	5/17	4/24
8/14	7/14	10/9	9/11	12/4	11/8	1/26	1/2	3/23	2/29	5/18	4/25
8/15	7/15	10/10	9/12	12/5	11/9	1/27	1/3	3/24	2/30	5/19	4/26
8/16	7/16	10/11	9/13	12/6	11/10	1/28	1/4	3/25	3/1	5/20	4/27
8/17	7/17	10/12	9/14	12/7	11/11	1/29	1/5	3/26	3/2	5/21	4/28
8/18	7/18	10/13	9/15	12/8	11/12	1/30	1/6	3/27	3/3	5/22	4/29
8/19	7/19	10/14	9/16	12/9	11/13	1/31	1/7	3/28	3/4	5/23	4/1
8/20	7/20	10/15	9/17	12/10	11/14	2/1	1/8	3/29	3/5	*(Schaltmonat)*	
8/21	7/21	10/16	9/18	12/11	11/15	2/2	1/9	3/30	3/6	5/24	4/2
8/22	7/22	10/17	9/19	12/12	11/16	2/3	1/10	3/31	3/7	5/25	4/3
8/23	7/23	10/18	9/20	12/13	11/17	2/4	1/11	4/1	3/8	5/26	4/4
8/24	7/24	10/19	9/21	12/14	11/18	2/5	1/12	4/2	3/9	5/27	4/5
8/25	7/25	10/20	9/22	12/15	11/19	2/6	1/13	4/3	3/10	5/28	4/6
8/26	7/26	10/21	9/23	12/16	11/20	2/7	1/14	4/4	3/11	5/29	4/7
8/27	7/27	10/22	9/24	12/17	11/21	2/8	1/15	4/5	3/12	5/30	4/8
8/28	7/28	10/23	9/25	12/18	11/22	2/9	1/16	4/6	3/13	5/31	4/9
8/29	7/29	10/24	9/26	12/19	11/23	2/10	1/17	4/7	3/14	6/1	4/10
8/30	8/1	10/25	9/27	12/20	11/24	2/11	1/18	4/8	3/15	6/2	4/11
8/31	8/2	10/26	9/28	12/21	11/25	2/12	1/19	4/9	3/16	6/3	4/12
9/1	8/3	10/27	9/29	12/22	11/26	2/13	1/20	4/10	3/17	6/4	4/13
9/2	8/4	10/28	10/1	12/23	11/27	2/14	1/21	4/11	3/18	6/5	4/14
9/3	8/5	10/29	10/2	12/24	11/28	2/15	1/22	4/12	3/19	6/6	4/15
9/4	8/6	10/30	10/3	12/25	11/29	2/16	1/23	4/13	3/20	6/7	4/16
9/5	8/7	10/31	10/4	12/26	12/1	2/17	1/24	4/14	3/21	6/8	4/17
9/6	8/8	11/1	10/5	12/27	12/2	2/18	1/25	4/15	3/22	6/9	4/18
9/7	8/9	11/2	10/6	12/28	12/3	2/19	1/26	4/16	3/23	6/10	4/19
9/8	8/10	11/3	10/7	12/29	12/4	2/20	1/27	4/17	3/24	6/11	4/20
9/9	8/11	11/4	10/8	12/20	12/5	2/21	1/28	4/18	3/25	6/12	4/21
9/10	8/12	11/5	10/9	12/31	12/6	2/22	1/29	4/19	3/26	6/13	4/22
9/11	8/13	11/6	10/10			2/23	2/1	4/20	3/27	6/14	4/23
9/12	8/14	11/7	10/11	**1906**		2/24	2/2	4/21	3/28	6/15	4/24
9/13	8/15	11/8	10/12	**Solar**	**Lunar**	2/25	2/3	4/22	3/29	6/16	4/25
9/14	8/16	11/9	10/13	1/1	12/7	2/26	2/4	4/23	3/30	6/17	4/26
9/15	8/17	11/10	10/14	1/2	12/8	2/27	2/5	4/24	4/1	6/18	4/27
9/16	8/18	11/11	10/15	1/3	12/9	2/28	2/6	4/25	4/2	6/19	4/28
9/17	8/19	11/12	10/16	1/4	12/10	3/1	2/7	4/26	4/3	6/20	4/29
9/18	8/20	11/13	10/17	1/5	12/11	3/2	2/8	4/27	4/4	6/21	4/30
9/19	8/21	11/14	10/18	1/6	12/12	3/3	2/9	4/28	4/5	6/22	5/1
9/20	8/22	11/15	10/19	1/7	12/13	3/4	2/10	4/29	4/6	6/23	5/2
9/21	8/23	11/16	10/20	1/8	12/14	3/5	2/11	4/30	4/7	6/24	5/3
9/22	8/24	11/17	10/21	1/9	12/15	3/6	2/12	5/1	4/8	6/25	5/4
9/23	8/25	11/18	10/22	1/10	12/16	3/7	2/13	5/2	4/9	6/26	5/5
9/24	8/26	11/19	10/23	1/11	12/17	3/8	2/14	5/3	4/10	6/27	5/6
9/25	8/27	11/20	10/24	1/12	12/18	3/9	2/15	5/4	4/11	6/28	5/7
9/26	8/28	11/21	10/25	1/13	12/19	3/10	2/16	5/5	4/12	6/29	5/8
9/27	8/29	11/22	10/26	1/14	12/20	3/11	2/17	5/6	4/13	6/30	5/9
9/28	8/30	11/23	10/27	1/15	12/21	3/12	2/18	5/7	4/14	7/1	5/10
9/29	9/1	11/24	10/28	1/16	12/22	3/13	2/19	5/8	4/15	7/2	5/11
9/30	9/2	11/25	10/29	1/17	12/23	3/14	2/20	5/9	4/16	7/3	5/12
10/1	9/3	11/26	10/30	1/18	12/24	3/15	2/21	5/10	4/17	7/4	5/13
10/2	9/4	11/27	11/1	1/19	12/25	3/16	2/22	5/11	4/18	7/5	5/14
10/3	9/5	11/28	11/2	1/20	12/26	3/17	2/23	5/12	4/19	7/6	5/15
10/4	9/6	11/29	11/3	1/21	12/27	3/18	2/24	5/13	4/20	7/7	5/16
10/5	9/7	11/30	11/4	1/22	12/28	3/19	2/25	5/14	4/21	7/8	5/17

Bitte beachten: Die erste Zahl ist der Monat, die zweite der Tag.

7/9	5/18	9/3	7/15	10/28	9/12	12/23	11/8		(1907)	4/10	2/28
7/10	5/19	9/4	7/16	10/29	9/13	12/24	11/9	2/14	1/2	4/11	2/29
7/11	5/20	9/5	7/17	10/30	9/14	12/25	11/10	2/15	1/3	4/12	2/30
7/12	5/21	9/6	7/18	10/31	9/15	12/26	11/11	2/16	1/4	4/13	3/1
7/13	5/22	9/7	7/19	11/1	9/16	12/27	11/12	2/17	1/5	4/14	3/2
7/14	5/23	9/8	7/20	11/2	9/17	12/28	11/13	2/18	1/6	4/15	3/3
7/15	5/24	9/9	7/21	11/3	9/18	12/29	11/14	2/19	1/7	4/16	3/4
7/16	5/25	9/10	7/22	11/4	9/19	12/30	11/15	2/20	1/8	4/17	3/5
7/17	5/26	9/11	7/23	11/5	9/20	12/31	11/16	2/21	1/9	4/18	3/6
7/18	5/27	9/12	7/24	11/6	9/21			2/22	1/10	4/19	3/7
7/19	5/28	9/13	7/25	11/7	9/22	**1907**		2/23	1/11	4/20	3/8
7/20	5/29	9/14	7/26	11/8	9/23	Solar	Lunar	2/24	1/12	4/21	3/9
7/21	6/1	9/15	7/27	11/9	9/24	1/1	11/17	2/25	1/13	4/22	3/10
7/22	6/2	9/16	7/28	11/10	9/25	1/2	11/18	2/26	1/14	4/23	3/11
7/23	6/3	9/17	7/29	11/11	9/26	1/3	11/19	2/27	1/15	4/24	3/12
7/24	6/4	9/18	8/1	11/12	9/27	1/4	11/20	2/18	1/16	4/25	3/13
7/25	6/5	9/19	8/2	11/13	9/28	1/5	11/21	3/1	1/17	4/26	3/14
7/26	6/6	9/20	8/3	11/14	9/29	1/6	11/22	3/2	1/18	4/27	3/15
7/27	6/7	9/21	8/4	11/15	9/30	1/7	11/23	3/3	1/19	4/28	3/16
7/28	6/8	9/22	8/5	11/16	10/1	1/8	11/24	3/4	1/20	4/29	3/17
7/29	6/9	9/23	8/6	11/17	10/2	1/9	11/25	3/5	1/21	4/30	3/18
7/30	6/10	9/24	8/7	11/18	10/3	1/10	11/26	3/6	1/22	5/1	3/19
7/31	6/11	9/25	8/8	11/19	10/4	1/11	11/27	3/7	1/23	5/2	3/20
8/1	6/12	9/26	8/9	11/20	10/5	1/12	11/28	3/8	1/24	5/3	3/21
8/2	6/13	9/27	8/10	11/21	10/6	1/13	11/29	3/9	1/25	5/4	3/22
8/3	6/14	9/28	8/11	11/22	10/7	1/14	12/1	3/10	1/26	5/5	3/23
8/4	6/15	9/29	8/12	11/23	10/8	1/15	12/2	3/11	1/27	5/6	3/24
8/5	6/16	9/30	8/13	11/24	10/9	1/16	12/3	3/12	1/28	5/7	3/25
8/6	6/17	10/1	8/14	11/25	10/10	1/17	12/4	3/13	1/29	5/8	3/26
8/7	6/18	10/2	8/15	11/26	10/11	1/18	12/5	3/14	2/1	5/9	3/27
8/8	6/19	10/3	8/16	11/27	10/12	1/19	12/6	3/15	2/2	5/10	3/28
8/9	6/20	10/4	8/17	11/28	10/13	1/20	12/7	3/16	2/3	5/11	3/29
8/10	6/21	10/5	8/18	11/29	10/14	1/21	12/8	3/17	2/4	5/12	4/1
8/11	6/22	10/6	8/19	11/30	10/15	1/22	12/9	3/18	2/5	5/13	4/2
8/12	6/23	10/7	8/20	12/1	10/16	1/23	12/10	3/19	2/6	5/14	4/3
8/13	6/24	10/8	8/21	12/2	10/17	1/24	12/11	3/20	2/7	5/15	4/4
8/14	6/25	10/9	8/22	12/3	10/18	1/25	12/12	3/21	2/8	5/16	4/5
8/15	6/26	10/10	8/23	12/4	10/19	1/26	12/13	3/22	2/9	5/17	4/6
8/16	6/27	10/11	8/24	12/5	10/20	1/27	12/14	3/23	2/10	5/18	4/7
8/17	6/28	10/12	8/25	12/6	10/21	1/28	12/15	3/24	2/11	5/19	4/8
8/18	6/29	10/13	8/26	12/7	10/22	1/29	12/16	3/25	2/12	5/20	4/9
8/19	6/30	10/14	8/27	12/8	10/23	1/30	12/17	3/26	2/13	5/21	4/10
8/20	7/1	10/15	8/28	12/9	10/24	1/31	12/18	3/27	2/14	5/22	4/11
8/21	7/2	10/16	8/29	12/10	10/25	2/1	12/19	3/28	2/15	5/23	4/12
8/22	7/3	10/17	8/30	12/11	10/26	2/2	12/20	3/29	2/16	5/24	4/13
8/23	7/4	10/18	9/1	12/12	10/27	2/3	12/21	3/20	2/17	5/25	4/14
8/24	7/5	10/19	9/2	12/13	10/28	2/4	12/22	3/31	2/18	5/26	4/15
8/25	7/6	10/20	9/3	12/14	10/29	2/5	12/23	4/1	2/19	5/27	4/16
8/26	7/7	10/21	9/4	12/15	10/30	2/6	12/24	4/2	2/20	5/28	4/17
8/27	7/8	10/21	9/5	12/16	11/1	2/7	12/25	4/3	2/21	5/29	4/18
8/28	7/9	10/22	9/6	12/17	11/2	2/8	12/26	4/4	2/22	5/30	4/19
8/29	7/10	10/23	9/7	12/18	11/3	2/9	12/27	4/5	2/23	5/31	4/20
8/30	7/11	10/24	9/8	12/19	11/4	2/10	12/28	4/6	2/24	6/1	4/21
8/31	7/12	10/25	9/9	12/20	11/5	2/11	12/29	4/7	2/25	6/2	4/22
9/1	7/13	10/26	9/10	12/21	11/6	2/12	12/30	4/8	2/26	6/3	4/23
9/2	7/14	10/27	9/11	12/22	11/7	2/13	1/1	4/9	2/27	6/4	4/24

Bitte beachten: Die erste Zahl ist der Monat, die zweite der Tag.

6/5	4/25	7/31	6/22	9/25	8/18	11/20	10/15	1/12	12/9	3/7	2/5
6/6	4/26	8/1	6/23	9/26	8/19	11/21	10/16	1/13	12/10	3/8	2/6
6/7	4/27	8/2	6/24	9/27	8/20	11/22	10/17	1/14	12/11	3/9	2/7
6/8	4/28	8/3	6/25	9/28	8/21	11/23	10/18	1/15	12/12	3/10	2/8
6/9	4/29	8/4	6/26	9/29	8/22	11/24	10/19	1/16	12/13	3/11	2/9
6/10	4/30	8/5	6/27	9/30	8/23	11/25	10/20	1/17	12/14	3/12	2/10
6/11	5/1	8/6	6/28	10/1	8/24	11/26	10/21	1/18	12/15	3/13	2/11
6/12	5/2	8/7	6/29	10/2	8/25	11/27	10/22	1/19	12/16	3/14	2/12
6/13	5/3	8/8	6/30	10/3	8/26	11/28	10/23	1/20	12/17	3/15	2/13
6/14	5/4	8/9	7/1	10/4	8/27	11/29	10/24	1/21	12/18	3/16	2/14
6/15	5/5	8/10	7/2	10/5	8/28	11/30	10/25	1/22	12/19	3/17	2/15
6/16	5/6	8/11	7/3	10/6	8/29	12/1	10/26	1/23	12/20	3/18	2/16
6/17	5/7	8/12	7/4	10/7	9/1	12/2	10/27	1/24	12/21	3/19	2/17
6/18	5/8	8/13	7/5	10/8	9/2	12/3	10/28	1/25	12/22	3/20	2/18
6/19	5/9	8/14	7/6	10/9	9/3	12/4	10/29	1/26	12/23	3/21	2/19
6/20	5/10	8/15	7/7	10/10	9/4	12/5	11/1	1/27	12/24	3/22	2/20
6/21	5/11	8/16	7/8	10/11	9/5	12/6	11/2	1/28	12/25	3/23	2/21
6/22	5/12	8/17	7/9	10/12	9/6	12/7	11/3	1/29	12/26	3/24	2/22
6/23	5/13	8/18	7/10	10/13	9/7	12/8	11/4	1/30	12/27	3/25	2/23
6/24	5/14	8/19	7/11	10/14	9/8	12/9	11/5	1/31	12/28	3/26	2/24
6/25	5/15	8/20	7/12	10/15	9/9	12/10	11/6	2/1	12/29	3/27	2/25
6/26	5/16	8/21	7/13	10/16	9/10	12/11	11/7	2/2	1/1	3/28	2/26
6/27	5/17	8/22	7/14	10/17	9/11	12/12	11/8		(1908)	3/29	2/27
6/28	5/18	8/23	7/15	10/18	9/12	12/13	11/9	2/3	1/2	3/30	2/28
6/29	5/19	8/24	7/16	10/19	9/13	12/14	11/10	2/4	1/3	3/31	2/29
6/30	5/20	8/25	7/17	10/20	9/14	12/15	11/11	2/5	1/4	4/1	3/1
7/1	5/21	8/26	7/18	10/21	9/15	12/16	11/12	2/6	1/5	4/2	3/2
7/2	5/22	8/27	7/19	10/22	9/16	12/17	11/12	2/7	1/6	4/3	3/3
7/3	5/23	8/28	7/20	10/23	9/17	12/18	11/13	2/8	1/7	4/4	3/4
7/4	5/24	8/29	7/21	10/24	9/18	12/19	11/14	2/9	1/8	4/5	3/5
7/5	5/25	8/30	7/22	10/25	9/19	12/20	11/15	2/10	1/9	4/6	3/6
7/6	5/26	8/31	7/23	10/26	9/20	12/21	11/16	2/11	1/10	4/7	3/7
7/7	5/27	9/1	7/24	10/27	9/21	12/22	11/17	2/12	1/11	4/8	3/8
7/8	5/28	9/2	7/25	10/28	9/22	12/23	11/18	2/13	1/12	4/9	3/9
7/9	5/29	9/3	7/26	10/29	9/23	12/24	11/19	2/14	1/13	4/10	3/10
7/10	6/1	9/4	7/27	10/30	9/24	12/25	11/20	2/15	1/14	4/11	3/11
7/11	6/2	9/5	7/28	10/31	9/25	12/26	11/21	2/16	1/15	4/12	3/12
7/12	6/3	9/6	7/29	11/1	9/26	12/27	11/22	2/17	1/16	4/13	3/13
7/13	6/4	9/7	7/30	11/2	9/27	12/28	11/23	2/18	1/17	4/14	3/14
7/14	6/5	9/8	8/1	11/3	9/28	12/29	11/24	2/19	1/18	4/15	3/15
7/15	6/6	9/9	8/2	11/4	9/29	12/30	11/25	2/20	1/19	4/16	3/16
7/16	6/7	9/10	8/3	11/5	9/30	12/31	11/26	2/21	1/20	4/17	3/17
7/17	6/8	9/11	8/4	11/6	10/1			2/22	1/21	4/18	3/18
7/18	6/9	9/12	8/5	11/7	10/2	**1908**		2/23	1/22	4/19	3/19
7/19	6/10	9/13	8/6	11/8	10/3	Solar	Lunar	2/24	1/23	4/20	3/20
7/20	6/11	9/14	8/7	11/9	10/4	1/1	11/27	2/25	1/24	4/21	3/21
7/21	6/12	9/15	8/8	11/10	10/5	1/2	11/28	2/26	1/25	4/22	3/22
7/22	6/13	9/16	8/9	11/11	10/6	1/3	11/29	2/27	1/26	4/23	3/23
7/23	6/14	9/17	8/10	11/12	10/7	1/4	12/1	2/28	1/27	4/24	3/24
7/24	6/15	9/18	8/11	11/13	10/8	1/5	12/2	2/29	1/28	4/25	3/25
7/25	6/16	9/19	8/12	11/14	10/9	1/6	12/3	3/1	1/29	4/26	3/26
7/26	6/17	9/20	8/13	11/15	10/10	1/7	12/4	3/2	1/30	4/27	3/27
7/27	6/18	9/21	8/14	11/16	10/11	1/8	12/5	3/3	2/1	4/28	3/28
7/28	6/19	9/22	8/15	11/17	10/12	1/9	12/6	3/4	2/2	4/29	3/29
7/29	6/20	9/23	8/16	11/18	10/13	1/10	12/7	3/5	2/3	4/30	4/1
7/30	6/21	9/24	8/17	11/19	10/14	1/11	12/8	3/6	2/4	5/1	4/2

Bitte beachten: Die erste Zahl ist der Monat, die zweite der Tag.

5/2	4/3	6/27	5/29	8/22	7/25	10/17	9/23	12/12	11/19	2/2	1/12
5/3	4/4	6/28	5/30	8/23	7/26	10/18	9/24	12/13	11/20	2/3	1/13
5/4	4/5	6/29	6/1	8/24	7/27	10/19	9/25	12/14	11/21	2/4	1/14
5/5	4/6	6/30	6/2	8/25	7/28	10/20	9/26	12/15	11/22	2/5	1/15
5/6	4/7	7/1	6/3	8/26	7/29	10/21	9/27	12/16	11/23	2/6	1/16
5/7	4/8	7/2	6/4	8/27	8/1	10/22	9/28	12/17	11/24	2/7	1/17
5/8	4/9	7/3	6/5	8/28	8/2	10/23	9/29	12/18	11/25	2/8	1/18
5/9	4/10	7/4	6/6	8/29	8/3	10/24	9/30	12/19	11/26	2/9	1/19
5/10	4/11	7/5	6/7	8/30	8/4	10/25	10/1	12/20	11/27	2/10	1/20
5/11	4/12	7/6	6/8	8/31	8/5	10/26	10/2	12/21	11/28	2/11	1/21
5/12	4/13	7/7	6/9	9/1	8/6	10/27	10/3	12/22	11/29	2/12	1/22
5/13	4/14	7/8	6/10	9/2	8/7	10/28	10/4	12/23	12/1	2/13	1/23
5/14	4/15	7/9	6/11	9/3	8/8	10/29	10/5	12/24	12/2	2/14	1/24
5/15	4/16	7/10	6/12	9/4	8/9	10/30	10/6	12/25	12/3	2/15	1/25
5/16	4/17	7/11	6/13	9/5	8/10	10/31	10/7	12/26	12/4	2/16	1/26
5/17	4/18	7/12	6/14	9/6	8/11	11/1	10/8	12/27	12/5	2/17	1/27
5/18	4/19	7/13	6/15	9/7	8/12	11/2	10/9	12/28	12/6	2/18	1/28
5/19	4/20	7/14	6/16	9/8	8/13	11/3	10/10	12/29	12/7	2/19	1/29
5/20	4/21	7/15	6/17	9/9	8/14	11/4	10/11	12/30	12/8	2/20	2/1
5/21	4/22	7/16	6/18	9/10	8/15	11/5	10/12	12/31	12/9	2/21	2/2
5/22	4/23	7/17	6/19	9/11	8/16	11/6	10/13			2/22	2/3
5/23	4/24	7/18	6/20	9/12	8/17	11/7	10/14	**1909**		2/23	2/4
5/24	4/25	7/19	6/21	9/13	8/18	11/8	10/15	Solar	Lunar	2/24	2/5
5/25	4/26	7/20	6/22	9/14	8/19	11/9	10/16	1/1	12/10	2/25	2/6
5/26	4/27	7/21	6/23	9/15	8/20	11/10	10/17	1/2	12/11	2/26	2/7
5/27	4/28	7/22	6/24	9/16	8/21	11/11	10/18	1/3	12/12	2/27	2/8
5/28	4/29	7/23	6/25	9/17	8/22	11/12	10/19	1/4	12/13	2/28	2/9
5/29	4/30	7/24	6/26	9/18	8/23	11/13	10/20	1/5	12/14	3/1	2/10
5/30	5/1	7/25	6/27	9/19	8/24	11/14	10/21	1/6	12/15	3/2	2/11
5/31	5/2	7/26	6/28	9/20	8/25	11/15	10/22	1/7	12/16	3/3	2/12
6/1	5/3	7/27	6/29	9/21	8/26	11/16	10/23	1/8	12/17	3/4	2/13
6/2	5/4	7/28	7/1	9/22	8/27	11/17	10/24	1/9	12/18	3/5	2/14
6/3	5/5	7/29	7/2	9/23	8/28	11/18	10/25	1/10	12/19	3/6	2/15
6/4	5/6	7/30	7/3	9/24	8/29	11/19	10/26	1/11	12/20	3/7	2/16
6/5	5/7	7/31	7/4	9/25	9/1	11/20	10/27	1/12	12/21	3/8	2/17
6/6	5/8	8/1	7/5	9/26	9/2	11/21	10/28	1/13	12/22	3/9	2/18
6/7	5/9	8/2	7/6	9/27	9/3	11/22	10/29	1/14	12/23	3/10	2/19
6/8	5/10	8/3	7/7	9/28	9/4	11/23	10/30	1/15	12/24	3/11	2/20
6/9	5/11	8/4	7/8	9/29	9/5	11/24	11/1	1/16	12/25	3/12	2/21
6/10	5/12	8/5	7/9	9/30	9/6	11/25	11/2	1/17	12/26	3/13	2/22
6/11	5/13	8/6	7/10	10/1	9/7	11/26	11/3	1/18	12/27	3/14	2/23
6/12	5/14	8/7	7/11	10/2	9/8	11/27	11/4	1/19	12/28	3/15	2/24
6/13	5/15	8/8	7/12	10/3	9/9	11/28	11/5	1/20	12/29	3/16	2/25
6/14	5/16	8/9	7/13	10/4	9/10	11/29	11/6	1/21	12/30	3/17	2/26
6/15	5/17	8/10	7/14	10/5	9/11	11/30	11/7	1/22	1/1	3/18	2/27
6/16	5/18	8/11	7/15	10/6	9/12	12/1	11/8		(1909)	3/19	2/28
6/17	5/19	8/12	7/16	10/7	9/13	12/2	11/9	1/23	1/2	3/20	2/29
6/18	5/20	8/13	7/17	10/8	9/14	12/3	11/10	1/24	1/3	3/21	2/30
6/19	5/21	8/14	7/17	10/9	9/15	12/4	11/11	1/25	1/4	3/22	2/1
6/20	5/22	8/15	7/18	10/10	9/16	12/5	11/12	1/26	1/5	(Schaltmonat)	
6/21	5/23	8/16	7/19	10/11	9/17	12/6	11/13	1/27	1/6	3/23	2/2
6/22	5/24	8/17	7/20	10/12	9/18	12/7	11/14	1/28	1/7	3/24	2/3
6/23	5/25	8/18	7/21	10/13	9/19	12/8	11/15	1/29	1/8	3/25	2/4
6/24	5/26	8/19	7/22	10/14	9/20	12/9	11/16	1/30	1/9	3/26	2/5
6/25	5/27	8/20	7/23	10/15	9/21	12/10	11/17	1/31	1/10	3/27	2/6
6/26	5/28	8/21	7/24	10/16	9/22	12/11	11/18	2/1	1/11	3/28	2/7

Bitte beachten: Die erste Zahl ist der Monat, die zweite der Tag.

3/29	2/8	5/24	4/6	7/19	6/3	9/13	7/29	11/8	9/26	**1910**
3/30	2/9	5/25	4/7	7/20	6/4	9/14	8/1	11/9	9/27	Solar Lunar
3/31	2/10	5/26	4/8	7/21	6/5	9/15	8/2	11/10	9/28	1/1 11/20
4/1	2/11	5/27	4/9	7/22	6/6	9/16	8/3	11/11	9/29	1/2 11/21
4/2	2/12	5/28	4/10	7/23	6/7	9/17	8/4	11/12	9/30	1/3 11/22
4/3	2/13	5/29	4/11	7/24	6/8	9/18	8/5	11/13	10/1	1/4 11/23
4/4	2/14	5/30	4/12	7/25	6/9	9/19	8/6	11/14	10/2	1/5 11/24
4/5	2/15	5/31	4/13	7/26	6/10	9/20	8/7	11/15	10/3	1/6 11/25
4/6	2/16	6/1	4/14	7/27	6/11	9/21	8/8	11/16	10/4	1/7 11/26
4/7	2/17	6/2	4/15	7/28	6/12	9/22	8/9	11/17	10/5	1/8 11/27
4/8	2/18	6/3	4/16	7/29	6/13	9/23	8/10	11/18	10/6	1/9 11/28
4/9	2/19	6/4	4/17	7/30	6/14	9/24	8/11	11/19	10/7	1/10 11/29
4/10	2/20	6/5	4/18	7/31	6/15	9/25	8/12	11/20	10/8	1/11 12/1
4/11	2/21	6/6	4/19	8/1	6/16	9/26	8/13	11/21	10/9	1/12 12/2
4/12	2/22	6/7	4/20	8/2	6/17	9/27	8/14	11/22	10/10	1/13 12/3
4/13	2/23	6/8	4/21	8/3	6/18	9/28	8/15	11/23	10/11	1/14 12/4
4/14	2/24	6/9	4/22	8/4	6/19	9/29	8/16	11/24	10/12	1/15 12/5
4/15	2/25	6/10	4/23	8/5	6/20	9/30	8/17	11/25	10/13	1/16 12/6
4/16	2/26	6/11	4/24	8/6	6/21	10/1	8/18	11/26	10/14	1/17 12/7
4/17	2/27	6/12	4/25	8/7	6/22	10/2	8/19	11/27	10/15	1/18 12/8
4/18	2/28	6/13	4/26	8/8	6/23	10/3	8/20	11/28	10/16	1/19 12/9
4/19	2/29	6/14	4/27	8/9	6/24	10/4	8/21	11/29	10/17	1/20 12/10
4/20	3/1	6/15	4/28	8/10	6/25	10/5	8/22	11/30	10/18	1/21 12/11
4/21	3/2	6/16	4/29	8/11	6/26	10/6	8/23	12/1	10/19	1/22 12/12
4/22	3/3	6/17	4/30	8/12	6/27	10/7	8/24	12/2	10/20	1/23 12/13
4/23	3/4	6/18	5/1	8/13	6/28	10/8	8/25	12/3	10/21	1/24 12/14
4/24	3/5	6/19	5/2	8/14	6/29	10/9	8/26	12/4	10/22	1/25 12/15
4/25	3/6	6/20	5/3	8/15	6/30	10/10	8/27	12/5	10/23	1/26 12/16
4/26	3/7	6/21	5/4	8/16	7/1	10/11	8/28	12/6	10/24	1/27 12/17
4/27	3/8	6/22	5/5	8/17	7/2	10/12	8/29	12/7	10/25	1/28 12/18
4/28	3/9	6/23	5/6	8/18	7/3	10/13	8/30	12/8	10/26	1/29 12/19
4/29	3/10	6/24	5/7	8/19	7/4	10/14	9/1	12/9	10/27	1/30 12/20
4/30	3/11	6/25	5/8	8/20	7/5	10/15	9/2	12/10	10/28	1/31 12/21
5/1	3/12	6/26	5/9	8/21	7/6	10/16	9/3	12/11	10/29	2/1 12/22
5/2	3/13	6/27	5/10	8/22	7/7	10/17	9/4	12/12	10/30	2/2 12/23
5/3	3/14	6/28	5/11	8/23	7/8	10/18	9/5	12/13	11/1	2/3 12/24
5/4	3/15	6/29	5/12	8/24	7/9	10/19	9/6	12/14	11/2	2/4 12/25
5/5	3/16	6/30	5/13	8/25	7/10	10/20	9/7	12/15	11/3	2/5 12/26
5/6	3/17	7/1	5/14	8/26	7/11	10/21	9/8	12/16	11/4	2/6 12/27
5/7	3/18	7/2	5/15	8/27	7/12	10/22	9/9	12/17	11/5	2/7 12/28
5/8	3/19	7/3	5/16	8/28	7/13	10/23	9/10	12/18	11/6	2/8 12/29
5/9	3/20	7/4	5/17	8/29	7/14	10/24	9/11	12/19	11/7	2/9 12/30
5/10	3/21	7/5	5/18	8/30	7/15	10/25	9/12	12/20	11/8	2/10 1/1
5/11	3/22	7/6	5/19	8/31	7/16	10/26	9/13	12/21	11/9	(1910)
5/12	3/23	7/7	5/20	9/1	7/17	10/27	9/14	12/22	11/10	2/11 1/2
5/13	3/24	7/8	5/21	9/2	7/18	10/28	9/15	12/23	11/11	2/12 1/3
5/14	3/25	7/9	5/22	9/3	7/19	10/29	9/16	12/24	11/12	2/13 1/4
5/15	3/26	7/10	5/23	9/4	7/20	10/30	9/17	12/25	11/13	2/14 1/5
5/16	3/27	7/11	5/24	9/5	7/21	10/31	9/18	12/26	11/14	2/15 1/6
5/17	3/28	7/12	5/25	9/6	7/22	11/1	9/19	12/27	11/15	2/16 1/7
5/18	3/29	7/13	5/26	9/7	7/23	11/2	9/20	12/28	11/16	2/17 1/8
5/19	4/1	7/14	5/27	9/8	7/24	11/3	9/21	12/29	11/17	2/18 1/9
5/20	4/2	7/15	5/28	9/9	7/25	11/4	9/22	12/30	11/18	2/19 1/10
5/21	4/3	7/16	5/29	9/10	7/26	11/5	9/23	12/31	11/19	2/20 1/11
5/22	4/4	7/17	6/1	9/11	7/27	11/6	9/24			2/21 1/12
5/23	4/5	7/18	6/2	9/12	7/28	11/7	9/25			2/22 1/13

Bitte beachten: Die erste Zahl ist der Monat, die zweite der Tag.

2/23	1/14	4/20	3/11	6/15	5/9	8/10	7/5	10/5	9/3	11/30	10/29
2/24	1/15	4/21	3/12	6/16	5/10	8/11	7/6	10/6	9/4	12/1	10/30
2/25	1/16	4/22	3/13	6/17	5/11	8/12	7/7	10/7	9/5	12/2	11/1
2/26	1/17	4/23	3/14	6/18	5/12	8/13	7/8	10/8	9/6	12/3	11/2
2/27	1/18	4/24	3/15	6/19	5/13	8/14	7/9	10/9	9/7	12/4	11/3
2/28	1/19	4/25	3/16	6/20	5/14	8/15	7/10	10/10	9/8	12/5	11/4
3/1	1/20	4/26	3/17	6/21	5/15	8/16	7/11	10/11	9/9	12/6	11/5
3/2	1/21	4/27	3/18	6/22	5/16	8/17	7/12	10/12	9/10	12/7	11/6
3/3	1/22	4/28	3/19	6/23	5/17	8/18	7/13	10/13	9/11	12/8	11/7
3/4	1/23	4/29	3/20	6/24	5/18	8/19	7/14	10/14	9/12	12/9	11/8
3/5	1/24	4/30	3/21	6/25	5/19	8/20	7/15	10/15	9/13	12/10	11/9
3/6	1/25	5/1	3/22	6/26	5/20	8/21	7/16	10/16	9/14	12/11	11/10
3/7	1/26	5/2	3/23	6/27	5/21	8/22	7/17	10/17	9/15	12/12	11/11
3/8	1/27	5/3	3/24	6/28	5/22	8/23	7/18	10/18	9/16	12/13	11/12
3/9	1/28	5/4	3/25	6/29	5/23	8/24	7/19	10/19	9/17	12/14	11/13
3/10	1/29	5/5	3/26	6/30	5/24	8/25	7/20	10/20	9/18	12/15	11/14
3/11	2/1	5/6	3/27	7/1	5/25	8/26	7/21	10/21	9/19	12/16	11/15
3/12	2/2	5/7	3/28	7/2	5/26	8/27	7/22	10/22	9/20	12/17	11/16
3/13	2/3	5/8	3/29	7/3	5/27	8/28	7/23	10/23	9/21	12/18	11/17
3/14	2/4	5/9	4/1	7/4	5/28	8/29	7/24	10/24	9/22	12/19	11/18
3/15	2/5	5/10	4/2	7/5	5/29	8/30	7/25	10/25	9/23	12/20	11/19
3/16	2/6	5/11	4/3	7/6	5/30	8/31	7/26	10/26	9/24	12/21	11/20
3/17	2/7	5/12	4/4	7/7	6/1	9/1	7/27	10/27	9/25	12/22	11/21
3/18	2/8	5/13	4/5	7/8	6/2	9/2	7/28	10/28	9/26	12/23	11/22
3/19	2/9	5/14	4/6	7/9	6/3	9/3	7/29	10/29	9/27	12/24	11/23
3/20	2/10	5/15	4/7	7/10	6/4	9/4	8/1	10/30	9/28	12/25	11/24
3/21	2/11	5/16	4/8	7/11	6/5	9/5	8/2	10/31	9/29	12/26	11/25
3/22	2/12	5/17	4/9	7/12	6/6	9/6	8/3	11/1	9/30	12/27	11/26
3/23	2/13	5/18	4/10	7/13	6/7	9/7	8/4	11/2	10/1	12/28	11/27
3/24	2/14	5/19	4/11	7/14	6/8	9/8	8/5	11/3	10/2	12/29	11/28
3/25	2/15	5/20	4/12	7/15	6/9	9/9	8/6	11/4	10/3	12/30	11/29
3/26	2/16	5/21	4/13	7/16	6/10	9/10	8/7	11/5	10/4	12/31	11/30
3/27	2/17	5/22	4/14	7/17	6/11	9/11	8/8	11/6	10/5		
3/28	2/18	5/23	4/15	7/18	6/12	9/12	8/9	11/7	10/6	**1911**	
3/29	2/19	5/24	4/16	7/19	6/13	9/13	8/10	11/8	10/7	**Solar**	**Lunar**
3/30	2/20	5/25	4/17	7/20	6/14	9/14	8/11	11/9	10/8	1/1	12/1
3/31	2/21	5/26	4/18	7/21	6/15	9/15	8/12	11/10	10/9	1/2	12/2
4/1	2/22	5/27	4/19	7/22	6/16	9/16	8/13	11/11	10/10	1/3	12/3
4/2	2/23	5/28	4/20	7/23	6/17	9/17	8/14	11/12	10/11	1/4	12/4
4/3	2/24	5/29	4/21	7/24	6/18	9/18	8/15	11/13	10/12	1/5	12/5
4/4	2/25	5/30	4/22	7/25	6/19	9/19	8/16	11/14	10/13	1/6	12/6
4/5	2/26	5/31	4/23	7/26	6/20	9/20	8/17	11/15	10/14	1/7	12/7
4/6	2/27	6/1	4/24	7/27	6/21	9/21	8/18	11/16	10/15	1/8	12/8
4/7	2/28	6/2	4/25	7/28	6/22	9/22	8/19	11/17	10/16	1/9	12/9
4/8	2/29	6/3	4/26	7/29	6/23	9/23	8/20	11/18	10/17	1/10	12/10
4/9	2/30	6/4	4/27	7/30	6/24	9/24	8/21	11/19	10/18	1/11	12/11
4/10	3/1	6/5	4/28	7/31	6/25	9/25	8/22	11/20	10/19	1/12	12/12
4/11	3/2	6/6	4/29	8/1	6/26	9/26	8/23	11/21	10/20	1/13	12/13
4/12	3/3	6/7	5/1	8/2	6/27	9/27	8/24	11/22	10/21	1/14	12/14
4/13	3/4	6/8	5/2	8/3	6/28	9/28	8/25	11/23	10/22	1/15	12/15
4/14	3/5	6/9	5/3	8/4	6/29	9/29	8/26	11/24	10/23	1/16	12/16
4/15	3/6	6/10	5/4	8/5	6/30	9/30	8/27	11/25	10/24	1/17	12/17
4/16	3/7	6/11	5/5	8/6	7/1	10/1	8/28	11/26	10/25	1/18	12/18
4/17	3/8	6/12	5/6	8/7	7/2	10/2	8/29	11/27	10/26	1/19	12/19
4/18	3/9	6/13	5/7	8/8	7/3	10/3	9/1	11/28	10/27	1/20	12/20
4/19	3/10	6/14	5/8	8/9	7/4	10/4	9/2	11/29	10/28	1/21	12/21

Bitte beachten: Die erste Zahl ist der Monat, die zweite der Tag.

1/22	12/22	3/18	2/18	5/13	4/15	7/8	6/13	9/1	7/9	10/27	9/6
1/23	12/23	3/19	2/19	5/14	4/16	7/9	6/14	9/2	7/10	10/28	9/7
1/24	12/24	3/20	2/20	5/15	4/17	7/10	6/15	9/3	7/11	10/29	9/8
1/25	12/25	3/21	2/21	5/16	4/18	7/11	6/16	9/4	7/12	10/30	9/9
1/26	12/26	3/22	2/22	5/17	4/19	7/12	6/17	9/5	7/13	10/31	9/10
1/27	12/27	3/23	2/23	5/18	4/20	7/13	6/18	9/6	7/14	11/1	9/11
1/28	12/28	3/24	2/24	5/19	4/21	7/14	6/19	9/7	7/15	11/2	9/12
1/29	12/29	3/25	2/25	5/20	4/22	7/15	6/20	9/8	7/16	11/3	9/13
1/30	1/1	3/26	2/26	5/21	4/23	7/16	6/21	9/9	7/17	11/4	9/14
	(1911)	3/27	2/27	5/22	4/24	7/17	6/22	9/10	7/18	11/5	9/15
1/31	1/2	3/28	2/28	5/23	4/25	7/18	6/23	9/11	7/19	11/6	9/16
2/1	1/3	3/29	2/29	5/24	4/26	7/19	6/24	9/12	7/20	11/7	9/17
2/2	1/4	3/30	3/1	5/25	4/27	7/20	6/25	9/13	7/21	11/8	9/18
2/3	1/5	3/31	3/2	5/26	4/28	7/21	6/26	9/14	7/22	11/9	9/19
2/4	1/6	4/1	3/3	5/27	4/29	7/22	6/27	9/15	7/23	11/10	9/20
2/5	1/7	4/2	3/4	5/28	5/1	7/23	6/28	9/16	7/24	11/11	9/21
2/6	1/8	4/3	3/5	5/29	5/2	7/24	6/29	9/17	7/25	11/12	9/22
2/7	1/9	4/4	3/6	5/30	5/3	7/25	6/30	9/18	7/26	11/13	9/23
2/8	1/10	4/5	3/7	5/31	5/4	7/26	6/1	9/19	7/27	11/14	9/24
2/9	1/11	4/6	3/8	6/1	5/5	(Schaltmonat)		9/20	7/28	11/15	9/25
2/10	1/12	4/7	3/9	6/2	5/6	7/27	6/2	9/21	7/29	11/16	9/26
2/11	1/13	4/8	3/10	6/3	5/7	7/28	6/3	9/22	8/1	11/17	9/27
2/12	1/14	4/9	3/11	6/4	5/8	7/29	6/4	9/23	8/2	11/18	9/28
2/13	1/15	4/10	3/12	6/5	5/9	7/30	6/5	9/24	8/3	11/19	9/29
2/14	1/16	4/11	3/13	6/6	5/10	7/31	6/6	9/25	8/4	11/20	9/30
2/15	1/17	4/12	3/14	6/7	5/11	8/1	6/7	9/26	8/5	11/21	10/1
2/16	1/18	4/13	3/15	6/8	5/12	8/2	6/8	9/27	8/6	11/22	10/2
2/17	1/19	4/14	3/16	6/9	5/13	8/3	6/9	9/28	8/7	11/23	10/3
2/18	1/20	4/15	3/17	6/10	5/14	8/4	6/10	9/29	8/8	11/24	10/4
2/19	1/21	4/16	3/18	6/11	5/15	8/5	6/11	9/30	8/9	11/25	10/5
2/20	1/22	4/17	3/19	6/12	5/16	8/6	6/12	10/1	8/10	11/26	10/6
2/21	1/23	4/18	3/20	6/13	5/17	8/7	6/13	10/2	8/11	11/27	10/7
2/22	1/24	4/19	3/21	6/14	5/18	8/8	6/14	10/3	8/12	11/28	10/8
2/23	1/25	4/20	3/22	6/15	5/19	8/9	6/15	10/4	8/13	11/29	10/9
2/24	1/26	4/21	3/23	6/16	5/20	8/10	6/16	10/5	8/14	11/30	10/10
2/25	1/27	4/22	3/24	6/17	5/21	8/11	6/17	10/6	8/15	12/1	10/11
2/26	1/28	4/23	3/25	6/18	5/22	8/12	6/18	10/7	8/16	12/2	10/12
2/27	1/29	4/24	3/26	6/19	5/23	8/13	6/19	10/8	8/17	12/3	10/13
2/28	1/30	4/25	3/27	6/20	5/24	8/14	6/20	10/9	8/18	12/4	10/14
3/1	2/1	4/26	3/28	6/21	5/25	8/15	6/21	10/10	8/19	12/5	10/15
3/2	2/2	4/27	3/29	6/22	5/26	8/16	6/22	10/11	8/20	12/6	10/16
3/3	2/3	4/28	3/30	6/23	5/27	8/17	6/23	10/12	8/21	12/7	10/17
3/4	2/4	4/29	4/1	6/24	5/28	8/18	6/24	10/13	8/22	12/8	10/18
3/5	2/5	4/30	4/2	6/25	5/29	8/19	6/25	10/14	8/23	12/9	10/19
3/6	2/6	5/1	4/3	6/26	6/1	8/20	6/26	10/15	8/24	12/10	10/20
3/7	2/7	5/2	4/4	6/27	6/2	8/21	6/27	10/16	8/25	12/11	10/21
3/8	2/8	5/3	4/5	6/28	6/3	8/22	6/28	10/17	8/26	12/12	10/22
3/9	2/9	5/4	4/6	6/29	6/4	8/23	6/29	10/18	8/27	12/13	10/23
3/10	2/10	5/5	4/7	6/30	6/5	8/24	7/1	10/19	8/28	12/14	10/24
3/11	2/11	5/6	4/8	7/1	6/6	8/25	7/2	10/20	8/29	12/15	10/25
3/12	2/12	5/7	4/9	7/2	6/7	8/26	7/3	10/21	8/30	12/16	10/26
3/13	2/13	5/8	4/10	7/3	6/8	8/27	7/4	10/22	9/1	12/17	10/27
3/14	2/14	5/9	4/11	7/4	6/9	8/28	7/5	10/23	9/2	12/18	10/28
3/15	2/15	5/10	4/12	7/5	6/10	8/29	7/6	10/24	9/3	12/19	10/29
3/16	2/16	5/11	4/13	7/6	6/11	8/30	7/7	10/25	9/4	12/20	11/1
3/17	2/17	5/12	4/14	7/7	6/12	8/31	7/8	10/26	9/5	12/21	11/2

Bitte beachten: Die erste Zahl ist der Monat, die zweite der Tag.

Solar	Lunar	Solar	Lunar	Solar	Lunar	Solar	Lunar	Solar	Lunar	Solar	Lunar
12/22	11/3	2/13	12/26	4/8	2/21	6/3	4/18	7/29	6/16	9/23	8/13
12/23	11/4	2/14	12/27	4/9	2/22	6/4	4/19	7/30	6/17	9/24	8/14
12/24	11/5	2/15	12/28	4/10	2/23	6/5	4/20	7/31	6/18	9/25	8/15
12/25	11/6	2/16	12/29	4/11	2/24	6/6	4/21	8/1	6/19	9/26	8/16
12/26	11/7	2/17	12/30	4/12	2/25	6/7	4/22	8/2	6/20	9/27	8/17
12/27	11/8	2/18	1/1	4/13	2/26	6/8	4/23	8/3	6/21	9/28	8/18
12/28	11/9		(1912)	4/14	2/27	6/9	4/24	8/4	6/22	9/29	8/19
12/29	11/10	2/19	1/2	4/15	2/28	6/10	4/25	8/5	6/23	9/30	8/20
12/30	11/11	2/20	1/3	4/16	2/29	6/11	4/26	8/6	6/24	10/1	8/21
12/31	11/12	2/21	1/4	4/17	3/1	6/12	4/27	8/7	6/25	10/2	8/22
		2/22	1/5	4/18	3/2	6/13	4/28	8/8	6/26	10/3	8/23
1912		2/23	1/6	4/19	3/3	6/14	4/29	8/9	6/27	10/4	8/24
Solar	**Lunar**	2/24	1/7	4/20	3/4	6/15	5/1	8/10	6/28	10/5	8/25
1/1	11/13	2/25	1/8	4/21	3/5	6/16	5/2	8/11	6/29	10/6	8/26
1/2	11/14	2/26	1/9	4/22	3/6	6/17	5/3	8/12	6/30	10/7	8/27
1/3	11/15	2/27	1/10	4/23	3/7	6/18	5/4	8/13	7/1	10/8	8/28
1/4	11/16	2/28	1/11	4/24	3/8	6/19	5/5	8/14	7/2	10/9	8/29
1/5	11/17	2/29	1/12	4/25	3/9	6/20	5/6	8/15	7/3	10/10	9/1
1/6	11/18	3/1	1/13	4/26	3/10	6/21	5/7	8/16	7/4	10/11	9/2
1/7	11/19	3/2	1/14	4/27	3/11	6/22	5/8	8/17	7/5	10/12	9/3
1/8	11/20	3/3	1/15	4/28	3/12	6/23	5/9	8/18	7/6	10/13	9/4
1/9	11/21	3/4	1/16	4/29	3/13	6/24	5/10	8/19	7/7	10/14	9/5
1/10	11/22	3/5	1/17	4/30	3/14	6/25	5/11	8/20	7/8	10/15	9/6
1/11	11/23	3/6	1/18	5/1	3/15	6/26	5/12	8/21	7/9	10/16	9/7
1/12	11/24	3/7	1/19	5/2	3/16	6/27	5/13	8/22	7/10	10/17	9/8
1/13	11/25	3/8	1/20	5/3	3/17	6/28	5/14	8/23	7/11	10/18	9/9
1/14	11/26	3/9	1/21	5/4	3/18	6/29	5/15	8/24	7/12	10/19	9/10
1/15	11/27	3/10	1/22	5/5	3/19	6/30	5/16	8/25	7/13	10/20	9/11
1/16	11/28	3/11	1/23	5/6	3/20	7/1	5/17	8/26	7/14	10/21	9/12
1/17	11/29	3/12	1/24	5/7	3/21	7/2	5/18	8/27	7/15	10/22	9/13
1/18	11/30	3/13	1/25	5/8	3/22	7/3	5/19	8/28	7/16	10/23	9/14
1/19	12/1	3/14	1/26	5/9	3/23	7/4	5/20	8/29	7/17	10/24	9/15
1/20	12/2	3/15	1/27	5/10	3/24	7/5	5/21	8/30	7/18	10/25	9/16
1/21	12/3	3/16	1/28	5/11	3/25	7/6	5/22	8/31	7/19	10/26	9/17
1/22	12/4	3/17	1/29	5/12	3/26	7/7	5/23	9/1	7/20	10/27	9/18
1/23	12/5	3/18	1/30	5/13	3/27	7/8	5/24	9/2	7/21	10/28	9/19
1/24	12/6	3/19	2/1	5/14	3/28	7/9	5/25	9/3	7/22	10/29	9/20
1/25	12/7	3/20	2/2	5/15	3/29	7/10	5/26	9/4	7/23	10/30	9/21
1/26	12/8	3/21	2/3	5/16	3/30	7/11	5/27	9/5	7/24	10/31	9/22
1/27	12/9	3/22	2/4	5/17	4/1	7/12	5/28	9/6	7/25	11/1	9/23
1/28	12/10	3/23	2/5	5/18	4/2	7/13	5/29	9/7	7/26	11/2	9/24
1/29	12/11	3/24	2/6	5/19	4/3	7/14	6/1	9/8	7/27	11/3	9/25
1/30	12/12	3/25	2/7	5/20	4/4	7/15	6/2	9/9	7/28	11/4	9/26
1/31	12/13	3/26	2/8	5/21	4/5	7/16	6/3	9/10	7/29	11/5	9/27
2/1	12/14	3/27	2/9	5/22	4/6	7/17	6/4	9/11	8/1	11/6	9/28
2/2	12/15	3/28	2/10	5/23	4/7	7/18	6/5	9/12	8/2	11/7	9/29
2/3	12/16	3/29	2/11	5/24	4/8	7/19	6/6	9/13	8/3	11/8	9/30
2/4	12/17	3/30	2/12	5/25	4/9	7/20	6/7	9/14	8/4	11/9	10/1
2/5	12/18	3/31	2/13	5/26	4/10	7/21	6/8	9/15	8/5	11/10	10/2
2/6	12/19	4/1	2/14	5/27	4/11	7/22	6/9	9/16	8/6	11/11	10/3
2/7	12/20	4/2	2/15	5/28	4/12	7/23	6/10	9/17	8/7	11/12	10/4
2/8	12/21	4/3	2/16	5/29	4/13	7/24	6/11	9/18	8/8	11/13	10/5
2/9	12/22	4/4	2/17	5/30	4/14	7/25	6/12	9/19	8/9	11/14	10/6
2/10	12/23	4/5	2/18	5/31	4/15	7/26	6/13	9/20	8/10	11/15	10/7
2/11	12/24	4/6	2/19	6/1	4/16	7/27	6/14	9/21	8/11	11/16	10/8
2/12	12/25	4/7	2/20	6/2	4/17	7/28	6/15	9/22	8/12	11/17	10/9

Bitte beachten: Die erste Zahl ist der Monat, die zweite der Tag.

11/18	10/10	1/10	12/4	3/6	1/29	5/1	3/25	6/26	5/22	8/21	7/20
11/19	10/11	1/11	12/5	3/7	1/30	5/2	3/26	6/27	5/23	8/22	7/21
11/20	10/12	1/12	12/6	3/8	2/1	5/3	3/27	6/28	5/24	8/23	7/22
11/21	10/13	1/13	12/7	3/9	2/2	5/4	3/28	6/29	5/25	8/24	7/23
11/22	10/14	1/14	12/8	3/10	2/3	5/5	3/29	6/30	5/26	8/25	7/24
11/23	10/15	1/15	12/9	3/11	2/4	5/6	4/1	7/1	5/27	8/26	7/25
11/24	10/16	1/16	12/10	3/12	2/5	5/7	4/2	7/2	5/28	8/27	7/26
11/25	10/17	1/17	12/11	3/13	2/6	5/8	4/3	7/3	5/29	8/28	7/27
11/26	10/18	1/18	12/12	3/14	2/7	5/9	4/4	7/4	6/1	8/29	7/28
11/27	10/19	1/19	12/13	3/15	2/8	5/10	4/5	7/5	6/2	8/30	7/29
11/28	10/20	1/20	12/14	3/16	2/9	5/11	4/6	7/6	6/3	8/31	7/30
11/29	10/21	1/21	12/15	3/17	2/10	5/12	4/7	7/7	6/4	9/1	8/1
11/30	10/22	1/22	12/16	3/18	2/11	5/13	4/8	7/8	6/5	9/2	8/2
12/1	10/23	1/23	12/17	3/19	2/12	5/14	4/9	7/9	6/6	9/3	8/3
12/2	10/24	1/24	12/18	3/20	2/13	5/15	4/10	7/10	6/7	9/4	8/4
12/3	10/25	1/25	12/19	3/21	2/14	5/16	4/11	7/11	6/8	9/5	8/5
12/4	10/26	1/26	12/20	3/22	2/15	5/17	4/12	7/12	6/9	9/6	8/6
12/5	10/27	1/27	12/21	3/23	2/16	5/18	4/13	7/13	6/10	9/7	8/7
12/6	10/28	1/28	12/22	3/24	2/17	5/19	4/14	7/14	6/11	9/8	8/8
12/7	10/29	1/29	12/23	3/25	2/18	5/20	4/15	7/15	6/12	9/9	8/9
12/8	10/30	1/30	12/24	3/26	2/19	5/21	4/16	7/16	6/13	9/10	8/10
12/9	11/1	1/31	12/25	3/27	2/20	5/22	4/17	7/17	6/14	9/11	8/11
12/10	11/2	2/1	12/26	3/28	2/21	5/23	4/18	7/18	6/15	9/12	8/12
12/11	11/3	2/2	12/27	3/29	2/22	5/24	4/19	7/19	6/16	9/13	8/13
12/12	11/4	2/3	12/28	3/30	2/23	5/25	4/20	7/20	6/17	9/14	8/14
12/13	11/5	2/4	12/29	3/31	2/24	5/26	4/21	7/21	6/18	9/15	8/15
12/14	11/6	2/5	12/30	4/1	2/25	5/27	4/22	7/22	6/19	9/16	8/16
12/15	11/7	2/6	1/1	4/2	2/26	5/28	4/23	7/23	6/20	9/17	8/17
12/16	11/8		(1913)	4/3	2/27	5/29	4/24	7/24	6/21	9/18	8/18
12/17	11/9	2/7	1/2	4/4	2/28	5/30	4/25	7/25	6/22	9/19	8/19
12/18	11/10	2/8	1/3	4/5	2/29	5/31	4/26	7/26	6/23	9/20	8/20
12/19	11/11	2/9	1/4	4/6	2/30	6/1	4/27	7/27	6/24	9/21	8/21
12/20	11/12	2/10	1/5	4/7	3/1	6/2	4/28	7/28	6/25	9/22	8/22
12/21	11/13	2/11	1/6	4/8	3/2	6/3	4/29	7/29	6/26	9/23	8/23
12/22	11/14	2/12	1/7	4/9	3/3	6/4	4/30	7/30	6/27	9/24	8/24
12/23	11/15	2/13	1/8	4/10	3/4	6/5	5/1	7/31	6/28	9/25	8/25
12/24	11/16	2/14	1/9	4/11	3/5	6/6	5/2	8/1	6/29	9/26	8/26
12/25	11/17	2/15	1/10	4/12	3/6	6/7	5/3	8/2	7/1	9/27	8/27
12/26	11/18	2/16	1/11	4/13	3/7	6/8	5/4	8/3	7/2	9/28	8/28
12/27	11/19	2/17	1/12	4/14	3/8	6/9	5/5	8/4	7/3	9/29	8/29
12/28	11/20	2/18	1/13	4/15	3/9	6/10	5/6	8/5	7/4	9/30	9/1
12/29	11/21	2/19	1/14	4/16	3/10	6/11	5/7	8/6	7/5	10/1	9/2
12/30	11/22	2/20	1/15	4/17	3/11	6/12	5/8	8/7	7/6	10/2	9/3
12/31	11/23	2/21	1/16	4/18	3/12	6/13	5/9	8/8	7/7	10/3	9/4
		2/22	1/17	4/19	3/13	6/14	5/10	8/9	7/8	10/4	9/5
1913		2/23	1/18	4/20	3/14	6/15	5/11	8/10	7/9	10/5	9/6
Solar	Lunar	2/24	1/19	4/21	3/15	6/16	5/12	8/11	7/10	10/6	9/7
1/1	11/24	2/25	1/20	4/22	3/16	6/17	5/13	8/12	7/11	10/7	9/8
1/2	11/25	2/26	1/21	4/23	3/17	6/18	5/14	8/13	7/12	10/8	9/9
1/3	11/26	2/27	1/22	4/24	3/18	6/19	5/15	8/14	7/13	10/9	9/10
1/4	11/27	2/28	1/23	4/25	3/19	6/20	5/16	8/15	7/14	10/10	9/11
1/5	11/28	3/1	1/24	4/26	3/20	6/21	5/17	8/16	7/15	10/11	9/12
1/6	11/29	3/2	1/25	4/27	3/21	6/22	5/18	8/17	7/16	10/12	9/13
1/7	12/1	3/3	1/26	4/28	3/22	6/23	5/19	8/18	7/17	10/13	9/14
1/8	12/2	3/4	1/27	4/29	3/23	6/24	5/20	8/19	7/18	10/14	9/15
1/9	12/3	3/5	1/28	4/30	3/24	6/25	5/21	8/20	7/19	10/15	9/16

Bitte beachten: Die erste Zahl ist der Monat, die zweite der Tag.

10/16	9/17	12/11	11/14	2/1	1/7	3/29	3/3	5/24	4/30	7/18	5/26
10/17	9/18	12/12	11/15	2/2	1/8	3/30	3/4	5/25	5/1	7/19	5/27
10/18	9/19	12/13	11/16	2/3	1/9	3/31	3/5	5/26	5/2	7/20	5/28
10/19	9/20	12/14	11/17	2/4	1/10	4/1	3/6	5/27	5/3	7/21	5/29
10/20	9/21	12/15	11/18	2/5	1/11	4/2	3/7	5/28	5/4	7/22	5/30
10/21	9/22	12/16	11/19	2/6	1/12	4/3	3/8	5/29	5/5	7/23	6/1
10/22	9/23	12/17	11/20	2/7	1/13	4/4	3/9	5/30	5/6	7/24	6/2
10/23	9/24	12/18	11/21	2/8	1/14	4/5	3/10	5/31	5/7	7/25	6/3
10/24	9/25	12/19	11/22	2/9	1/15	4/6	3/11	6/1	5/8	7/26	6/4
10/25	9/26	12/20	11/23	2/10	1/16	4/7	3/12	6/2	5/9	7/27	6/5
10/26	9/27	12/21	11/24	2/11	1/17	4/8	3/13	6/3	5/10	7/28	6/6
10/27	9/28	12/22	11/25	2/12	1/18	4/9	3/14	6/4	5/11	7/29	6/7
10/28	9/29	12/23	11/26	2/13	1/19	4/10	3/15	6/5	5/12	7/30	6/8
10/29	10/1	12/24	11/27	2/14	1/20	4/11	3/16	6/6	5/13	7/31	6/9
10/30	10/2	12/25	11/28	2/15	1/21	4/12	3/17	6/7	5/14	8/1	6/10
10/31	10/3	12/26	11/29	2/16	1/22	4/13	3/18	6/8	5/15	8/2	6/11
11/1	10/4	12/27	12/1	2/17	1/23	4/14	3/19	6/9	5/16	8/3	6/12
11/2	10/5	12/28	12/2	2/18	1/24	4/15	3/20	6/10	5/17	8/4	6/13
11/3	10/6	12/29	12/3	2/19	1/25	4/16	3/21	6/11	5/18	8/5	6/14
11/4	10/7	12/30	12/4	2/20	1/26	4/17	3/22	6/12	5/19	8/6	6/15
11/5	10/8	12/31	12/5	2/21	1/27	4/18	3/23	6/13	5/20	8/7	6/16
11/6	10/9			2/22	1/28	4/19	3/24	6/14	5/21	8/8	6/17
11/7	10/10	**1914**		2/23	1/29	4/20	3/25	6/15	5/22	8/9	6/18
11/8	10/11	**Solar**	**Lunar**	2/24	1/30	4/21	3/26	6/16	5/23	8/10	6/19
11/9	10/12	1/1	12/6	2/25	2/1	4/22	3/27	6/17	5/24	8/11	6/20
11/10	10/13	1/2	12/7	2/26	2/2	4/23	3/28	6/18	5/25	8/12	6/21
11/11	10/14	1/3	12/8	2/27	2/3	4/24	3/29	6/19	5/26	8/13	6/22
11/12	10/15	1/4	12/9	2/28	2/4	4/25	4/1	6/20	5/27	8/14	6/23
11/13	10/16	1/5	12/10	3/1	2/5	4/26	4/2	6/21	5/28	8/15	6/24
11/14	10/17	1/6	12/11	3/2	2/6	4/27	4/3	6/22	5/29	8/16	6/25
11/15	10/18	1/7	12/12	3/3	2/7	4/28	4/4	6/23	5/1	8/17	6/26
11/16	10/19	1/8	12/13	3/4	2/8	4/29	4/5	(Schaltmonat)		8/18	6/27
11/17	10/20	1/9	12/14	3/5	2/9	4/30	4/6	6/24	5/2	8/19	6/28
11/18	10/21	1/10	12/15	3/6	2/10	5/1	4/7	6/25	5/3	8/20	6/29
11/19	10/22	1/11	12/16	3/7	2/11	5/2	4/8	6/26	5/4	8/21	7/1
11/20	10/23	1/12	12/17	3/8	2/12	5/3	4/9	6/27	5/5	8/22	7/2
11/21	10/24	1/13	12/18	3/9	2/13	5/4	4/10	6/28	5/6	8/23	7/3
11/22	10/25	1/14	12/19	3/10	2/14	5/5	4/11	6/29	5/7	8/24	7/4
11/23	10/26	1/15	12/20	3/11	2/15	5/6	4/12	6/30	5/8	8/25	7/5
11/24	10/27	1/16	12/21	3/12	2/16	5/7	4/13	7/1	5/9	8/26	7/6
11/25	10/28	1/17	12/22	3/13	2/17	5/8	4/14	7/2	5/10	8/27	7/7
11/26	10/29	1/18	12/23	3/14	2/18	5/9	4/15	7/3	5/11	8/28	7/8
11/27	10/30	1/19	12/24	3/15	2/19	5/10	4/16	7/4	5/12	8/29	7/9
11/28	11/1	1/20	12/25	3/16	2/20	5/11	4/17	7/5	5/13	8/30	7/10
11/29	11/2	1/21	12/26	3/17	2/21	5/12	4/18	7/6	5/14	8/31	7/11
11/30	11/3	1/22	12/27	3/18	2/22	5/13	4/19	7/7	5/15	9/1	7/12
12/1	11/4	1/23	12/28	3/19	2/23	5/14	4/20	7/8	5/16	9/2	7/13
12/2	11/5	1/24	12/29	3/20	2/24	5/15	4/21	7/9	5/17	9/3	7/14
12/3	11/6	1/25	12/30	3/21	2/25	5/16	4/22	7/10	5/18	9/4	7/15
12/4	11/7	1/26	1/1	3/22	2/26	5/17	4/23	7/11	5/19	9/5	7/16
12/5	11/8		(1914)	3/23	2/27	5/18	4/24	7/12	5/20	9/6	7/17
12/6	11/9	1/27	1/2	3/24	2/28	5/19	4/25	7/13	5/21	9/7	7/18
12/7	11/10	1/28	1/3	3/25	2/29	5/20	4/26	7/14	5/22	9/8	7/19
12/8	11/11	1/29	1/4	3/26	2/30	5/21	4/27	7/15	5/23	9/9	7/20
12/9	11/12	1/30	1/5	3/27	3/1	5/22	4/28	7/16	5/24	9/10	7/21
12/10	11/13	1/31	1/6	3/28	3/2	5/23	4/29	7/17	5/25	9/11	7/22

Bitte beachten: Die erste Zahl ist der Monat, die zweite der Tag.

				1915									
9/12	7/23	11/7	9/20			2/23	1/10	4/20	3/7	6/15	5/3
9/13	7/24	11/8	9/21	Solar	Lunar	2/24	1/11	4/21	3/8	6/16	5/4
9/14	7/25	11/9	9/22	1/1	11/16	2/25	1/12	4/22	3/9	6/17	5/5
9/15	7/26	11/10	9/23	1/2	11/17	2/26	1/13	4/23	3/10	6/18	5/6
9/16	7/27	11/11	9/24	1/3	11/18	2/27	1/14	4/24	3/11	6/19	5/7
9/17	7/28	11/12	9/25	1/4	11/19	2/28	1/15	4/25	3/12	6/20	5/8
9/18	7/29	11/13	9/26	1/5	11/20	3/1	1/16	4/26	3/13	6/21	5/9
9/19	7/30	11/14	9/27	1/6	11/21	3/2	1/17	4/27	3/14	6/22	5/10
9/20	8/1	11/15	9/28	1/7	11/22	3/3	1/18	4/28	3/15	6/23	5/11
9/21	8/2	11/16	9/29	1/8	11/23	3/4	1/19	4/29	3/16	6/24	5/12
9/22	8/3	11/17	10/1	1/9	11/24	3/5	1/20	4/30	3/17	6/25	5/13
9/23	8/4	11/18	10/2	1/10	11/25	3/6	1/21	5/1	3/18	6/26	5/14
9/24	8/5	11/19	10/3	1/11	11/26	3/7	1/22	5/2	3/19	6/27	5/15
9/25	8/6	11/20	10/4	1/12	11/27	3/8	1/23	5/3	3/20	6/28	5/16
9/26	8/7	11/21	10/5	1/13	11/28	3/9	1/24	5/4	3/21	6/29	5/17
9/27	8/8	11/22	10/6	1/14	11/29	3/10	1/25	5/5	3/22	6/30	5/18
9/28	8/9	11/23	10/7	1/15	12/1	3/11	1/26	5/6	3/23	7/1	5/19
9/29	8/10	11/24	10/8	1/16	12/2	3/12	1/27	5/7	3/24	7/2	5/20
9/30	8/11	11/25	10/9	1/17	12/3	3/13	1/28	5/8	3/25	7/3	5/21
10/1	8/12	11/26	10/10	1/18	12/4	3/14	1/29	5/9	3/26	7/4	5/22
10/2	8/13	11/27	10/11	1/19	12/5	3/15	1/30	5/10	3/27	7/5	5/23
10/3	8/14	11/28	10/12	1/20	12/6	3/16	2/1	5/11	3/28	7/6	5/24
10/4	8/15	11/29	10/13	1/21	12/7	3/17	2/2	5/12	3/29	7/7	5/25
10/5	8/16	11/30	10/14	1/22	12/8	3/18	2/3	5/13	3/30	7/8	5/26
10/6	8/17	12/1	10/15	1/23	12/9	3/19	2/4	5/14	4/1	7/9	5/27
10/7	8/18	12/2	10/16	1/24	12/10	3/20	2/5	5/15	4/2	7/10	5/28
10/8	8/19	12/3	10/17	1/25	12/11	3/21	2/6	5/16	4/3	7/11	5/29
10/9	8/20	12/4	10/18	1/26	12/12	3/22	2/7	5/17	4/4	7/12	6/1
10/10	8/21	12/5	10/19	1/27	12/13	3/23	2/8	5/18	4/5	7/13	6/2
10/11	8/22	12/6	10/20	1/28	12/14	3/24	2/9	5/19	4/6	7/14	6/3
10/12	8/23	12/7	10/21	1/29	12/15	3/25	2/10	5/20	4/7	7/15	6/4
10/13	8/24	12/8	10/22	1/30	12/16	3/26	2/11	5/21	4/8	7/16	6/5
10/14	8/25	12/9	10/23	1/31	12/17	3/27	2/12	5/22	4/9	7/17	6/6
10/15	8/26	12/10	10/24	2/1	12/18	3/28	2/13	5/23	4/10	7/18	6/7
10/16	8/27	12/11	10/25	2/2	12/19	3/29	2/14	5/24	4/11	7/19	6/8
10/17	8/28	12/12	10/26	2/3	12/20	3/30	2/15	5/25	4/12	7/20	6/9
10/18	8/29	12/13	10/27	2/4	12/21	3/31	2/16	5/26	4/13	7/21	6/10
10/19	9/1	12/14	10/28	2/5	12/22	4/1	2/17	5/27	4/14	7/22	6/11
10/20	9/2	12/15	10/29	2/6	12/23	4/2	2/18	5/28	4/15	7/23	6/12
10/21	9/3	12/16	10/20	2/7	12/24	4/3	2/19	5/29	4/16	7/24	6/13
10/22	9/4	12/17	11/1	2/8	12/25	4/4	2/20	5/30	4/17	7/25	6/14
10/23	9/5	12/18	11/2	2/9	12/26	4/5	2/21	5/31	4/18	7/26	6/15
10/24	9/6	12/19	11/3	2/10	12/27	4/6	2/22	6/1	4/19	7/27	6/16
10/25	9/7	12/20	11/4	2/11	12/28	4/7	2/23	6/2	4/20	7/28	6/17
10/26	9/8	12/21	11/5	2/12	12/29	4/8	2/24	6/3	4/21	7/29	6/18
10/27	9/9	12/22	11/6	2/13	12/30	4/9	2/25	6/4	4/22	7/30	6/19
10/28	9/10	12/23	11/7	2/14	1/1	4/10	2/26	6/5	4/23	7/31	6/20
10/29	9/11	12/24	11/8		(1915)	4/11	2/27	6/6	4/24	8/1	6/21
10/30	9/12	12/25	11/9	2/15	1/2	4/12	2/28	6/7	4/25	8/2	6/22
10/31	9/13	12/26	11/10	2/16	1/3	4/13	2/29	6/8	4/26	8/3	6/23
11/1	9/14	12/27	11/11	2/17	1/4	4/14	3/1	6/9	4/27	8/4	6/24
11/2	9/15	12/28	11/12	2/18	1/5	4/15	3/2	6/10	4/28	8/5	6/25
11/3	9/16	12/29	11/13	2/19	1/6	4/16	3/3	6/11	4/29	8/6	6/26
11/4	9/17	12/30	11/14	2/20	1/7	4/17	3/4	6/12	4/30	8/7	6/27
11/5	9/18	12/31	11/15	2/21	1/8	4/18	3/5	6/13	5/1	8/8	6/28
11/6	9/19			2/22	1/9	4/19	3/6	6/14	5/2	8/9	6/29

Bitte beachten: Die erste Zahl ist der Monat, die zweite der Tag.

8/10	6/30	10/5	8/27	11/30	10/23	1/22	12/19	3/18	2/15	5/13	4/12
8/11	7/1	10/6	8/28	12/1	10/24	1/23	12/20	3/19	2/16	5/14	4/13
8/12	7/2	10/7	8/29	12/2	10/25	1/24	12/21	3/20	2/17	5/15	4/14
8/13	7/3	10/8	8/30	12/3	10/26	1/25	12/22	3/21	2/18	5/16	4/15
8/14	7/4	10/9	9/1	12/4	10/27	1/26	12/23	3/22	2/19	5/17	4/16
8/15	7/5	10/10	9/2	12/5	10/28	1/27	12/24	3/23	2/20	5/18	4/17
8/16	7/6	10/11	9/3	12/6	10/29	1/28	12/25	3/24	2/21	5/19	4/18
8/17	7/7	10/12	9/4	12/7	11/1	1/29	12/26	3/25	2/22	5/20	4/19
8/18	7/8	10/13	9/5	12/8	11/2	1/30	12/27	3/26	2/23	5/21	4/20
8/19	7/9	10/14	9/6	12/9	11/3	1/31	12/28	3/27	2/24	5/22	4/21
8/20	7/10	10/15	9/7	12/10	11/4	2/1	12/29	3/28	2/25	5/23	4/22
8/21	7/11	10/16	9/8	12/11	11/5	2/2	12/30	3/29	2/26	5/24	4/23
8/22	7/12	10/17	9/9	12/12	11/6	2/3	1/1	3/30	2/27	5/25	4/24
8/23	7/13	10/18	9/10	12/13	11/7		(1916)	3/31	2/28	5/26	4/25
8/24	7/14	10/19	9/11	12/14	11/8	2/4	1/2	4/1	2/29	5/27	4/26
8/25	7/15	10/20	9/12	12/15	11/9	2/5	1/3	4/2	2/30	5/28	4/27
8/26	7/16	10/21	9/13	12/16	11/10	2/6	1/4	4/3	3/1	5/29	4/28
8/27	7/17	10/22	9/14	12/17	11/11	2/7	1/5	4/4	3/2	5/30	4/29
8/28	7/18	10/23	9/15	12/18	11/12	2/8	1/6	4/5	3/3	5/31	4/30
8/29	7/19	10/24	9/16	12/19	11/13	2/9	1/7	4/6	3/4	6/1	5/1
8/30	7/20	10/25	9/17	12/20	11/14	2/10	1/8	4/7	3/5	6/2	5/2
8/31	7/21	10/26	9/18	12/21	11/15	2/11	1/9	4/8	3/6	6/3	5/3
9/1	7/22	10/27	9/19	12/22	11/16	2/12	1/10	4/9	3/7	6/4	5/4
9/2	7/23	10/28	9/20	12/23	11/17	2/13	1/11	4/10	3/8	6/5	5/5
9/3	7/24	10/29	9/21	12/24	11/18	2/14	1/12	4/11	3/9	6/6	5/6
9/4	7/25	10/30	9/22	12/25	11/19	2/15	1/13	4/12	3/10	6/7	5/7
9/5	7/26	10/31	9/23	12/26	11/20	2/16	1/14	4/13	3/11	6/8	5/8
9/6	7/27	11/1	9/24	12/27	11/21	2/17	1/15	4/14	3/12	6/9	5/9
9/7	7/28	11/2	9/25	12/28	11/22	2/18	1/16	4/15	3/13	6/10	5/10
9/8	7/29	11/3	9/26	12/29	11/23	2/19	1/17	4/16	3/14	6/11	5/11
9/9	8/1	11/4	9/27	12/30	11/24	2/20	1/18	4/17	3/15	6/12	5/12
9/10	8/2	11/5	9/28	12/31	11/25	2/21	1/19	4/18	3/16	6/13	5/13
9/11	8/3	11/6	9/29			2/22	1/20	4/19	3/17	6/14	5/14
9/12	8/4	11/7	10/1	**1916**		2/23	1/21	4/20	3/18	6/15	5/15
9/13	8/5	11/8	10/2	**Solar**	**Lunar**	2/24	1/22	4/21	3/19	6/16	5/16
9/14	8/6	11/9	10/3	1/1	11/26	2/25	1/23	4/22	3/20	6/17	5/17
9/15	8/7	11/10	10/4	1/2	11/27	2/26	1/24	4/23	3/21	6/18	5/18
9/16	8/8	11/11	10/5	1/3	11/28	2/27	1/25	4/24	3/22	6/19	5/19
9/17	8/9	11/12	10/6	1/4	11/29	2/28	1/26	4/25	3/23	6/20	5/20
9/18	8/10	11/13	10/7	1/5	12/2	3/1	1/27	4/26	3/24	6/21	5/21
9/19	8/11	11/14	10/8	1/6	12/3	3/2	1/28	4/27	3/25	6/22	5/22
9/20	8/12	11/15	10/9	1/7	12/4	3/3	1/29	4/28	3/26	6/23	5/23
9/21	8/13	11/16	10/10	1/8	12/5	3/4	2/1	4/29	3/27	6/24	5/24
9/22	8/14	11/17	10/11	1/9	12/6	3/5	2/2	4/30	3/28	6/25	5/25
9/23	8/15	11/18	10/12	1/10	12/7	3/6	2/3	5/1	3/29	6/26	5/26
9/24	8/16	11/19	10/13	1/11	12/8	3/7	2/4	5/2	4/1	6/27	5/27
9/25	8/17	11/20	10/14	1/12	12/9	3/8	2/5	5/3	4/2	6/28	5/28
9/26	8/18	11/21	10/15	1/13	12/10	3/9	2/6	5/4	4/3	6/29	5/29
9/27	8/19	11/22	10/16	1/14	12/11	3/10	2/7	5/5	4/4	6/30	6/1
9/28	8/20	11/23	10/17	1/15	12/12	3/11	2/8	5/6	4/5	7/1	6/2
9/29	8/21	11/24	10/18	1/16	12/13	3/12	2/9	5/7	4/6	7/2	6/3
9/30	8/22	11/25	10/19	1/17	12/14	3/13	2/10	5/8	4/7	7/3	6/4
10/1	8/23	11/26	10/20	1/18	12/15	3/14	2/11	5/9	4/8	7/4	6/5
10/2	8/24	11/27	10/21	1/19	12/16	3/15	2/12	5/10	4/9	7/5	6/6
10/3	8/25	11/28	10/22	1/20	12/17	3/16	2/13	5/11	4/10	7/6	6/7
10/4	8/26	11/29	10/23	1/21	12/18	3/17	2/14	5/12	4/11	7/7	6/8

Bitte beachten: Die erste Zahl ist der Monat, die zweite der Tag.

7/8	6/9	9/2	8/6	10/28	10/2	12/23	11/29	2/13	1/21	4/9	2/18
7/9	6/10	9/3	8/7	10/29	10/3	12/24	11/30	2/14	1/22	4/10	2/19
7/10	6/11	9/4	8/8	10/30	10/4	12/25	12/1	2/15	1/23	4/11	2/20
7/11	6/12	9/5	8/9	10/31	10/5	12/26	12/2	2/16	1/24	4/12	2/21
7/12	6/13	9/6	8/10	11/1	10/6	12/27	12/3	2/17	1/25	4/13	2/22
7/13	6/14	9/7	8/11	11/2	10/7	12/28	12/4	2/18	1/26	4/14	2/23
7/14	6/15	9/8	8/12	11/3	10/8	12/29	12/5	2/19	1/27	4/15	2/24
7/15	6/16	9/9	8/13	11/4	10/9	12/30	12/6	2/20	1/28	4/16	2/25
7/16	6/17	9/10	8/14	11/5	10/10	12/31	12/7	2/21	1/29	4/17	2/26
7/17	6/18	9/11	8/15	11/6	10/11			2/22	2/1	4/18	2/27
7/18	6/19	9/12	8/16	11/7	10/12	**1917**		2/23	2/2	4/19	2/28
7/19	6/20	9/13	8/17	11/8	10/13	**Solar**	**Lunar**	2/24	2/3	4/20	2/29
7/20	6/21	9/14	8/18	11/9	10/14	1/1	12/8	2/25	2/4	4/21	3/1
7/21	6/22	9/15	8/19	11/10	10/15	1/2	12/9	2/26	2/5	4/22	3/2
7/22	6/23	9/16	8/20	11/11	10/16	1/3	12/10	2/27	2/6	4/23	3/3
7/23	6/24	9/17	8/21	11/12	10/17	1/4	12/11	2/28	2/7	4/24	3/4
7/24	6/25	9/18	8/22	11/13	10/18	1/5	12/12	3/1	2/8	4/25	3/5
7/25	6/26	9/19	8/23	11/14	10/19	1/6	12/13	3/2	2/9	4/26	3/6
7/26	6/27	9/20	8/24	11/15	10/20	1/7	12/14	3/3	2/10	4/27	3/7
7/27	6/28	9/21	8/25	11/16	10/21	1/8	12/15	3/4	2/11	4/28	3/8
7/28	6/29	9/22	8/26	11/17	10/22	1/9	12/16	3/5	2/12	4/29	3/9
7/29	6/30	9/23	8/27	11/18	10/23	1/10	12/17	3/6	2/13	4/30	3/10
7/30	7/1	9/24	8/28	11/19	10/24	1/11	12/18	3/7	2/14	5/1	3/11
7/31	7/2	9/25	8/29	11/20	10/25	1/12	12/19	3/8	2/15	5/2	3/12
8/1	7/3	9/26	8/30	11/21	10/26	1/13	12/20	3/9	2/16	5/3	3/13
8/2	7/4	9/27	9/1	11/22	10/27	1/14	12/21	3/10	2/17	5/4	3/14
8/3	7/5	9/28	9/2	11/23	10/28	1/15	12/22	3/11	2/18	5/5	3/15
8/4	7/6	9/29	9/3	11/24	10/29	1/16	12/23	3/12	2/19	5/6	3/16
8/5	7/7	9/30	9/4	11/25	11/1	1/17	12/24	3/13	2/20	5/7	3/17
8/6	7/8	10/1	9/5	11/26	11/2	1/18	12/25	3/14	2/21	5/8	3/18
8/7	7/9	10/2	9/6	11/27	11/3	1/19	12/26	3/15	2/22	5/9	3/19
8/8	7/10	10/3	9/7	11/28	11/4	1/20	12/27	3/16	2/23	5/10	3/20
8/9	7/11	10/4	9/8	11/29	11/5	1/21	12/28	3/17	2/24	5/11	3/21
8/10	7/12	10/5	9/9	11/30	11/6	1/22	12/29	3/18	2/25	5/12	3/22
8/11	7/13	10/6	9/10	12/1	11/7	1/23	12/30	3/19	2/26	5/13	3/23
8/12	7/14	10/7	9/11	12/2	11/8	1/24	1/1	3/20	2/27	5/14	3/24
8/13	7/15	10/8	9/12	12/3	11/9		(1917)	3/21	2/28	5/15	3/25
8/14	7/16	10/9	9/13	12/4	11/10	1/25	1/2	3/22	2/29	5/16	3/26
8/15	7/17	10/10	9/14	12/5	11/11	1/26	1/3	3/23	2/1	5/17	3/27
8/16	7/18	10/11	9/15	12/6	11/12	1/27	1/4	*(Schaltmonat)*		5/18	3/28
8/17	7/19	10/12	9/16	12/7	11/13	1/28	1/5	3/24	2/2	5/19	3/29
8/18	7/20	10/13	9/17	12/8	11/14	1/29	1/6	3/25	2/3	5/20	3/30
8/19	7/21	10/14	9/18	12/9	11/15	1/30	1/7	3/26	2/4	5/21	4/1
8/20	7/22	10/15	9/19	12/10	11/16	1/31	1/8	3/27	2/5	5/22	4/2
8/21	7/23	10/16	9/20	12/11	11/17	2/1	1/9	3/28	2/6	5/23	4/3
8/22	7/24	10/17	9/21	12/12	11/18	2/2	1/10	3/29	2/7	5/24	4/4
8/23	7/25	10/18	9/22	12/13	11/19	2/3	1/11	3/30	2/8	5/25	4/5
8/24	7/26	10/19	9/23	12/14	11/20	2/4	1/12	3/31	2/9	5/26	4/6
8/25	7/27	10/20	9/24	12/15	11/21	2/5	1/13	4/1	2/10	5/27	4/7
8/26	7/28	10/21	9/25	12/16	11/22	2/6	1/14	4/2	2/11	5/28	4/8
8/27	7/29	10/22	9/26	12/17	11/23	2/7	1/15	4/3	2/12	5/29	4/9
8/28	8/1	10/23	9/27	12/18	11/24	2/8	1/16	4/4	2/13	5/30	4/10
8/29	8/2	10/24	9/28	12/19	11/25	2/9	1/17	4/5	2/14	5/31	4/11
8/30	8/3	10/25	9/29	12/20	11/26	2/10	1/18	4/6	2/15	6/1	4/12
8/31	8/4	10/26	9/30	12/21	11/27	2/11	1/19	4/7	2/16	6/2	4/13
9/1	8/5	10/27	10/1	12/22	11/28	2/12	1/20	4/8	2/17	6/3	4/14

Bitte beachten: Die erste Zahl ist der Monat, die zweite der Tag.

6/4	4/15	7/30	6/12	9/24	8/9	11/19	10/5	1/11	11/29	3/7	1/25
6/5	4/16	7/31	6/13	9/25	8/10	11/20	10/6	1/12	11/30	3/8	1/26
6/6	4/17	8/1	6/14	9/26	8/11	11/21	10/7	1/13	12/1	3/9	1/27
6/7	4/18	8/2	6/15	9/27	8/12	11/22	10/8	1/14	12/2	3/10	1/28
6/8	4/19	8/3	6/16	9/28	8/13	11/23	10/9	1/15	12/3	3/11	1/29
6/9	4/20	8/4	6/17	9/29	8/14	11/24	10/10	1/16	12/4	3/12	1/30
6/10	4/21	8/5	6/18	9/30	8/15	11/25	10/11	1/17	12/5	3/13	2/1
6/11	4/22	8/6	6/19	10/1	8/16	11/26	10/12	1/18	12/6	3/14	2/2
6/12	4/23	8/7	6/20	10/2	8/17	11/27	10/13	1/19	12/7	3/15	2/3
6/13	4/24	8/8	6/21	10/3	8/18	11/28	10/14	1/20	12/8	3/16	2/4
6/14	4/25	8/9	6/22	10/4	8/19	11/29	10/15	1/21	12/9	3/17	2/5
6/15	4/26	8/10	6/23	10/5	8/20	11/30	10/16	1/22	12/10	3/18	2/6
6/16	4/27	8/11	6/24	10/6	8/21	12/1	10/17	1/23	12/11	3/19	2/7
6/17	4/28	8/12	6/25	10/7	8/22	12/2	10/18	1/24	12/12	3/20	2/8
6/18	4/29	8/13	6/26	10/8	8/23	12/3	10/19	1/25	12/13	3/21	2/9
6/19	5/1	8/14	6/27	10/9	8/24	12/4	10/20	1/26	12/14	3/22	2/10
6/20	5/2	8/15	6/28	10/10	8/25	12/5	10/21	1/27	12/15	3/23	2/11
6/21	5/3	8/16	6/29	10/11	8/26	12/6	10/22	1/28	12/16	3/24	2/12
6/22	5/4	8/17	6/30	10/12	8/27	12/7	10/23	1/29	12/17	3/25	2/13
6/23	5/5	8/18	7/1	10/13	8/28	12/8	10/24	1/30	12/18	3/26	2/14
6/24	5/6	8/19	7/2	10/14	8/29	12/9	10/25	1/31	12/19	3/27	2/15
6/25	5/7	8/20	7/3	10/15	8/30	12/10	10/26	2/1	12/20	3/28	2/16
6/26	5/8	8/21	7/4	10/16	9/1	12/11	10/27	2/2	12/21	3/29	2/17
6/27	5/9	8/22	7/5	10/17	9/2	12/12	10/28	2/3	12/22	3/30	2/18
6/28	5/10	8/23	7/6	10/18	9/3	12/13	10/29	2/4	12/23	3/31	2/19
6/29	5/11	8/24	7/7	10/19	9/4	12/14	11/1	2/5	12/24	4/1	2/20
6/30	5/12	8/25	7/8	10/20	9/5	12/15	11/2	2/6	12/25	4/2	2/21
7/1	5/13	8/26	7/9	10/21	9/6	12/16	11/3	2/7	12/26	4/3	2/22
7/2	5/14	8/27	7/10	10/22	9/7	12/17	11/4	2/8	12/27	4/4	2/23
7/3	5/15	8/28	7/11	10/23	9/8	12/18	11/5	2/9	12/28	4/5	2/24
7/4	5/16	8/29	7/12	10/24	9/9	12/19	11/6	2/10	12/29	4/6	2/25
7/5	5/17	8/30	7/13	10/25	9/10	12/20	11/7	2/11	1/1	4/7	2/26
7/6	5/18	8/31	7/14	10/26	9/11	12/21	11/8		(1918)	4/8	2/27
7/7	5/19	9/1	7/15	10/27	9/12	12/22	11/9	2/12	1/2	4/9	2/28
7/8	5/20	9/2	7/16	10/28	9/13	12/23	11/10	2/13	1/3	4/10	2/29
7/9	5/21	9/3	7/17	10/29	9/14	12/24	11/11	2/14	1/4	4/11	3/1
7/10	5/22	9/4	7/18	10/30	9/15	12/25	11/12	2/15	1/5	4/12	3/2
7/11	5/23	9/5	7/19	10/31	9/16	12/26	11/13	2/16	1/6	4/13	3/3
7/12	5/24	9/6	7/20	11/1	9/17	12/27	11/14	2/17	1/7	4/14	3/4
7/13	5/25	9/7	7/21	11/2	9/18	12/28	11/15	2/18	1/8	4/15	3/5
7/14	5/26	9/8	7/22	11/3	9/19	12/29	11/16	2/19	1/9	4/16	3/6
7/15	5/27	9/9	7/23	11/4	9/20	12/30	11/17	2/20	1/10	4/17	3/7
7/16	5/28	9/10	7/24	11/5	9/21	12/31	11/18	2/21	1/11	4/18	3/8
7/17	5/29	9/11	7/25	11/6	9/22			2/22	1/12	4/19	3/9
7/18	5/30	9/12	7/26	11/7	9/23	**1918**		2/23	1/13	4/20	3/10
7/19	6/1	9/13	7/27	11/8	9/24	**Solar**	**Lunar**	2/24	1/14	4/21	3/11
7/20	6/2	9/14	7/28	11/9	9/25	1/1	11/19	2/25	1/15	4/22	3/12
7/21	6/3	9/15	7/29	11/10	9/26	1/2	11/20	2/26	1/16	4/23	3/13
7/22	6/4	9/16	8/1	11/11	9/27	1/3	11/21	2/27	1/17	4/24	3/14
7/23	6/5	9/17	8/2	11/12	9/28	1/4	11/22	2/28	1/18	4/25	3/15
7/24	6/6	9/18	8/3	11/13	9/29	1/5	11/23	3/1	1/19	4/26	3/16
7/25	6/7	9/19	8/4	11/14	9/30	1/6	11/24	3/2	1/20	4/27	3/17
7/26	6/8	9/20	8/5	11/15	10/1	1/7	11/25	3/3	1/21	4/28	3/18
7/27	6/9	9/21	8/6	11/16	10/2	1/8	11/26	3/4	1/22	4/29	3/19
7/28	6/10	9/22	8/7	11/17	10/3	1/9	11/27	3/5	1/23	4/30	3/20
7/29	6/11	9/23	8/8	11/18	10/4	1/10	11/28	3/6	1/24	5/1	3/21

Bitte beachten: Die erste Zahl ist der Monat, die zweite der Tag.

5/2	3/22	6/27	5/19	8/22	7/16	10/16	9/12	12/11	11/9		(1919)
5/3	3/23	6/28	5/20	8/23	7/17	10/17	9/13	12/12	11/10	2/2	1/2
5/4	3/24	6/29	5/21	8/24	7/18	10/18	9/14	12/13	11/11	2/3	1/3
5/5	3/25	6/30	5/22	8/25	7/19	10/19	9/15	12/14	11/12	2/4	1/4
5/6	3/26	7/1	5/23	8/26	7/20	10/20	9/16	12/15	11/13	2/5	1/5
5/7	3/27	7/2	5/24	8/27	7/21	10/21	9/17	12/16	11/14	2/6	1/6
5/8	3/28	7/3	5/25	8/28	7/22	10/22	9/18	12/17	11/15	2/7	1/7
5/9	3/29	7/4	5/26	8/29	7/23	10/23	9/19	12/18	11/16	2/8	1/8
5/10	4/1	7/5	5/27	8/30	7/24	10/24	9/20	12/19	11/17	2/9	1/9
5/11	4/2	7/6	5/28	8/31	7/25	10/25	9/21	12/20	11/18	2/10	1/10
5/12	4/3	7/7	5/29			10/26	9/22	12/21	11/19	2/11	1/11
5/13	4/4	7/8	6/1	9/1	7/26	10/27	9/23	12/22	11/20	2/12	1/12
5/14	4/5	7/9	6/2	9/2	7/27	10/28	9/24	12/23	11/21	2/13	1/13
5/15	4/6	7/10	6/3	9/3	7/28	10/29	9/25	12/24	11/22	2/14	1/14
5/16	4/7	7/11	6/4	9/4	7/29	10/30	9/26	12/25	11/23	2/15	1/15
5/17	4/8	7/12	6/5	9/5	8/1	10/31	9/27	12/26	11/24	2/16	1/16
5/18	4/9	7/13	6/6	9/6	8/2	11/1	9/28	12/27	11/25	2/17	1/17
5/19	4/10	7/14	6/7	9/7	8/3	11/2	9/29	12/28	11/26	2/18	1/18
5/20	4/11	7/15	6/8	9/8	8/4	11/3	9/30	12/29	11/27	2/19	1/19
5/21	4/12	7/16	6/9	9/9	8/5	11/4	10/1	12/30	11/28	2/20	1/20
5/22	4/13	7/17	6/10	9/10	8/6	11/5	10/2	12/31	11/29	2/21	1/21
5/23	4/14	7/18	6/11	9/11	8/7	11/6	10/3			2/22	1/22
5/24	4/15	7/19	6/12	9/12	8/8	11/7	10/4	**1919**		2/23	1/23
5/25	4/16	7/20	6/13	9/13	8/9	11/8	10/5	Solar	Lunar	2/24	1/24
5/26	4/17	7/21	6/14	9/14	8/10	11/9	10/6	1/1	11/30	2/25	1/25
5/27	4/18	7/22	6/15	9/15	8/11	11/10	10/7	1/2	12/1	2/26	1/26
5/28	4/19	7/23	6/16	9/16	8/12	11/11	10/8	1/3	12/2	2/27	1/27
5/29	4/20	7/24	6/17	9/17	8/13	11/12	10/9	1/4	12/3	2/28	1/28
5/30	4/21	7/25	6/18	9/18	8/14	11/13	10/10	1/5	12/4	3/1	1/29
5/31	4/22	7/26	6/19	9/19	8/15	11/14	10/11	1/6	12/5	3/2	2/1
6/1	4/23	7/27	6/20	9/20	8/16	11/15	10/12	1/7	12/6	3/3	2/2
6/2	4/24	7/28	6/21	9/21	8/17	11/16	10/13	1/8	12/7	3/4	2/3
6/3	4/25	7/29	6/22	9/22	8/18	11/17	10/14	1/9	12/8	3/5	2/4
6/4	4/26	7/30	6/23	9/23	8/19	11/18	10/15	1/10	12/9	3/6	2/5
6/5	4/27	7/31	6/24	9/24	8/20	11/19	10/16	1/11	12/10	3/7	2/6
6/6	4/28	8/1	6/25	9/25	8/21	11/20	10/17	1/12	12/11	3/8	2/7
6/7	4/29	8/2	6/26	9/26	8/22	11/21	10/18	1/13	12/12	3/9	2/8
6/8	4/30	8/3	6/27	9/27	8/23	11/22	10/19	1/14	12/13	3/10	2/9
6/9	5/1	8/4	6/28	9/28	8/24	11/23	10/20	1/15	12/14	3/11	2/10
6/10	5/2	8/5	6/29	9/29	8/25	11/24	10/21	1/16	12/15	3/12	2/11
6/11	5/3	8/6	6/30	9/30	8/26	11/25	10/22	1/17	12/16	3/13	2/12
6/12	5/4	8/7	7/1	10/1	8/27	11/26	10/23	1/18	12/17	3/14	2/13
6/13	5/5	8/8	7/2	10/2	8/28	11/27	10/24	1/19	12/18	3/15	2/14
6/14	5/6	8/9	7/3	10/3	8/29	11/28	10/25	1/20	12/19	3/16	2/15
6/15	5/7	8/10	7/4	10/4	8/30	11/29	10/26	1/21	12/20	3/17	2/16
6/16	5/8	8/11	7/5	10/5	9/1	11/30	10/27	1/22	12/21	3/18	2/17
6/17	5/9	8/12	7/6	10/6	9/2	12/1	10/28	1/23	12/22	3/19	2/18
6/18	5/10	8/13	7/7	10/7	9/3	12/2	10/29	1/24	12/23	3/20	2/19
6/19	5/11	8/14	7/8	10/8	9/4	12/3	11/1	1/25	12/24	3/21	2/20
6/20	5/12	8/15	7/9	10/9	9/5	12/4	11/2	1/26	12/25	3/22	2/21
6/21	5/13	8/16	7/10	10/10	9/6	12/5	11/3	1/27	12/26	3/23	2/22
6/22	5/14	8/17	7/11	10/11	9/7	12/6	11/4	1/28	12/27	3/24	2/23
6/23	5/15	8/18	7/12	10/12	9/8	12/7	11/5	1/29	12/28	3/25	2/24
6/24	5/16	8/19	7/13	10/13	9/9	12/8	11/6	1/30	12/29	3/26	2/25
6/25	5/17	8/20	7/14	10/14	9/10	12/9	11/7	1/31	12/30	3/27	2/26
6/26	5/18	8/21	7/15	10/15	9/11	12/10	11/8	2/1	1/1	3/28	2/27

Bitte beachten: Die erste Zahl ist der Monat, die zweite der Tag.

3/29	2/28	5/24	4/25	7/19	6/22	9/12	7/19	11/7	9/15
3/30	2/29	5/25	4/26	7/20	6/23	9/13	7/20	11/8	9/16
3/31	2/30	5/26	4/27	7/21	6/24	9/14	7/21	11/9	9/17
4/1	3/1	5/27	4/28	7/22	6/25	9/15	7/22	11/10	9/18
4/2	3/2	5/28	4/29	7/23	6/26	9/16	7/23	11/11	9/19
4/3	3/3	5/29	5/1	7/24	6/27	9/17	7/24	11/12	9/20
4/4	3/4	5/30	5/2	7/25	6/28	9/18	7/25	11/13	9/21
4/5	3/5	5/31	5/3	7/26	6/29	9/19	7/26	11/14	9/22
4/6	3/6	6/1	5/4	7/27	7/1	9/20	7/27	11/15	9/23
4/7	3/7	6/2	5/5	7/28	7/2	9/21	7/28	11/16	9/24
4/8	3/8	6/3	5/6	7/29	7/3	9/22	7/29	11/17	9/25
4/9	3/9	6/4	5/7	7/30	7/4	9/23	7/30	11/18	9/26
4/10	3/10	6/5	5/8	7/31	7/5	9/24	8/1	11/19	9/27
4/11	3/11	6/6	5/9	8/1	7/6	9/25	8/2	11/20	9/28
4/12	3/12	6/7	5/10	8/2	7/7	9/26	8/3	11/21	9/29
4/13	3/13	6/8	5/11	8/3	7/8	9/27	8/4	11/22	10/1
4/14	3/14	6/9	5/12	8/4	7/9	9/28	8/5	11/23	10/2
4/15	3/15	6/10	5/13	8/5	7/10	9/29	8/6	11/24	10/3
4/16	3/16	6/11	5/14	8/6	7/11	9/30	8/7	11/25	10/4
4/17	3/17	6/12	5/15	8/7	7/12	10/1	8/8	11/26	10/5
4/18	3/18	6/13	5/16	8/8	7/13	10/2	8/9	11/27	10/6
4/19	3/19	6/14	5/17	8/9	7/14	10/3	8/10	11/28	10/7
4/20	3/20	6/15	5/18	8/10	7/15	10/4	8/11	11/29	10/8
4/21	3/21	6/16	5/19	8/11	7/16	10/5	8/12	11/30	10/9
4/22	3/22	6/17	5/20	8/12	7/17	10/6	8/13	12/1	10/10
4/23	3/23	6/18	5/21	8/13	7/18	10/7	8/14	12/2	10/11
4/24	3/24	6/19	5/22	8/14	7/19	10/8	8/15	12/3	10/12
4/25	3/25	6/20	5/23	8/15	7/20	10/9	8/16	12/4	10/13
4/26	3/26	6/21	5/24	8/16	7/21	10/10	8/17	12/5	10/14
4/27	3/27	6/22	5/25	8/17	7/22	10/11	8/18	12/6	10/15
4/28	3/28	6/23	5/26	8/18	7/23	10/12	8/19	12/7	10/16
4/29	3/29	6/24	5/27	8/19	7/24	10/13	8/20	12/8	10/17
4/30	4/1	6/25	5/28	8/20	7/25	10/14	8/21	12/9	10/18
5/1	4/2	6/26	5/29	8/21	7/26	10/15	8/22	12/10	10/19
5/2	4/3	6/27	5/30	8/22	7/27	10/16	8/23	12/11	10/20
5/3	4/4	6/28	6/1	8/23	7/28	10/17	8/24	12/12	10/21
5/4	4/5	6/29	6/2	8/24	7/29	10/18	8/25	12/13	10/22
5/5	4/6	6/30	6/3	8/25	7/1	10/19	8/26	12/14	10/23
5/6	4/7	7/1	6/4	(Schaltmonat)		10/20	8/27	12/15	10/24
5/7	4/8	7/2	6/5	8/26	7/2	10/21	8/28	12/16	10/25
5/8	4/9	7/3	6/6	8/27	7/3	10/22	8/29	12/17	10/26
5/9	4/10	7/4	6/7	8/28	7/4	10/23	8/30	12/18	10/27
5/10	4/11	7/5	6/8	8/29	7/5	10/24	9/1	12/19	10/28
5/11	4/12	7/6	6/9	8/30	7/6	10/25	9/2	12/20	10/29
5/12	4/13	7/7	6/10	8/31	7/7	10/26	9/3	12/21	10/30
5/13	4/14	7/8	6/11	9/1	7/8	10/27	9/4	12/22	11/1
5/14	4/15	7/9	6/12	9/2	7/9	10/28	9/5	12/23	11/2
5/15	4/16	7/10	6/13	9/3	7/10	10/29	9/6	12/24	11/3
5/16	4/17	7/11	6/14	9/4	7/11	10/30	9/7	12/25	11/4
5/17	4/18	7/12	6/15	9/5	7/12	10/31	9/8	12/26	11/5
5/18	4/19	7/13	6/16	9/6	7/13	11/1	9/9	12/27	11/6
5/19	4/20	7/14	6/17	9/7	7/14	11/2	9/10	12/28	11/7
5/20	4/21	7/15	6/18	9/8	7/15	11/3	9/11	12/29	11/8
5/21	4/22	7/16	6/19	9/9	7/16	11/4	9/12	12/30	11/9
5/22	4/23	7/17	6/20	9/10	7/17	11/5	9/13	12/31	11/10
5/23	4/24	7/18	6/21	9/11	7/18	11/6	9/14		

1920

Solar	Lunar
1/1	11/11
1/2	11/12
1/3	11/13
1/4	11/14
1/5	11/15
1/6	11/16
1/7	11/17
1/8	11/18
1/9	11/19
1/10	11/20
1/11	11/21
1/12	11/22
1/13	11/23
1/14	11/24
1/15	11/25
1/16	11/26
1/17	11/27
1/18	11/28
1/19	11/29
1/20	11/30
1/21	12/1
1/22	12/2
1/23	12/3
1/24	12/4
1/25	12/5
1/26	12/6
1/27	12/7
1/28	12/8
1/29	12/9
1/30	12/10
1/31	12/11
2/1	12/12
2/2	12/13
2/3	12/14
2/4	12/15
2/5	12/16
2/6	12/17
2/7	12/18
2/8	12/19
2/9	12/20
2/10	12/21
2/11	12/22
2/12	12/23
2/13	12/24
2/14	12/25
2/15	12/26
2/16	12/27
2/17	12/28
2/18	12/29
2/19	12/30
2/20	1/1
	(1920)
2/21	1/2
2/22	1/3

Bitte beachten: Die erste Zahl ist der Monat, die zweite der Tag.

2/23	1/4	4/19	3/1	6/14	4/28	8/9	6/25	10/4	8/23	11/29	10/19
2/24	1/5	4/20	3/2	6/15	4/29	8/10	6/26	10/5	8/24	11/30	10/20
2/25	1/6	4/21	3/3	6/16	5/1	8/11	6/27	10/6	8/25	12/1	10/21
2/26	1/7	4/22	3/4	6/17	5/2	8/12	6/28	10/7	8/26	12/2	10/22
2/27	1/8	4/23	3/5	6/18	5/3	8/13	6/29	10/8	8/27	12/3	10/23
2/28	1/9	4/24	3/6	6/19	5/4	8/14	7/1	10/9	8/28	12/4	10/24
2/29	1/10	4/25	3/7	6/20	5/5	8/15	7/2	10/10	8/29	12/5	10/25
3/1	1/11	4/26	3/8	6/21	5/6	8/16	7/3	10/11	8/30	12/6	10/26
3/2	1/12	4/27	3/9	6/22	5/7	8/17	7/4	10/12	9/1	12/7	10/27
3/3	1/13	4/28	3/10	6/23	5/8	8/18	7/5	10/13	9/2	12/8	10/28
3/4	1/14	4/29	3/11	6/24	5/9	8/19	7/6	10/14	9/3	12/9	10/29
3/5	1/15	4/30	3/12	6/25	5/10	8/20	7/7	10/15	9/4	12/10	11/1
3/6	1/16	5/1	3/13	6/26	5/11	8/21	7/8	10/16	9/5	12/11	11/2
3/7	1/17	5/2	3/14	6/27	5/12	8/22	7/9	10/17	9/6	12/12	11/3
3/8	1/18	5/3	3/15	6/28	5/13	8/23	7/10	10/18	9/7	12/13	11/4
3/9	1/19	5/4	3/16	6/29	5/14	8/24	7/11	10/19	9/8	12/14	11/5
3/10	1/20	5/5	3/17	6/30	5/15	8/25	7/12	10/20	9/9	12/15	11/6
3/11	1/21	5/6	3/18	7/1	5/16	8/26	7/13	10/21	9/10	12/16	11/7
3/12	1/22	5/7	3/19	7/2	5/17	8/27	7/14	10/22	9/11	12/17	11/8
3/13	1/23	5/8	3/20	7/3	5/18	8/28	7/15	10/23	9/12	12/18	11/9
3/14	1/24	5/9	3/21	7/4	5/19	8/29	7/16	10/24	9/13	12/19	11/10
3/15	1/25	5/10	3/22	7/5	5/20	8/30	7/17	10/25	9/14	12/20	11/11
3/16	1/26	5/11	3/23	7/6	5/21	8/31	7/18	10/26	9/15	12/21	11/12
3/17	1/27	5/12	3/24	7/7	5/22	9/1	7/19	10/27	9/16	12/22	11/13
3/18	1/28	5/13	3/25	7/8	5/23	9/2	7/20	10/28	9/17	12/23	11/14
3/19	1/29	5/14	3/26	7/9	5/24	9/3	7/21	10/29	9/18	12/24	11/15
3/20	2/1	5/15	3/27	7/10	5/25	9/4	7/22	10/30	9/19	12/25	11/16
3/21	2/2	5/16	3/28	7/11	5/26	9/5	7/23	10/31	9/20	12/26	11/17
3/22	2/3	5/17	3/29	7/12	5/27	9/6	7/24	11/1	9/21	12/27	11/18
3/23	2/4	5/18	4/1	7/13	5/28	9/7	7/25	11/2	9/22	12/28	11/19
3/24	2/5	5/19	4/2	7/14	5/29	9/8	7/26	11/3	9/23	12/29	11/20
3/25	2/6	5/20	4/3	7/15	5/30	9/9	7/27	11/4	9/24	12/30	11/21
3/26	2/7	5/21	4/4	7/16	6/1	9/10	7/28	11/5	9/25	12/31	11/22
3/27	2/8	5/22	4/5	7/17	6/2	9/11	7/29	11/6	9/26		
3/28	2/9	5/23	4/6	7/18	6/3	9/12	8/1	11/7	9/27	**1921**	
3/29	2/10	5/24	4/7	7/19	6/4	9/13	8/2	11/8	9/28	**Solar**	**Lunar**
3/30	2/11	5/25	4/8	7/20	6/5	9/14	8/3	11/9	9/29	1/1	11/23
3/31	2/12	5/26	4/9	7/21	6/6	9/15	8/4	11/10	9/30	1/2	11/24
4/1	2/13	5/27	4/10	7/22	6/7	9/16	8/5	11/11	10/1	1/3	11/25
4/2	2/14	5/28	4/11	7/23	6/8	9/17	8/6	11/12	10/2	1/4	11/26
4/3	2/15	5/29	4/12	7/24	6/9	9/18	8/7	11/13	10/3	1/5	11/27
4/4	2/16	5/30	4/13	7/25	6/10	9/19	8/8	11/14	10/4	1/6	11/28
4/5	2/17	5/31	4/14	7/26	6/11	9/20	8/9	11/15	10/5	1/7	11/29
4/6	2/18	6/1	4/15	7/27	6/12	9/21	8/10	11/16	10/6	1/8	11/30
4/7	2/19	6/2	4/16	7/28	6/13	9/22	8/11	11/17	10/7	1/9	12/1
4/8	2/20	6/3	4/17	7/29	6/14	9/23	8/12	11/18	10/8	1/10	12/2
4/9	2/21	6/4	4/18	7/30	6/15	9/24	8/13	11/19	10/9	1/11	12/3
4/10	2/22	6/5	4/19	7/31	6/16	9/25	8/14	11/20	10/10	1/12	12/4
4/11	2/23	6/6	4/20	8/1	6/17	9/26	8/15	11/21	10/11	1/13	12/5
4/12	2/24	6/7	4/21	8/2	6/18	9/27	8/16	11/22	10/12	1/14	12/6
4/13	2/25	6/8	4/22	8/3	6/19	9/28	8/17	11/23	10/13	1/15	12/7
4/14	2/26	6/9	4/23	8/4	6/20	9/29	8/18	11/24	10/14	1/16	12/8
4/15	2/27	6/10	4/24	8/5	6/21	9/30	8/19	11/25	10/15	1/17	12/9
4/16	2/28	6/11	4/25	8/6	6/22	10/1	8/20	11/26	10/16	1/18	12/10
4/17	2/29	6/12	4/26	8/7	6/23	10/2	8/21	11/27	10/17	1/19	12/11
4/18	2/30	6/13	4/27	8/8	6/24	10/3	8/22	11/28	10/18	1/20	12/12

Bitte beachten: Die erste Zahl ist der Monat, die zweite der Tag.

1/21	12/13	3/17	2/8	5/12	4/5	7/7	6/3	9/1	7/29	10/27	9/27
1/22	12/14	3/18	2/9	5/13	4/6	7/8	6/4	9/2	8/1	10/28	9/28
1/23	12/15	3/19	2/10	5/14	4/7	7/9	6/5	9/3	8/2	10/29	9/29
1/24	12/16	3/20	2/11	5/15	4/8	7/10	6/6	9/4	8/3	10/30	9/30
1/25	12/17	3/21	2/12	5/16	4/9	7/11	6/7	9/5	8/4	10/31	10/1
1/26	12/18	3/22	2/13	5/17	4/10	7/12	6/8	9/6	8/5	11/1	10/2
1/27	12/19	3/23	2/14	5/18	4/11	7/13	6/9	9/7	8/6	11/2	10/3
1/28	12/20	3/24	2/15	5/19	4/12	7/14	6/10	9/8	8/7	11/3	10/4
1/29	12/21	3/25	2/16	5/20	4/13	7/15	6/11	9/9	8/8	11/4	10/5
1/30	12/22	3/26	2/17	5/21	4/14	7/16	6/12	9/10	8/9	11/5	10/6
1/31	12/23	3/27	2/18	5/22	4/15	7/17	6/13	9/11	8/10	11/6	10/7
2/1	12/24	3/28	2/19	5/23	4/16	7/18	6/14	9/12	8/11	11/7	10/8
2/2	12/25	3/29	2/20	5/24	4/17	7/19	6/15	9/13	8/12	11/8	10/9
2/3	12/26	3/30	2/21	5/25	4/18	7/20	6/16	9/14	8/13	11/9	10/10
2/4	12/27	3/31	2/22	5/26	4/19	7/21	6/17	9/15	8/14	11/10	10/11
2/5	12/28	4/1	2/23	5/27	4/20	7/22	6/18	9/16	8/15	11/11	10/12
2/6	12/29	4/2	2/24	5/28	4/21	7/23	6/19	9/17	8/16	11/12	10/13
2/7	12/30	4/3	2/25	5/29	4/22	7/24	6/20	9/18	8/17	11/13	10/14
2/8	1/1	4/4	2/26	5/30	4/23	7/25	6/21	9/19	8/18	11/14	10/15
	(1921)	4/5	2/27	5/31	4/24	7/26	6/22	9/20	8/19	11/15	10/16
2/9	1/2	4/6	2/28	6/1	4/25	7/27	6/23	9/21	8/20	11/16	10/17
2/10	1/3	4/7	2/29	6/2	4/26	7/28	6/24	9/22	8/21	11/17	10/18
2/11	1/4	4/8	3/1	6/3	4/27	7/29	6/25	9/23	8/22	11/18	10/19
2/12	1/5	4/9	3/2	6/4	4/28	7/30	6/26	9/24	8/23	11/19	10/20
2/13	1/6	4/10	3/3	6/5	4/29	7/31	6/27	9/25	8/24	11/20	10/21
2/14	1/7	4/11	3/4	6/6	5/1	8/1	6/28	9/26	8/25	11/21	10/22
2/15	1/8	4/12	3/5	6/7	5/2	8/2	6/29	9/27	8/26	11/22	10/23
2/16	1/9	4/13	3/6	6/8	5/3	8/3	6/30	9/28	8/27	11/23	10/24
2/17	1/10	4/14	3/7	6/9	5/4	8/4	7/1	9/29	8/28	11/24	10/25
2/18	1/11	4/15	3/8	6/10	5/5	8/5	7/2	9/30	8/29	11/25	10/26
2/19	1/12	4/16	3/9	6/11	5/6	8/6	7/3	10/1	9/1	11/26	10/27
2/20	1/13	4/17	3/10	6/12	5/7	8/7	7/4	10/2	9/2	11/27	10/28
2/21	1/14	4/18	3/11	6/13	5/8	8/8	7/5	10/3	9/3	11/28	10/29
2/22	1/15	4/19	3/12	6/14	5/9	8/9	7/6	10/4	9/4	11/29	11/1
2/23	1/16	4/20	3/13	6/15	5/10	8/10	7/7	10/5	9/5	11/30	11/2
2/24	1/17	4/21	3/14	6/16	5/11	8/11	7/8	10/6	9/6	12/1	11/3
2/25	1/18	4/22	3/15	6/17	5/12	8/12	7/9	10/7	9/7	12/2	11/4
2/26	1/19	4/23	3/16	6/18	5/13	8/13	7/10	10/8	9/8	12/3	11/5
2/27	1/20	4/24	3/17	6/19	5/14	8/14	7/11	10/9	9/9	12/4	11/6
2/28	1/21	4/25	3/18	6/20	5/15	8/15	7/12	10/10	9/10	12/5	11/7
3/1	1/22	4/26	3/19	6/21	5/16	8/16	7/13	10/11	9/11	12/6	11/8
3/2	1/23	4/27	3/20	6/22	5/17	8/17	7/14	10/12	9/12	12/7	11/9
3/3	1/24	4/28	3/21	6/23	5/18	8/18	7/15	10/13	9/13	12/8	11/10
3/4	1/25	4/29	3/22	6/24	5/19	8/19	7/16	10/14	9/14	12/9	11/11
3/5	1/26	4/30	3/23	6/25	5/20	8/20	7/17	10/15	9/15	12/10	11/12
3/6	1/27	5/1	3/24	6/26	5/21	8/21	7/18	10/16	9/16	12/11	11/13
3/7	1/28	5/2	3/25	6/27	5/22	8/22	7/19	10/17	9/17	12/12	11/14
3/8	1/29	5/3	3/26	6/28	5/23	8/23	7/20	10/18	9/18	12/13	11/15
3/9	1/30	5/4	3/27	6/29	5/24	8/24	7/21	10/19	9/19	12/14	11/16
3/10	2/1	5/5	3/28	6/30	5/25	8/25	7/22	10/20	9/20	12/15	11/17
3/11	2/2	5/6	3/29	7/1	5/26	8/26	7/23	10/21	9/21	12/16	11/18
3/12	2/3	5/7	3/30	7/2	5/27	8/27	7/24	10/22	9/22	12/17	11/19
3/13	2/4	5/8	4/1	7/3	5/28	8/28	7/25	10/23	9/23	12/18	11/20
3/14	2/5	5/9	4/2	7/4	5/29	8/29	7/26	10/24	9/24	12/19	11/21
3/15	2/6	5/10	4/3	7/5	6/1	8/30	7/27	10/25	9/25	12/20	11/22
3/16	2/7	5/11	4/4	7/6	6/2	8/31	7/28	10/26	9/26	12/21	11/23

Bitte beachten: Die erste Zahl ist der Monat, die zweite der Tag.

12/22	11/24	2/12	1/16	4/9	3/13	6/4	5/9	7/29	6/6	9/23	8/3
12/23	11/25	2/13	1/17	4/10	3/14	6/5	5/10	7/30	6/7	9/24	8/4
12/24	11/26	2/14	1/18	4/11	3/15	6/6	5/11	7/31	6/8	9/25	8/5
12/25	11/27	2/15	1/19	4/12	3/16	6/7	5/12	8/1	6/9	9/26	8/6
12/26	11/28	2/16	1/20	4/13	3/17	6/8	5/13	8/2	6/10	9/27	8/7
12/27	11/29	2/17	1/21	4/14	3/18	6/9	5/14	8/3	6/11	9/28	8/8
12/28	11/30	2/18	1/22	4/15	3/19	6/10	5/15	8/4	6/12	9/29	8/9
12/29	12/1	2/19	1/23	4/16	3/20	6/11	5/16	8/5	6/13	9/30	8/10
12/30	12/2	2/20	1/24	4/17	3/21	6/12	5/17	8/6	6/14	10/1	8/11
12/31	12/3	2/21	1/25	4/18	3/22	6/13	5/18	8/7	6/15	10/2	8/12
		2/22	1/26	4/19	3/23	6/14	5/19	8/8	6/16	10/3	8/13
1922		2/23	1/27	4/20	3/24	6/15	5/20	8/9	6/17	10/4	8/14
Solar	**Lunar**	2/24	1/28	4/21	3/25	6/16	5/21	8/10	6/18	10/5	8/15
1/1	12/4	2/25	1/29	4/22	3/26	6/17	5/22	8/11	6/19	10/6	8/16
1/2	12/5	2/26	1/30	4/23	3/27	6/18	5/23	8/12	6/20	10/7	8/17
1/3	12/6	2/27	2/1	4/24	3/28	6/19	5/24	8/13	6/21	10/8	8/18
1/4	12/7	2/28	2/2	4/25	3/29	6/20	5/25	8/14	6/22	10/9	8/19
1/5	12/8	3/1	2/3	4/26	3/30	6/21	5/26	8/15	6/23	10/10	8/20
1/6	12/9	3/2	2/4	4/27	4/1	6/22	5/27	8/16	6/24	10/11	8/21
1/7	12/10	3/3	2/5	4/28	4/2	6/23	5/28	8/17	6/25	10/12	8/22
1/8	12/11	3/4	2/6	4/29	4/3	6/24	5/29	8/18	6/26	10/13	8/23
1/9	12/12	3/5	2/7	4/30	4/4	6/25	5/1	8/19	6/27	10/14	8/24
1/10	12/13	3/6	2/8	5/1	4/5	*(Schaltmonat)*		8/20	6/28	10/15	8/25
1/11	12/14	3/7	2/9	5/2	4/6	6/26	5/2	8/21	6/29	10/16	8/26
1/12	12/15	3/8	2/10	5/3	4/7	6/27	5/3	8/22	6/30	10/17	8/27
1/13	12/16	3/9	2/11	5/4	4/8	6/28	5/4	8/23	7/1	10/18	8/28
1/14	12/17	3/10	2/12	5/5	4/9	6/29	5/5	8/24	7/2	10/19	8/29
1/15	12/18	3/11	2/13	5/6	4/10	6/30	5/6	8/25	7/3	10/20	9/1
1/16	12/19	3/12	2/14	5/7	4/11	7/1	5/7	8/26	7/4	10/21	9/2
1/17	12/20	3/13	2/15	5/8	4/12	7/2	5/8	8/27	7/5	10/22	9/3
1/18	12/21	3/14	2/16	5/9	4/13	7/3	5/9	8/28	7/6	10/23	9/4
1/19	12/22	3/15	2/17	5/10	4/14	7/4	5/10	8/29	7/7	10/24	9/5
1/20	12/23	3/16	2/18	5/11	4/15	7/5	5/11	8/30	7/8	10/25	9/6
1/21	12/24	3/17	2/19	5/12	4/16	7/6	5/12	8/31	7/9	10/26	9/7
1/22	12/25	3/18	2/20	5/13	4/17	7/7	5/13	9/1	7/10	10/27	9/8
1/23	12/26	3/19	2/21	5/14	4/18	7/8	5/14	9/2	7/11	10/28	9/9
1/24	12/27	3/20	2/22	5/15	4/19	7/9	5/15	9/3	7/12	10/29	9/10
1/25	12/28	3/21	2/23	5/16	4/20	7/10	5/16	9/4	7/13	10/30	9/11
1/26	12/29	3/22	2/24	5/17	4/21	7/11	5/17	9/5	7/14	10/31	9/12
1/27	12/30	3/23	2/25	5/18	4/22	7/12	5/18	9/6	7/15	11/1	9/13
1/28	1/1	3/24	2/26	5/19	4/23	7/13	5/19	9/7	7/16	11/2	9/14
	(1922)	3/25	2/27	5/20	4/24	7/14	5/20	9/8	7/17	11/3	9/15
1/29	1/2	3/26	2/28	5/21	4/25	7/15	5/21	9/9	7/18	11/4	9/16
1/30	1/3	3/27	2/29	5/22	4/26	7/16	5/22	9/10	7/19	11/5	9/17
1/31	1/4	3/28	3/1	5/23	4/27	7/17	5/23	9/11	7/20	11/6	9/18
2/1	1/5	3/29	3/2	5/24	4/28	7/18	5/24	9/12	7/21	11/7	9/19
2/2	1/6	3/30	3/3	5/25	4/29	7/19	5/25	9/13	7/22	11/8	9/20
2/3	1/7	3/31	3/4	5/26	4/30	7/20	5/26	9/14	7/23	11/9	9/21
2/4	1/8	4/1	3/5	5/27	5/1	7/21	5/27	9/15	7/24	11/10	9/22
2/5	1/9	4/2	3/6	5/28	5/2	7/22	5/28	9/16	7/25	11/11	9/23
2/6	1/10	4/3	3/7	5/29	5/3	7/23	5/29	9/17	7/26	11/12	9/24
2/7	1/11	4/4	3/8	5/30	5/4	7/24	6/1	9/18	7/27	11/13	9/25
2/8	1/12	4/5	3/9	5/31	5/5	7/25	6/2	9/19	7/28	11/14	9/26
2/9	1/13	4/6	3/10	6/1	5/6	7/26	6/3	9/20	7/29	11/15	9/27
2/10	1/14	4/7	3/11	6/2	5/7	7/27	6/4	9/21	8/1	11/16	9/28
2/11	1/15	4/8	3/12	6/3	5/8	7/28	6/5	9/22	8/2	11/17	9/29

Bitte beachten: Die erste Zahl ist der Monat, die zweite der Tag.

11/18	9/30	1/9	11/23	3/5	1/18	4/30	3/15	6/24	5/11	8/19	7/8
11/19	10/1	1/10	11/24	3/6	1/19	5/1	3/16	6/25	5/12	8/20	7/9
11/20	10/2	1/11	11/25	3/7	1/20	5/2	3/17	6/26	5/13	8/21	7/10
11/21	10/3	1/12	11/26	3/8	1/21	5/3	3/18	6/27	5/14	8/22	7/11
11/22	10/4	1/13	11/27	3/9	1/22	5/4	3/19	6/28	5/15	8/23	7/12
11/23	10/5	1/14	11/28	3/10	1/23	5/5	3/20	6/29	5/16	8/24	7/13
11/24	10/6	1/15	11/29	3/11	1/24	5/6	3/21	6/30	5/17	8/25	7/14
11/25	10/7	1/16	11/30	3/12	1/25	5/7	3/22	7/1	5/18	8/26	7/15
11/26	10/8	1/17	12/1	3/13	1/26	5/8	3/23	7/2	5/19	8/27	7/16
11/27	10/9	1/18	12/2	3/14	1/27	5/9	3/24	7/3	5/20	8/28	7/17
11/28	10/10	1/19	12/3	3/15	1/28	5/10	3/25	7/4	5/21	8/29	7/18
11/29	10/11	1/20	12/4	3/16	1/29	5/11	3/26	7/5	5/22	8/30	7/19
11/30	10/12	1/21	12/5	3/17	2/1	5/12	3/27	7/6	5/23	8/31	7/20
11/31	10/13	1/22	12/6	3/18	2/2	5/13	3/28	7/7	5/24	9/1	7/21
12/1	10/14	1/23	12/7	3/19	2/3	5/14	3/29	7/8	5/25	9/2	7/22
12/2	10/15	1/24	12/8	3/20	2/4	5/15	3/30	7/9	5/26	9/3	7/23
12/3	10/16	1/25	12/9	3/21	2/5	5/16	4/1	7/10	5/27	9/4	7/24
12/4	10/17	1/26	12/10	3/22	2/6	5/17	4/2	7/11	5/28	9/5	7/25
12/5	10/18	1/27	12/11	3/23	2/7	5/18	4/3	7/12	5/29	9/6	7/26
12/6	10/19	1/28	12/12	3/24	2/8	5/19	4/4	7/13	5/30	9/7	7/27
12/7	10/20	1/29	12/13	3/25	2/9	5/20	4/5	7/14	6/1	9/8	7/28
12/8	10/21	1/30	12/14	3/26	2/10	5/21	4/6	7/15	6/2	9/9	7/29
12/9	10/22	1/31	12/15	3/27	2/11	5/22	4/7	7/16	6/3	9/10	7/30
12/10	10/23	2/1	12/16	3/28	2/12	5/23	4/8	7/17	6/4	9/11	8/1
12/11	10/24	2/2	12/17	3/29	2/13	5/24	4/9	7/18	6/5	9/12	8/2
12/12	10/25	2/3	12/18	3/30	2/14	5/25	4/10	7/19	6/6	9/13	8/3
12/13	10/26	2/4	12/19	3/31	2/15	5/26	4/11	7/20	6/7	9/14	8/4
12/14	10/27	2/5	12/20	4/1	2/16	5/27	4/12	7/21	6/8	9/15	8/5
12/15	10/28	2/6	12/21	4/2	2/17	5/28	4/13	7/22	6/9	9/16	8/6
12/16	10/29	2/7	12/22	4/3	2/18	5/29	4/14	7/23	6/10	9/17	8/7
12/17	10/30	2/8	12/23	4/4	2/19	5/30	4/15	7/24	6/11	9/18	8/8
12/18	11/1	2/9	12/24	4/5	2/20	5/31	4/16	7/25	6/12	9/19	8/9
12/19	11/2	2/10	12/25	4/6	2/21			7/26	6/13	9/20	8/10
12/20	11/3	2/11	12/26	4/7	2/22	6/1	4/17	7/27	6/14	9/21	8/11
12/21	11/4	2/12	12/27	4/8	2/23	6/2	4/18	7/28	6/15	9/22	8/12
12/22	11/5	2/13	12/28	4/9	2/24	6/3	4/19	7/29	6/16	9/23	8/13
12/23	11/6	2/14	12/29	4/10	2/25	6/4	4/20	7/30	6/17	9/24	8/14
12/24	11/7	2/15	12/30	4/11	2/26	6/5	4/21	7/31	6/18	9/25	8/15
12/25	11/8	2/16	1/1	4/12	2/27	6/6	4/22	8/1	6/19	9/26	8/16
12/26	11/9		(1923)	4/13	2/28	6/7	4/23	8/2	6/20	9/27	8/17
12/27	11/10	2/17	1/2	4/14	2/29	6/8	4/24	8/3	6/21	9/28	8/18
12/28	11/11	2/18	1/3	4/15	2/30	6/9	4/25	8/4	6/22	9/29	8/19
12/29	11/12	2/19	1/4	4/16	3/1	6/10	4/26	8/5	6/23	9/30	8/20
12/30	11/13	2/20	1/5	4/17	3/2	6/11	4/27	8/6	6/24	10/1	8/21
12/31	11/14	2/21	1/6	4/18	3/3	6/12	4/28	8/7	6/25	10/2	8/22
		2/22	1/7	4/19	3/4	6/13	4/29	8/8	6/26	10/3	8/23
1923		2/23	1/8	4/20	3/5	6/14	5/1	8/9	6/27	10/4	8/24
Solar	**Lunar**	2/24	1/9	4/21	3/6	6/15	5/2	8/10	6/28	10/5	8/25
1/1	11/15	2/25	1/10	4/22	3/7	6/16	5/3	8/11	6/29	10/6	8/26
1/2	11/16	2/26	1/11	4/23	3/8	6/17	5/4	8/12	7/1	10/7	8/27
1/3	11/17	2/27	1/12	4/24	3/9	6/18	5/5	8/13	7/2	10/8	8/28
1/4	11/18	2/28	1/13	4/25	3/10	6/19	5/6	8/14	7/3	10/9	8/29
1/5	11/19	3/1	1/14	4/26	3/11	6/20	5/7	8/15	7/4	10/10	9/1
1/6	11/20	3/2	1/15	4/27	3/12	6/21	5/8	8/16	7/5	10/11	9/2
1/7	11/21	3/3	1/16	4/28	3/13	6/22	5/9	8/17	7/6	10/12	9/3
1/8	11/22	3/4	1/17	4/29	3/14	6/23	5/10	8/18	7/7	10/13	9/4

Bitte beachten: Die erste Zahl ist der Monat, die zweite der Tag.

10/14	9/5	12/9	11/2	1/31	12/26	3/26	2/21	5/21	4/18	7/16	6/15
10/15	9/6	12/10	11/3	2/1	12/27	3/27	2/22	5/22	4/19	7/17	6/16
10/16	9/7	12/11	11/4	2/2	12/28	3/28	2/23	5/23	4/20	7/18	6/17
10/17	9/8	12/12	11/5	2/3	12/29	3/29	2/24	5/24	4/21	7/19	6/18
10/18	9/9	12/13	11/6	2/4	12/30	3/30	2/25	5/25	4/22	7/20	6/19
10/19	9/10	12/14	11/7	2/5	1/1	3/31	2/26	5/26	4/23	7/21	6/20
10/20	9/11	12/15	11/8		(1924)	4/1	2/27	5/27	4/24	7/22	6/21
10/21	9/12	12/16	11/9	2/6	1/2	4/2	2/28	5/28	4/25	7/23	6/22
10/22	9/13	12/17	11/10	2/7	1/3	4/3	2/29	5/29	4/26	7/24	6/23
10/23	9/14	12/18	11/11	2/8	1/4	4/4	3/1	5/30	4/27	7/25	6/24
10/24	9/15	12/19	11/12	2/9	1/5	4/5	3/2	5/31	4/28	7/26	6/25
10/25	9/16	12/20	11/13	2/10	1/6	4/6	3/3	6/1	4/29	7/27	6/26
10/26	9/17	12/21	11/14	2/11	1/7	4/7	3/4	6/2	5/1	7/28	6/27
10/27	9/18	12/22	11/15	2/12	1/8	4/8	3/5	6/3	5/2	7/29	6/28
10/28	9/19	12/23	11/16	2/13	1/9	4/9	3/6	6/4	5/3	7/30	6/30
10/29	9/20	12/24	11/17	2/14	1/10	4/10	3/7	6/5	5/4	7/31	6/30
10/30	9/21	12/25	11/18	2/15	1/11	4/11	3/8	6/6	5/5	8/1	7/1
10/31	9/22	12/26	11/19	2/16	1/12	4/12	3/9	6/7	5/6	8/2	7/2
11/1	9/23	12/27	11/20	2/17	1/13	4/13	3/10	6/8	5/7	8/3	7/3
11/2	9/24	12/28	11/21	2/18	1/14	4/14	3/11	6/9	5/8	8/4	7/4
11/3	9/25	12/29	11/22	2/19	1/15	4/15	3/12	6/10	5/9	8/5	7/5
11/4	9/26	12/30	11/23	2/20	1/16	4/16	3/13	6/11	5/10	8/6	7/6
11/5	9/27	12/31	11/24	2/21	1/17	4/17	3/14	6/12	5/11	8/7	7/7
11/6	9/28			2/22	1/18	4/18	3/15	6/13	5/12	8/8	7/8
11/7	9/29	**1924**		2/23	1/19	4/19	3/16	6/14	5/13	8/9	7/9
11/8	10/1	Solar	Lunar	2/24	1/20	4/20	3/17	6/15	5/14	8/10	7/10
11/9	10/2	1/1	11/25	2/25	1/21	4/21	3/18	6/16	5/15	8/11	7/11
11/10	10/3	1/2	11/26	2/26	1/22	4/22	3/19	6/17	5/16	8/12	7/12
11/11	10/4	1/3	11/27	2/27	1/23	4/23	3/20	6/18	5/17	8/13	7/13
11/12	10/5	1/4	11/28	2/28	1/24	4/24	3/21	6/19	5/18	8/14	7/14
11/13	10/6	1/5	11/29	2/29	1/25	4/25	3/22	6/20	5/19	8/15	7/15
11/14	10/7	1/6	12/1	3/1	1/26	4/26	3/23	6/21	5/20	8/16	7/16
11/15	10/8	1/7	12/2	3/2	1/27	4/27	3/24	6/22	5/21	8/17	7/17
11/16	10/9	1/8	12/3	3/3	1/28	4/28	3/25	6/23	5/22	8/18	7/18
11/17	10/10	1/9	12/4	3/4	1/29	4/29	3/26	6/24	5/23	8/19	7/19
11/18	10/11	1/10	12/5	3/5	1/30	4/30	3/27	6/25	5/24	8/20	7/20
11/19	10/12	1/11	12/6	3/6	2/1	5/1	3/28	6/26	5/25	8/21	7/21
11/20	10/13	1/12	12/7	3/7	2/2	5/2	3/29	6/27	5/26	8/22	7/22
11/21	10/14	1/13	12/8	3/8	2/3	5/3	3/30	6/28	5/27	8/23	7/23
11/22	10/15	1/14	12/9	3/9	2/4	5/4	4/1	6/29	5/28	8/24	7/24
11/23	10/16	1/15	12/10	3/10	2/5	5/5	4/2	6/30	5/29	8/25	7/25
11/24	10/17	1/16	12/11	3/11	2/6	5/6	4/3	7/1	5/30	8/26	7/26
11/25	10/18	1/17	12/12	3/12	2/7	5/7	4/4	7/2	6/1	8/27	7/27
11/26	10/19	1/18	12/13	3/13	2/8	5/8	4/5	7/3	6/2	8/28	7/28
11/27	10/20	1/19	12/14	3/14	2/9	5/9	4/6	7/4	6/3	8/29	7/29
11/28	10/21	1/20	12/15	3/15	2/10	5/10	4/7	7/5	6/4	8/30	8/1
11/29	10/22	1/21	12/16	3/16	2/11	5/11	4/8	7/6	6/5	8/31	8/2
11/30	10/23	1/22	12/17	3/17	2/12	5/12	4/9	7/7	6/6	9/1	8/3
12/1	10/24	1/23	12/18	3/18	2/13	5/13	4/10	7/8	6/7	9/2	8/4
12/2	10/25	1/24	12/19	3/19	2/14	5/14	4/11	7/9	6/8	9/3	8/5
12/3	10/26	1/25	12/20	3/20	2/15	5/15	4/12	7/10	6/9	9/4	8/6
12/4	10/27	1/26	12/21	3/21	2/16	5/16	4/13	7/11	6/10	9/5	8/7
12/5	10/28	1/27	12/22	3/22	2/17	5/17	4/14	7/12	6/11	9/6	8/8
12/6	10/29	1/28	12/23	3/23	2/18	5/18	4/15	7/13	6/12	9/7	8/9
12/7	10/30	1/29	12/24	3/24	2/19	5/19	4/16	7/14	6/13	9/8	8/10
12/8	11/1	1/30	12/25	3/25	2/20	5/20	4/17	7/15	6/14	9/9	8/11

Bitte beachten: Die erste Zahl ist der Monat, die zweite der Tag.

9/10	8/12	11/5	10/9	12/31	12/6	2/21	1/28	4/18	3/26	6/12	4/22
9/11	8/13	11/6	10/10			2/22	1/29	4/19	3/27	6/13	4/23
9/12	8/14	11/7	10/11	**1925**		2/23	2/1	4/20	3/28	6/14	4/24
9/13	8/15	11/8	10/12	**Solar**	**Lunar**	2/24	2/2	4/21	3/29	6/15	4/25
9/14	8/16	11/9	10/13	1/1	12/7	2/25	2/3	4/22	3/30	6/16	4/26
9/15	8/17	11/10	10/14	1/2	12/8	2/26	2/4	4/23	4/1	6/17	4/27
9/16	8/18	11/11	10/15	1/3	12/9	2/27	2/5	4/24	4/2	6/18	4/28
9/17	8/19	11/12	10/16	1/4	12/10	2/28	2/6	4/25	4/3	6/19	4/29
9/18	8/20	11/13	10/17	1/5	12/11	3/1	2/7	4/26	4/4	6/20	4/30
9/19	8/21	11/14	10/18	1/6	12/12	3/2	2/8	4/27	4/5	6/21	5/1
9/20	8/22	11/15	10/19	1/7	12/13	3/3	2/9	4/28	4/6	6/22	5/2
9/21	8/23	11/16	10/20	1/8	12/14	3/4	2/10	4/29	4/7	6/23	5/3
9/22	8/24	11/17	10/21	1/9	12/15	3/5	2/11	4/30	4/8	6/24	5/4
9/23	8/25	11/18	10/22	1/10	12/16	3/6	2/12	5/1	4/9	6/25	5/5
9/24	8/26	11/19	10/23	1/11	12/17	3/7	2/13	5/2	4/10	6/26	5/6
9/25	8/27	11/20	10/24	1/12	12/18	3/8	2/14	5/3	4/11	6/27	5/7
9/26	8/28	11/21	10/25	1/13	12/19	3/9	2/15	5/4	4/12	6/28	5/8
9/27	8/29	11/22	10/26	1/14	12/20	3/10	2/16	5/5	4/13	6/29	5/9
9/28	8/30	11/23	10/27	1/15	12/21	3/11	2/17	5/6	4/14	6/30	5/10
9/29	9/1	11/24	10/28	1/16	12/22	3/12	2/18	5/7	4/15	7/1	5/11
9/30	9/2	11/25	10/29	1/17	12/23	3/13	2/19	5/8	4/16	7/2	5/12
10/1	9/3	11/26	10/30	1/18	12/24	3/14	2/20	5/9	4/17	7/3	5/13
10/2	9/4	11/27	11/1	1/19	12/25	3/15	2/21	5/10	4/18	7/4	5/14
10/3	9/5	11/28	11/2	1/20	12/26	3/16	2/22	5/11	4/19	7/5	5/15
10/4	9/6	11/29	11/3	1/21	12/27	3/17	2/23	5/12	4/20	7/6	5/16
10/5	9/7	11/30	11/4	1/22	12/28	3/18	2/24	5/13	4/21	7/7	5/17
10/6	9/8	12/1	11/5	1/23	12/29	3/19	2/25	5/14	4/22	7/8	5/18
10/7	9/9	12/2	11/6	1/24	12/30	3/20	2/26	5/15	4/23	7/9	5/19
10/8	9/10	12/3	11/7	1/25	1/1	3/21	2/27	5/16	4/24	7/10	5/20
10/9	9/11	12/4	11/8		(1925)	3/22	2/28	5/17	4/25	7/11	5/21
10/10	9/12	12/5	11/9	1/26	1/2	3/23	2/29	5/18	4/26	7/12	5/22
10/11	9/13	12/6	11/10	1/27	1/3	3/24	3/1	5/19	4/27	7/13	5/23
10/12	9/14	12/7	11/11	1/28	1/4	3/25	3/2	5/20	4/28	7/14	5/24
10/13	9/15	12/8	11/12	1/29	1/5	3/26	3/3	5/21	4/29	7/15	5/25
10/14	9/16	12/9	11/13	1/30	1/6	3/27	3/4	5/22	4/1	7/16	5/26
10/15	9/17	12/10	11/14	1/31	1/7	3/28	3/5	*(Schaltmonat)*		7/17	5/27
10/16	9/18	12/11	11/15	2/1	1/8	3/29	3/6	5/23	4/2	7/18	5/28
10/17	9/19	12/12	11/16	2/2	1/9	3/30	3/7	5/24	4/3	7/19	5/29
10/18	9/20	12/13	11/17	2/3	1/10	3/31	3/8	5/25	4/4	7/20	5/30
10/19	9/21	12/14	11/18	2/4	1/11	4/1	3/9	5/26	4/5	7/21	6/1
10/20	9/22	12/15	11/19	2/5	1/12	4/2	3/10	5/27	4/6	7/22	6/2
10/21	9/23	12/16	11/20	2/6	1/13	4/3	3/11	5/28	4/7	7/23	6/3
10/22	9/24	12/17	11/21	2/7	1/14	4/4	3/12	5/29	4/8	7/24	6/4
10/23	9/25	12/18	11/22	2/8	1/15	4/5	3/13	5/30	4/9	7/25	6/5
10/24	9/26	12/19	11/23	2/9	1/16	4/6	3/14	5/31	4/10	7/26	6/6
10/25	9/27	12/20	11/24	2/10	1/17	4/7	3/15	6/1	4/11	7/27	6/7
10/26	9/28	12/21	11/25	2/11	1/18	4/8	3/16	6/2	4/12	7/28	6/8
10/27	9/29	12/22	11/26	2/12	1/19	4/9	3/17	6/3	4/13	7/29	6/9
10/28	10/1	12/23	11/27	2/13	1/20	4/10	3/18	6/4	4/14	7/30	6/10
10/29	10/2	12/24	11/28	2/14	1/21	4/11	3/19	6/5	4/15	7/31	6/11
10/30	10/3	12/25	11/29	2/15	1/22	4/12	3/20	6/6	4/16	8/1	6/12
10/31	10/4	12/26	12/1	2/16	1/23	4/13	3/21	6/7	4/17	8/2	6/13
11/1	10/5	12/27	12/2	2/17	1/24	4/14	3/22	6/8	4/18	8/3	6/14
11/2	10/6	12/28	12/3	2/18	1/25	4/15	3/23	6/9	4/19	8/4	6/15
11/3	10/7	12/29	12/4	2/19	1/26	4/16	3/24	6/10	4/20	8/5	6/16
11/4	10/8	12/30	12/5	2/20	1/27	4/17	3/25	6/11	4/21	8/6	6/17

Bitte beachten: Die erste Zahl ist der Monat, die zweite der Tag.

8/7	6/18	10/2	8/15	11/26	10/11	1/18	12/5	3/14	2/1	5/9	3/28
8/8	6/19	10/3	8/16	11/27	10/12	1/19	12/6	3/15	2/2	5/10	3/29
8/9	6/20	10/4	8/17	11/28	10/13	1/20	12/7	3/16	2/3	5/11	3/30
8/10	6/21	10/5	8/18	11/29	10/14	1/21	12/8	3/17	2/4	5/12	4/1
8/11	6/22	10/6	8/19	11/30	10/15	1/22	12/9	3/18	2/5	5/13	4/2
8/12	6/23	10/7	8/20	12/1	10/16	1/23	12/10	3/19	2/6	5/14	4/3
8/13	6/24	10/8	8/21	12/2	10/17	1/24	12/11	3/20	2/7	5/15	4/4
8/14	6/25	10/9	8/22	12/3	10/18	1/25	12/12	3/21	2/8	5/16	4/5
8/15	6/26	10/10	8/23	12/4	10/19	1/26	12/13	3/22	2/9	5/17	4/6
8/16	6/27	10/11	8/24	12/5	10/20	1/27	12/14	3/23	2/10	5/18	4/7
8/17	6/28	10/12	8/25	12/6	10/21	1/28	12/15	3/24	2/11	5/19	4/8
8/18	6/29	10/13	8/26	12/7	10/22	1/29	12/16	3/25	2/12	5/20	4/9
8/19	7/1	10/14	8/27	12/8	10/23	1/30	12/17	3/26	2/13	5/21	4/10
8/20	7/2	10/15	8/28	12/9	10/24	1/31	12/18	3/27	2/14	5/22	4/11
8/21	7/3	10/16	8/29	12/10	10/25	2/1	12/19	3/28	2/15	5/23	4/12
8/22	7/4	10/17	8/30	12/11	10/26	2/2	12/20	3/29	2/16	5/24	4/13
8/23	7/5	10/18	9/1	12/12	10/27	2/3	12/21	3/30	2/17	5/25	4/14
8/24	7/6	10/19	9/2	12/13	10/28	2/4	12/22	3/31	2/18	5/26	4/15
8/25	7/7	10/20	9/3	12/14	10/29	2/5	12/23	4/1	2/19	5/27	4/16
8/26	7/8	10/21	9/4	12/15	10/30	2/6	12/24	4/2	2/20	5/28	4/17
8/27	7/9	10/22	9/5	12/16	11/1	2/7	12/25	4/3	2/21	5/29	4/18
8/28	7/10	10/23	9/6	12/17	11/2	2/8	12/26	4/4	2/22	5/30	4/19
8/29	7/11	10/24	9/7	12/18	11/3	2/9	12/27	4/5	2/23	5/31	4/20
8/30	7/12	10/25	9/8	12/19	11/4	2/10	12/28	4/6	2/24	6/1	4/21
8/31	7/13	10/25	9/9	12/20	11/5	2/11	12/29	4/7	2/25	6/2	4/22
9/1	7/14	10/26	9/10	12/21	11/6	2/12	12/30	4/8	2/26	6/3	4/23
9/2	7/15	10/27	9/11	12/22	11/7	2/13	1/1	4/9	2/27	6/4	4/24
9/3	7/16	10/28	9/12	12/23	11/8		(1926)	4/10	2/28	6/5	4/25
9/4	7/17	10/29	9/13	12/24	11/9	2/14	1/2	4/11	2/29	6/6	4/26
9/5	7/18	10/30	9/14	12/25	11/10	2/15	1/3	4/12	3/1	6/7	4/27
9/6	7/19	10/31	9/15	12/26	11/11	2/16	1/4	4/13	3/2	6/8	4/28
9/7	7/20	11/1	9/16	12/27	11/12	2/17	1/5	4/14	3/3	6/9	4/29
9/8	7/21	11/2	9/17	12/28	11/13	2/18	1/6	4/15	3/4	6/10	5/1
9/9	7/22	11/3	9/18	12/29	11/14	2/19	1/7	4/16	3/5	6/11	5/2
9/10	7/23	11/4	9/19	12/30	11/15	2/20	1/8	4/17	3/6	6/12	5/3
9/11	7/24	11/5	9/20	12/31	11/16	2/21	1/9	4/18	3/7	6/13	5/4
9/12	7/25	11/6	9/21			2/22	1/10	4/19	3/8	6/14	5/5
9/13	7/26	11/7	9/22	**1926**		2/23	1/11	4/20	3/9	6/15	5/6
9/14	7/27	11/8	9/23	Solar	Lunar	2/24	1/12	4/21	3/10	6/16	5/7
9/15	7/28	11/9	9/24	1/1	11/17	2/25	1/13	4/22	3/11	6/17	5/8
9/16	7/29	11/10	9/25	1/2	11/18	2/26	1/14	4/23	3/12	6/18	5/9
9/17	7/30	11/11	9/26	1/3	11/19	2/27	1/15	4/24	3/13	6/19	5/10
9/18	8/1	11/12	9/27	1/4	11/20	2/28	1/16	4/25	3/14	6/20	5/11
9/19	8/2	11/13	9/28	1/5	11/21	3/1	1/17	4/26	3/15	6/21	5/12
9/20	8/3	11/14	9/29	1/6	11/22	3/2	1/18	4/27	3/16	6/22	5/13
9/21	8/4	11/15	9/30	1/7	11/23	3/3	1/19	4/28	3/17	6/23	5/14
9/22	8/5	11/16	10/1	1/8	11/24	3/4	1/20	4/29	3/18	6/24	5/15
9/23	8/6	11/17	10/2	1/9	11/25	3/5	1/21	4/30	3/19	6/25	5/16
9/24	8/7	11/18	10/3	1/10	11/26	3/6	1/22	5/1	3/20	6/26	5/17
9/25	8/8	11/19	10/4	1/11	11/27	3/7	1/23	5/2	3/21	6/27	5/18
9/26	8/9	11/20	10/5	1/12	11/28	3/8	1/24	5/3	3/22	6/28	5/19
9/27	8/10	11/21	10/6	1/13	11/29	3/9	1/25	5/4	3/23	6/29	5/20
9/28	8/11	11/22	10/7	1/14	12/1	3/10	1/26	5/5	3/24	6/30	5/21
9/29	8/12	11/23	10/8	1/15	12/2	3/11	1/27	5/6	3/25	7/1	5/22
9/30	8/13	11/24	10/9	1/16	12/3	3/12	1/28	5/7	3/26	7/2	5/23
10/1	8/14	11/25	10/10	1/17	12/4	3/13	1/29	5/8	3/27	7/3	5/24

Bitte beachten: Die erste Zahl ist der Monat, die zweite der Tag.

7/4	5/25	8/29	7/22	10/24	9/18	12/19	11/15	2/9	1/8	4/6	3/5
7/5	5/26	8/30	7/23	10/25	9/19	12/20	11/16	2/10	1/9	4/7	3/6
7/6	5/27	8/31	7/24	10/26	9/20	12/21	11/17	2/11	1/10	4/8	3/7
7/7	5/28	9/1	7/25	10/27	9/21	12/22	11/18	2/12	1/11	4/9	3/8
7/8	5/29	9/2	7/26	10/28	9/22	12/23	11/19	2/13	1/12	4/10	3/9
7/9	5/30	9/3	7/27	10/29	9/23	12/24	11/20	2/14	1/13	4/11	3/10
7/10	6/1	9/4	7/28	10/30	9/24	12/25	11/21	2/15	1/14	4/12	3/11
7/11	6/2	9/5	7/29	10/31	9/25	12/26	11/22	2/16	1/15	4/13	3/12
7/12	6/3	9/6	7/30	11/1	9/26	12/27	11/23	2/17	1/16	4/14	3/13
7/13	6/4	9/7	8/1	11/2	9/27	12/28	11/24	2/18	1/17	4/15	3/14
7/14	6/5	9/8	8/2	11/3	9/28	12/29	11/25	2/19	1/18	4/16	3/15
7/15	6/6	9/9	8/3	11/4	9/29	12/30	11/26	2/20	1/19	4/17	3/16
7/16	6/7	9/10	8/4	11/5	10/1	12/31	11/27	2/21	1/20	4/18	3/17
7/17	6/8	9/11	8/5	11/6	10/2			2/22	1/21	4/19	3/18
7/18	6/9	9/12	8/6	11/7	10/3	**1927**		2/23	1/22	4/20	3/19
7/19	6/10	9/13	8/7	11/8	10/4	**Solar**	**Lunar**	2/24	1/23	4/21	3/20
7/20	6/11	9/14	8/8	11/9	10/5	1/1	11/28	2/25	1/24	4/22	3/21
7/21	6/12	9/15	8/9	11/10	10/6	1/2	11/29	2/26	1/25	4/23	3/22
7/22	6/13	9/16	8/10	11/11	10/7	1/3	11/30	2/27	1/26	4/24	3/23
7/23	6/14	9/17	8/11	11/12	10/8	1/4	12/1	2/28	1/27	4/25	3/24
7/24	6/15	9/18	8/12	11/13	10/9	1/5	12/2	3/1	1/28	4/26	3/25
7/25	6/16	9/19	8/13	11/14	10/10	1/6	12/3	3/2	1/29	4/27	3/26
7/26	6/17	9/20	8/14	11/15	10/11	1/7	12/4	3/3	1/30	4/28	3/27
7/27	6/18	9/21	8/15	11/16	10/12	1/8	12/5	3/4	2/1	4/29	3/28
7/28	6/19	9/22	8/16	11/17	10/13	1/9	12/6	3/5	2/2	4/30	3/29
7/29	6/20	9/23	8/17	11/18	10/14	1/10	12/7	3/6	2/3	5/1	4/1
7/30	6/21	9/24	8/18	11/19	10/15	1/11	12/8	3/7	2/4	5/2	4/2
7/31	6/22	9/25	8/19	11/20	10/16	1/12	12/9	3/8	2/5	5/3	4/3
8/1	6/23	9/26	8/20	11/21	10/17	1/13	12/10	3/9	2/6	5/4	4/4
8/2	6/24	9/27	8/21	11/22	10/18	1/14	12/11	3/10	2/7	5/5	4/5
8/3	6/25	9/28	8/22	11/23	10/19	1/15	12/12	3/11	2/8	5/6	4/6
8/4	6/26	9/29	8/23	11/24	10/20	1/16	12/13	3/12	2/9	5/7	4/7
8/5	6/27	9/30	8/24	11/25	10/21	1/17	12/14	3/13	2/10	5/8	4/8
8/6	6/28	10/1	8/25	11/26	10/22	1/18	12/15	3/14	2/11	5/9	4/9
8/7	6/29	10/2	8/26	11/27	10/23	1/19	12/16	3/15	2/12	5/10	4/10
8/8	7/1	10/3	8/27	11/28	10/24	1/20	12/17	3/16	2/13	5/11	4/11
8/9	7/2	10/4	8/28	11/29	10/25	1/21	12/18	3/17	2/14	5/12	4/12
8/10	7/3	10/5	8/29	11/30	10/26	1/22	12/19	3/18	2/15	5/13	4/13
8/11	7/4	10/6	8/30	12/1	10/27	1/23	12/20	3/19	2/16	5/14	4/14
8/12	7/5	10/7	9/1	12/2	10/28	1/24	12/21	3/20	2/17	5/15	4/15
8/13	7/6	10/8	9/2	12/3	10/29	1/25	12/22	3/21	2/18	5/16	4/16
8/14	7/7	10/9	9/3	12/4	10/30	1/26	12/23	3/22	2/19	5/17	4/17
8/15	7/8	10/10	9/4	12/5	11/1	1/27	12/24	3/23	2/20	5/18	4/18
8/16	7/9	10/11	9/5	12/6	11/2	1/28	12/25	3/24	2/21	5/19	4/19
8/17	7/10	10/12	9/6	12/7	11/3	1/29	12/26	3/25	2/22	5/20	4/20
8/18	7/11	10/13	9/7	12/8	11/4	1/30	12/27	3/26	2/23	5/21	4/21
8/19	7/12	10/14	9/8	12/9	11/5	1/31	12/28	3/27	2/24	5/22	4/22
8/20	7/13	10/15	9/9	12/10	11/6	2/1	12/29	3/28	2/25	5/23	4/23
8/21	7/14	10/16	9/10	12/11	11/7	2/2	1/1	3/29	2/26	5/24	4/24
8/22	7/15	10/17	9/11	12/12	11/8		(1927)	3/30	2/27	5/25	4/25
8/23	7/16	10/18	9/12	12/13	11/9	2/3	1/2	3/31	2/28	5/26	4/26
8/24	7/17	10/19	9/13	12/14	11/10	2/4	1/3	4/1	2/29	5/27	4/27
8/25	7/18	10/20	9/14	12/15	11/11	2/5	1/4	4/2	3/1	5/28	4/28
8/26	7/19	10/21	9/15	12/16	11/12	2/6	1/5	4/3	3/2	5/29	4/29
8/27	7/20	10/22	9/16	12/17	11/13	2/7	1/6	4/4	3/3	5/30	4/30
8/28	7/21	10/23	9/17	12/18	11/14	2/8	1/7	4/5	3/4	5/31	5/1

Bitte beachten: Die erste Zahl ist der Monat, die zweite der Tag.

6/1	5/2	7/27	6/29	9/21	8/26	11/16	10/23	1/8	12/16	3/3	2/12
6/2	5/3	7/28	6/30	9/22	8/27	11/17	10/24	1/9	12/17	3/4	2/13
6/3	5/4	7/29	7/1	9/23	8/28	11/18	10/25	1/10	12/18	3/5	2/14
6/4	5/5	7/30	7/2	9/24	8/29	11/19	10/26	1/11	12/19	3/6	2/15
6/5	5/6	7/31	7/3	9/25	8/30	11/20	10/27	1/12	12/20	3/7	2/16
6/6	5/7	8/1	7/4	9/26	9/1	11/21	10/28	1/13	12/21	3/8	2/17
6/7	5/8	8/2	7/5	9/27	9/2	11/22	10/29	1/14	12/22	3/9	2/18
6/8	5/9	8/3	7/6	9/28	9/3	11/23	10/30	1/15	12/23	3/10	2/19
6/9	5/10	8/4	7/7	9/29	9/4	11/24	11/1	1/16	12/24	3/11	2/20
6/10	5/11	8/5	7/8	9/30	9/5	11/25	11/2	1/17	12/25	3/12	2/21
6/11	5/12	8/6	7/9	10/1	9/6	11/26	11/3	1/18	12/26	3/13	2/22
6/12	5/13	8/7	7/10	10/2	9/7	11/27	11/4	1/19	12/27	3/14	2/23
6/13	5/14	8/8	7/11	10/3	9/8	11/28	11/5	1/20	12/28	3/15	2/24
6/14	5/15	8/9	7/12	10/4	9/9	11/29	11/6	1/21	12/29	3/16	2/25
6/15	5/16	8/10	7/13	10/5	9/10	11/30	11/7	1/22	12/30	3/17	2/26
6/16	5/17	8/11	7/14	10/6	9/11	12/1	11/8	1/23	1/1	3/18	2/27
6/17	5/18	8/12	7/15	10/7	9/12	12/2	11/9		(1928)	3/19	2/28
6/18	5/19	8/13	7/16	10/8	9/13	12/3	11/10	1/24	1/2	3/20	2/29
6/19	5/20	8/14	7/17	10/9	9/14	12/4	11/11	1/25	1/3	3/21	2/30
6/20	5/21	8/15	7/18	10/10	9/15	12/5	11/12	1/26	1/4	3/22	2/1
6/21	5/22	8/16	7/19	10/11	9/16	12/6	11/13	1/27	1/5	(Schaltmonat)	
6/22	5/23	8/17	7/20	10/12	9/17	12/7	11/14	1/28	1/6	3/23	2/2
6/23	5/24	8/18	7/21	10/13	9/18	12/8	11/15	1/29	1/7	3/24	2/3
6/24	5/25	8/19	7/22	10/14	9/19	12/9	11/16	1/30	1/8	3/25	2/4
6/25	5/26	8/20	7/23	10/15	9/20	12/10	11/17	1/31	1/9	3/26	2/5
6/26	5/27	8/21	7/24	10/16	9/21	12/11	11/18	2/1	1/10	3/27	2/6
6/27	5/28	8/22	7/25	10/17	9/22	12/12	11/19	2/2	1/11	3/28	2/7
6/28	5/29	8/23	7/26	10/18	9/23	12/13	11/20	2/3	1/12	3/29	2/8
6/29	6/1	8/24	7/27	10/19	9/24	12/14	11/21	2/4	1/13	3/30	2/9
6/30	6/2	8/25	7/28	10/20	9/25	12/15	11/22	2/5	1/14	3/31	2/10
7/1	6/3	8/26	7/29	10/21	9/26	12/16	11/23	2/6	1/15	4/1	2/11
7/2	6/4	8/27	8/1	10/22	9/27	12/17	11/24	2/7	1/16	4/2	2/12
7/3	6/5	8/28	8/2	10/23	9/28	12/18	11/25	2/8	1/17	4/3	2/13
7/4	6/6	8/29	8/3	10/24	9/29	12/19	11/26	2/9	1/18	4/4	2/14
7/5	6/7	8/30	8/4	10/25	10/1	12/20	11/27	2/10	1/19	4/5	2/15
7/6	6/8	8/31	8/5	10/26	10/2	12/21	11/28	2/11	1/20	4/6	2/16
7/7	6/9	9/1	8/6	10/27	10/3	12/22	11/29	2/12	1/21	4/7	2/17
7/8	6/10	9/2	8/7	10/28	10/4	12/23	11/30	2/13	1/22	4/8	2/18
7/9	6/11	9/3	8/8	10/29	10/5	12/24	12/1	2/14	1/23	4/9	2/19
7/10	6/12	9/4	8/9	10/30	10/6	12/25	12/2	2/15	1/24	4/10	2/20
7/11	6/13	9/5	8/10	10/31	10/7	12/26	12/3	2/16	1/25	4/11	2/21
7/12	6/14	9/6	8/11	11/1	10/8	12/27	12/4	2/17	1/26	4/12	2/22
7/13	6/15	9/7	8/12	11/2	10/9	12/28	12/5	2/18	1/27	4/13	2/23
7/14	6/16	9/8	8/13	11/3	10/10	12/29	12/6	2/19	1/28	4/14	2/24
7/15	6/17	9/9	8/14	11/4	10/11	12/30	12/7	2/20	1/29	4/15	2/25
7/16	6/18	9/10	8/15	11/5	10/12	12/31	12/8	2/21	2/1	4/16	2/26
7/17	6/19	9/11	8/16	11/6	10/13			2/22	2/2	4/17	2/27
7/18	6/20	9/12	8/17	11/7	10/14	**1928**		2/23	2/3	4/18	2/28
7/19	6/21	9/13	8/18	11/8	10/15	Solar	Lunar	2/24	2/4	4/19	2/29
7/20	6/22	9/14	8/19	11/9	10/16	1/1	12/9	2/25	2/5	4/20	3/1
7/21	6/23	9/15	8/20	11/10	10/17	1/2	12/10	2/26	2/6	4/21	3/2
7/22	6/24	9/16	8/21	11/11	10/18	1/3	12/11	2/27	2/7	4/22	3/3
7/23	6/25	9/17	8/22	11/12	10/19	1/4	12/12	2/28	2/8	4/23	3/4
7/24	6/26	9/18	8/23	11/13	10/20	1/5	12/13	2/29	2/9	4/24	3/5
7/25	6/27	9/19	8/24	11/14	10/21	1/6	12/14	3/1	2/10	4/25	3/6
7/26	6/28	9/20	8/25	11/15	10/22	1/7	12/15	3/2	2/11	4/26	3/7

Bitte beachten: Die erste Zahl ist der Monat, die zweite der Tag.

4/27	3/8	6/22	5/5	8/17	7/3	10/12	8/29	12/7	10/26	1/29	12/19
4/28	3/9	6/23	5/6	8/18	7/4	10/13	9/1	12/8	10/27	1/30	12/20
4/29	3/10	6/24	5/7	8/19	7/5	10/14	9/2	12/9	10/28	1/31	12/21
4/30	3/11	6/25	5/8	8/20	7/6	10/15	9/3	12/10	10/29	2/1	12/22
5/1	3/12	6/26	5/9	8/21	7/7	10/16	9/4	12/11	10/30	2/2	12/23
5/2	3/13	6/27	5/10	8/22	7/8	10/17	9/5	12/12	11/1	2/3	12/24
5/3	3/14	6/28	5/11	8/23	7/9	10/18	9/6	12/13	11/2	2/4	12/25
5/4	3/15	6/29	5/12	8/24	7/10	10/19	9/7	12/14	11/3	2/5	12/26
5/5	3/16	6/30	5/13	8/25	7/11	10/20	9/8	12/15	11/4	2/6	12/27
5/6	3/17	7/1	5/14	8/26	7/12	10/21	9/9	12/16	11/5	2/7	12/28
5/7	3/18	7/2	5/15	8/27	7/13	10/22	9/10	12/17	11/6	2/8	12/29
5/8	3/19	7/3	5/16	8/28	7/14	10/23	9/11	12/18	11/7	2/9	12/30
5/9	3/20	7/4	5/17	8/29	7/15	10/24	9/12	12/19	11/8	2/10	1/1
5/10	3/21	7/5	5/18	8/30	7/16	10/25	9/13	12/20	11/9		(1929)
5/11	3/22	7/6	5/19	8/31	7/17	10/26	9/14	12/21	11/10	2/11	1/2
5/12	3/23	7/7	5/20	9/1	7/18	10/27	9/15	12/22	11/11	2/12	1/3
5/13	3/24	7/8	5/21	9/2	7/19	10/28	9/16	12/23	11/12	2/13	1/4
5/14	3/25	7/9	5/22	9/3	7/20	10/29	9/17	12/24	11/13	2/14	1/5
5/15	3/26	7/10	5/23	9/4	7/21	10/30	9/18	12/25	11/14	2/15	1/6
5/16	3/27	7/11	5/24	9/5	7/22	10/31	9/19	12/26	11/15	2/16	1/7
5/17	3/28	7/12	5/25	9/6	7/23	11/1	9/20	12/27	11/16	2/17	1/8
5/18	3/29	7/13	5/26	9/7	7/24	11/2	9/21	12/28	11/17	2/18	1/9
5/19	4/1	7/14	5/27	9/8	7/25	11/3	9/22	12/29	11/18	2/19	1/10
5/20	4/2	7/15	5/28	9/9	7/26	11/4	9/23	12/30	11/19	2/20	1/11
5/21	4/3	7/16	5/29	9/10	7/27	11/5	9/24	12/31	11/20	2/21	1/12
5/22	4/4	7/17	6/1	9/11	7/28	11/6	9/25			2/22	1/13
5/23	4/5	7/18	6/2	9/12	7/29	11/7	9/26	**1929**		2/23	1/14
5/24	4/6	7/19	6/3	9/13	7/30	11/8	9/27	**Solar**	**Lunar**	2/24	1/15
5/25	4/7	7/20	6/4	9/14	8/1	11/9	9/28	1/1	11/21	2/25	1/16
5/26	4/8	7/21	6/5	9/15	8/2	11/10	9/29	1/2	11/22	2/26	1/17
5/27	4/9	7/22	6/6	9/16	8/3	11/11	9/30	1/3	11/23	2/27	1/18
5/28	4/10	7/23	6/7	9/17	8/4	11/12	10/1	1/4	11/24	2/28	1/19
5/29	4/11	7/24	6/8	9/18	8/5	11/13	10/2	1/5	11/25	3/1	1/20
5/30	4/12	7/25	6/9	9/19	8/6	11/14	10/3	1/6	11/26	3/2	1/21
5/31	4/13	7/26	6/10	9/20	8/7	11/15	10/4	1/7	11/27	3/3	1/22
6/1	4/14	7/27	6/11	9/21	8/8	11/16	10/5	1/8	11/28	3/4	1/23
6/2	4/15	7/28	6/12	9/22	8/9	11/17	10/6	1/9	11/29	3/5	1/24
6/3	4/16	7/29	6/13	9/23	8/10	11/18	10/7	1/10	11/30	3/6	1/25
6/4	4/17	7/30	6/14	9/24	8/11	11/19	10/8	1/11	12/1	3/7	1/26
6/5	4/18	7/31	6/15	9/25	8/12	11/20	10/9	1/12	12/2	3/8	1/27
6/6	4/19	8/1	6/16	9/26	8/13	11/21	10/10	1/13	12/3	3/9	1/28
6/7	4/20	8/2	6/17	9/27	8/14	11/22	10/11	1/14	12/4	3/10	1/29
6/8	4/21	8/3	6/18	9/28	8/15	11/23	10/12	1/15	12/5	3/11	2/1
6/9	4/22	8/4	6/19	9/29	8/16	11/24	10/13	1/16	12/6	3/12	2/2
6/10	4/23	8/5	6/20	9/30	8/17	11/25	10/14	1/17	12/7	3/13	2/3
6/11	4/24	8/6	6/21	10/1	8/18	11/26	10/15	1/18	12/8	3/14	2/4
6/12	4/25	8/7	6/22	10/2	8/19	11/27	10/16	1/19	12/9	3/15	2/5
6/13	4/26	8/8	6/23	10/3	8/20	11/28	10/17	1/20	12/10	3/16	2/6
6/14	4/27	8/9	6/24	10/4	8/21	11/29	10/18	1/21	12/11	3/17	2/7
6/15	4/28	8/10	6/25	10/5	8/22	11/30	10/19	1/22	12/12	3/18	2/8
6/16	4/29	8/11	6/26	10/6	8/23	12/1	10/20	1/23	12/13	3/19	2/9
6/17	4/30	8/12	6/27	10/7	8/24	12/2	10/21	1/24	12/14	3/20	2/10
6/18	5/1	8/13	6/28	10/8	8/25	12/3	10/22	1/25	12/15	3/21	2/11
6/19	5/2	8/14	6/29	10/9	8/26	12/4	10/23	1/26	12/16	3/22	2/12
6/20	5/3	8/15	7/1	10/10	8/27	12/5	10/24	1/27	12/17	3/23	2/13
6/21	5/4	8/16	7/2	10/11	8/28	12/6	10/25	1/28	12/18	3/24	2/14

Bitte beachten: Die erste Zahl ist der Monat, die zweite der Tag.

3/25	2/15	5/20	4/12	7/15	6/9	9/9	8/7	11/4	10/4	12/30	11/30
3/26	2/16	5/21	4/13	7/16	6/10	9/10	8/8	11/5	10/5	12/31	12/1
3/27	2/17	5/22	4/14	7/17	6/11	9/11	8/9	11/6	10/6		
3/28	2/18	5/23	4/15	7/18	6/12	9/12	8/10	11/7	10/7	**1930**	
3/29	2/19	5/24	4/16	7/19	6/13	9/13	8/11	11/8	10/8	Solar	Lunar
3/30	2/20	5/25	4/17	7/20	6/14	9/14	8/12	11/9	10/9	1/1	12/2
3/31	2/21	5/26	4/18	7/21	6/15	9/15	8/13	11/10	10/10	1/2	12/3
4/1	2/22	5/27	4/19	7/22	6/16	9/16	8/14	11/11	10/11	1/3	12/4
4/2	2/23	5/28	4/20	7/23	6/17	9/17	8/15	11/12	10/12	1/4	12/5
4/3	2/24	5/29	4/21	7/24	6/18	9/18	8/16	11/13	10/13	1/5	12/6
4/4	2/25	5/30	4/22	7/25	6/19	9/19	8/17	11/14	10/14	1/6	12/7
4/5	2/26	5/31	4/23	7/26	6/20	9/20	8/18	11/15	10/15	1/7	12/8
4/6	2/27	6/1	4/24	7/27	6/21	9/21	8/19	11/16	10/16	1/8	12/9
4/7	2/28	6/2	4/25	7/28	6/22	9/22	8/20	11/17	10/17	1/9	12/10
4/8	2/29	6/3	4/26	7/29	6/23	9/23	8/21	11/18	10/18	1/10	12/11
4/9	2/30	6/4	4/27	7/30	6/24	9/24	8/22	11/19	10/19	1/11	12/12
4/10	3/1	6/5	4/28	7/31	6/25	9/25	8/23	11/20	10/20	1/12	12/13
4/11	3/2	6/6	4/29	8/1	6/26	9/26	8/24	11/21	10/21	1/13	12/14
4/12	3/3	6/7	5/1	8/2	6/27	9/27	8/25	11/22	10/22	1/14	12/15
4/13	3/4	6/8	5/2	8/3	6/28	9/28	8/26	11/23	10/23	1/15	12/16
4/14	3/5	6/9	5/3	8/4	6/30	9/29	8/27	11/24	10/24	1/16	12/17
4/15	3/6	6/10	5/4	8/5	7/1	9/30	8/28	11/25	10/25	1/17	12/18
4/16	3/7	6/11	5/5	8/6	7/2	10/1	8/29	11/26	10/26	1/18	12/19
4/17	3/8	6/12	5/6	8/7	7/3	10/2	8/30	11/27	10/27	1/19	12/20
4/18	3/9	6/13	5/7	8/8	7/4	10/3	9/1	11/28	10/28	1/20	12/21
4/19	3/10	6/14	5/8	8/9	7/5	10/4	9/2	11/29	10/29	1/21	12/22
4/20	3/11	6/15	5/9	8/10	7/6	10/5	9/3	11/30	10/30	1/22	12/23
4/21	3/12	6/16	5/10	8/11	7/7	10/6	9/4	12/1	11/1	1/23	12/24
4/22	3/13	6/17	5/11	8/12	7/8	10/7	9/5	12/2	11/2	1/24	12/25
4/23	3/14	6/18	5/12	8/13	7/9	10/8	9/6	12/3	11/3	1/25	12/26
4/24	3/15	6/19	5/13	8/14	7/10	10/9	9/7	12/4	11/4	1/26	12/27
4/25	3/16	6/20	5/14	8/15	7/11	10/10	9/8	12/5	11/5	1/27	12/28
4/26	3/17	6/21	5/15	8/16	7/12	10/11	9/9	12/6	11/6	1/28	12/29
4/27	3/18	6/22	5/16	8/17	7/13	10/12	9/10	12/7	11/7	1/29	12/30
4/28	3/19	6/23	5/17	8/18	7/14	10/13	9/11	12/8	11/8	1/30	1/1
4/29	3/20	6/24	5/18	8/19	7/15	10/14	9/12	12/9	11/9		(1930)
4/30	3/21	6/25	5/19	8/20	7/16	10/15	9/13	12/10	11/10	1/31	1/2
5/1	3/22	6/26	5/20	8/21	7/17	10/16	9/14	12/11	11/11	2/1	1/3
5/2	3/23	6/27	5/21	8/22	7/18	10/17	9/15	12/12	11/12	2/2	1/4
5/3	3/24	6/28	5/22	8/23	7/19	10/18	9/16	12/13	11/13	2/3	1/5
5/4	3/25	6/29	5/23	8/24	7/20	10/19	9/17	12/14	11/14	2/4	1/6
5/5	3/26	6/30	5/24	8/25	7/21	10/20	9/18	12/15	11/15	2/5	1/7
5/6	3/27	7/1	5/25	8/26	7/22	10/21	9/19	12/16	11/16	2/6	1/8
5/7	3/28	7/2	5/26	8/27	7/23	10/22	9/20	12/17	11/17	2/7	1/9
5/8	3/29	7/3	5/27	8/28	7/24	10/23	9/21	12/18	11/18	2/8	1/10
5/9	4/1	7/4	5/28	8/29	7/25	10/24	9/22	12/19	11/19	2/9	1/11
5/10	4/2	7/5	5/29	8/30	7/26	10/25	9/23	12/20	11/20	2/10	1/12
5/11	4/3	7/6	5/30	8/31	7/27	10/26	9/24	12/21	11/21	2/11	1/13
5/12	4/4	7/7	6/1	9/1	7/28	10/27	9/25	12/22	11/22	2/12	1/14
5/13	4/5	7/8	6/2	9/2	7/29	10/28	9/26	12/23	11/23	2/13	1/15
5/14	4/6	7/9	6/3	9/3	8/1	10/29	9/27	12/24	11/24	2/14	1/16
5/15	4/7	7/10	6/4	9/4	8/2	10/30	9/28	12/25	11/25	2/15	1/17
5/16	4/8	7/11	6/5	9/5	8/3	10/31	9/29	12/26	11/26	2/16	1/18
5/17	4/9	7/12	6/6	9/6	8/4	11/1	10/1	12/27	11/27	2/17	1/19
5/18	4/10	7/13	6/7	9/7	8/5	11/2	10/2	12/28	11/28	2/18	1/20
5/19	4/11	7/14	6/8	9/8	8/6	11/3	10/3	12/29	11/29	2/19	1/21

Bitte beachten: Die erste Zahl ist der Monat, die zweite der Tag.

Solar	Lunar	Solar	Lunar	Solar	Lunar	Solar	Lunar	Solar	Lunar	Solar	Lunar
2/20	1/22	4/18	3/20	6/13	5/17	8/8	6/14	10/3	8/12	11/28	10/9
2/21	1/23	4/19	3/21	6/14	5/18	8/9	6/15	10/4	8/13	11/29	10/10
2/22	1/24	4/20	3/22	6/15	5/19	8/10	6/16	10/5	8/14	11/30	10/11
2/23	1/25	4/21	3/23	6/16	5/20	8/11	6/17	10/6	8/15	12/1	10/12
2/24	1/26	4/22	3/24	6/17	5/21	8/12	6/18	10/7	8/16	12/2	10/13
2/25	1/27	4/23	3/25	6/18	5/22	8/13	6/19	10/8	8/17	12/3	10/14
2/26	1/28	4/24	3/26	6/19	5/23	8/14	6/20	10/9	8/18	12/4	10/15
2/27	1/29	4/25	3/27	6/20	5/24	8/15	6/21	10/10	8/19	12/5	10/16
2/28	2/1	4/26	3/28	6/21	5/25	8/16	6/22	10/11	8/20	12/6	10/17
3/1	2/2	4/27	3/29	6/22	5/26	8/17	6/23	10/12	8/21	12/7	10/18
3/2	2/3	4/28	3/30	6/23	5/27	8/18	6/24	10/13	8/22	12/8	10/19
3/3	2/4	4/29	4/1	6/24	5/28	8/19	6/25	10/14	8/23	12/9	10/20
3/4	2/5	4/30	4/2	6/25	5/29	8/20	6/26	10/15	8/24	12/10	10/21
3/5	2/6	5/1	4/3	6/26	6/1	8/21	6/27	10/16	8/25	12/11	10/22
3/6	2/7	5/2	4/4	6/27	6/2	8/22	6/28	10/17	8/26	12/12	10/23
3/7	2/8	5/3	4/5	6/28	6/3	8/23	6/29	10/18	8/27	12/13	10/24
3/8	2/9	5/4	4/6	6/29	6/4	8/24	7/1	10/19	8/28	12/14	10/25
3/9	2/10	5/5	4/7	6/30	6/5	8/25	7/2	10/20	8/29	12/15	10/26
3/10	2/11	5/6	4/8	7/1	6/6	8/26	7/3	10/21	8/30	12/16	10/27
3/11	2/12	5/7	4/9	7/2	6/7	8/27	7/4	10/22	9/1	12/17	10/28
3/12	2/13	5/8	4/10	7/3	6/8	8/28	7/5	10/23	9/2	12/18	10/28
3/13	2/14	5/9	4/11	7/4	6/9	8/29	7/6	10/24	9/3	12/19	10/29
3/14	2/15	5/10	4/12	7/5	6/10	8/30	7/7	10/25	9/4	12/20	11/1
3/15	2/16	5/11	4/13	7/6	6/11	8/31	7/8	10/26	9/5	12/21	11/2
3/16	2/17	5/12	4/14	7/8	6/12	9/1	7/9	10/27	9/6	12/22	11/3
3/17	2/18	5/13	4/15	7/9	6/13	9/2	7/10	10/28	9/7	12/23	11/4
3/18	2/19	5/14	4/16	7/10	6/14	9/3	7/11	10/29	9/8	12/24	11/5
3/19	2/20	5/15	4/17	7/11	6/15	9/4	7/12	10/30	9/9	12/25	11/6
3/20	2/21	5/16	4/18	7/12	6/16	9/5	7/13	10/31	9/10	12/26	11/7
3/21	2/22	5/17	4/19	7/13	6/17	9/6	7/14	11/1	9/11	12/27	11/8
3/22	2/23	5/18	4/20	7/14	6/18	9/7	7/15	11/2	9/12	12/28	11/9
3/23	2/24	5/19	4/21	7/15	6/19	9/8	7/16	11/3	9/13	12/29	11/10
3/24	2/25	5/20	4/22	7/16	6/20	9/9	7/17	11/4	9/14	12/30	11/11
3/25	2/26	5/21	4/23	7/17	6/21	9/10	7/18	11/5	9/15	12/31	11/12
3/26	2/27	5/22	4/24	7/18	6/22	9/11	7/19	11/6	9/16		
3/28	2/28	5/23	4/25	7/19	6/23	9/12	7/20	11/7	9/17	**1931**	
3/29	2/29	5/24	4/26	7/20	6/24	9/13	7/21	11/8	9/18	Solar	Lunar
3/30	3/1	5/25	4/27	7/21	6/25	9/14	7/22	11/9	9/19	1/1	11/13
3/31	3/2	5/26	4/28	7/22	6/26	9/15	7/23	11/10	9/20	1/2	11/14
4/1	3/3	5/27	4/29	7/23	6/27	9/16	7/24	11/11	9/21	1/3	11/15
4/2	3/4	5/28	5/1	7/24	6/28	9/17	7/25	11/12	9/22	1/4	11/16
4/3	3/5	5/29	5/2	7/25	6/29	9/18	7/26	11/13	9/23	1/5	11/17
4/4	3/6	5/30	5/3	7/26	6/1	9/19	7/27	11/14	9/24	1/6	11/18
4/5	3/7	5/31	5/4	(Schaltmonat)		9/20	7/28	11/15	9/25	1/7	11/19
4/6	3/8	6/1	5/5	7/27	6/2	9/21	7/29	11/16	9/26	1/8	11/20
4/7	3/9	6/2	5/6	7/28	6/3	9/22	8/1	11/17	9/27	1/9	11/21
4/8	3/10	6/3	5/7	7/29	6/4	9/23	8/2	11/18	9/28	1/10	11/22
4/9	3/11	6/4	5/8	7/30	6/5	9/24	8/3	11/19	9/29	1/11	11/23
4/10	3/12	6/5	5/9	7/31	6/6	9/25	8/4	11/20	10/1	1/12	11/24
4/11	3/13	6/6	5/10	8/1	6/7	9/26	8/5	11/21	10/2	1/13	11/25
4/12	3/14	6/7	5/11	8/2	6/8	9/27	8/6	11/22	10/3	1/14	11/26
4/13	3/15	6/8	5/12	8/3	6/9	9/28	8/7	11/23	10/4	1/15	11/27
4/14	3/16	6/9	5/13	8/4	6/10	9/29	8/8	11/24	10/5	1/16	11/28
4/15	3/17	6/10	5/14	8/5	6/11	9/30	8/9	11/25	10/6	1/17	11/29
4/16	3/18	6/11	5/15	8/6	6/12	10/1	8/10	11/26	10/7	1/18	11/30
4/17	3/19	6/12	5/16	8/7	6/13	10/2	8/11	11/27	10/8	1/19	12/1

Bitte beachten: Die erste Zahl ist der Monat, die zweite der Tag.

1/20	12/2	3/16	1/28	5/11	3/24	7/6	5/21	8/31	7/18	10/26	9/16
1/21	12/3	3/17	1/29	5/12	3/25	7/7	5/22	9/1	7/19	10/27	9/17
1/22	12/4	3/18	1/30	5/13	3/26	7/8	5/23	9/2	7/20	10/28	9/18
1/23	12/5	3/19	2/1	5/14	3/27	7/9	5/24	9/3	7/21	10/29	9/19
1/24	12/6	3/20	2/2	5/15	3/28	7/10	5/25	9/4	7/22	10/30	9/20
1/25	12/7	3/21	2/3	5/16	3/29	7/11	5/26	9/5	7/23	10/31	9/21
1/26	12/8	3/22	2/4	5/17	4/1	7/12	5/27	9/6	7/24	11/1	9/22
1/27	12/9	3/23	2/5	5/18	4/2	7/13	5/28	9/7	7/25	11/2	9/23
1/28	12/10	3/24	2/6	5/19	4/3	7/14	5/29	9/8	7/26	11/3	9/24
1/29	12/11	3/25	2/7	5/20	4/4	7/15	6/1	9/9	7/27	11/4	9/25
1/30	12/12	3/26	2/8	5/21	4/5	7/16	6/2	9/10	7/28	11/5	9/26
1/31	12/13	3/27	2/9	5/22	4/6	7/17	6/3	9/11	7/29	11/6	9/27
2/1	12/14	3/28	2/10	5/23	4/7	7/18	6/4	9/12	8/1	11/7	9/28
2/2	12/15	3/29	2/11	5/24	4/8	7/19	6/5	9/13	8/2	11/8	9/29
2/3	12/16	3/30	2/12	5/25	4/9	7/20	6/6	9/14	8/3	11/9	9/30
2/4	12/17	3/31	2/13	5/26	4/10	7/21	6/7	9/15	8/4	11/10	10/1
2/5	12/18	4/1	2/14	5/27	4/11	7/22	6/8	9/16	8/5	11/11	10/2
2/6	12/19	4/2	2/15	5/28	4/12	7/23	6/9	9/17	8/6	11/12	10/3
2/7	12/20	4/3	2/16	5/29	4/13	7/24	6/10	9/18	8/7	11/13	10/4
2/8	12/21	4/4	2/17	5/30	4/14	7/25	6/11	9/19	8/8	11/14	10/5
2/9	12/22	4/5	2/18	5/31	4/15	7/26	6/12	9/20	8/9	11/15	10/6
2/10	12/23	4/6	2/19	6/1	4/16	7/27	6/13	9/21	8/10	11/16	10/7
2/11	12/24	4/7	2/20	6/2	4/17	7/28	6/14	9/22	8/11	11/17	10/8
2/12	12/25	4/8	2/21	6/3	4/18	7/29	6/15	9/23	8/12	11/18	10/9
2/13	12/26	4/9	2/22	6/4	4/19	7/30	6/16	9/24	8/13	11/19	10/10
2/14	12/27	4/10	2/23	6/5	4/20	7/31	6/17	9/25	8/14	11/20	10/11
2/15	12/28	4/11	2/24	6/6	4/21	8/1	6/18	9/26	8/15	11/21	10/12
2/16	12/29	4/12	2/25	6/7	4/22	8/2	6/19	9/27	8/16	11/22	10/13
2/17	1/1	4/13	2/26	6/8	4/23	8/3	6/20	9/28	8/17	11/23	10/14
	(1931)	4/14	2/27	6/9	4/24	8/4	6/21	9/29	8/18	11/24	10/15
2/18	1/2	4/15	2/28	6/10	4/25	8/5	6/22	9/30	8/19	11/25	10/16
2/19	1/3	4/16	2/29	6/11	4/26	8/6	6/23	10/1	8/20	11/26	10/17
2/20	1/4	4/17	2/30	6/12	4/27	8/7	6/24	10/2	8/21	11/27	10/18
2/21	1/5	4/18	3/1	6/13	4/28	8/8	6/25	10/3	8/22	11/28	10/19
2/22	1/6	4/19	3/2	6/14	4/29	8/9	6/26	10/4	8/23	11/29	10/20
2/23	1/7	4/20	3/3	6/15	4/30	8/10	6/27	10/5	8/24	11/30	10/21
2/24	1/8	4/21	3/4	6/16	5/1	8/11	6/28	10/6	8/25	12/1	10/22
2/25	1/9	4/22	3/5	6/17	5/2	8/12	6/29	10/7	8/26	12/2	10/23
2/26	1/10	4/23	3/6	6/18	5/3	8/13	6/30	10/8	8/27	12/3	10/24
2/27	1/11	4/24	3/7	6/19	5/4	8/14	7/1	10/9	8/28	12/4	10/25
2/28	1/12	4/25	3/8	6/20	5/5	8/15	7/2	10/10	8/29	12/5	10/26
3/1	1/13	4/26	3/9	6/21	5/6	8/16	7/3	10/11	9/1	12/6	10/27
3/2	1/14	4/27	3/10	6/22	5/7	8/17	7/4	10/12	9/2	12/7	10/28
3/3	1/15	4/28	3/11	6/23	5/8	8/18	7/5	10/13	9/3	12/8	10/29
3/4	1/16	4/29	3/12	6/24	5/9	8/19	7/6	10/14	9/4	12/9	11/1
3/5	1/17	4/30	3/13	6/25	5/10	8/20	7/7	10/15	9/5	12/10	11/2
3/6	1/18	5/1	3/14	6/26	5/11	8/21	7/8	10/16	9/6	12/11	11/3
3/7	1/19	5/2	3/15	6/27	5/12	8/22	7/9	10/17	9/7	12/12	11/4
3/8	1/20	5/3	3/16	6/28	5/13	8/23	7/10	10/18	9/8	12/13	11/5
3/9	1/21	5/4	3/17	6/29	5/14	8/24	7/11	10/19	9/9	12/14	11/6
3/10	1/22	5/5	3/18	6/30	5/15	8/25	7/12	10/20	9/10	12/15	11/7
3/11	1/23	5/6	3/19	7/1	5/16	8/26	7/13	10/21	9/11	12/16	11/8
3/12	1/24	5/7	3/20	7/2	5/17	8/27	7/14	10/22	9/12	12/17	11/9
3/13	1/25	5/8	3/21	7/3	5/18	8/28	7/15	10/23	9/13	12/18	11/10
3/14	1/26	5/9	3/22	7/4	5/19	8/29	7/16	10/24	9/14	12/19	11/11
3/15	1/27	5/10	3/23	7/5	5/20	8/30	7/17	10/25	9/15	12/20	11/12

Bitte beachten: Die erste Zahl ist der Monat, die zweite der Tag.

Solar	Lunar	Solar	Lunar	Solar	Lunar	Solar	Lunar	Solar	Lunar	Solar	Lunar
12/21	11/13	2/11	1/6	4/7	3/2	6/2	4/28	7/28	6/25	9/22	8/22
12/22	11/14	2/12	1/7	4/8	3/3	6/3	4/29	7/29	6/26	9/23	8/23
12/23	11/15	2/13	1/8	4/9	3/4	6/4	5/1	7/30	6/27	9/24	8/24
12/24	11/16	2/14	1/9	4/10	3/5	6/5	5/2	7/31	6/28	9/25	8/25
12/25	11/17	2/15	1/10	4/11	3/6	6/6	5/3	8/1	6/29	9/26	8/26
12/26	11/18	2/16	1/11	4/12	3/7	6/7	5/4	8/2	7/1	9/27	8/27
12/27	11/19	2/17	1/12	4/13	3/8	6/8	5/5	8/3	7/2	9/28	8/28
12/28	11/20	2/18	1/13	4/14	3/9	6/9	5/6	8/4	7/3	9/29	8/29
12/29	11/21	2/19	1/14	4/15	3/10	6/10	5/7	8/5	7/4	9/30	9/1
12/30	11/22	2/20	1/15	4/16	3/11	6/11	5/8	8/6	7/5	10/1	9/2
12/31	11/23	2/21	1/16	4/17	3/12	6/12	5/9	8/7	7/6	10/2	9/3
		2/22	1/17	4/18	3/13	6/13	5/10	8/8	7/7	10/3	9/4
1932		2/23	1/18	4/19	3/14	6/14	5/11	8/9	7/8	10/4	9/5
Solar	**Lunar**	2/24	1/19	4/20	3/15	6/15	5/12	8/10	7/9	10/5	9/6
1/1	11/24	2/25	1/20	4/21	3/16	6/16	5/13	8/11	7/10	10/6	9/7
1/2	11/25	2/26	1/21	4/22	3/17	6/17	5/14	8/12	7/11	10/7	9/8
1/3	11/26	2/27	1/22	4/23	3/18	6/18	5/15	8/13	7/12	10/8	9/9
1/4	11/27	2/28	1/23	4/24	3/19	6/19	5/16	8/14	7/13	10/9	9/10
1/5	11/28	2/29	1/24	4/25	3/20	6/20	5/17	8/15	7/14	10/10	9/11
1/6	11/29	3/1	1/25	4/26	3/21	6/21	5/18	8/16	7/15	10/11	9/12
1/7	11/30	3/2	1/26	4/27	3/22	6/22	5/19	8/17	7/16	10/12	9/13
1/8	12/1	3/3	1/27	4/28	3/23	6/23	5/20	8/18	7/17	10/13	9/14
1/9	12/2	3/4	1/28	4/29	3/24	6/24	5/21	8/19	7/18	10/14	9/15
1/10	12/3	3/5	1/29	4/30	3/25	6/25	5/22	8/20	7/19	10/15	9/16
1/11	12/4	3/6	1/30	5/1	3/26	6/26	5/23	8/21	7/20	10/16	9/17
1/12	12/5	3/7	2/1	5/2	3/27	6/27	5/24	8/22	7/21	10/17	9/18
1/13	12/6	3/8	2/2	5/3	3/28	6/28	5/25	8/23	7/22	10/18	9/19
1/14	12/7	3/9	2/3	5/4	3/29	6/29	5/26	8/24	7/23	10/19	9/20
1/15	12/8	3/10	2/4	5/5	3/30	6/30	5/27	8/25	7/24	10/20	9/21
1/16	12/9	3/11	2/5	5/6	4/1	7/1	5/28	8/26	7/25	10/21	9/22
1/17	12/10	3/12	2/6	5/7	4/2	7/2	5/29	8/27	7/26	10/22	9/23
1/18	12/11	3/13	2/7	5/8	4/3	7/3	5/30	8/28	7/27	10/23	9/24
1/19	12/12	3/14	2/8	5/9	4/4	7/4	6/1	8/29	7/28	10/24	9/25
1/20	12/13	3/15	2/9	5/10	4/5	7/5	6/2	8/30	7/29	10/25	9/26
1/21	12/14	3/16	2/10	5/11	4/6	7/6	6/3	8/31	7/30	10/26	9/27
1/22	12/15	3/17	2/11	5/12	4/7	7/7	6/4	9/1	8/1	10/27	9/28
1/23	12/16	3/18	2/12	5/13	4/8	7/8	6/5	9/2	8/2	10/28	9/29
1/24	12/17	3/19	2/13	5/14	4/9	7/9	6/6	9/3	8/3	10/29	10/1
1/25	12/18	3/20	2/14	5/15	4/10	7/10	6/7	9/4	8/4	10/30	10/2
1/26	12/19	3/21	2/15	5/16	4/11	7/11	6/8	9/5	8/5	10/31	10/3
1/27	12/20	3/22	2/16	5/17	4/12	7/12	6/9	9/6	8/6	11/1	10/4
1/28	12/21	3/23	2/17	5/18	4/13	7/13	6/10	9/7	8/7	11/2	10/5
1/29	12/22	3/24	2/18	5/19	4/14	7/14	6/11	9/8	8/8	11/3	10/6
1/30	12/23	3/25	2/19	5/20	4/15	7/15	6/12	9/9	8/9	11/4	10/7
1/31	12/24	3/26	2/20	5/21	4/16	7/16	6/13	9/10	8/10	11/5	10/8
2/1	12/25	3/27	2/21	5/22	4/17	7/17	6/14	9/11	8/11	11/6	10/9
2/2	12/26	3/28	2/22	5/23	4/18	7/18	6/15	9/12	8/12	11/7	10/10
2/3	12/27	3/29	2/23	5/24	4/19	7/19	6/16	9/13	8/13	11/8	10/11
2/4	12/28	3/30	2/24	5/25	4/20	7/20	6/17	9/14	8/14	11/9	10/12
2/5	12/29	3/31	2/25	5/26	4/21	7/21	6/18	9/15	8/15	11/10	10/13
2/6	1/1	4/1	2/26	5/27	4/22	7/22	6/19	9/16	8/16	11/11	10/14
	(1932)	4/2	2/27	5/28	4/23	7/23	6/20	9/17	8/17	11/12	10/15
2/7	1/2	4/3	2/28	5/29	4/24	7/24	6/21	9/18	8/18	11/13	10/16
2/8	1/3	4/4	2/29	5/30	4/25	7/25	6/22	9/19	8/19	11/14	10/17
2/9	1/4	4/5	2/30	5/31	4/26	7/26	6/23	9/20	8/20	11/15	10/18
2/10	1/5	4/6	3/1	6/1	4/27	7/27	6/24	9/21	8/21	11/16	10/19

Bitte beachten: Die erste Zahl ist der Monat, die zweite der Tag.

11/17	10/20	1/9	12/14	3/5	2/10	4/30	4/6	6/24	5/2	8/19	6/28
11/18	10/21	1/10	12/15	3/6	2/11	5/1	4/7	6/25	5/3	8/20	6/29
11/19	10/22	1/11	12/16	3/7	2/12	5/2	4/8	6/26	5/4	8/21	7/1
11/20	10/23	1/12	12/17	3/8	2/13	5/3	4/9	6/27	5/5	8/22	7/2
11/21	10/24	1/13	12/18	3/9	2/14	5/4	4/10	6/28	5/6	8/23	7/3
11/22	10/25	1/14	12/19	3/10	2/15	5/5	4/11	6/29	5/7	8/24	7/4
11/23	10/26	1/15	12/20	3/11	2/16	5/6	4/12	6/30	5/8	8/25	7/5
11/24	10/27	1/16	12/21	3/12	2/17	5/7	4/13	7/1	5/9	8/26	7/6
11/25	10/28	1/17	12/22	3/13	2/18	5/8	4/14	7/2	5/10	8/27	7/7
11/26	10/29	1/18	12/23	3/14	2/19	5/9	4/15	7/3	5/11	8/28	7/8
11/27	10/30	1/19	12/24	3/15	2/20	5/10	4/16	7/4	5/12	8/29	7/9
11/28	11/1	1/20	12/25	3/16	2/21	5/11	4/17	7/5	5/13	8/30	7/10
11/29	11/2	1/21	12/26	3/17	2/22	5/12	4/18	7/6	5/14	8/31	7/11
11/30	11/3	1/22	12/27	3/18	2/23	5/13	4/19	7/7	5/15	9/1	7/12
12/1	11/4	1/23	12/28	3/19	2/24	5/14	4/20	7/8	5/16	9/2	7/13
12/2	11/5	1/24	12/29	3/20	2/25	5/15	4/21	7/9	5/17	9/3	7/14
12/3	11/6	1/25	12/30	3/21	2/26	5/16	4/22	7/10	5/18	9/4	7/15
12/4	11/7	1/26	1/1	3/22	2/27	5/17	4/23	7/11	5/19	9/5	7/16
12/5	11/8		(1933)	3/23	2/28	5/18	4/24	7/12	5/20	9/6	7/17
12/6	11/9	1/27	1/2	3/24	2/29	5/19	4/25	7/13	5/21	9/7	7/18
12/7	11/10	1/28	1/3	3/25	2/30	5/20	4/26	7/14	5/22	9/8	7/19
12/8	11/11	1/29	1/4	3/26	3/1	5/21	4/27	7/15	5/23	9/9	7/20
12/9	11/12	1/30	1/5	3/27	3/2	5/22	4/28	7/16	5/24	9/10	7/21
12/10	11/13	1/31	1/6	3/28	3/3	5/23	4/29	7/17	5/25	9/11	7/22
12/11	11/14	2/1	1/7	3/29	3/4	5/24	5/1	7/18	5/26	9/12	7/23
12/12	11/15	2/2	1/8	3/30	3/5	5/25	5/2	7/19	5/27	9/13	7/24
12/13	11/16	2/3	1/9	3/31	3/6	5/26	5/3	7/20	5/28	9/14	7/25
12/14	11/17	2/4	1/10	4/1	3/7	5/27	5/4	7/21	5/29	9/15	7/26
12/15	11/18	2/5	1/11	4/2	3/8	5/28	5/5	7/22	5/30	9/16	7/27
12/16	11/19	2/6	1/12	4/3	3/9	5/29	5/6	7/23	6/1	9/17	7/28
12/17	11/20	2/7	1/13	4/4	3/10	5/30	5/7	7/24	6/2	9/18	7/29
12/18	11/21	2/8	1/14	4/5	3/11	5/31	5/8	7/25	6/3	9/19	7/30
12/19	11/22	2/9	1/15	4/6	3/12	6/1	5/9	7/26	6/4	9/20	8/1
12/20	11/23	2/10	1/16	4/7	3/13	6/2	5/10	7/27	6/5	9/21	8/2
12/21	11/24	2/11	1/17	4/8	3/14	6/3	5/11	7/28	6/6	9/22	8/3
12/22	11/25	2/12	1/18	4/9	3/15	6/4	5/12	7/29	6/7	9/23	8/4
12/23	11/26	2/13	1/19	4/10	3/16	6/5	5/13	7/30	6/8	9/24	8/5
12/24	11/27	2/14	1/20	4/11	3/17	6/6	5/14	7/31	6/9	9/25	8/6
12/25	11/28	2/15	1/21	4/12	3/18	6/7	5/15	8/1	6/10	9/26	8/7
12/26	11/29	2/16	1/22	4/13	3/19	6/8	5/16	8/2	6/11	9/27	8/8
12/27	12/1	2/17	1/23	4/14	3/20	6/9	5/17	8/3	6/12	9/28	8/9
12/28	12/2	2/18	1/24	4/15	3/21	6/10	5/18	8/4	6/13	9/29	8/10
12/29	12/3	2/19	1/25	4/16	3/22	6/11	5/19	8/5	6/14	9/30	8/11
12/30	12/4	2/20	1/26	4/17	3/23	6/12	5/20	8/6	6/15	10/1	8/12
12/31	12/5	2/21	1/27	4/18	3/24	6/13	5/21	8/7	6/16	10/2	8/13
		2/22	1/28	4/19	3/25	6/14	5/22	8/8	6/17	10/3	8/14
1933		2/23	1/29	4/20	3/26	6/15	5/23	8/9	6/18	10/4	8/15
Solar	**Lunar**	2/24	2/1	4/21	3/27	6/16	5/24	8/10	6/19	10/5	8/16
1/1	12/6	2/25	2/2	4/22	3/28	6/17	5/25	8/11	6/20	10/6	8/17
1/2	12/7	2/26	2/3	4/23	3/29	6/18	5/26	8/12	6/21	10/7	8/18
1/3	12/8	2/27	2/4	4/24	3/30	6/19	5/27	8/13	6/22	10/8	8/19
1/4	12/9	2/28	2/5	4/25	4/1	6/20	5/28	8/14	6/23	10/9	8/20
1/5	12/10	3/1	2/6	4/26	4/2	6/21	5/29	8/15	6/24	10/10	8/21
1/6	12/11	3/2	2/7	4/27	4/3	6/22	5/30	8/16	6/25	10/11	8/22
1/7	12/12	3/3	2/8	4/28	4/4	6/23	5/1	8/17	6/26	10/12	8/23
1/8	12/13	3/4	2/9	4/29	4/5	(Schaltmonat)		8/18	6/27	10/13	8/24

Bitte beachten: Die erste Zahl ist der Monat, die zweite der Tag.

10/14	8/25	12/9	10/22	1/31	12/17	3/27	2/13	5/22	4/10	7/17	6/6
10/15	8/26	12/10	10/23	2/1	12/18	3/28	2/14	5/23	4/11	7/18	6/7
10/16	8/27	12/11	10/24	2/2	12/19	3/29	2/15	5/24	4/12	7/19	6/8
10/17	8/28	12/12	10/25	2/3	12/20	3/30	2/16	5/25	4/13	7/20	6/9
10/18	8/29	12/13	10/26	2/4	12/21	3/31	2/17	5/26	4/14	7/21	6/10
10/19	9/1	12/14	10/27	2/5	12/22	4/1	2/18	5/27	4/15	7/22	6/11
10/20	9/2	12/15	10/28	2/6	12/23	4/2	2/19	5/28	4/16	7/23	6/12
10/21	9/3	12/16	10/29	2/7	12/24	4/3	2/20	5/29	4/17	7/24	6/13
10/22	9/4	12/17	11/1	2/8	12/25	4/4	2/21	5/30	4/18	7/25	6/14
10/23	9/5	12/18	11/2	2/9	12/26	4/5	2/22	5/31	4/19	7/26	6/15
10/24	9/6	12/19	11/3	2/10	12/27	4/6	2/23	6/1	4/20	7/27	6/16
10/25	9/7	12/20	11/4	2/11	12/28	4/7	2/24	6/2	4/21	7/28	6/17
10/26	9/8	12/21	11/5	2/12	12/29	4/8	2/25	6/3	4/22	7/29	6/18
10/27	9/9	12/22	11/6	2/13	12/30	4/9	2/26	6/4	4/23	7/30	6/19
10/28	9/10	12/23	11/7	2/14	1/1	4/10	2/27	6/5	4/24	7/31	6/20
10/29	9/11	12/24	11/8		(1934)	4/11	2/28	6/6	4/25	8/1	6/21
10/30	9/12	12/25	11/9	2/15	1/2	4/12	2/29	6/7	4/26	8/2	6/22
10/31	9/13	12/26	11/10	2/16	1/3	4/13	2/30	6/8	4/27	8/3	6/23
11/1	9/14	12/27	11/11	2/17	1/4	4/14	3/1	6/9	4/28	8/4	6/24
11/2	9/15	12/28	11/12	2/18	1/5	4/15	3/2	6/10	4/29	8/5	6/25
11/3	9/16	12/29	11/13	2/19	1/6	4/16	3/3	6/11	4/30	8/6	6/26
11/4	9/17	12/30	11/14	2/20	1/7	4/17	3/4	6/12	5/1	8/7	6/27
11/5	9/18	12/31	11/15	2/21	1/8	4/18	3/5	6/13	5/2	8/8	6/28
11/6	9/19			2/22	1/9	4/19	3/6	6/14	5/3	8/9	6/29
11/7	9/20	**1934**		2/23	2/10	4/20	3/7	6/15	5/4	8/10	7/1
11/8	9/21	**Solar**	**Lunar**	2/24	2/11	4/21	3/8	6/16	5/5	8/11	7/2
11/9	9/22	1/1	11/16	2/25	2/12	4/22	3/9	6/17	5/6	8/12	7/3
11/10	9/23	1/2	11/17	2/26	2/13	4/23	3/10	6/18	5/7	8/13	7/4
11/11	9/24	1/3	11/18	2/27	2/14	4/24	3/11	6/19	5/8	8/14	7/5
11/12	9/25	1/4	11/19	2/28	2/15	4/25	3/12	6/20	5/9	8/15	7/6
11/13	9/26	1/5	11/20	3/1	2/16	4/26	3/13	6/21	5/10	8/16	7/7
11/14	9/27	1/6	11/21	3/2	2/17	4/27	3/14	6/22	5/11	8/17	7/8
11/15	9/28	1/7	11/22	3/3	2/18	4/28	3/15	6/23	5/12	8/18	7/9
11/16	9/29	1/8	11/23	3/4	2/19	4/29	3/16	6/24	5/13	8/19	7/10
11/17	9/30	1/9	11/24	3/5	2/20	4/30	3/17	6/25	5/14	8/20	7/11
11/18	10/1	1/10	11/25	3/6	2/21	5/1	3/18	6/26	5/15	8/21	7/12
11/19	10/2	1/11	11/26	3/7	2/22	5/2	3/19	6/27	5/16	8/22	7/13
11/20	10/3	1/12	11/27	3/8	2/23	5/3	3/20	6/28	5/17	8/23	7/14
11/21	10/4	1/13	11/28	3/9	2/24	5/4	3/21	6/29	5/18	8/24	7/15
11/22	10/5	1/14	11/29	3/10	2/25	5/5	3/22	6/30	5/19	8/25	7/16
11/23	10/6	1/15	12/1	3/11	2/26	5/6	3/23	7/1	5/20	8/26	7/17
11/24	10/7	1/16	12/2	3/12	2/27	5/7	3/24	7/2	5/21	8/27	7/18
11/25	10/8	1/17	12/3	3/13	2/28	5/8	3/25	7/3	5/22	8/28	7/19
11/26	10/9	1/18	12/4	3/14	2/29	5/9	3/26	7/4	5/23	8/29	7/20
11/27	10/10	1/19	12/5	3/15	2/1	5/10	3/27	7/5	5/24	8/30	7/21
11/28	10/11	1/20	12/6	3/16	2/2	5/11	3/28	7/6	5/25	8/31	7/22
11/29	10/12	1/21	12/7	3/17	2/3	5/12	3/29	7/7	5/26	9/1	7/23
11/30	10/13	1/22	12/8	3/18	2/4	5/13	4/1	7/8	5/27	9/2	7/24
12/1	10/14	1/23	12/9	3/19	2/5	5/14	4/2	7/9	5/28	9/3	7/25
12/2	10/15	1/24	12/10	3/20	2/6	5/15	4/3	7/10	5/29	9/4	7/26
12/3	10/16	1/25	12/11	3/21	2/7	5/16	4/4	7/11	5/30	9/5	7/27
12/4	10/17	1/26	12/12	3/22	2/8	5/17	4/5	7/12	6/1	9/6	7/28
12/5	10/18	1/27	12/13	3/23	2/9	5/18	4/6	7/13	6/2	9/7	7/29
12/6	10/19	1/28	12/14	3/24	2/10	5/19	4/7	7/14	6/3	9/8	7/30
12/7	10/20	1/29	12/15	3/25	2/11	5/20	4/8	7/15	6/4	9/9	8/1
12/8	10/21	1/30	12/16	3/26	2/12	5/21	4/9	7/16	6/5	9/10	8/2

Bitte beachten: Die erste Zahl ist der Monat, die zweite der Tag.

				1935							
9/11	8/3	11/6	9/30	Solar	Lunar	2/23	1/20	4/20	3/18	6/15	5/15
9/12	8/4	11/7	10/1	1/1	11/26	2/24	1/21	4/21	3/19	6/16	5/16
9/13	8/5	11/8	10/2	1/2	11/27	2/25	1/22	4/22	3/20	6/17	5/17
9/14	8/6	11/9	10/3	1/3	11/28	2/26	1/23	4/23	3/21	6/18	5/18
9/15	8/7	11/10	10/4	1/4	11/29	2/27	1/24	4/24	3/22	6/19	5/19
9/16	8/8	11/11	10/5	1/5	12/1	2/28	1/25	4/25	3/23	6/20	5/20
9/17	8/9	11/12	10/6	1/6	12/2	3/1	1/26	4/26	3/24	6/21	5/21
9/18	8/10	11/13	10/7	1/7	12/3	3/2	1/27	4/27	3/25	6/22	5/22
9/19	8/11	11/14	10/8	1/8	12/4	3/3	1/28	4/28	3/26	6/23	5/23
9/20	8/12	11/15	10/9	1/9	12/5	3/4	1/29	4/29	3/27	6/24	5/24
9/21	8/13	11/16	10/10	1/10	12/6	3/5	2/1	4/30	3/28	6/25	5/25
9/22	8/14	11/17	10/11	1/11	12/7	3/6	2/2	5/1	3/29	6/26	5/26
9/23	8/15	11/18	10/12	1/12	12/8	3/7	2/3	5/2	3/30	6/27	5/27
9/24	8/16	11/19	10/13	1/13	12/9	3/8	2/4	5/3	4/1	6/28	5/28
9/25	8/17	11/20	10/14	1/14	12/10	3/9	2/5	5/4	4/2	6/29	5/29
9/26	8/18	11/21	10/15	1/15	12/11	3/10	2/6	5/5	4/3	6/30	5/30
9/27	8/19	11/22	10/16	1/16	12/12	3/11	2/7	5/6	4/4	7/1	6/1
9/28	8/20	11/23	10/17	1/17	12/13	3/12	2/8	5/7	4/5	7/2	6/2
9/29	8/21	11/24	10/18	1/18	12/14	3/13	2/9	5/8	4/6	7/3	6/3
9/30	8/22	11/25	10/19	1/19	12/15	3/14	2/10	5/9	4/7	7/4	6/4
10/1	8/23	11/26	10/20	1/20	12/16	3/15	2/11	5/10	4/8	7/5	6/5
10/2	8/24	11/27	10/21	1/21	12/17	3/16	2/12	5/11	4/9	7/6	6/6
10/3	8/25	11/28	10/22	1/22	12/18	3/17	2/13	5/12	4/10	7/7	6/7
10/4	8/26	11/29	10/23	1/23	12/19	3/18	2/14	5/13	4/11	7/8	6/8
10/5	8/27	11/30	10/24	1/24	12/20	3/19	2/15	5/14	4/12	7/9	6/9
10/6	8/28	12/1	10/25	1/25	12/21	3/20	2/16	5/15	4/13	7/10	6/10
10/7	8/29	12/2	10/26	1/26	12/22	3/21	2/17	5/16	4/14	7/11	6/11
10/8	9/1	12/3	10/27	1/27	12/23	3/22	2/18	5/17	4/15	7/12	6/12
10/9	9/2	12/4	10/28	1/28	12/24	3/23	2/19	5/18	4/16	7/13	6/13
10/10	9/3	12/5	10/29	1/29	12/25	3/24	2/20	5/19	4/17	7/14	6/14
10/11	9/4	12/6	10/30	1/30	12/26	3/25	2/21	5/20	4/18	7/15	6/15
10/12	9/5	12/7	11/1	1/31	12/27	3/26	2/22	5/21	4/19	7/16	6/16
10/13	9/6	12/8	11/2	2/1	12/28	3/27	2/23	5/22	4/20	7/17	6/17
10/14	9/7	12/9	11/3	2/2	12/29	3/28	2/24	5/23	4/21	7/18	6/18
10/15	9/8	12/10	11/4	2/3	12/30	3/29	2/25	5/24	4/22	7/19	6/19
10/16	9/9	12/11	11/5	2/4	1/1	3/30	2/26	5/25	4/23	7/20	6/20
10/17	9/10	12/12	11/6		(1935)	3/31	2/27	5/26	4/24	7/21	6/21
10/18	9/11	12/13	11/7			4/1	2/28	5/27	4/25	7/22	6/22
10/19	9/12	12/14	11/8	2/5	1/2	4/2	2/29	5/28	4/26	7/23	6/23
10/20	9/13	12/15	11/9	2/6	1/3	4/3	3/1	5/29	4/27	7/24	6/24
10/21	9/14	12/16	11/10	2/7	1/4	4/4	3/2	5/30	4/28	7/25	6/25
10/22	9/15	12/17	11/11	2/8	1/5	4/5	3/3	5/31	4/29	7/26	6/26
10/23	9/16	12/18	11/12	2/9	1/6	4/6	3/4	6/1	5/1	7/27	6/27
10/24	9/17	12/19	11/13	2/10	1/7	4/7	3/5	6/2	5/2	7/28	6/28
10/25	9/18	12/20	11/14	2/11	1/8	4/8	3/6	6/3	5/3	7/29	6/29
10/26	9/19	12/21	11/15	2/12	1/9	4/9	3/7	6/4	5/4	7/30	7/1
10/27	9/20	12/22	11/16	2/13	1/10	4/10	3/8	6/5	5/5	7/31	7/2
10/28	9/21	12/23	11/17	2/14	1/11	4/11	3/9	6/6	5/6	8/1	7/3
10/29	9/22	12/24	11/18	2/15	1/12	4/12	3/10	6/7	5/7	8/2	7/4
10/30	9/23	12/25	11/19	2/16	1/13	4/13	3/11	6/8	5/8	8/3	7/5
10/31	9/24	12/26	11/20	2/17	1/14	4/14	3/12	6/9	5/9	8/4	7/6
11/1	9/25	12/27	11/21	2/18	1/15	4/15	3/13	6/10	5/10	8/5	7/7
11/2	9/26	12/28	11/22	2/19	1/16	4/16	3/14	6/11	5/11	8/6	7/8
11/3	9/27	12/29	11/23	2/20	1/17	4/17	3/15	6/12	5/12	8/7	7/9
11/4	9/28	12/30	11/24	2/21	1/18	4/18	3/16	6/13	5/13	8/8	7/10
11/5	9/29	12/31	11/25	2/22	1/19	4/19	3/17	6/14	5/14	8/9	7/11

Bitte beachten: Die erste Zahl ist der Monat, die zweite der Tag.

8/10	7/12	10/5	9/8	11/30	11/5	1/22	12/28	3/17	2/24	5/11	3/21
8/11	7/13	10/6	9/9	12/1	11/6	1/23	12/29	3/18	2/25	5/12	3/22
8/12	7/14	10/7	9/10	12/2	11/7	1/24	1/1	3/19	2/26	5/13	3/23
8/13	7/15	10/8	9/11	12/3	11/8		(1936)	3/20	2/27	5/14	3/24
8/14	7/16	10/9	9/12	12/4	11/9	1/25	1/2	3/21	2/28	5/15	3/25
8/15	7/17	10/10	9/13	12/5	11/10	1/26	1/3	3/22	2/29	5/16	3/26
8/16	7/18	10/11	9/14	12/6	11/11	1/27	1/4	3/23	3/1	5/17	3/27
8/17	7/19	10/12	9/15	12/7	11/12	1/28	1/5	3/24	3/2	5/18	3/28
8/18	7/20	10/13	9/16	12/8	11/13	1/29	1/6	3/25	3/3	5/19	3/29
8/19	7/21	10/14	9/17	12/9	11/14	1/30	1/7	3/26	3/4	5/20	3/30
8/20	7/22	10/15	9/18	12/10	11/15	1/31	1/8	3/27	3/5	5/21	4/1
8/21	7/23	10/16	9/19	12/11	11/16	2/1	1/9	3/28	3/6	5/22	4/2
8/22	7/24	10/17	9/20	12/12	11/17	2/2	1/10	3/29	3/7	5/23	4/3
8/23	7/25	10/18	9/21	12/13	11/18	2/3	1/11	3/30	3/8	5/24	4/4
8/24	7/26	10/19	9/22	12/14	11/19	2/4	1/12	3/31	3/9	5/25	4/5
8/25	7/27	10/20	9/23	12/15	11/20	2/5	1/13	4/1	3/10	5/26	4/6
8/26	7/28	10/21	9/24	12/16	11/21	2/6	1/14	4/2	3/11	5/27	4/7
8/27	7/29	10/22	9/25	12/17	11/22	2/7	1/15	4/3	3/12	5/28	4/8
8/28	7/30	10/23	9/26	12/18	11/23	2/8	1/16	4/4	3/13	5/29	4/9
8/29	8/1	10/24	9/27	12/19	11/24	2/9	1/17	4/5	3/14	5/30	4/10
8/30	8/2	10/25	9/28	12/20	11/25	2/10	1/18	4/6	3/15	5/31	4/11
8/31	8/3	10/26	9/29	12/21	11/26	2/11	1/19	4/7	3/16	6/1	4/12
9/1	8/4	10/27	10/1	12/22	11/27	2/12	1/20	4/8	3/17	6/2	4/13
9/2	8/5	10/28	10/2	12/23	11/28	2/13	1/21	4/9	3/18	6/3	4/14
9/3	8/6	10/29	10/3	12/24	11/29	2/14	1/22	4/10	3/19	6/4	4/15
9/4	8/7	10/30	10/4	12/25	11/30	2/15	1/23	4/11	3/20	6/5	4/16
9/5	8/8	10/31	10/5	12/26	12/1	2/16	1/24	4/12	3/21	6/6	4/17
9/6	8/9	11/1	10/6	12/27	12/2	2/17	1/25	4/13	3/22	6/7	4/18
9/7	8/10	11/2	10/7	12/28	12/3	2/18	1/26	4/14	3/23	6/8	4/19
9/8	8/11	11/3	10/8	12/29	12/4	2/19	1/27	4/15	3/24	6/9	4/20
9/9	8/12	11/4	10/9	12/30	12/5	2/20	1/28	4/16	3/25	6/10	4/21
9/10	8/13	11/5	10/10	12/31	12/6	2/21	1/29	4/17	3/26	6/11	4/22
9/11	8/14	11/6	10/11			2/22	1/30	4/18	3/27	6/12	4/23
9/12	8/15	11/7	10/12	**1936**		2/23	2/1	4/19	3/28	6/13	4/24
9/13	8/16	11/8	10/13	**Solar**	**Lunar**	2/24	2/2	4/20	3/29	6/14	4/25
9/14	8/17	11/9	10/14	1/1	12/7	2/25	2/3	4/21	3/1	6/15	4/26
9/15	8/18	11/10	10/15	1/2	12/8	2/26	2/4	**(Schaltmonat)**		6/16	4/27
9/16	8/19	11/11	10/16	1/3	12/9	2/27	2/5	4/22	3/2	6/17	4/28
9/17	8/20	11/12	10/17	1/4	12/10	2/28	2/6	4/23	3/3	6/18	4/29
9/18	8/21	11/13	10/18	1/5	12/11	2/29	2/7	4/24	3/4	6/19	5/1
9/19	8/22	11/14	10/19	1/6	12/12	3/1	2/8	4/25	3/5	6/20	5/2
9/20	8/23	11/15	10/20	1/7	12/13	3/2	2/9	4/26	3/6	6/21	5/3
9/21	8/24	11/16	10/21	1/8	12/14	3/3	2/10	4/27	3/7	6/22	5/4
9/22	8/25	11/17	10/22	1/9	12/15	3/4	2/11	4/28	3/8	6/23	5/5
9/23	8/26	11/18	10/23	1/10	12/16	3/5	2/12	4/29	3/9	6/24	5/6
9/24	8/27	11/19	10/24	1/11	12/17	3/6	2/13	4/30	3/10	6/25	5/7
9/25	8/28	11/20	10/25	1/12	12/18	3/7	2/14	5/1	3/11	6/26	5/8
9/26	8/29	11/21	10/26	1/13	12/19	3/8	2/15	5/2	3/12	6/27	5/9
9/27	8/30	11/22	10/27	1/14	12/20	3/9	2/16	5/3	3/13	6/28	5/10
9/28	9/1	11/23	10/28	1/15	12/21	3/10	2/17	5/4	3/14	6/29	5/11
9/29	9/2	11/24	10/29	1/16	12/22	3/11	2/18	5/5	3/15	6/30	5/12
9/30	9/3	11/25	10/30	1/17	12/23	3/12	2/19	5/6	3/16	7/1	5/13
10/1	9/4	11/26	11/1	1/18	12/24	3/13	2/20	5/7	3/17	7/2	5/14
10/2	9/5	11/27	11/2	1/19	12/25	3/14	2/21	5/8	3/18	7/3	5/15
10/3	9/6	11/28	11/3	1/20	12/26	3/15	2/22	5/9	3/19	7/4	5/16
10/4	9/7	11/29	11/4	1/21	12/27	3/16	2/23	5/10	3/20	7/5	5/17

Bitte beachten: Die erste Zahl ist der Monat, die zweite der Tag.

7/6	5/18	8/31	7/15	10/26	9/12	12/21	11/8		(1937)	4/8	2/27
7/7	5/19	9/1	7/16	10/27	9/13	12/22	11/9	2/12	1/2	4/9	2/28
7/8	5/20	9/2	7/17	10/28	9/14	12/23	11/10	2/13	1/3	4/10	2/29
7/9	5/21	9/3	7/18	10/29	9/15	12/24	11/11	2/14	1/4	4/11	3/1
7/10	5/22	9/4	7/19	10/30	9/16	12/25	11/12	2/15	1/5	4/12	3/2
7/11	5/23	9/5	7/20	10/31	9/17	12/26	11/13	2/16	1/6	4/13	3/3
7/12	5/24	9/6	7/21	11/1	9/18	12/27	11/14	2/17	1/7	4/14	3/4
7/13	5/25	9/7	7/22	11/2	9/19	12/28	11/15	2/18	1/8	4/15	3/5
7/14	5/26	9/8	7/23	11/3	9/20	12/29	11/16	2/19	1/9	4/16	3/6
7/15	5/27	9/9	7/24	11/4	9/21	12/30	11/17	2/20	1/10	4/17	3/7
7/16	5/28	9/10	7/25	11/5	9/22	12/31	11/18	2/21	1/11	4/18	3/8
7/17	5/29	9/11	7/26	11/6	9/23			2/22	1/12	4/19	3/9
7/18	6/1	9/12	7/27	11/7	9/24	**1937**		2/23	1/13	4/20	3/10
7/19	6/2	9/13	7/28	11/8	9/25	Solar	Lunar	2/24	1/14	4/21	3/11
7/20	6/3	9/14	7/29	11/9	9/26	1/1	11/19	2/25	1/15	4/22	3/12
7/21	6/4	9/15	7/30	11/10	9/27	1/2	11/20	2/26	1/16	4/23	3/13
7/22	6/5	9/16	8/1	11/11	9/28	1/3	11/21	2/27	1/17	4/24	3/14
7/23	6/6	9/17	8/2	11/12	9/29	1/4	11/22	2/28	1/18	4/25	3/15
7/24	6/7	9/18	8/3	11/13	9/30	1/5	11/23	3/1	1/19	4/26	3/16
7/25	6/8	9/19	8/4	11/14	10/1	1/6	11/24	3/2	1/20	4/27	3/17
7/26	6/9	9/20	8/5	11/15	10/2	1/7	11/25	3/3	1/21	4/28	3/18
7/27	6/10	9/21	8/6	11/16	10/3	1/8	11/26	3/4	1/22	4/29	3/19
7/28	6/11	9/22	8/7	11/17	10/4	1/9	11/27	3/5	1/23	4/30	3/20
7/29	6/12	9/23	8/8	11/18	10/5	1/10	11/28	3/6	1/24	5/1	3/21
7/30	6/13	9/24	8/9	11/19	10/6	1/11	11/29	3/7	1/25	5/2	3/22
7/31	6/14	9/25	8/10	11/20	10/7	1/12	11/30	3/8	1/26	5/3	3/23
8/1	6/15	9/26	8/11	11/21	10/8	1/13	12/1	3/9	1/27	5/4	3/24
8/2	6/16	9/27	8/12	11/22	10/9	1/14	12/2	3/10	1/28	5/5	3/25
8/3	6/17	9/28	8/13	11/23	10/10	1/15	12/3	3/11	1/29	5/6	3/26
8/4	6/18	9/29	8/14	11/24	10/11	1/16	12/4	3/12	1/30	5/7	3/27
8/5	6/19	9/30	8/15	11/25	10/12	1/17	12/5	3/13	2/1	5/8	3/28
8/6	6/20	10/1	8/16	11/26	10/13	1/18	12/6	3/14	2/2	5/9	3/29
8/7	6/21	10/2	8/17	11/27	10/14	1/19	12/7	3/15	2/3	5/10	4/1
8/8	6/22	10/3	8/18	11/28	10/15	1/20	12/8	3/16	2/4	5/11	4/2
8/9	6/23	10/4	8/19	11/29	10/16	1/21	12/9	3/17	2/5	5/12	4/3
8/10	6/24	10/5	8/20	11/30	10/17	1/22	12/10	3/18	2/6	5/13	4/4
8/11	6/25	10/6	8/21	12/1	10/18	1/23	12/11	3/19	2/7	5/14	4/5
8/12	6/26	10/7	8/22	12/2	10/19	1/24	12/12	3/20	2/8	5/15	4/6
8/13	6/27	10/8	8/23	12/3	10/20	1/25	12/13	3/21	2/9	5/16	4/7
8/14	6/28	10/9	8/24	12/4	10/21	1/26	12/14	3/22	2/10	5/17	4/8
8/15	6/29	10/10	8/25	12/5	10/22	1/27	12/15	3/23	2/11	5/18	4/9
8/16	6/30	10/11	8/26	12/6	10/23	1/28	12/16	3/24	2/12	5/19	4/10
8/17	7/1	10/12	8/27	12/7	10/24	1/29	12/17	3/25	2/13	5/20	4/11
8/18	7/2	10/13	8/28	12/8	10/25	1/30	12/18	3/26	2/14	5/21	4/12
8/19	7/3	10/14	8/29	12/9	10/26	1/31	12/19	3/27	2/15	5/22	4/13
8/20	7/4	10/15	9/1	12/10	10/27	2/1	12/20	3/28	2/16	5/23	4/14
8/21	7/5	10/16	9/2	12/11	10/28	2/2	12/21	3/29	2/17	5/24	4/15
8/22	7/6	10/17	9/3	12/12	10/29	2/3	12/22	3/30	2/18	5/25	4/16
8/23	7/7	10/18	9/4	12/13	10/30	2/4	12/23	3/31	2/19	5/26	4/17
8/24	7/8	10/19	9/5	12/14	11/1	2/5	12/24	4/1	2/20	5/27	4/18
8/25	7/9	10/20	9/6	12/15	11/2	2/6	12/25	4/2	2/21	5/28	4/19
8/26	7/10	10/21	9/7	12/16	11/3	2/7	12/26	4/3	2/22	5/29	4/20
8/27	7/11	10/22	9/8	12/17	11/4	2/8	12/27	4/4	2/23	5/30	4/21
8/28	7/12	10/23	9/9	12/18	11/5	2/9	12/28	4/5	2/24	5/31	4/22
8/29	7/13	10/24	9/10	12/19	11/6	2/10	12/29	4/6	2/25	6/1	4/23
8/30	7/14	10/25	9/11	12/20	11/7	2/11	1/1	4/7	2/26	6/2	4/24

Bitte beachten: Die erste Zahl ist der Monat, die zweite der Tag.

6/3	4/25	7/29	6/22	9/23	8/19	11/18	10/16	1/10	12/9	3/6	2/5
6/4	4/26	7/30	6/23	9/24	8/20	11/19	10/17	1/11	12/10	3/7	2/6
6/5	4/27	7/31	6/24	9/25	8/21	11/20	10/18	1/12	12/11	3/8	2/7
6/6	4/28	8/1	6/25	9/26	8/22	11/21	10/19	1/13	12/12	3/9	2/8
6/7	4/29	8/2	6/26	9/27	8/23	11/22	10/20	1/14	12/13	3/10	2/9
6/8	4/30	8/3	6/27	9/28	8/24	11/23	10/21	1/15	12/14	3/11	2/10
6/9	5/1	8/4	6/28	9/29	8/25	11/24	10/22	1/16	12/15	3/12	2/11
6/10	5/2	8/5	6/29	9/30	8/26	11/25	10/23	1/17	12/16	3/13	2/12
6/11	5/3	8/6	7/1	10/1	8/27	11/26	10/24	1/18	12/17	3/14	2/13
6/12	5/4	8/7	7/2	10/2	8/28	11/27	10/25	1/19	12/18	3/15	2/14
6/13	5/5	8/8	7/3	10/3	8/29	11/28	10/26	1/20	12/19	3/16	2/15
6/14	5/6	8/9	7/4	10/4	9/1	11/29	10/27	1/21	12/20	3/17	2/16
6/15	5/7	8/10	7/5	10/5	9/2	11/30	10/28	1/22	12/21	3/18	2/17
6/16	5/8	8/11	7/6	10/6	9/3	12/1	10/29	1/23	12/22	3/19	2/18
6/17	5/9	8/12	7/7	10/7	9/4	12/2	10/30	1/24	12/23	3/20	2/19
6/18	5/10	8/13	7/8	10/8	9/5	12/3	11/1	1/25	12/24	3/21	2/20
6/19	5/11	8/14	7/9	10/9	9/6	12/4	11/2	1/26	12/25	3/22	2/21
6/20	5/12	8/15	7/10	10/10	9/7	12/5	11/3	1/27	12/26	3/23	2/22
6/21	5/13	8/16	7/11	10/11	9/8	12/6	11/4	1/28	12/27	3/24	2/23
6/22	5/14	8/17	7/12	10/12	9/9	12/7	11/5	1/29	12/28	3/25	2/24
6/23	5/15	8/18	7/13	10/13	9/10	12/8	11/6	1/30	12/29	3/26	2/25
6/24	5/16	8/19	7/14	10/14	9/11	12/9	11/7	1/31	1/1	3/27	2/26
6/25	5/17	8/20	7/15	10/15	9/12	12/10	11/8		(1938)	3/28	2/27
6/26	5/18	8/21	7/16	10/16	9/13	12/11	11/9	2/1	1/2	3/29	2/28
6/27	5/19	8/22	7/17	10/17	9/14	12/12	11/10	2/2	1/3	3/30	2/29
6/28	5/20	8/23	7/18	10/18	9/15	12/13	11/11	2/3	1/4	3/31	2/30
6/29	5/21	8/24	7/19	10/19	9/16	12/14	11/12	2/4	1/5	4/1	3/1
6/30	5/22	8/25	7/20	10/20	9/17	12/15	11/13	2/5	1/6	4/2	3/2
7/1	5/23	8/26	7/21	10/21	9/18	12/16	11/14	2/6	1/7	4/3	3/3
7/2	5/24	8/27	7/22	10/22	9/19	12/17	11/15	2/7	1/8	4/4	3/4
7/3	5/25	8/28	7/23	10/23	9/20	12/18	11/16	2/8	1/9	4/5	3/5
7/4	5/26	8/29	7/24	10/24	9/21	12/19	11/17	2/9	1/10	4/6	3/6
7/5	5/27	8/30	7/25	10/25	9/22	12/20	11/18	2/10	1/11	4/7	3/7
7/6	5/28	8/31	7/26	10/26	9/23	12/21	11/19	2/11	1/12	4/8	3/8
7/7	5/29	9/1	7/27	10/27	9/24	12/22	11/20	2/12	1/13	4/9	3/9
7/8	6/1	9/2	7/28	10/28	9/25	12/23	11/21	2/13	1/14	4/10	3/10
7/9	6/2	9/3	7/29	10/29	9/26	12/24	11/22	2/14	1/15	4/11	3/11
7/10	6/3	9/4	7/30	10/30	9/27	12/25	11/23	2/15	1/16	4/12	3/12
7/11	6/4	9/5	8/1	10/31	9/28	12/26	11/24	2/16	1/17	4/13	3/13
7/12	6/5	9/6	8/2	11/1	9/29	12/27	11/25	2/17	1/18	4/14	3/14
7/13	6/6	9/7	8/3	11/2	9/30	12/28	11/26	2/18	1/19	4/15	3/15
7/14	6/7	9/8	8/4	11/3	10/1	12/29	11/27	2/19	1/20	4/16	3/16
7/15	6/8	9/9	8/5	11/4	10/2	12/30	11/28	2/20	1/21	4/17	3/17
7/16	6/9	9/10	8/6	11/5	10/3	12/31	11/29	2/21	1/22	4/18	3/18
7/17	6/10	9/11	8/7	11/6	10/4			2/22	1/23	4/19	3/19
7/18	6/11	9/12	8/8	11/7	10/5	**1938**		2/23	1/24	4/20	3/20
7/19	6/12	9/13	8/9	11/8	10/6	Solar	Lunar	2/24	1/25	4/21	3/21
7/20	6/13	9/14	8/10	11/9	10/7	1/1	30/11	2/25	1/26	4/22	3/22
7/21	6/14	9/15	8/11	11/10	10/8	1/2	12/1	2/26	1/27	4/23	3/23
7/22	6/15	9/16	8/12	11/11	10/9	1/3	12/2	2/27	1/28	4/24	3/24
7/23	6/16	9/17	8/13	11/12	10/10	1/4	12/3	2/28	1/29	4/25	3/25
7/24	6/17	9/18	8/14	11/13	10/11	1/5	12/4	3/1	1/30	4/26	3/26
7/25	6/18	9/19	8/15	11/14	10/12	1/6	12/5	3/2	2/1	4/27	3/27
7/26	6/19	9/20	8/16	11/15	10/13	1/7	12/6	3/3	2/2	4/28	3/28
7/27	6/20	9/21	8/17	11/16	10/14	1/8	12/7	3/4	2/3	4/29	3/29
7/28	6/21	9/22	8/18	11/17	10/15	1/9	12/8	3/5	2/4	4/30	4/1

Bitte beachten: Die erste Zahl ist der Monat, die zweite der Tag.

5/1	4/2	6/26	5/29	8/21	7/26	10/15	8/22	12/10	10/19	2/1	12/13
5/2	4/3	6/27	5/30	8/22	7/27	10/16	8/23	12/11	10/20	2/2	12/14
5/3	4/4	6/28	6/1	8/23	7/28	10/17	8/24	12/12	10/21	2/3	12/15
5/4	4/5	6/29	6/2	8/24	7/29	10/18	8/25	12/13	10/22	2/4	12/16
5/5	4/6	6/30	6/3	8/25	7/1	10/19	8/26	12/14	10/23	2/5	12/17
5/6	4/7	7/1	6/4	(Schaltmonat)		10/20	8/27	12/15	10/24	2/6	12/18
5/7	4/8	7/2	6/5	8/26	7/2	10/21	8/28	12/16	10/25	2/7	12/19
5/8	4/9	7/3	6/6	8/27	7/3	10/22	8/29	12/17	10/26	2/8	12/20
5/9	4/10	7/4	6/7	8/28	7/4	10/23	9/1	12/18	10/27	2/9	12/21
5/10	4/11	7/5	6/8	8/29	7/5	10/24	9/2	12/19	10/28	2/10	12/22
5/11	4/12	7/6	6/9	8/30	7/6	10/25	9/3	12/20	10/29	2/11	12/23
5/12	4/13	7/7	6/10	8/31	7/7	10/26	9/4	12/21	10/30	2/12	12/24
5/13	4/14	7/8	6/11	9/1	7/8	10/27	9/5	12/22	11/1	2/13	12/25
5/14	4/15	7/9	6/12	9/2	7/9	10/28	9/6	12/23	11/2	2/14	12/26
5/15	4/16	7/10	6/13	9/3	7/10	10/29	9/7	12/24	11/3	2/15	12/27
5/16	4/17	7/11	6/14	9/4	7/11	10/30	9/8	12/25	11/4	2/16	12/28
5/17	4/18	7/12	6/15	9/5	7/12	10/31	9/9	12/26	11/5	2/17	12/29
5/18	4/19	7/13	6/16	9/6	7/13	11/1	9/10	12/27	11/6	2/18	12/30
5/19	4/20	7/14	6/17	9/7	7/14	11/2	9/11	12/28	11/7	2/19	1/1
5/20	4/21	7/15	6/18	9/8	7/15	11/3	9/12	12/29	11/8		(1939)
5/21	4/22	7/16	6/19	9/9	7/16	11/4	9/13	12/30	11/9	2/20	1/2
5/22	4/23	7/17	6/20	9/10	7/17	11/5	9/14	12/31	11/10	2/21	1/3
5/23	4/24	7/18	6/21	9/11	7/18	11/6	9/15			2/22	1/4
5/24	4/25	7/19	6/22	9/12	7/19	11/7	9/16	**1939**		2/23	1/5
5/25	4/26	7/20	6/23	9/13	7/20	11/8	9/17	**Solar**	**Lunar**	2/24	1/6
5/26	4/27	7/21	6/24	9/14	7/21	11/9	9/18	1/1	11/11	2/25	1/7
5/27	4/28	7/22	6/25	9/15	7/22	11/10	9/19	1/2	11/12	2/26	1/8
5/28	4/29	7/23	6/26	9/16	7/23	11/11	9/20	1/3	11/13	2/27	1/9
5/29	5/1	7/24	6/27	9/17	7/24	11/12	9/21	1/4	11/14	2/28	1/10
5/30	5/2	7/25	6/28	9/18	7/25	11/13	9/22	1/5	11/15	3/1	1/11
5/31	5/3	7/26	6/29	9/19	7/26	11/14	9/23	1/6	11/16	3/2	1/12
6/1	5/4	7/27	7/1	9/20	7/27	11/15	9/24	1/7	11/17	3/3	1/13
6/2	5/5	7/28	7/2	9/21	7/28	11/16	9/25	1/8	11/18	3/4	1/14
6/3	5/6	7/29	7/3	9/22	7/29	11/17	9/26	1/9	11/19	3/5	1/15
6/4	5/7	7/30	7/4	9/23	7/30	11/18	9/27	1/10	11/20	3/6	1/16
6/5	5/8	7/31	7/5	9/24	8/1	11/19	9/28	1/11	11/21	3/7	1/17
6/6	5/9	8/1	7/6	9/25	8/2	11/20	9/29	1/12	11/22	3/8	1/18
6/7	5/10	8/2	7/7	9/26	8/3	11/21	9/30	1/13	11/23	3/9	1/19
6/8	5/11	8/3	7/8	9/27	8/4	11/22	10/1	1/14	11/24	3/10	1/20
6/9	5/12	8/4	7/9	9/28	8/5	11/23	10/2	1/15	11/25	3/11	1/21
6/10	5/13	8/5	7/10	9/29	8/6	11/24	10/3	1/16	11/26	3/12	1/22
6/11	5/14	8/6	7/11	9/30	8/7	11/25	10/4	1/17	11/27	3/13	1/23
6/12	5/15	8/7	7/12	10/1	8/8	11/26	10/5	1/18	11/28	3/14	1/24
6/13	5/16	8/8	7/13	10/2	8/9	11/27	10/6	1/19	11/29	3/15	1/25
6/14	5/17	8/9	7/14	10/3	8/10	11/28	10/7	1/20	12/1	3/16	1/26
6/15	5/18	8/10	7/15	10/4	8/11	11/29	10/8	1/21	12/2	3/17	1/27
6/16	5/19	8/11	7/16	10/5	8/12	11/30	10/9	1/22	12/3	3/18	1/28
6/17	5/20	8/12	7/17	10/6	8/13	12/1	10/10	1/23	12/4	3/19	1/29
6/18	5/21	8/13	7/18	10/7	8/14	12/2	10/11	1/24	12/5	3/20	1/30
6/19	5/22	8/14	7/19	10/8	8/15	12/3	10/12	1/25	12/6	3/21	2/1
6/20	5/23	8/15	7/20	10/9	8/16	12/4	10/13	1/26	12/7	3/22	2/2
6/21	5/24	8/16	7/21	10/10	8/17	12/5	10/14	1/27	12/8	3/23	2/3
6/22	5/25	8/17	7/22	10/11	8/18	12/6	10/15	1/28	12/9	3/24	2/4
6/23	5/26	8/18	7/23	10/12	8/19	12/7	10/16	1/29	12/10	3/25	2/5
6/24	5/27	8/19	7/24	10/13	8/20	12/8	10/17	1/30	12/11	3/26	2/6
6/25	5/28	8/20	7/25	10/14	8/21	12/9	10/18	1/31	12/12	3/27	2/7

Bitte beachten: Die erste Zahl ist der Monat, die zweite der Tag.

3/28	2/8	5/23	4/5	7/18	6/2	9/12	7/29	11/7	9/26	**1940**	
3/29	2/9	5/24	4/6	7/19	6/3	9/13	8/1	11/8	9/27	**Solar**	**Lunar**
3/30	2/10	5/25	4/7	7/20	6/4	9/14	8/2	11/9	9/28	1/1	11/22
3/31	2/11	5/26	4/8	7/21	6/5	9/15	8/3	11/10	9/29	1/2	11/23
4/1	2/12	5/27	4/9	7/22	6/6	9/16	8/4	11/11	10/1	1/3	11/24
4/2	2/13	5/28	4/10	7/23	6/7	9/17	8/5	11/12	10/2	1/4	11/25
4/3	2/14	5/29	4/11	7/24	6/8	9/18	8/6	11/13	10/3	1/5	11/26
4/4	2/15	5/30	4/12	7/25	6/9	9/19	8/7	11/14	10/4	1/6	11/27
4/5	2/16	5/31	4/13	7/26	6/10	9/20	8/8	11/15	10/5	1/7	11/28
4/6	2/17	6/1	4/14	7/27	6/11	9/21	8/9	11/16	10/6	1/8	11/29
4/7	2/18	6/2	4/15	7/28	6/12	9/22	8/10	11/17	10/7	1/9	12/1
4/8	2/19	6/3	4/16	7/29	6/13	9/23	8/11	11/18	10/8	1/10	12/2
4/9	2/20	6/4	4/17	7/30	6/14	9/24	8/12	11/19	10/9	1/11	12/3
4/10	2/21	6/5	4/18	7/31	6/15	9/25	8/13	11/20	10/10	1/12	12/4
4/11	2/22	6/6	4/19	8/1	6/16	9/26	8/14	11/21	10/11	1/13	12/5
4/12	2/23	6/7	4/20	8/2	6/17	9/27	8/15	11/22	10/12	1/14	12/6
4/13	2/24	6/8	4/21	8/3	6/18	9/28	8/16	11/23	10/13	1/15	12/7
4/14	2/25	6/9	4/22	8/4	6/19	9/29	8/17	11/24	10/14	1/16	12/8
4/15	2/26	6/10	4/23	8/5	6/20	9/30	8/18	11/25	10/15	1/17	12/9
4/16	2/27	6/11	4/24	8/6	6/21	10/1	8/19	11/26	10/16	1/18	12/10
4/17	2/28	6/12	4/25	8/7	6/22	10/2	8/20	11/27	10/17	1/19	12/11
4/18	2/29	6/13	4/26	8/8	6/23	10/3	8/21	11/28	10/18	1/20	12/12
4/19	2/30	6/14	4/27	8/9	6/24	10/4	8/22	11/29	10/19	1/21	12/13
4/20	3/1	6/15	4/28	8/10	6/25	10/5	8/23	11/30	10/20	1/22	12/14
4/21	3/2	6/16	4/29	8/11	6/26	10/6	8/24	12/1	10/21	1/23	12/15
4/22	3/3	6/17	5/1	8/12	6/27	10/7	8/25	12/2	10/22	1/24	12/16
4/23	3/4	6/18	5/2	8/13	6/28	10/8	8/26	12/3	10/23	1/25	12/17
4/24	3/5	6/19	5/3	8/14	6/29	10/9	8/27	12/4	10/24	1/26	12/18
4/25	3/6	6/20	5/4	8/15	7/1	10/10	8/28	12/5	10/25	1/27	12/19
4/26	3/7	6/21	5/5	8/16	7/2	10/11	8/29	12/6	10/26	1/28	12/20
4/27	3/8	6/22	5/6	8/17	7/3	10/12	8/30	12/7	10/27	1/29	12/21
4/28	3/9	6/23	5/7	8/18	7/4	10/13	9/1	12/8	10/28	1/30	12/22
4/29	3/10	6/24	5/8	8/19	7/5	10/14	9/2	12/9	10/29	1/31	12/23
4/30	3/11	6/25	5/9	8/20	7/6	10/15	9/3	12/10	10/30	2/1	12/24
5/1	3/12	6/26	5/10	8/21	7/7	10/16	9/4	12/11	11/1	2/2	12/25
5/2	3/13	6/27	5/11	8/22	7/8	10/17	9/5	12/12	11/2	2/3	12/26
5/3	3/14	6/28	5/12	8/23	7/9	10/18	9/6	12/13	11/3	2/4	12/27
5/4	3/15	6/29	5/13	8/24	7/10	10/19	9/7	12/14	11/4	2/5	12/28
5/5	3/16	6/30	5/14	8/25	7/11	10/20	9/8	12/15	11/5	2/6	12/29
5/6	3/17	7/1	5/15	8/26	7/12	10/21	9/9	12/16	11/6	2/7	12/30
5/7	3/18	7/2	5/16	8/27	7/13	10/22	9/10	12/17	11/7	2/8	1/1
5/8	3/19	7/3	5/17	8/28	7/14	10/23	9/11	12/18	11/8		(1940)
5/9	3/20	7/4	5/18	8/29	7/15	10/24	9/12	12/19	11/9	2/9	1/2
5/10	3/21	7/5	5/19	8/30	7/16	10/25	9/13	12/20	11/10	2/10	1/3
5/11	3/22	7/6	5/20	8/31	7/17	10/26	9/14	12/21	11/11	2/11	1/4
5/12	3/23	7/7	5/21	9/1	7/18	10/27	9/15	12/22	11/12	2/12	1/5
5/13	3/24	7/8	5/22	9/2	7/19	10/28	9/16	12/23	11/13	2/13	1/6
5/14	3/25	7/9	5/23	9/3	7/20	10/29	9/17	12/24	11/14	2/14	1/7
5/15	3/26	7/10	5/24	9/4	7/21	10/30	9/18	12/25	11/15	2/15	1/8
5/16	3/27	7/11	5/25	9/5	7/22	10/31	9/19	12/26	11/16	2/16	1/9
5/17	3/28	7/12	5/26	9/6	7/23	11/1	9/20	12/27	11/17	2/17	1/10
5/18	3/29	7/13	5/27	9/7	7/24	11/2	9/21	12/28	11/18	2/18	1/11
5/19	4/1	7/14	5/28	9/8	7/25	11/3	9/22	12/29	11/19	2/19	1/12
5/20	4/2	7/15	5/29	9/9	7/26	11/4	9/23	12/30	11/20	2/20	1/13
5/21	4/3	7/16	5/30	9/10	7/27	11/5	9/24	12/31	11/21	2/21	1/14
5/22	4/4	7/17	6/1	9/11	7/28	11/6	9/25			2/22	1/15

Bitte beachten: Die erste Zahl ist der Monat, die zweite der Tag.

2/23	1/16	4/19	3/12	6/14	5/9	8/9	7/6	10/4	9/4	11/29	11/1
2/24	1/17	4/20	3/13	6/15	5/10	8/10	7/7	10/5	9/5	11/30	11/2
2/25	1/18	4/21	3/14	6/16	5/11	8/11	7/8	10/6	9/6	12/1	11/3
2/26	1/19	4/22	3/15	6/17	5/12	8/12	7/9	10/7	9/7	12/2	11/4
2/27	1/20	4/23	3/16	6/18	5/13	8/13	7/10	10/8	9/8	12/3	11/5
2/28	1/21	4/24	3/17	6/19	5/14	8/14	7/11	10/9	9/9	12/4	11/6
2/29	1/22	4/25	3/18	6/20	5/15	8/15	7/12	10/10	9/10	12/5	11/7
3/1	1/23	4/26	3/19	6/21	5/16	8/16	7/13	10/11	9/11	12/6	11/8
3/2	1/24	4/27	3/20	6/22	5/17	8/17	7/14	10/12	9/12	12/7	11/9
3/3	1/25	4/28	3/21	6/23	5/18	8/18	7/15	10/13	9/13	12/8	11/10
3/4	1/26	4/29	3/22	6/24	5/19	8/19	7/16	10/14	9/14	12/9	11/11
3/5	1/27	4/30	3/23	6/25	5/20	8/20	7/17	10/15	9/15	12/10	11/12
3/6	1/28	5/1	3/24	6/26	5/21	8/21	7/18	10/16	9/16	12/11	11/13
3/7	1/29	5/2	3/25	6/27	5/22	8/22	7/19	10/17	9/17	12/12	11/14
3/8	1/30	5/3	3/26	6/28	5/23	8/23	7/20	10/18	9/18	12/13	11/15
3/9	2/1	5/4	3/27	6/29	5/24	8/24	7/21	10/19	9/19	12/14	11/16
3/10	2/2	5/5	3/28	6/30	5/25	8/25	7/22	10/20	9/20	12/15	11/17
3/11	2/3	5/6	3/29	7/1	5/26	8/26	7/23	10/21	9/21	12/16	11/18
3/12	2/4	5/7	4/1	7/2	5/27	8/27	7/24	10/22	9/22	12/17	11/19
3/13	2/5	5/8	4/2	7/3	5/28	8/28	7/25	10/23	9/23	12/18	11/20
3/14	2/6	5/9	4/3	7/4	5/29	8/29	7/26	10/24	9/24	12/19	11/21
3/15	2/7	5/10	4/4	7/5	6/1	8/30	7/27	10/25	9/25	12/20	11/22
3/16	2/8	5/11	4/5	7/6	6/2	8/31	7/28	10/26	9/26	12/21	11/23
3/17	2/9	5/12	4/6	7/7	6/3	9/1	7/29	10/27	9/27	12/22	11/24
3/18	2/10	5/13	4/7	7/8	6/4	9/2	8/1	10/28	9/28	12/23	11/25
3/19	2/11	5/14	4/8	7/9	6/5	9/3	8/2	10/29	9/29	12/24	11/26
3/20	2/12	5/15	4/9	7/10	6/6	9/4	8/3	10/30	9/30	12/25	11/27
3/21	2/13	5/16	4/10	7/11	6/7	9/5	8/4	10/31	10/1	12/26	11/28
3/22	2/14	5/17	4/11	7/12	6/8	9/6	8/5	11/1	10/2	12/27	11/29
3/23	2/15	5/18	4/12	7/13	6/9	9/7	8/6	11/2	10/3	12/28	11/30
3/24	2/16	5/19	4/13	7/14	6/10	9/8	8/7	11/3	10/4	12/29	12/1
3/25	2/17	5/20	4/14	7/15	6/11	9/9	8/8	11/4	10/5	12/30	12/2
3/26	2/18	5/21	4/15	7/16	6/12	9/10	8/9	11/5	10/6	12/31	12/3
3/27	2/19	5/22	4/16	7/17	6/13	9/11	8/10	11/6	10/7		
3/28	2/20	5/23	4/17	7/18	6/14	9/12	8/11	11/7	10/8	**1941**	
3/29	2/21	5/24	4/18	7/19	6/15	9/13	8/12	11/8	10/9	**Solar**	**Lunar**
3/30	2/22	5/25	4/19	7/20	6/16	9/14	8/13	11/9	10/10	1/1	12/4
3/31	2/23	5/26	4/20	7/21	6/17	9/15	8/14	11/10	10/11	1/2	12/5
4/1	2/24	5/27	4/21	7/22	6/18	9/16	8/15	11/11	10/12	1/3	12/6
4/2	2/25	5/28	4/22	7/23	6/19	9/17	8/16	11/12	10/13	1/4	12/7
4/3	2/26	5/29	4/23	7/24	6/20	9/18	8/17	11/13	10/14	1/5	12/8
4/4	2/27	5/30	4/24	7/25	6/21	9/19	8/18	11/14	10/15	1/6	12/9
4/5	2/28	5/31	4/25	7/26	6/22	9/20	8/19	11/15	10/16	1/7	12/10
4/6	2/29	6/1	4/26	7/27	6/23	9/21	8/20	11/16	10/17	1/8	12/11
4/7	2/30	6/2	4/27	7/28	6/24	9/22	8/21	11/17	10/18	1/9	12/12
4/8	3/1	6/3	4/28	7/29	6/25	9/23	8/22	11/18	10/19	1/10	12/13
4/9	3/2	6/4	4/29	7/30	6/26	9/24	8/23	11/19	10/20	1/11	12/14
4/10	3/3	6/5	4/30	7/31	6/27	9/25	8/24	11/20	10/21	1/12	12/15
4/11	3/4	6/6	5/1	8/1	6/28	9/26	8/25	11/21	10/22	1/13	12/16
4/12	3/5	6/7	5/2	8/2	6/29	9/27	8/26	11/22	10/23	1/14	12/17
4/13	3/6	6/8	5/3	8/3	6/30	9/28	8/27	11/23	10/24	1/15	12/18
4/14	3/7	6/9	5/4	8/4	7/1	9/29	8/28	11/24	10/25	1/16	12/19
4/15	3/8	6/10	5/5	8/5	7/2	9/30	8/29	11/25	10/26	1/17	12/20
4/16	3/9	6/11	5/6	8/6	7/3	10/1	9/1	11/26	10/27	1/18	12/21
4/17	3/10	6/12	5/7	8/7	7/4	10/2	9/2	11/27	10/28	1/19	12/22
4/18	3/11	6/13	5/8	8/8	7/5	10/3	9/3	11/28	10/29	1/20	12/23

Bitte beachten: Die erste Zahl ist der Monat, die zweite der Tag.

1/21	12/24	3/16	2/19	5/11	4/16	7/6	6/12	8/30	7/8	10/25	9/6
1/22	12/25	3/17	2/20	5/12	4/17	7/7	6/13	8/31	7/9	10/26	9/7
1/23	12/26	3/18	2/21	5/13	4/18	7/8	6/14	9/1	7/10	10/27	9/8
1/24	12/27	3/19	2/22	5/14	4/19	7/9	6/15	9/2	7/11	10/28	9/9
1/25	12/28	3/20	2/23	5/15	4/20	7/10	6/16	9/3	7/12	10/29	9/10
1/26	12/29	3/21	2/24	5/16	4/21	7/11	6/17	9/4	7/13	10/30	9/11
1/27	1/1	3/22	2/25	5/17	4/22	7/12	6/18	9/5	7/14	10/31	9/12
	(1941)	3/23	2/26	5/18	4/23	7/13	6/19	9/6	7/15	11/1	9/13
1/28	1/2	3/24	2/27	5/19	4/24	7/14	6/20	9/7	7/16	11/2	9/14
1/29	1/3	3/25	2/28	5/20	4/25	7/15	6/21	9/8	7/17	11/3	9/15
1/30	1/4	3/26	2/29	5/21	4/26	7/16	6/22	9/9	7/18	11/4	9/16
1/31	1/5	3/27	2/30	5/22	4/27	7/17	6/23	9/10	7/19	11/5	9/17
		3/28	3/1	5/23	4/28	7/18	6/24	9/11	7/20	11/6	9/18
2/1	1/6	3/29	3/2	5/24	4/29	7/19	6/25	9/12	7/21	11/7	9/19
2/2	1/7	3/30	3/3	5/25	4/30	7/20	6/26	9/13	7/22	11/8	9/20
2/3	1/8	3/31	3/4	5/26	5/1	7/21	6/27	9/14	7/23	11/9	9/21
2/4	1/9	4/1	3/5	5/27	5/2	7/22	6/28	9/15	7/24	11/10	9/22
2/5	1/10	4/2	3/6	5/28	5/3	7/23	6/29	9/16	7/25	11/11	9/23
2/6	1/11	4/3	3/7	5/29	5/4	7/24	6/1	9/17	7/26	11/12	9/24
2/7	1/12	4/4	3/8	5/30	5/5	(Schaltmonat)		9/18	7/27	11/13	9/25
2/8	1/13	4/5	3/9	5/31	5/6	7/25	6/2	9/19	7/28	11/14	9/26
2/9	1/14	4/6	3/10	6/1	5/7	7/26	6/3	9/20	7/29	11/15	9/27
2/10	1/15	4/7	3/11	6/2	5/8	7/27	6/4	9/21	8/1	11/16	9/28
2/11	1/16	4/8	3/12	6/3	5/9	7/28	6/5	9/22	8/2	11/17	9/29
2/12	1/17	4/9	3/13	6/4	5/10	7/29	6/6	9/23	8/3	11/18	9/30
2/13	1/18	4/10	3/14	6/5	5/11	7/30	6/7	9/24	8/4	11/19	10/1
2/14	1/19	4/11	3/15	6/6	5/12	7/31	6/8	9/25	8/5	11/20	10/2
2/15	1/20	4/12	3/16	6/7	5/13	8/1	6/9	9/26	8/6	11/21	10/3
2/16	1/21	4/13	3/17	6/8	5/14	8/2	6/10	9/27	8/7	11/22	10/4
2/17	1/22	4/14	3/18	6/9	5/15	8/3	6/11	9/28	8/8	11/23	10/5
2/18	1/23	4/15	3/19	6/10	5/16	8/4	6/12	9/29	8/9	11/24	10/6
2/19	1/24	4/16	3/20	6/11	5/17	8/5	6/13	9/30	8/10	11/25	10/7
2/20	1/25	4/17	3/21	6/12	5/18	8/6	6/14	10/1	8/11	11/26	10/8
2/21	1/26	4/18	3/22	6/13	5/19	8/7	6/15	10/2	8/12	11/27	10/9
2/22	1/27	4/19	3/23	6/14	5/20	8/8	6/16	10/3	8/13	11/28	10/10
2/23	1/28	4/20	3/24	6/15	5/21	8/9	6/17	10/4	8/14	11/29	10/11
2/24	1/29	4/21	3/25	6/16	5/22	8/10	6/18	10/5	8/15	11/30	10/12
2/25	1/30	4/22	3/26	6/17	5/23	8/11	6/19	10/6	8/16	12/1	10/13
2/26	2/1	4/23	3/27	6/18	5/24	8/12	6/20	10/7	8/17	12/2	10/14
2/27	2/2	4/24	3/28	6/19	5/25	8/13	6/21	10/8	8/18	12/3	10/15
2/28	2/3	4/25	3/29	6/20	5/26	8/14	6/22	10/9	8/19	12/4	10/16
3/1	2/4	4/26	4/1	6/21	5/27	8/15	6/23	10/10	8/20	12/5	10/17
3/2	2/5	4/27	4/2	6/22	5/28	8/16	6/24	10/11	8/21	12/6	10/18
3/3	2/6	4/28	4/3	6/23	5/29	8/17	6/25	10/12	8/22	12/7	10/19
3/4	2/7	4/29	4/4	6/24	5/30	8/18	6/26	10/13	8/23	12/8	10/20
3/5	2/8	4/30	4/5	6/25	6/1	8/19	6/27	10/14	8/24	12/9	10/21
3/6	2/9	5/1	4/6	6/26	6/2	8/20	6/28	10/15	8/25	12/10	10/22
3/7	2/10	5/2	4/7	6/27	6/3	8/21	6/29	10/16	8/26	12/11	10/23
3/8	2/11	5/3	4/8	6/28	6/4	8/22	6/30	10/17	8/27	12/12	10/24
3/9	2/12	5/4	4/9	6/29	6/5	8/23	7/1	10/18	8/28	12/13	10/25
3/10	2/13	5/5	4/10	6/30	6/6	8/24	7/2	10/19	8/29	12/14	10/26
3/11	2/14	5/6	4/11	7/1	6/7	8/25	7/3	10/20	9/1	12/15	10/27
3/12	2/15	5/7	4/12	7/2	6/8	8/26	7/4	10/21	9/2	12/16	10/28
3/13	2/16	5/8	4/13	7/3	6/9	8/27	7/5	10/22	9/3	12/17	10/29
3/14	2/17	5/9	4/14	7/4	6/10	8/28	7/6	10/23	9/4	12/18	11/1
3/15	2/18	5/10	4/15	7/5	6/11	8/29	7/7	10/24	9/5	12/19	11/2

Bitte beachten: Die erste Zahl ist der Monat, die zweite der Tag.

12/20	11/3	2/11	12/26	4/7	2/22	6/2	4/19	7/28	6/16	9/22	8/13
12/21	11/4	2/12	12/27	4/8	2/23	6/3	4/20	7/29	6/17	9/23	8/14
12/22	11/5	2/13	12/28	4/9	2/24	6/4	4/21	7/30	6/18	9/24	8/15
12/23	11/6	2/14	12/29	4/10	2/25	6/5	4/22	7/31	6/19	9/25	8/16
12/24	11/7	2/15	1/1	4/11	2/26	6/6	4/23	8/1	6/20	9/26	8/17
12/25	11/8		(1942)	4/12	2/27	6/7	4/24	8/2	6/21	9/27	8/18
12/26	11/9	2/16	1/2	4/13	2/28	6/8	4/25	8/3	6/22	9/28	8/19
12/27	11/10	2/17	1/3	4/14	2/29	6/9	4/26	8/4	6/23	9/29	8/20
12/28	11/11	2/18	1/4	4/15	3/1	6/10	4/27	8/5	6/24	9/30	8/21
12/29	11/12	2/19	1/5	4/16	3/2	6/11	4/28	8/6	6/25	10/1	8/22
12/30	11/13	2/20	1/6	4/17	3/3	6/12	4/29	8/7	6/26	10/2	8/23
12/31	11/14	2/21	1/7	4/18	3/4	6/13	4/30	8/8	6/27	10/3	8/24
		2/22	1/8	4/19	3/5	6/14	5/1	8/9	6/28	10/4	8/25
1942		2/23	1/9	4/20	3/6	6/15	5/2	8/10	6/29	10/5	8/26
Solar	**Lunar**	2/24	1/10	4/21	3/7	6/16	5/3	8/11	6/30	10/6	8/27
1/1	11/15	2/25	1/11	4/22	3/8	6/17	5/4	8/12	7/1	10/7	8/28
1/2	11/16	2/26	1/12	4/23	3/9	6/18	5/5	8/13	7/2	10/8	8/29
1/3	11/17	2/27	1/13	4/24	3/10	6/19	5/6	8/14	7/3	10/9	8/30
1/4	11/18	2/28	1/14	4/25	3/11	6/20	5/7	8/15	7/4	10/10	9/1
1/5	11/19	3/1	1/15	4/26	3/12	6/21	5/8	8/16	7/5	10/11	9/2
1/6	11/20	3/2	1/16	4/27	3/13	6/22	5/9	8/17	7/6	10/12	9/3
1/7	11/21	3/3	1/17	4/28	3/14	6/23	5/10	8/18	7/7	10/13	9/4
1/8	11/22	3/4	1/18	4/29	3/15	6/24	5/11	8/19	7/8	10/14	9/5
1/9	11/23	3/5	1/19	4/30	3/16	6/25	5/12	8/20	7/9	10/15	9/6
1/10	11/24	3/6	1/20	5/1	3/17	6/26	5/13	8/21	7/10	10/16	9/7
1/11	11/25	3/7	1/21	5/2	3/18	6/27	5/14	8/22	7/11	10/17	9/8
1/12	11/26	3/8	1/22	5/3	3/19	6/28	5/15	8/23	7/12	10/18	9/9
1/13	11/27	3/9	1/23	5/4	3/20	6/29	5/16	8/24	7/13	10/19	9/10
1/14	11/28	3/10	1/24	5/5	3/21	6/30	5/17	8/25	7/14	10/20	9/11
1/15	11/29	3/11	1/25	5/6	3/22	7/1	5/18	8/26	7/15	10/21	9/12
1/16	11/30	3/12	1/26	5/7	3/23	7/2	5/19	8/27	7/16	10/22	9/13
1/17	12/1	3/13	1/27	5/8	3/24	7/3	5/20	8/28	7/17	10/23	9/14
1/18	12/2	3/14	1/28	5/9	3/25	7/4	5/21	8/29	7/18	10/24	9/15
1/19	12/3	3/15	1/29	5/10	3/26	7/5	5/22	8/30	7/19	10/25	9/16
1/20	12/4	3/16	1/30	5/11	3/27	7/6	5/23	8/31	7/20	10/26	9/17
1/21	12/5	3/17	2/1	5/12	3/28	7/7	5/24	9/1	7/21	10/27	9/18
1/22	12/6	3/18	2/2	5/13	3/29	7/8	5/25	9/2	7/22	10/28	9/19
1/23	12/7	3/19	2/3	5/14	3/30	7/9	5/26	9/3	7/23	10/29	9/20
1/24	12/8	3/20	2/4	5/15	4/1	7/10	5/27	9/4	7/24	10/30	9/21
1/25	12/9	3/21	2/5	5/16	4/2	7/11	5/28	9/5	7/25	10/31	9/22
1/26	12/10	3/22	2/6	5/17	4/3	7/12	5/29	9/6	7/26	11/1	9/23
1/27	12/11	3/23	2/7	5/18	4/4	7/13	6/1	9/7	7/27	11/2	9/24
1/28	12/12	3/24	2/8	5/19	4/5	7/14	6/2	9/8	7/28	11/3	9/25
1/29	12/13	3/25	2/9	5/20	4/6	7/15	6/3	9/9	7/29	11/4	9/26
1/30	12/14	3/26	2/10	5/21	4/7	7/16	6/4	9/10	8/1	11/5	9/27
1/31	12/15	3/27	2/11	5/22	4/8	7/17	6/5	9/11	8/2	11/6	9/28
2/1	12/16	3/28	2/12	5/23	4/9	7/18	6/6	9/12	8/3	11/7	9/29
2/2	12/17	3/29	2/13	5/24	4/10	7/19	6/7	9/13	8/4	11/8	10/1
2/3	12/18	3/30	2/14	5/25	4/11	7/20	6/8	9/14	8/5	11/9	10/2
2/4	12/19	3/31	2/15	5/26	4/12	7/21	6/9	9/15	8/6	11/10	10/3
2/5	12/20	4/1	2/16	5/27	4/13	7/22	6/10	9/16	8/7	11/11	10/4
2/6	12/21	4/2	2/17	5/28	4/14	7/23	6/11	9/17	8/8	11/12	10/5
2/7	12/22	4/3	2/18	5/29	4/15	7/24	6/12	9/18	8/9	11/13	10/6
2/8	12/23	4/4	2/19	5/30	4/16	7/25	6/13	9/19	8/10	11/14	10/7
2/9	12/24	4/5	2/20	5/31	4/17	7/26	6/14	9/20	8/11	11/15	10/8
2/10	12/25	4/6	2/21	6/1	4/18	7/27	6/15	9/21	8/12	11/16	10/9

Bitte beachten: Die erste Zahl ist der Monat, die zweite der Tag.

11/17	10/10	1/9	12/4	3/5	1/29	4/30	3/26	6/25	5/23	8/20	7/20
11/18	10/11	1/10	12/5	3/6	2/1	5/1	3/27	6/26	5/24	8/21	7/21
11/19	10/12	1/11	12/6	3/7	2/2	5/2	3/28	6/27	5/25	8/22	7/22
11/20	10/13	1/12	12/7	3/8	2/3	5/3	3/29	6/28	5/26	8/23	7/23
11/21	10/14	1/13	12/8	3/9	2/4	5/4	4/1	6/29	5/27	8/24	7/24
11/22	10/15	1/14	12/9	3/10	2/5	5/5	4/2	6/30	5/28	8/25	7/25
11/23	10/16	1/15	12/10	3/11	2/6	5/6	4/3	7/1	5/29	8/26	7/26
11/24	10/17	1/16	12/11	3/12	2/7	5/7	4/4	7/2	6/1	8/27	7/27
11/25	10/18	1/17	12/12	3/13	2/8	5/8	4/5	7/3	6/2	8/28	7/28
11/26	10/19	1/18	12/13	3/14	2/9	5/9	4/6	7/4	6/3	8/29	7/29
11/27	10/20	1/19	12/14	3/15	2/10	5/10	4/7	7/5	6/4	8/30	7/30
11/28	10/21	1/20	12/15	3/16	2/11	5/11	4/8	7/6	6/5	8/31	8/1
11/29	10/22	1/21	12/16	3/17	2/12	5/12	4/9	7/7	6/6	9/1	8/2
11/30	10/23	1/22	12/17	3/18	2/13	5/13	4/10	7/8	6/7	9/2	8/3
12/1	10/24	1/23	12/18	3/19	2/14	5/14	4/11	7/9	6/8	9/3	8/4
12/2	10/25	1/24	12/19	3/20	2/15	5/15	4/12	7/10	6/9	9/4	8/5
12/3	10/26	1/25	12/20	3/21	2/16	5/16	4/13	7/11	6/10	9/5	8/6
12/4	10/27	1/26	12/21	3/22	2/17	5/17	4/14	7/12	6/11	9/6	8/7
12/5	10/28	1/27	12/22	3/23	2/18	5/18	4/15	7/13	6/12	9/7	8/8
12/6	10/29	1/28	12/23	3/24	2/19	5/19	4/16	7/14	6/13	9/8	8/9
12/7	10/30	1/29	12/24	3/25	2/20	5/20	4/17	7/15	6/14	9/9	8/10
12/8	11/1	1/30	12/25	3/26	2/21	5/21	4/18	7/16	6/15	9/10	8/11
12/9	11/2	1/31	12/26	3/27	2/22	5/22	4/19	7/17	6/16	9/11	8/12
12/10	11/3	2/1	12/27	3/28	2/23	5/23	4/20	7/18	6/17	9/12	8/13
12/11	11/4	2/2	12/28	3/29	2/24	5/24	4/21	7/19	6/18	9/13	8/14
12/12	11/5	2/3	12/29	3/30	2/25	5/25	4/22	7/20	6/19	9/14	8/15
12/13	11/6	2/4	12/30	3/31	2/26	5/26	4/23	7/21	6/20	9/15	8/16
12/14	11/7	2/5	1/1	4/1	2/27	5/27	4/24	7/22	6/21	9/16	8/17
12/15	11/8		(1943)	4/2	2/28	5/28	4/25	7/23	6/22	9/17	8/18
12/16	11/9	2/6	1/2	4/3	2/29	5/29	4/26	7/24	6/23	9/18	8/19
12/17	11/10	2/7	1/3	4/4	2/30	5/30	4/27	7/25	6/24	9/19	8/20
12/18	11/11	2/8	1/4	4/5	3/1	5/31	4/28	7/26	6/25	9/20	8/21
12/19	11/12	2/9	1/5	4/6	3/2	6/1	4/29	7/27	6/26	9/21	8/22
12/20	11/13	2/10	1/6	4/7	3/3	6/2	4/30	7/28	6/27	9/22	8/23
12/21	11/14	2/11	1/7	4/8	3/4	6/3	5/1	7/29	6/28	9/23	8/24
12/22	11/15	2/12	1/8	4/9	3/5	6/4	5/2	7/30	6/29	9/24	8/25
12/23	11/16	2/13	1/9	4/10	3/6	6/5	5/3	7/31	6/30	9/25	8/26
12/24	11/17	2/14	1/10	4/11	3/7	6/6	5/4	8/1	7/1	9/26	8/27
12/25	11/18	2/15	1/11	4/12	3/8	6/7	5/5	8/2	7/2	9/27	8/28
12/26	11/19	2/16	1/12	4/13	3/9	6/8	5/6	8/3	7/3	9/28	8/29
12/27	11/20	2/17	1/13	4/14	3/10	6/9	5/7	8/4	7/4	9/29	9/1
12/28	11/21	2/18	1/14	4/15	3/11	6/10	5/8	8/5	7/5	9/30	9/2
12/29	11/22	2/19	1/15	4/16	3/12	6/11	5/9	8/6	7/6	10/1	9/3
12/30	11/23	2/20	1/16	4/17	3/13	6/12	5/10	8/7	7/7	10/2	9/4
12/31	11/24	2/21	1/17	4/18	3/14	6/13	5/11	8/8	7/8	10/3	9/5
		2/22	1/18	4/19	3/15	6/14	5/12	8/9	7/9	10/4	9/6
1943		2/23	1/19	4/20	3/16	6/15	5/13	8/10	7/10	10/5	9/7
Solar	**Lunar**	2/24	1/20	4/21	3/17	6/16	5/14	8/11	7/11	10/6	9/8
1/1	11/25	2/25	1/21	4/22	3/18	6/17	5/15	8/12	7/12	10/7	9/9
1/2	11/26	2/26	1/22	4/23	3/19	6/18	5/16	8/13	7/13	10/8	9/10
1/3	11/27	2/27	1/23	4/24	3/20	6/19	5/17	8/14	7/14	10/9	9/11
1/4	11/28	2/28	1/24	4/25	3/21	6/20	5/18	8/15	7/15	10/10	9/12
1/5	11/29	3/1	1/25	4/26	3/22	6/21	5/19	8/16	7/16	10/11	9/13
1/6	12/1	3/2	1/26	4/27	3/23	6/22	5/20	8/17	7/17	10/12	9/14
1/7	12/2	3/3	1/27	4/28	3/24	6/23	5/21	8/18	7/18	10/13	9/15
1/8	12/3	3/4	1/28	4/29	3/25	6/24	5/22	8/19	7/19	10/14	9/16

Bitte beachten: Die erste Zahl ist der Monat, die zweite der Tag.

10/15	9/17	12/10	11/14	1/31	1/7	3/27	3/4	5/22	4/1	7/16	5/26
10/16	9/18	12/11	11/15	2/1	1/8	3/28	3/5	(Schaltmonat)		7/17	5/27
10/17	9/19	12/12	11/16	2/2	1/9	3/29	3/6	5/23	4/2	7/18	5/28
10/18	9/20	12/13	11/17	2/3	1/10	3/30	3/7	5/24	4/3	7/19	5/29
10/19	9/21	12/14	11/18	2/4	1/11	3/31	3/8	5/25	4/4	7/20	6/1
10/20	9/22	12/15	11/19	2/5	1/12	4/1	3/9	5/26	4/5	7/21	6/2
10/21	9/23	12/16	11/20	2/6	1/13	4/2	3/10	5/27	4/6	7/22	6/3
10/22	9/24	12/17	11/21	2/7	1/14	4/3	3/11	5/28	4/7	7/23	6/4
10/23	9/25	12/18	11/22	2/8	1/15	4/4	3/12	5/29	4/8	7/24	6/5
10/24	9/26	12/19	11/23	2/9	1/16	4/5	3/13	5/30	4/9	7/25	6/6
10/25	9/27	12/20	11/24	2/10	1/17	4/6	3/14	5/31	4/10	7/26	6/7
10/26	9/28	12/21	11/25	2/11	1/18	4/7	3/15	6/1	4/11	7/27	6/8
10/27	9/29	12/22	11/26	2/12	1/19	4/8	3/16	6/2	4/12	7/28	6/9
10/28	9/30	12/23	11/27	2/13	1/20	4/9	3/17	6/3	4/13	7/29	6/10
10/29	10/1	12/24	11/28	2/14	1/21	4/10	3/18	6/4	4/14	7/30	6/11
10/30	10/2	12/25	11/29	2/15	1/22	4/11	3/19	6/5	4/15	7/31	6/12
10/31	10/3	12/26	11/30	2/16	1/23	4/12	3/20	6/6	4/16	8/1	6/13
11/1	10/4	12/27	12/1	2/17	1/24	4/13	3/21	6/7	4/17	8/2	6/14
11/2	10/5	12/28	12/2	2/18	1/25	4/14	3/22	6/8	4/18	8/3	6/15
11/3	10/6	12/29	12/3	2/19	1/26	4/15	3/23	6/9	4/19	8/4	6/16
11/4	10/7	12/30	12/4	2/20	1/27	4/16	3/24	6/10	4/20	8/5	6/17
11/5	10/8	12/31	12/5	2/21	1/28	4/17	3/25	6/11	4/21	8/6	6/18
11/6	10/9			2/22	1/29	4/18	3/26	6/12	4/22	8/7	6/19
11/7	10/10	**1944**		2/23	1/30	4/19	3/27	6/13	4/23	8/8	6/20
11/8	10/11	Solar	Lunar	2/24	2/1	4/20	3/28	6/14	4/24	8/9	6/21
11/9	10/12	1/1	12/6	2/25	2/2	4/21	3/29	6/15	4/25	8/10	6/22
11/10	10/13	1/2	12/7	2/26	2/3	4/22	3/30	6/16	4/26	8/11	6/23
11/11	10/14	1/3	12/8	2/27	2/4	4/23	4/1	6/17	4/27	8/12	6/24
11/12	10/15	1/4	12/9	2/28	2/5	4/24	4/2	6/18	4/28	8/13	6/25
11/13	10/16	1/5	12/10	2/29	2/6	4/25	4/3	6/19	4/29	8/14	6/26
11/14	10/17	1/6	12/11	3/1	2/7	4/26	4/4	6/20	4/30	8/15	6/27
11/15	10/18	1/7	12/12	3/2	2/8	4/27	4/5	6/21	5/1	8/16	6/28
11/16	10/19	1/8	12/13	3/3	2/9	4/28	4/6	6/22	5/2	8/17	6/29
11/17	10/20	1/9	12/14	3/4	2/10	4/29	4/7	6/23	5/3	8/18	6/30
11/18	10/21	1/10	12/15	3/5	2/11	4/30	4/8	6/24	5/4	8/19	7/1
11/19	10/22	1/11	12/16	3/6	2/12	5/1	4/9	6/25	5/5	8/20	7/2
11/20	10/23	1/12	12/17	3/7	2/13	5/2	4/10	6/26	5/6	8/21	7/3
11/21	10/24	1/13	12/18	3/8	2/14	5/3	4/11	6/27	5/7	8/22	7/4
11/22	10/25	1/14	12/19	3/9	2/15	5/4	4/12	6/28	5/8	8/23	7/5
11/23	10/26	1/15	12/20	3/10	2/16	5/5	4/13	6/29	5/9	8/24	7/6
11/24	10/27	1/16	12/21	3/11	2/17	5/6	4/14	6/30	5/10	8/25	7/7
11/25	10/28	1/17	12/22	3/12	2/18	5/7	4/15	7/1	5/11	8/26	7/8
11/26	10/29	1/18	12/23	3/13	2/19	5/8	4/16	7/2	5/12	8/27	7/9
11/27	11/1	1/19	12/24	3/14	2/20	5/9	4/17	7/3	5/13	8/28	7/10
11/28	11/2	1/20	12/25	3/15	2/21	5/10	4/18	7/4	5/14	8/29	7/11
11/29	11/3	1/21	12/26	3/16	2/22	5/11	4/19	7/5	5/15	8/30	7/12
11/30	11/4	1/22	12/27	3/17	2/23	5/12	4/20	7/6	5/16	8/31	7/13
12/1	11/5	1/23	12/28	3/18	2/24	5/13	4/21	7/7	5/17	9/1	7/14
12/2	11/6	1/24	12/29	3/19	2/25	5/14	4/22	7/8	5/18	9/2	7/15
12/3	11/7	1/25	1/1	3/20	2/26	5/15	4/23	7/9	5/19	9/3	7/16
12/4	11/8		(1944)	3/21	2/27	5/16	4/24	7/10	5/20	9/4	7/17
12/5	11/9	1/26	1/2	3/22	2/28	5/17	4/25	7/11	5/21	9/5	7/18
12/6	11/10	1/27	1/3	3/23	2/29	5/18	4/26	7/12	5/22	9/6	7/19
12/7	11/11	1/28	1/4	3/24	3/1	5/19	4/27	7/13	5/23	9/7	7/20
12/8	11/12	1/29	1/5	3/25	3/2	5/20	4/28	7/14	5/24	9/8	7/21
12/9	11/13	1/30	1/6	3/26	3/3	5/21	4/29	7/15	5/25	9/9	7/22

Bitte beachten: Die erste Zahl ist der Monat, die zweite der Tag.

9/10	7/23	11/5	9/20	12/31	11/17	2/21	1/9	4/18	3/7	6/13	5/4
9/11	7/24	11/6	9/21			2/22	1/10	4/19	3/8	6/14	5/5
9/12	7/25	11/7	9/22	**1945**		2/23	1/11	4/20	3/9	6/15	5/6
9/13	7/26	11/8	9/23	**Solar**	**Lunar**	2/24	1/12	4/21	3/10	6/16	5/7
9/14	7/27	11/9	9/24	1/1	11/18	2/25	1/13	4/22	3/11	6/17	5/8
9/15	7/28	11/10	9/25	1/2	11/19	2/26	1/14	4/23	3/12	6/18	5/9
9/16	7/29	11/11	9/26	1/3	11/20	2/27	1/15	4/24	3/13	6/19	5/10
9/17	8/1	11/12	9/27	1/4	11/21	2/28	1/16	4/25	3/14	6/20	5/11
9/18	8/2	11/13	9/28	1/5	11/22	3/1	1/17	4/26	3/15	6/21	5/12
9/19	8/3	11/14	9/29	1/6	11/23	3/2	1/18	4/27	3/16	6/22	5/13
9/20	8/4	11/15	9/30	1/7	11/24	3/3	1/19	4/28	3/17	6/23	5/14
9/21	8/5	11/16	10/1	1/8	11/25	3/4	1/20	4/29	3/18	6/24	5/15
9/22	8/6	11/17	10/2	1/9	11/26	3/5	1/21	4/30	3/19	6/25	5/16
9/23	8/7	11/18	10/3	1/10	11/27	3/6	1/22	5/1	3/20	6/26	5/17
9/24	8/8	11/19	10/4	1/11	11/28	3/7	1/23	5/2	3/21	6/27	5/18
9/25	8/9	11/20	10/5	1/12	11/29	3/8	1/24	5/3	3/22	6/28	5/19
9/66	8/10	11/21	10/6	1/13	11/30	3/9	1/25	5/4	3/23	6/29	5/20
9/27	8/11	11/22	10/7	1/14	12/1	3/10	1/26	5/5	3/24	6/30	5/21
9/28	8/12	11/23	10/8	1/15	12/2	3/11	1/27	5/6	3/25	7/1	5/22
9/29	8/13	11/24	10/9	1/16	12/3	3/12	1/28	5/7	3/26	7/2	5/23
9/30	8/14	11/25	10/10	1/17	12/4	3/13	1/29	5/8	3/27	7/3	5/24
10/1	8/15	11/26	10/11	1/18	12/5	3/14	2/1	5/9	3/28	7/4	5/25
10/2	8/16	11/27	10/12	1/19	12/6	3/15	2/2	5/10	3/29	7/5	5/26
10/3	8/17	11/28	10/13	1/20	12/7	3/16	2/3	5/11	3/30	7/6	5/27
10/4	8/18	11/29	10/14	1/21	12/8	3/17	2/4	5/12	4/1	7/7	5/28
10/5	8/19	11/30	10/15	1/22	12/9	3/18	2/5	5/13	4/2	7/8	5/29
10/6	8/20	12/1	10/16	1/23	12/10	3/19	2/6	5/14	4/3	7/9	6/1
10/7	8/21	12/2	10/17	1/24	12/11	3/20	2/7	5/15	4/4	7/10	6/2
10/8	8/22	12/3	10/18	1/25	12/12	3/21	2/8	5/16	4/5	7/11	6/3
10/9	8/23	12/4	10/19	1/26	12/13	3/22	2/9	5/17	4/6	7/12	6/4
10/10	8/24	12/5	10/20	1/27	12/14	3/23	2/10	5/18	4/7	7/13	6/5
10/11	8/25	12/6	10/21	1/28	12/15	3/24	2/11	5/19	4/8	7/14	6/6
10/12	8/26	12/7	10/22	1/29	12/16	3/25	2/12	5/20	4/9	7/15	6/7
10/13	8/27	12/8	10/23	1/30	12/17	3/26	2/13	5/21	4/10	7/16	6/8
10/14	8/28	12/9	10/24	1/31	12/18	3/27	2/14	5/22	4/11	7/17	6/9
10/15	8/29	12/10	10/25	2/1	12/19	3/28	2/15	5/23	4/12	7/18	6/10
10/16	8/30	12/11	10/26	2/2	12/20	3/29	2/16	5/24	4/13	7/19	6/11
10/17	9/1	12/12	10/27	2/3	12/21	3/30	2/17	5/25	4/14	7/20	6/12
10/18	9/2	12/13	10/28	2/4	12/22	3/31	2/18	5/26	4/15	7/21	6/13
10/19	9/3	12/14	10/29	2/5	12/23	4/1	2/19	5/27	4/16	7/22	6/14
10/20	9/4	12/15	11/1	2/6	12/24	4/2	2/20	5/28	4/17	7/23	6/15
10/21	9/5	12/16	11/2	2/7	12/25	4/3	2/21	5/29	4/18	7/24	6/16
10/22	9/6	12/17	11/3	2/8	12/26	4/4	2/22	5/30	4/19	7/25	6/17
10/23	9/7	12/18	11/4	2/9	12/27	4/5	2/23	5/31	4/20	7/26	6/18
10/24	9/8	12/19	11/5	2/10	12/28	4/6	2/24	6/1	4/21	7/27	6/19
10/25	9/9	12/20	11/6	2/11	12/29	4/7	2/25	6/2	4/22	7/28	6/20
10/26	9/10	12/21	11/7	2/12	12/30	4/8	2/26	6/3	4/23	7/29	6/21
10/27	9/11	12/22	11/8	2/13	1/1	4/9	2/27	6/4	4/24	7/30	6/22
10/28	9/12	12/23	11/9		(1945)	4/10	2/28	6/5	4/25	7/31	6/23
10/29	9/13	12/24	11/10	2/14	1/2	4/11	2/29	6/6	4/26	8/1	6/24
10/30	9/14	12/25	11/11	2/15	1/3	4/12	3/1	6/7	4/27	8/2	6/25
10/31	9/15	12/26	11/12	2/16	1/4	4/13	3/2	6/8	4/28	8/3	6/26
11/1	9/16	12/27	11/13	2/17	1/5	4/14	3/3	6/9	4/29	8/4	6/27
11/2	9/17	12/28	11/14	2/18	1/6	4/15	3/4	6/10	5/1	8/5	6/28
11/3	9/18	12/29	11/15	2/19	1/7	4/16	3/5	6/11	5/2	8/6	6/29
11/4	9/19	12/30	11/16	2/20	1/8	4/17	3/6	6/12	5/3	8/7	6/30

Bitte beachten: Die erste Zahl ist der Monat, die zweite der Tag.

8/8	7/1	10/3	8/28	11/28	10/24	1/20	12/18	3/16	2/13	5/11	4/11
8/9	7/2	10/4	8/29	11/29	10/25	1/21	12/19	3/17	2/14	5/12	4/12
8/10	7/3	10/5	8/30	11/30	10/26	1/22	12/20	3/18	2/15	5/13	4/13
8/11	7/4	10/6	9/1	12/1	10/27	1/23	12/21	3/19	2/16	5/14	4/14
8/12	7/5	10/7	9/2	12/2	10/28	1/24	12/22	3/20	2/17	5/15	4/15
8/13	7/6	10/8	9/3	12/3	10/29	1/25	12/23	3/21	2/18	5/16	4/16
8/14	7/7	10/9	9/4	12/4	10/30	1/26	12/24	3/22	2/19	5/17	4/17
8/15	7/8	10/10	9/5	12/5	11/1	1/27	12/25	3/23	2/20	5/18	4/18
8/16	7/9	10/11	9/6	12/6	11/2	1/28	12/26	3/24	2/21	5/19	4/19
8/17	7/10	10/12	9/7	12/7	11/3	1/29	12/27	3/25	2/22	5/20	4/20
8/18	7/11	10/13	9/8	12/8	11/4	1/30	12/28	3/26	2/23	5/21	4/21
8/19	7/12	10/14	9/9	12/9	11/5	1/31	12/29	3/27	2/24	5/22	4/22
8/20	7/13	10/15	9/10	12/10	11/6	2/1	12/30	3/28	2/25	5/23	4/23
8/21	7/14	10/16	9/11	12/11	11/7	2/2	1/1	3/29	2/26	5/24	4/24
8/22	7/15	10/17	9/12	12/12	11/8		(1946)	3/30	2/27	5/25	4/25
8/23	7/16	10/18	9/13	12/13	11/9	2/3	1/2	3/31	2/28	5/26	4/26
8/24	7/17	10/19	9/14	12/14	11/10	2/4	1/3	4/1	2/29	5/27	4/27
8/25	7/18	10/20	9/15	12/15	11/11	2/5	1/4	4/2	3/1	5/28	4/28
8/26	7/19	10/21	9/16	12/16	11/12	2/6	1/5	4/3	3/2	5/29	4/29
8/27	7/20	10/22	9/17	12/17	11/13	2/7	1/6	4/4	3/3	5/30	4/30
8/28	7/21	10/23	9/18	12/18	11/14	2/8	1/7	4/5	3/4	5/31	5/1
8/29	7/22	10/24	9/19	12/19	11/15	2/9	1/8	4/6	3/5	6/1	5/2
8/30	7/23	10/25	9/20	12/20	11/16	2/10	1/9	4/7	3/6	6/2	5/3
8/31	7/24	10/26	9/21	12/21	11/17	2/11	1/10	4/8	3/7	6/3	5/4
9/1	7/25	10/27	9/22	12/22	11/18	2/12	1/11	4/9	3/8	6/4	5/5
9/2	7/26	10/28	9/23	12/23	11/19	2/13	1/12	4/10	3/9	6/5	5/6
9/3	7/27	10/29	9/24	12/24	11/20	2/14	1/13	4/11	3/10	6/6	5/7
9/4	7/28	10/30	9/25	12/25	11/21	2/15	1/14	4/12	3/11	6/7	5/8
9/5	7/29	10/31	9/26	12/26	11/22	2/16	1/15	4/13	3/12	6/8	5/9
9/6	8/1	11/1	9/27	12/27	11/23	2/17	1/16	4/14	3/13	6/9	5/10
9/7	8/2	11/2	9/28	12/28	11/24	2/18	1/17	4/15	3/14	6/10	5/11
9/8	8/3	11/3	9/29	12/29	11/25	2/19	1/18	4/16	3/15	6/11	5/12
9/9	8/4	11/4	9/30	12/30	11/26	2/20	1/19	4/17	3/16	6/12	5/13
9/10	8/5	11/5	10/1	12/31	11/27	2/21	1/20	4/18	3/17	6/13	5/14
9/11	8/6	11/6	10/2			2/22	1/21	4/19	3/18	6/14	5/15
9/12	8/7	11/7	10/3	**1946**		2/23	1/22	4/20	3/19	6/15	5/16
9/13	8/8	11/8	10/4	**Solar**	**Lunar**	2/24	1/23	4/21	3/20	6/16	5/17
9/14	8/9	11/9	10/5	1/1	11/28	2/25	1/24	4/22	3/21	6/17	5/18
9/15	8/10	11/10	10/6	1/2	11/29	2/26	1/25	4/23	3/22	6/18	5/19
9/16	8/11	11/11	10/7	1/3	12/1	2/27	1/26	4/24	3/23	6/19	5/20
9/17	8/12	11/12	10/8	1/4	12/2	2/28	1/27	4/25	3/24	6/20	5/21
9/18	8/13	11/13	10/9	1/5	12/3	3/1	1/28	4/26	3/25	6/21	5/22
9/19	8/14	11/14	10/10	1/6	12/4	3/2	1/29	4/27	3/26	6/22	5/23
9/20	8/15	11/15	10/11	1/7	12/5	3/3	1/30	4/28	3/27	6/23	5/24
9/21	8/16	11/16	10/12	1/8	12/6	3/4	2/1	4/29	3/28	6/24	5/25
9/22	8/17	11/17	10/13	1/9	12/7	3/5	2/2	4/30	3/29	6/25	5/26
9/23	8/18	11/18	10/14	1/10	12/8	3/6	2/3	5/1	4/1	6/26	5/27
9/24	8/19	11/19	10/15	1/11	12/9	3/7	2/4	5/2	4/2	6/27	5/28
9/25	8/20	11/20	10/16	1/12	12/10	3/8	2/5	5/3	4/3	6/28	5/29
9/26	8/21	11/21	10/17	1/13	12/11	3/9	2/6	5/4	4/4	6/29	6/1
9/27	8/22	11/22	10/18	1/14	12/12	3/10	2/7	5/5	4/5	6/30	6/2
9/28	8/23	11/23	10/19	1/15	12/13	3/11	2/8	5/6	4/6	7/1	6/3
9/29	8/24	11/24	10/20	1/16	12/14	3/12	2/9	5/7	4/7	7/2	6/4
9/30	8/25	11/25	10/21	1/17	12/15	3/13	2/10	5/8	4/8	7/3	6/5
10/1	8/26	11/26	10/22	1/18	12/16	3/14	2/11	5/9	4/9	7/4	6/6
10/2	8/27	11/27	10/23	1/19	12/17	3/15	2/12	5/10	4/10	7/5	6/7

Bitte beachten: Die erste Zahl ist der Monat, die zweite der Tag.

7/6	6/8	8/31	8/5	10/26	10/2	12/21	11/28	2/11	1/21	4/7	2/16
7/7	6/9	9/1	8/6	10/27	10/3	12/22	11/29	2/12	1/22	4/8	2/17
7/8	6/10	9/2	8/7	10/28	10/4	12/23	12/1	2/13	1/23	4/9	2/18
7/9	6/11	9/3	8/8	10/29	10/5	12/24	12/2	2/14	1/24	4/10	2/19
7/10	6/12	9/4	8/9	10/30	10/6	12/25	12/3	2/15	1/25	4/11	2/20
7/11	6/13	9/5	8/10	10/31	10/7	12/26	12/4	2/16	1/26	4/12	2/21
7/12	6/14	9/6	8/11	11/1	10/8	12/27	12/5	2/17	1/27	4/13	2/22
7/13	6/15	9/7	8/12	11/2	10/9	12/28	12/6	2/18	1/28	4/14	2/23
7/14	6/16	9/8	8/13	11/3	10/10	12/29	12/7	2/19	1/29	4/15	2/24
7/15	6/17	9/9	8/14	11/4	10/11	12/30	12/8	2/20	1/30	4/16	2/25
7/16	6/18	9/10	8/15	11/5	10/12	12/31	12/9	2/21	2/1	4/17	2/26
7/17	6/19	9/11	8/16	11/6	10/13			2/22	2/2	4/18	2/27
7/18	6/20	9/12	8/17	11/7	10/14	**1947**		2/23	2/3	4/19	2/28
7/19	6/21	9/13	8/18	11/8	10/15	**Solar**	**Lunar**	2/24	2/4	4/20	2/29
7/20	6/22	9/14	8/19	11/9	10/16	1/1	12/10	2/25	2/5	4/21	3/1
7/21	6/23	9/15	8/20	11/10	10/17	1/2	12/11	2/26	2/6	4/22	3/2
7/22	6/24	9/16	8/21	11/11	10/18	1/3	12/12	2/27	2/7	4/23	3/3
7/23	6/25	9/17	8/22	11/12	10/19	1/4	12/13	2/28	2/8	4/24	3/4
7/24	6/26	9/18	8/23	11/13	10/20	1/5	12/14	3/1	2/9	4/25	3/5
7/25	6/27	9/19	8/24	11/14	10/21	1/6	12/15	3/2	2/10	4/26	3/6
7/26	6/28	9/20	8/25	11/15	10/22	1/7	12/16	3/3	2/11	4/27	3/7
7/27	6/29	9/21	8/26	11/16	10/23	1/8	12/17	3/4	2/12	4/28	3/8
7/28	7/1	9/22	8/27	11/17	10/24	1/9	12/18	3/5	2/13	4/29	3/9
7/29	7/2	9/23	8/28	11/18	10/25	1/10	12/19	3/6	2/14	4/30	3/10
7/30	7/3	9/24	8/29	11/19	10/26	1/11	12/20	3/7	2/15	5/1	3/11
7/31	7/4	9/25	9/1	11/20	10/27	1/12	12/21	3/8	2/16	5/2	3/12
8/1	7/5	9/26	9/2	11/21	10/28	1/13	12/22	3/9	2/17	5/3	3/13
8/2	7/6	9/27	9/3	11/22	10/29	1/14	12/23	3/10	2/18	5/4	3/14
8/3	7/7	9/28	9/4	11/23	10/30	1/15	12/24	3/11	2/19	5/5	3/15
8/4	7/8	9/29	9/5	11/24	11/1	1/16	12/25	3/12	2/20	5/6	3/16
8/5	7/9	9/30	9/6	11/25	11/2	1/17	12/26	3/13	2/21	5/7	3/17
8/6	7/10	10/1	9/7	11/26	11/3	1/18	12/27	3/14	2/22	5/8	3/18
8/7	7/11	10/2	9/8	11/27	11/4	1/19	12/28	3/15	2/23	5/9	3/19
8/8	7/12	10/3	9/9	11/28	11/5	1/20	12/29	3/16	2/24	5/10	3/20
8/9	7/13	10/4	9/10	11/29	11/6	1/21	12/30	3/17	2/25	5/11	3/21
8/10	7/14	10/5	9/11	11/30	11/7	1/22	1/1	3/18	2/26	5/12	3/22
8/11	7/15	10/6	9/12	12/1	11/8		(1947)	3/19	2/27	5/13	3/23
8/12	7/16	10/7	9/13	12/2	11/9	1/23	1/2	3/20	2/28	5/14	3/24
8/13	7/17	10/8	9/14	12/3	11/10	1/24	1/3	3/21	2/29	5/15	3/25
8/14	7/18	10/9	9/15	12/4	11/11	1/25	1/4	3/22	2/30	5/16	3/26
8/15	7/19	10/10	9/16	12/5	11/12	1/26	1/5	3/23	2/1	5/17	3/27
8/16	7/20	10/11	9/17	12/6	11/13	1/27	1/6	*(Schaltmonat)*		5/18	3/28
8/17	7/21	10/12	9/18	12/7	11/14	1/28	1/7	3/24	2/2	5/19	3/29
8/18	7/22	10/13	9/19	12/8	11/15	1/29	1/8	3/25	2/3	5/20	4/1
8/19	7/23	10/14	9/20	12/9	11/16	1/30	1/9	3/26	2/4	5/21	4/2
8/20	7/24	10/15	9/21	12/10	11/17	1/31	1/10	3/27	2/5	5/22	4/3
8/21	7/25	10/16	9/22	12/11	11/18	2/1	1/11	3/28	2/6	5/23	4/4
8/22	7/26	10/17	9/23	12/12	11/19	2/2	1/12	3/29	2/7	5/24	4/5
8/23	7/27	10/18	9/24	12/13	11/20	2/3	1/13	3/30	2/8	5/25	4/6
8/24	7/28	10/19	9/25	12/14	11/21	2/4	1/14	3/31	2/9	5/26	4/7
8/25	7/29	10/20	9/26	12/15	11/22	2/5	1/15	4/1	2/10	5/27	4/8
8/26	7/30	10/21	9/27	12/16	11/23	2/6	1/16	4/2	2/11	5/28	4/9
8/27	8/1	10/22	9/28	12/17	11/24	2/7	1/17	4/3	2/12	5/29	4/10
8/28	8/2	10/23	9/29	12/18	11/25	2/8	1/18	4/4	2/13	5/30	4/11
8/29	8/3	10/24	9/30	12/19	11/26	2/9	1/19	4/5	2/14	5/31	4/12
8/30	8/4	10/25	10/1	12/20	11/27	2/10	1/20	4/6	2/15	6/1	4/13

Bitte beachten: Die erste Zahl ist der Monat, die zweite der Tag.

6/2	4/14	7/28	6/11	9/22	8/8	11/17	10/5	1/9	11/29	3/4	1/24
6/3	4/15	7/29	6/12	9/23	8/9	11/18	10/6	1/10	11/30	3/5	1/25
6/4	4/16	7/30	6/13	9/24	8/10	11/19	10/7	1/11	12/1	3/6	1/26
6/5	4/17	7/31	6/14	9/25	8/11	11/20	10/8	1/12	12/2	3/7	1/27
6/6	4/18	8/1	6/15	9/26	8/12	11/21	10/9	1/13	12/3	3/8	1/28
6/7	4/19	8/2	6/16	9/27	8/13	11/22	10/10	1/14	12/4	3/9	1/29
6/8	4/20	8/3	6/17	9/28	8/14	11/23	10/11	1/15	12/5	3/10	1/30
6/9	4/21	8/4	6/18	9/29	8/15	11/24	10/12	1/16	12/6	3/11	2/1
6/10	4/22	8/5	6/19	9/30	8/16	11/25	10/13	1/17	12/7	3/12	2/2
6/11	4/23	8/6	6/20	10/1	8/17	11/26	10/14	1/18	12/8	3/13	2/3
6/12	4/24	8/7	6/21	10/2	8/18	11/27	10/15	1/19	12/9	3/14	2/4
6/13	4/25	8/8	6/22	10/3	8/19	11/28	10/16	1/20	12/10	3/15	2/5
6/14	4/26	8/9	6/23	10/4	8/20	11/29	10/17	1/21	12/11	3/16	2/6
6/15	4/27	8/10	6/24	10/5	8/21	11/30	10/18	1/22	12/12	3/17	2/7
6/16	4/28	8/11	6/25	10/6	8/22	12/1	10/19	1/23	12/13	3/18	2/8
6/17	4/29	8/12	6/26	10/7	8/23	12/2	10/20	1/24	12/14	3/19	2/9
6/18	4/30	8/13	6/27	10/8	8/24	12/3	10/21	1/25	12/15	3/20	2/10
6/19	5/1	8/14	6/28	10/9	8/25	12/4	10/22	1/26	12/16	3/21	2/11
6/20	5/2	8/15	6/29	10/10	8/26	12/5	10/23	1/27	12/17	3/22	2/12
6/21	5/3	8/16	7/1	10/11	8/27	12/6	10/24	1/28	12/18	3/23	2/13
6/22	5/4	8/17	7/2	10/12	8/28	12/7	10/25	1/29	12/19	3/24	2/14
6/23	5/5	8/18	7/3	10/13	8/29	12/8	10/26	1/30	12/20	3/25	2/15
6/24	5/6	8/19	7/4	10/14	9/1	12/9	10/27	1/31	12/21	3/26	2/16
6/25	5/7	8/20	7/5	10/15	9/2	12/10	10/28	2/1	12/22	3/27	2/17
6/26	5/8	8/21	7/6	10/16	9/3	12/11	10/29	2/2	12/23	3/28	2/18
6/27	5/9	8/22	7/7	10/17	9/4	12/12	11/1	2/3	12/24	3/29	2/19
6/28	5/10	8/23	7/8	10/18	9/5	12/13	11/2	2/4	12/25	3/30	2/20
6/29	5/11	8/24	7/9	10/19	9/6	12/14	11/3	2/5	12/26	3/31	2/21
6/30	5/12	8/25	7/10	10/20	9/7	12/15	11/4	2/6	12/27	4/1	2/22
7/1	5/13	8/26	7/11	10/21	9/8	12/16	11/5	2/7	12/28	4/2	2/23
7/2	5/14	8/27	7/12	10/22	9/9	12/17	11/6	2/8	12/29	4/3	2/24
7/3	5/15	8/28	7/13	10/23	9/10	12/18	11/7	2/9	12/30	4/4	2/25
7/4	5/16	8/29	7/14	10/24	9/11	12/19	11/8	2/10	1/1	4/5	2/26
7/5	5/17	8/30	7/15	10/25	9/12	12/20	11/9		(1948)	4/6	2/27
7/6	5/18	8/31	7/16	10/26	9/13	12/21	11/10	2/11	1/2	4/7	2/28
7/7	5/19	9/1	7/17	10/27	9/14	12/22	11/11	2/12	1/3	4/8	2/29
7/8	5/20	9/2	7/18	10/28	9/15	12/23	11/12	2/13	1/4	4/9	3/1
7/9	5/21	9/3	7/19	10/29	9/16	12/24	11/13	2/14	1/5	4/10	3/2
7/10	5/22	9/4	7/20	10/30	9/17	12/25	11/14	2/15	1/6	4/11	3/3
7/11	5/23	9/5	7/21	10/31	9/18	12/26	11/15	2/16	1/7	4/12	3/4
7/12	5/24	9/6	7/22	11/1	9/19	12/27	11/16	2/17	1/8	4/13	3/5
7/13	5/25	9/7	7/23	11/2	9/20	12/28	11/17	2/18	1/9	4/14	3/6
7/14	5/26	9/8	7/24	11/3	9/21	12/29	11/18	2/19	1/10	4/15	3/7
7/15	5/27	9/9	7/25	11/4	9/22	12/30	11/19	2/20	1/11	4/16	3/8
7/16	5/28	9/10	7/26	11/5	9/23	12/31	11/20	2/21	1/12	4/17	3/9
7/17	5/29	9/11	7/27	11/6	9/24			2/22	1/13	4/18	3/10
7/18	6/1	9/12	7/28	11/7	9/25	**1948**		2/23	1/14	4/19	3/11
7/19	6/2	9/13	7/29	11/8	9/26	**Solar**	**Lunar**	2/24	1/15	4/20	3/12
7/20	6/3	9/14	7/30	11/9	9/27	1/1	11/21	2/25	1/16	4/21	3/13
7/21	6/4	9/15	8/1	11/10	9/28	1/2	11/22	2/26	1/17	4/22	3/14
7/22	6/5	9/16	8/2	11/11	9/29	1/3	11/23	2/27	1/18	4/23	3/15
7/23	6/6	9/17	8/3	11/12	9/30	1/4	11/24	2/28	1/19	4/24	3/16
7/24	6/7	9/18	8/4	11/13	10/1	1/5	11/25	2/29	1/20	4/25	3/17
7/25	6/8	9/19	8/5	11/14	10/2	1/6	11/26	3/1	1/21	4/26	3/18
7/26	6/9	9/20	8/6	11/15	10/3	1/7	11/27	3/2	1/22	4/27	3/19
7/27	6/10	9/21	8/7	11/16	10/4	1/8	11/28	3/3	1/23	4/28	3/20

Bitte beachten: Die erste Zahl ist der Monat, die zweite der Tag.

4/29	3/21	6/24	5/18	8/19	7/15	10/14	9/12	12/9	11/9	1/30	1/2
4/30	3/22	6/25	5/19	8/20	7/16	10/15	9/13	12/10	11/10	1/31	1/3
5/1	3/23	6/26	5/20	8/21	7/17	10/16	9/14	12/11	11/11	2/1	1/4
5/2	3/24	6/27	5/21	8/22	7/18	10/17	9/15	12/12	11/12	2/2	1/5
5/3	3/25	6/28	5/22	8/23	7/19	10/18	9/16	12/13	11/13	2/3	1/6
5/4	3/26	6/29	5/23	8/24	7/20	10/19	9/17	12/14	11/14	2/4	1/7
5/5	3/27	6/30	5/24	8/25	7/21	10/20	9/18	12/15	11/15	2/5	1/8
5/6	3/28	7/1	5/25	8/26	7/22	10/21	9/19	12/16	11/16	2/6	1/9
5/7	3/29	7/2	5/26	8/27	7/23	10/22	9/20	12/17	11/17	2/7	1/10
5/8	3/30	7/3	5/27	8/28	7/24	10/23	9/21	12/18	11/18	2/8	1/11
5/9	4/1	7/4	5/28	8/29	7/25	10/24	9/22	12/19	11/19	2/9	1/12
5/10	4/2	7/5	5/29	8/30	7/26	10/25	9/23	12/20	11/20	2/10	1/13
5/11	4/3	7/6	5/30	8/31	7/27	10/26	9/24	12/21	11/21	2/11	1/14
5/12	4/4	7/7	6/1	9/1	7/28	10/27	9/25	12/22	11/22	2/12	1/15
5/13	4/5	7/8	6/2	9/2	7/29	10/28	9/26	12/23	11/23	2/13	1/16
5/14	4/6	7/9	6/3	9/3	8/1	10/29	9/27	12/24	11/24	2/14	1/17
5/15	4/7	7/10	6/4	9/4	8/2	10/30	9/28	12/25	11/25	2/15	1/18
5/16	4/8	7/11	6/5	9/5	8/3	10/31	9/29	12/26	11/26	2/16	1/19
5/17	4/9	7/12	6/6	9/6	8/4	11/1	10/1	12/27	11/27	2/17	1/20
5/18	4/10	7/13	6/7	9/7	8/5	11/2	10/2	12/28	11/28	2/18	1/21
5/19	4/11	7/14	6/8	9/8	8/6	11/3	10/3	12/29	11/29	2/19	1/22
5/20	4/12	7/15	6/9	9/9	8/7	11/4	10/4	12/30	12/1	2/20	1/23
5/21	4/13	7/16	6/10	9/10	8/8	11/5	10/5	12/31	12/2	2/21	1/24
5/22	4/14	7/17	6/11	9/11	8/9	11/6	10/6			2/22	1/25
5/23	4/15	7/18	6/12	9/12	8/10	11/7	10/7	**1949**		2/23	1/26
5/24	4/16	7/19	6/13	9/13	8/11	11/8	10/8	Solar	Lunar	2/24	1/27
5/25	4/17	7/20	6/14	9/14	8/12	11/9	10/9	1/1	12/3	2/25	1/28
5/26	4/18	7/21	6/15	9/15	8/13	11/10	10/10	1/2	12/4	2/26	1/29
5/27	4/19	7/22	6/16	9/16	8/14	11/11	10/11	1/3	12/5	2/27	1/30
5/28	4/20	7/23	6/17	9/17	8/15	11/12	10/12	1/4	12/6	2/28	2/1
5/29	4/21	7/24	6/18	9/18	8/16	11/13	10/13	1/5	12/7	3/1	2/2
5/30	4/22	7/25	6/19	9/19	8/17	11/14	10/14	1/6	12/8	3/2	2/3
5/31	4/23	7/26	6/20	9/20	8/18	11/15	10/15	1/7	12/9	3/3	2/4
6/1	4/24	7/27	6/21	9/21	8/19	11/16	10/16	1/8	12/10	3/4	2/5
6/2	4/25	7/28	6/22	9/22	8/20	11/17	10/17	1/9	12/11	3/5	2/6
6/3	4/26	7/29	6/23	9/23	8/21	11/18	10/18	1/10	12/12	3/6	2/7
6/4	4/27	7/30	6/24	9/24	8/22	11/19	10/19	1/11	12/13	3/7	2/8
6/5	4/28	7/31	6/25	9/25	8/23	11/20	10/20	1/12	12/14	3/8	2/9
6/6	4/29	8/1	6/26	9/26	8/24	11/21	10/21	1/13	12/15	3/9	2/10
6/7	5/1	8/2	6/27	9/27	8/25	11/22	10/22	1/14	12/16	3/10	2/11
6/8	5/2	8/3	6/28	9/28	8/26	11/23	10/23	1/15	12/17	3/11	2/12
6/9	5/3	8/4	6/29	9/29	8/27	11/24	10/24	1/16	12/18	3/12	2/13
6/10	5/4	8/5	7/1	9/30	8/28	11/25	10/25	1/17	12/19	3/13	2/14
6/11	5/5	8/6	7/2	10/1	8/29	11/26	10/26	1/18	12/20	3/14	2/15
6/12	5/6	8/7	7/3	10/2	8/30	11/27	10/27	1/19	12/21	3/15	2/16
6/13	5/7	8/8	7/4	10/3	9/1	11/28	10/28	1/20	12/22	3/16	2/17
6/14	5/8	8/9	7/5	10/4	9/2	11/29	10/29	1/21	12/23	3/17	2/18
6/15	5/9	8/10	7/6	10/5	9/3	11/30	10/30	1/22	12/24	3/18	2/19
6/16	5/10	8/11	7/7	10/6	9/4	12/1	11/1	1/23	12/25	3/19	2/20
6/17	5/11	8/12	7/8	10/7	9/5	12/2	11/2	1/24	12/26	3/20	2/21
6/18	5/12	8/13	7/9	10/8	9/6	12/3	11/3	1/25	12/27	3/21	2/22
6/19	5/13	8/14	7/10	10/9	9/7	12/4	11/4	1/26	12/28	3/22	2/23
6/20	5/14	8/15	7/11	10/10	9/8	12/5	11/5	1/27	12/29	3/23	2/24
6/21	5/15	8/16	7/12	10/11	9/9	12/6	11/6	1/28	12/30	3/24	2/25
6/22	5/16	8/17	7/13	10/12	9/10	12/7	11/7	1/29	1/1	3/25	2/26
6/23	5/17	8/18	7/14	10/13	9/11	12/8	11/8		(1949)	3/26	2/27

Bitte beachten: Die erste Zahl ist der Monat, die zweite der Tag.

3/27	2/28	5/22	4/25	7/17	6/22	9/10	7/18	11/5	9/15	12/31	11/12
3/28	2/29	5/23	4/26	7/18	6/23	9/11	7/19	11/6	9/16		
3/29	3/1	5/24	4/27	7/19	6/24	9/12	7/20	11/7	9/17	**1950**	
3/30	3/2	5/25	4/28	7/20	6/25	9/13	7/21	11/8	9/18	Solar	Lunar
3/31	3/3	5/26	4/29	7/21	6/26	9/14	7/22	11/9	9/19	1/1	11/13
4/1	3/4	5/27	4/30	7/22	6/27	9/15	7/23	11/10	9/20	1/2	11/14
4/2	3/5	5/28	5/1	7/23	6/28	9/16	7/24	11/11	9/21	1/3	11/15
4/3	3/6	5/29	5/2	7/24	6/29	9/17	7/25	11/12	9/22	1/4	11/16
4/4	3/7	5/30	5/3	7/25	6/30	9/18	7/26	11/13	9/23	1/5	11/17
4/5	3/8	5/31	5/4	7/26	7/1	9/19	7/27	11/14	9/24	1/6	11/18
4/6	3/9	6/1	5/5	7/27	7/2	9/20	7/28	11/15	9/25	1/7	11/19
4/7	3/10	6/2	5/6	7/28	7/3	9/21	7/29	11/16	9/26	1/8	11/20
4/8	3/11	6/3	5/7	7/29	7/4	9/22	8/1	11/17	9/27	1/9	11/21
4/9	3/12	6/4	5/8	7/30	7/5	9/23	8/2	11/18	9/28	1/10	11/22
4/10	3/13	6/5	5/9	7/31	7/6	9/24	8/3	11/19	9/29	1/11	11/23
4/11	3/14	6/6	5/10	8/1	7/7	9/25	8/4	11/20	10/1	1/12	11/24
4/12	3/15	6/7	5/11	8/2	7/8	9/26	8/5	11/21	10/2	1/13	11/25
4/13	3/16	6/8	5/12	8/3	7/9	9/27	8/6	11/22	10/3	1/14	11/26
4/14	3/17	6/9	5/13	8/4	7/10	9/28	8/7	11/23	10/4	1/15	11/27
4/15	3/18	6/10	5/14	8/5	7/11	9/29	8/8	11/24	10/5	1/16	11/28
4/16	3/19	6/11	5/15	8/6	7/12	9/30	8/9	11/25	10/6	1/17	11/29
4/17	3/20	6/12	5/16	8/7	7/13	10/1	8/10	11/26	10/7	1/18	12/1
4/18	3/21	6/13	5/17	8/8	7/14	10/2	8/11	11/27	10/8	1/19	12/2
4/19	3/22	6/14	5/18	8/9	7/15	10/3	8/12	11/28	10/9	1/20	12/3
4/20	3/23	6/15	5/19	8/10	7/16	10/4	8/13	11/29	10/10	1/21	12/4
4/21	3/24	6/16	5/20	8/11	7/17	10/5	8/14	11/30	10/11	1/22	12/5
4/22	3/25	6/17	5/21	8/12	7/18	10/6	8/15	12/1	10/12	1/23	12/6
4/23	3/26	6/18	5/22	8/13	7/19	10/7	8/16	12/2	10/13	1/24	12/7
4/24	3/27	6/19	5/23	8/14	7/20	10/8	8/17	12/3	10/14	1/25	12/8
4/25	3/28	6/20	5/24	8/15	7/21	10/9	8/18	12/4	10/15	1/26	12/9
4/26	3/29	6/21	5/25	8/16	7/22	10/10	8/19	12/5	10/16	1/27	12/10
4/27	3/30	6/22	5/26	8/17	7/23	10/11	8/20	12/6	10/17	1/28	12/11
4/28	4/1	6/23	5/27	8/18	7/24	10/12	8/21	12/7	10/18	1/29	12/12
4/29	4/2	6/24	5/28	8/19	7/25	10/13	8/22	12/8	10/19	1/30	12/13
4/30	4/3	6/25	5/29	8/20	7/26	10/14	8/23	12/9	10/20	1/31	12/14
5/1	4/4	6/26	6/1	8/21	7/27	10/15	8/24	12/10	10/21	2/1	12/15
5/2	4/5	6/27	6/2	8/22	7/28	10/16	8/25	12/11	10/22	2/2	12/16
5/3	4/6	6/28	6/3	8/23	7/29	10/17	8/26	12/12	10/23	2/3	12/17
5/4	4/7	6/29	6/4	8/24	7/1	10/18	8/27	12/13	10/24	2/4	12/18
5/5	4/8	6/30	6/5	*(Schaltmonat)*		10/19	8/28	12/14	10/25	2/5	12/19
5/6	4/9	7/1	6/6	8/25	7/2	10/20	8/29	12/15	10/26	2/6	12/20
5/7	4/10	7/2	6/7	8/26	7/3	10/21	8/30	12/16	10/27	2/7	12/21
5/8	4/11	7/3	6/8	8/27	7/4	10/22	9/1	12/17	10/28	2/8	12/22
5/9	4/12	7/4	6/9	8/28	7/5	10/23	9/2	12/18	10/29	2/9	12/23
5/10	4/13	7/5	6/10	8/29	7/6	10/24	9/3	12/19	10/30	2/10	12/24
5/11	4/14	7/6	6/11	8/30	7/7	10/25	9/4	12/20	11/1	2/11	12/25
5/12	4/15	7/7	6/12	8/31	7/8	10/26	9/5	12/21	11/2	2/12	12/26
5/13	4/16	7/8	6/13	9/1	7/9	10/27	9/6	12/22	11/3	2/13	12/27
5/14	4/17	7/9	6/14	9/2	7/10	10/28	9/7	12/23	11/4	2/14	12/28
5/15	4/18	7/10	6/15	9/3	7/11	10/29	9/8	12/24	11/5	2/15	12/29
5/16	4/19	7/11	6/16	9/4	7/12	10/30	9/9	12/25	11/6	2/16	12/30
5/17	4/20	7/12	6/17	9/5	7/13	10/31	9/10	12/26	11/7	2/17	1/1
5/18	4/21	7/13	6/18	9/6	7/14	11/1	9/11	12/27	11/8		(1950)
5/19	4/22	7/14	6/19	9/7	7/15	11/2	9/12	12/28	11/9	2/18	1/2
5/20	4/23	7/15	6/20	9/8	7/16	11/3	9/13	12/29	11/10	2/19	1/3
5/21	4/24	7/16	6/21	9/9	7/17	11/4	9/14	12/30	11/11	2/20	1/4

Bitte beachten: Die erste Zahl ist der Monat, die zweite der Tag.

2/21	1/5	4/18	3/2	6/13	4/28	8/8	6/25	10/3	8/22	11/28	10/19
2/22	1/6	4/19	3/3	6/14	4/29	8/9	6/26	10/4	8/23	11/29	10/20
2/23	1/7	4/20	3/4	6/15	5/1	8/10	6/27	10/5	8/24	11/30	10/21
2/24	1/8	4/21	3/5	6/16	5/2	8/11	6/28	10/6	8/25	12/1	10/22
2/25	1/9	4/22	3/6	6/17	5/3	8/12	6/29	10/7	8/26	12/2	10/23
2/26	1/10	4/23	3/7	6/18	5/4	8/13	6/30	10/8	8/27	12/3	10/24
2/27	1/11	4/24	3/8	6/19	5/5	8/14	7/1	10/9	8/28	12/4	10/25
2/28	1/12	4/25	3/9	6/20	5/6	8/15	7/2	10/10	8/29	12/5	10/26
3/1	1/13	4/26	3/10	6/21	5/7	8/16	7/3	10/11	9/1	12/6	10/27
3/2	1/14	4/27	3/11	6/22	5/8	8/17	7/4	10/12	9/2	12/7	10/28
3/3	1/15	4/28	3/12	6/23	5/9	8/18	7/5	10/13	9/3	12/8	10/29
3/4	1/16	4/29	3/13	6/24	5/10	8/19	7/6	10/14	9/4	12/9	11/1
3/5	1/17	4/30	3/14	6/25	5/11	8/20	7/7	10/15	9/5	12/10	11/2
3/6	1/18	5/1	3/15	6/26	5/12	8/21	7/8	10/16	9/6	12/11	11/3
3/7	1/19	5/2	3/16	6/27	5/13	8/22	7/9	10/17	9/7	12/12	11/4
3/8	1/20	5/3	3/17	6/28	5/14	8/23	7/10	10/18	9/8	12/13	11/5
3/9	1/21	5/4	3/18	6/29	5/15	8/24	7/11	10/19	9/9	12/14	11/6
3/10	1/22	5/5	3/19	6/30	5/16	8/25	7/12	10/20	9/10	12/15	11/7
3/11	1/23	5/6	3/20	7/1	5/17	8/26	7/13	10/21	9/11	12/16	11/8
3/12	1/24	5/7	3/21	7/2	5/18	8/27	7/14	10/22	9/12	12/17	11/9
3/13	1/25	5/8	3/22	7/3	5/19	8/28	7/15	10/23	9/13	12/18	11/10
3/14	1/26	5/9	3/23	7/4	5/20	8/29	7/16	10/24	9/14	12/19	11/11
3/15	1/27	5/10	3/24	7/5	5/21	8/30	7/17	10/25	9/15	12/20	11/12
3/16	1/28	5/11	3/25	7/6	5/22	8/31	7/18	10/26	9/16	12/21	11/13
3/17	1/29	5/12	3/26	7/7	5/23	9/1	7/19	10/27	9/17	12/22	11/14
3/18	2/1	5/13	3/27	7/8	5/24	9/2	7/20	10/28	9/18	12/23	11/15
3/19	2/2	5/14	3/28	7/9	5/25	9/3	7/21	10/29	9/19	12/24	11/16
3/20	2/3	5/15	3/29	7/10	5/26	9/4	7/22	10/30	9/20	12/25	11/17
3/21	2/4	5/16	3/30	7/11	5/27	9/5	7/23	10/31	9/21	12/26	11/18
3/22	2/5	5/17	4/1	7/12	5/28	9/6	7/24	11/1	9/22	12/27	11/19
3/23	2/6	5/18	4/2	7/13	5/29	9/7	7/25	11/2	9/23	12/28	11/20
3/24	2/7	5/19	4/3	7/14	5/30	9/8	7/26	11/3	9/24	12/29	11/21
3/25	2/8	5/20	4/4	7/15	6/1	9/9	7/27	11/4	9/25	12/30	11/22
3/26	2/9	5/21	4/5	7/16	6/2	9/10	7/28	11/5	9/26	12/31	11/23
3/27	2/10	5/22	4/6	7/17	6/3	9/11	7/29	11/6	9/27		
3/28	2/11	5/23	4/7	7/18	6/4	9/12	8/1	11/7	9/28	**1951**	
3/29	2/12	5/24	4/8	7/19	6/5	9/13	8/2	11/8	9/29	**Solar**	**Lunar**
3/30	2/13	5/25	4/9	7/20	6/6	9/14	8/3	11/9	9/30	1/1	11/24
3/31	2/14	5/26	4/10	7/21	6/7	9/15	8/4	11/10	10/1	1/2	11/25
4/1	2/15	5/27	4/11	7/22	6/8	9/16	8/5	11/11	10/2	1/3	11/26
4/2	2/16	5/28	4/12	7/23	6/9	9/17	8/6	11/12	10/3	1/4	11/27
4/3	2/17	5/29	4/13	7/24	6/10	9/18	8/7	11/13	10/4	1/5	11/28
4/4	2/18	5/30	4/14	7/25	6/11	9/19	8/8	11/14	10/5	1/6	11/29
4/5	2/19	5/31	4/15	7/26	6/12	9/20	8/9	11/15	10/6	1/7	11/30
4/6	2/20	6/1	4/16	7/27	6/13	9/21	8/10	11/16	10/7	1/8	12/1
4/7	2/21	6/2	4/17	7/28	6/14	9/22	8/11	11/17	10/8	1/9	12/2
4/8	2/22	6/3	4/18	7/29	6/15	9/23	8/12	11/18	10/9	1/10	12/3
4/9	2/23	6/4	4/19	7/30	6/16	9/24	8/13	11/19	10/10	1/11	12/4
4/10	2/24	6/5	4/20	7/31	6/17	9/25	8/14	11/20	10/11	1/12	12/5
4/11	2/25	6/6	4/21	8/1	6/18	9/26	8/15	11/21	10/12	1/13	12/6
4/12	2/26	6/7	4/22	8/2	6/19	9/27	8/16	11/22	10/13	1/14	12/7
4/13	2/27	6/8	4/23	8/3	6/20	9/28	8/17	11/23	10/14	1/15	12/8
4/14	2/28	6/9	4/24	8/4	6/21	9/29	8/18	11/24	10/15	1/16	12/9
4/15	2/29	6/10	4/25	8/5	6/22	9/30	8/19	11/25	10/16	1/17	12/10
4/16	2/30	6/11	4/26	8/6	6/23	10/1	8/20	11/26	10/17	1/18	12/11
4/17	3/1	6/12	4/27	8/7	6/24	10/2	8/21	11/27	10/18	1/19	12/12

Bitte beachten: Die erste Zahl ist der Monat, die zweite der Tag.

1/20	12/13	3/16	2/9	5/11	4/6	7/6	6/3	8/31	7/29	10/26	9/26
1/21	12/14	3/17	2/10	5/12	4/7	7/7	6/4	9/1	8/1	10/27	9/27
1/22	12/15	3/18	2/11	5/13	4/8	7/8	6/5	9/2	8/2	10/28	9/28
1/23	12/16	3/19	2/12	5/14	4/9	7/9	6/6	9/3	8/3	10/29	9/29
1/24	12/17	3/20	2/13	5/15	4/10	7/10	6/7	9/4	8/4	10/30	10/1
1/25	12/18	3/21	2/14	5/16	4/11	7/11	6/8	9/5	8/5	10/31	10/2
1/26	12/19	3/22	2/15	5/17	4/12	7/12	6/9	9/6	8/6	11/1	10/3
1/27	12/20	3/23	2/16	5/18	4/13	7/13	6/10	9/7	8/7	11/2	10/4
1/28	12/21	3/24	2/17	5/19	4/14	7/14	6/11	9/8	8/8	11/3	10/5
1/29	12/22	3/25	2/18	5/20	4/15	7/15	6/12	9/9	8/9	11/4	10/6
1/30	12/23	3/26	2/19	5/21	4/16	7/16	6/13	9/10	8/10	11/5	10/7
1/31	12/24	3/27	2/20	5/22	4/17	7/17	6/14	9/11	8/11	11/6	10/8
2/1	12/25	3/28	2/21	5/23	4/18	7/18	6/15	9/12	8/12	11/7	10/9
2/2	12/26	3/29	2/22	5/24	4/19	7/19	6/16	9/13	8/13	11/8	10/10
2/3	12/27	3/30	2/23	5/25	4/20	7/20	6/17	9/14	8/14	11/9	10/11
2/4	12/28	3/31	2/24	5/26	4/21	7/21	6/18	9/15	8/15	11/10	10/12
2/5	12/29	4/1	2/25	5/27	4/22	7/22	6/19	9/16	8/16	11/11	10/13
2/6	1/1	4/2	2/26	5/28	4/23	7/23	6/20	9/17	8/17	11/12	10/14
	(1951)	4/3	2/27	5/29	4/24	7/24	6/21	9/18	8/18	11/13	10/15
2/7	1/2	4/4	2/28	5/30	4/25	7/25	6/22	9/19	8/19	11/14	10/16
2/8	1/3	4/5	2/29	5/31	4/26	7/26	6/23	9/20	8/20	11/15	10/17
2/9	1/4	4/6	3/1	6/1	4/27	7/27	6/24	9/21	8/21	11/16	10/18
2/10	1/5	4/7	3/2	6/2	4/28	7/28	6/25	9/22	8/22	11/17	10/19
2/11	1/6	4/8	3/3	6/3	4/29	7/29	6/26	9/23	8/23	11/18	10/20
2/12	1/7	4/9	3/4	6/4	4/30	7/30	6/27	9/24	8/24	11/19	10/21
2/13	1/8	4/10	3/5	6/5	5/1	7/31	6/28	9/25	8/25	11/20	10/22
2/14	1/9	4/11	3/6	6/6	5/2	8/1	6/29	9/26	8/26	11/21	10/23
2/15	1/10	4/12	3/7	6/7	5/3	8/2	6/30	9/27	8/27	11/22	10/24
2/16	1/11	4/13	3/8	6/8	5/4	8/3	7/1	9/28	8/28	11/23	10/25
2/17	1/12	4/14	3/9	6/9	5/5	8/4	7/2	9/29	8/29	11/24	10/26
2/18	1/13	4/15	3/10	6/10	5/6	8/5	7/3	9/30	8/30	11/25	10/27
2/19	1/14	4/16	3/11	6/11	5/7	8/6	7/4	10/1	9/1	11/26	10/28
2/20	1/15	4/17	3/12	6/12	5/8	8/7	7/5	10/2	9/2	11/27	10/29
2/21	1/16	4/18	3/13	6/13	5/9	8/8	7/6	10/3	9/3	11/28	10/30
2/22	1/17	4/19	3/14	6/14	5/10	8/9	7/7	10/4	9/4	11/29	11/1
2/23	1/18	4/20	3/15	6/15	5/11	8/10	7/8	10/5	9/5	11/30	11/2
2/24	1/19	4/21	3/16	6/16	5/12	8/11	7/9	10/6	9/6	12/1	11/3
2/25	1/20	4/22	3/17	6/17	5/13	8/12	7/10	10/7	9/7	12/2	11/4
2/26	1/21	4/23	3/18	6/18	5/14	8/13	7/11	10/8	9/8	12/3	11/5
2/27	1/22	4/24	3/19	6/19	5/15	8/14	7/12	10/9	9/9	12/4	11/6
2/28	1/23	4/25	3/20	6/20	5/16	8/15	7/13	10/10	9/10	12/5	11/7
3/1	1/24	4/26	3/21	6/21	5/17	8/16	7/14	10/11	9/11	12/6	11/8
3/2	1/25	4/27	3/22	6/22	5/18	8/17	7/15	10/12	9/12	12/7	11/9
3/3	1/26	4/28	3/23	6/23	5/19	8/18	7/16	10/13	9/13	12/8	11/10
3/4	1/27	4/29	3/24	6/24	5/20	8/19	7/17	10/14	9/14	12/9	11/11
3/5	1/28	4/30	3/25	6/25	5/21	8/20	7/18	10/15	9/15	12/10	11/12
3/6	1/29	5/1	3/26	6/26	5/22	8/21	7/19	10/16	9/16	12/11	11/13
3/7	1/30	5/2	3/27	6/27	5/23	8/22	7/20	10/17	9/17	12/12	11/14
3/8	2/1	5/3	3/28	6/28	5/24	8/23	7/21	10/18	9/18	12/13	11/15
3/9	2/2	5/4	3/29	6/29	5/25	8/24	7/22	10/19	9/19	12/14	11/16
3/10	2/3	5/5	3/30	6/30	5/26	8/25	7/23	10/20	9/20	12/15	11/17
3/11	2/4	5/6	4/1	7/1	5/27	8/26	7/24	10/21	9/21	12/16	11/18
3/12	2/5	5/7	4/2	7/2	5/28	8/27	7/25	10/22	9/22	12/17	11/19
3/13	2/6	5/8	4/3	7/3	5/29	8/28	7/26	10/23	9/23	12/18	11/20
3/14	2/7	5/9	4/4	7/4	6/1	8/29	7/27	10/24	9/24	12/19	11/21
3/15	2/8	5/10	4/5	7/5	6/2	8/30	7/28	10/25	9/25	12/20	11/22

Bitte beachten: Die erste Zahl ist der Monat, die zweite der Tag.

12/21	11/23	2/11	1/16	4/7	3/13	6/2	5/10	7/27	6/6	9/21	8/3
12/22	11/24	2/12	1/17	4/8	3/14	6/3	5/11	7/28	6/7	9/22	8/4
12/23	11/25	2/13	1/18	4/9	3/15	6/4	5/12	7/29	6/8	9/23	8/5
12/24	11/26	2/14	1/19	4/10	3/16	6/5	5/13	7/30	6/9	9/24	8/6
12/25	11/27	2/15	1/20	4/11	3/17	6/6	5/14	7/31	6/10	9/25	8/7
12/26	11/28	2/16	1/21	4/12	3/18	6/7	5/15	8/1	6/11	9/26	8/8
12/27	11/29	2/17	1/22	4/13	3/19	6/8	5/16	8/2	6/12	9/27	8/9
12/28	12/1	2/18	1/23	4/14	3/20	6/9	5/17	8/3	6/13	9/28	8/10
12/29	12/2	2/19	1/24	4/15	3/21	6/10	5/18	8/4	6/14	9/29	8/11
12/30	12/3	2/20	1/25	4/16	3/22	6/11	5/19	8/5	6/15	9/30	8/12
12/31	12/4	2/21	1/26	4/17	3/23	6/12	5/20	8/6	6/16	10/1	8/13
		2/22	1/27	4/18	3/24	6/13	5/21	8/7	6/17	10/2	8/14
1952		2/23	1/28	4/19	3/25	6/14	5/22	8/8	6/18	10/3	8/15
Solar	**Lunar**	2/24	1/29	4/20	3/26	6/15	5/23	8/9	6/19	10/4	8/16
1/1	12/5	2/25	2/1	4/21	3/27	6/16	5/24	8/10	6/20	10/5	8/17
1/2	12/6	2/26	2/2	4/22	3/28	6/17	5/25	8/11	6/21	10/6	8/18
1/3	12/7	2/27	2/3	4/23	3/29	6/18	5/26	8/12	6/22	10/7	8/19
1/4	12/8	2/28	2/4	4/24	4/1	6/19	5/27	8/13	6/23	10/8	8/20
1/5	12/9	2/29	2/5	4/25	4/2	6/20	5/28	8/14	6/24	10/9	8/21
1/6	12/10	3/1	2/6	4/26	4/3	6/21	5/29	8/15	6/25	10/10	8/22
1/7	12/11	3/2	2/7	4/27	4/4	6/22	5/1	8/16	6/26	10/11	8/23
1/8	12/12	3/3	2/8	4/28	4/5	*(Schaltmonat)*		8/17	6/27	10/12	8/24
1/9	12/13	3/4	2/9	4/29	4/6	6/23	5/2	8/18	6/28	10/13	8/25
1/10	12/14	3/5	2/10	4/30	4/7	6/24	5/3	8/19	6/29	10/14	8/26
1/11	12/15	3/6	2/11	5/1	4/8	6/25	5/4	8/20	7/1	10/15	8/27
1/12	12/16	3/7	2/12	5/2	4/9	6/26	5/5	8/21	7/2	10/16	8/28
1/13	12/17	3/8	2/13	5/3	4/10	6/27	5/6	8/22	7/3	10/17	8/29
1/14	12/18	3/9	2/14	5/4	4/11	6/28	5/7	8/23	7/4	10/18	8/30
1/15	12/19	3/10	2/15	5/5	4/12	6/29	5/8	8/24	7/5	10/19	9/1
1/16	12/20	3/11	2/16	5/6	4/13	6/30	5/9	8/25	7/6	10/20	9/2
1/17	12/21	3/12	2/17	5/7	4/14	7/1	5/10	8/26	7/7	10/21	9/3
1/18	12/22	3/13	2/18	5/8	4/15	7/2	5/11	8/27	7/8	10/22	9/4
1/19	12/23	3/14	2/19	5/9	4/16	7/3	5/12	8/28	7/9	10/23	9/5
1/20	12/24	3/15	2/20	5/10	4/17	7/4	5/13	8/29	7/10	10/24	9/6
1/21	12/25	3/16	2/21	5/11	4/18	7/5	5/14	8/30	7/11	10/25	9/7
1/22	12/26	3/17	2/22	5/12	4/19	7/6	5/15	8/31	7/12	10/26	9/8
1/23	12/27	3/18	2/23	5/13	4/20	7/7	5/16	9/1	7/13	10/27	9/9
1/24	12/28	3/19	2/24	5/14	4/21	7/8	5/17	9/2	7/14	10/28	9/10
1/25	12/29	3/20	2/25	5/15	4/22	7/9	5/18	9/3	7/15	10/29	9/11
1/26	12/30	3/21	2/26	5/16	4/23	7/10	5/19	9/4	7/16	10/30	9/12
1/27	1/1	3/22	2/27	5/17	4/24	7/11	5/20	9/5	7/17	10/31	9/13
	(1952)	3/23	2/28	5/18	4/25	7/12	5/21	9/6	7/18	11/1	9/14
1/28	1/2	3/24	2/29	5/19	4/26	7/13	5/22	9/7	7/19	11/2	9/15
1/29	1/3	3/25	2/30	5/20	4/27	7/14	5/23	9/8	7/20	11/3	9/16
1/30	1/4	3/26	3/1	5/21	4/28	7/15	5/24	9/9	7/21	11/4	9/17
1/31	1/5	3/27	3/2	5/22	4/29	7/16	5/25	9/10	7/22	11/5	9/18
2/1	1/6	3/28	3/3	5/23	4/30	7/17	5/26	9/11	7/23	11/6	9/19
2/2	1/7	3/29	3/4	5/24	5/1	7/18	5/27	9/12	7/24	11/7	9/20
2/3	1/8	3/30	3/5	5/25	5/2	7/19	5/28	9/13	7/25	11/8	9/21
2/4	1/9	3/31	3/6	5/26	5/3	7/20	5/29	9/14	7/26	11/9	9/22
2/5	1/10	4/1	3/7	5/27	5/4	7/21	5/30	9/15	7/27	11/10	9/23
2/6	1/11	4/2	3/8	5/28	5/5	7/22	6/1	9/16	7/28	11/11	9/24
2/7	1/12	4/3	3/9	5/29	5/6	7/23	6/2	9/17	7/29	11/12	9/25
2/8	1/13	4/4	3/10	5/30	5/7	7/24	6/3	9/18	7/30	11/13	9/26
2/9	1/14	4/5	3/11	5/31	5/8	7/25	6/4	9/19	8/1	11/14	9/27
2/10	1/15	4/6	3/12	6/1	5/9	7/26	6/5	9/20	8/2	11/15	9/28

Bitte beachten: Die erste Zahl ist der Monat, die zweite der Tag.

11/16	9/29	1/8	11/23	3/4	1/19	4/29	3/16	6/24	5/14	8/19	7/10
11/17	10/1	1/9	11/24	3/5	1/20	4/30	3/17	6/25	5/15	8/20	7/11
11/18	10/2	1/10	11/25	3/6	1/21	5/1	3/18	6/26	5/16	8/21	7/12
11/19	10/3	1/11	11/26	3/7	1/22	5/2	3/19	6/27	5/17	8/22	7/13
11/20	10/4	1/12	11/27	3/8	1/23	5/3	3/20	6/28	5/18	8/23	7/14
11/21	10/5	1/13	11/28	3/9	1/24	5/4	3/21	6/29	5/19	8/24	7/15
11/22	10/6	1/14	11/29	3/10	1/25	5/5	3/22	6/30	5/20	8/25	7/16
11/23	10/7	1/15	12/1	3/11	1/26	5/6	3/23	7/1	5/21	8/26	7/17
11/24	10/8	1/16	12/2	3/12	1/27	5/7	3/24	7/2	5/22	8/27	7/18
11/25	10/9	1/17	12/3	3/13	1/28	5/8	3/25	7/3	5/23	8/28	7/19
11/26	10/10	1/18	12/4	3/14	1/29	5/9	3/26	7/4	5/24	8/29	7/20
11/27	10/11	1/19	12/5	3/15	2/1	5/10	3/27	7/5	5/25	8/30	7/21
11/28	10/12	1/20	12/6	3/16	2/2	5/11	3/28	7/6	5/26	8/31	7/22
11/29	10/13	1/21	12/7	3/17	2/3	5/12	3/29	7/7	5/27	9/1	7/23
11/30	10/14	1/22	12/8	3/18	2/4	5/13	4/1	7/8	5/28	9/2	7/24
12/1	10/15	1/23	12/9	3/19	2/5	5/14	4/2	7/9	5/29	9/3	7/25
12/2	10/16	1/24	12/10	3/20	2/6	5/15	4/3	7/10	5/30	9/4	7/26
12/3	10/17	1/25	12/11	3/21	2/7	5/16	4/4	7/11	6/1	9/5	7/27
12/4	10/18	1/26	12/12	3/22	2/8	5/17	4/5	7/12	6/2	9/6	7/28
12/5	10/19	1/27	12/13	3/23	2/9	5/18	4/6	7/13	6/3	9/7	7/29
12/6	10/20	1/28	12/14	3/24	2/10	5/19	4/7	7/14	6/4	9/8	8/1
12/7	10/21	1/29	12/15	3/25	2/11	5/20	4/8	7/15	6/5	9/9	8/2
12/8	10/22	1/30	12/16	3/26	2/12	5/21	4/9	7/16	6/6	9/10	8/3
12/9	10/23	1/31	12/17	3/27	2/13	5/22	4/10	7/17	6/7	9/11	8/4
12/10	10/24	2/1	12/18	3/28	2/14	5/23	4/11	7/18	6/8	9/12	8/5
12/11	10/25	2/2	12/19	3/29	2/15	5/24	4/12	7/19	6/9	9/13	8/6
12/12	10/26	2/3	12/20	3/30	2/16	5/25	4/13	7/20	6/10	9/14	8/7
12/13	10/27	2/4	12/21	3/31	2/17	5/26	4/14	7/21	6/11	9/15	8/8
12/14	10/28	2/5	12/22	4/1	2/18	5/27	4/15	7/22	6/12	9/16	8/9
12/15	10/29	2/6	12/23	4/2	2/19	5/28	4/16	7/23	6/13	9/17	8/10
12/16	10/30	2/7	12/24	4/3	2/20	5/29	4/17	7/24	6/14	9/18	8/11
12/17	11/1	2/8	12/25	4/4	2/21	5/30	4/18	7/25	6/15	9/19	8/12
12/18	11/2	2/9	12/26	4/5	2/22	5/31	4/19	7/26	6/16	9/20	8/13
12/19	11/3	2/10	12/27	4/6	2/23	6/1	4/20	7/27	6/17	9/21	8/14
12/20	11/4	2/11	12/28	4/7	2/24	6/2	4/21	7/28	6/18	9/22	8/15
12/21	11/5	2/12	12/29	4/8	2/25	6/3	4/22	7/29	6/19	9/23	8/16
12/22	11/6	2/13	12/30	4/9	2/26	6/4	4/23	7/30	6/20	9/24	8/17
12/23	11/7	2/14	1/1	4/10	2/27	6/5	4/24	7/31	6/21	9/25	8/18
12/24	11/8		(1953)	4/11	2/28	6/6	4/25	8/1	6/22	9/26	8/19
12/25	11/9	2/15	1/2	4/12	2/29	6/7	4/26	8/2	6/23	9/27	8/20
12/26	11/10	2/16	1/3	4/13	2/30	6/8	4/27	8/3	6/24	9/28	8/21
12/27	11/11	2/17	1/4	4/14	3/1	6/9	4/28	8/4	6/25	9/29	8/22
12/28	11/12	2/18	1/5	4/15	3/2	6/10	4/29	8/5	6/26	9/30	8/23
12/29	11/13	2/19	1/6	4/16	3/3	6/11	5/1	8/6	6/27	10/1	8/24
12/30	11/14	2/20	1/7	4/17	3/4	6/12	5/2	8/7	6/28	10/2	8/25
12/31	11/15	2/21	1/8	4/18	3/5	6/13	5/3	8/8	6/29	10/3	8/26
		2/22	1/9	4/19	3/6	6/14	5/4	8/9	6/30	10/4	8/27
1953		2/23	1/10	4/20	3/7	6/15	5/5	8/10	7/1	10/5	8/28
Solar	**Lunar**	2/24	1/11	4/21	3/8	6/16	5/6	8/11	7/2	10/6	8/29
1/1	11/16	2/25	1/12	4/22	3/9	6/17	5/7	8/12	7/3	10/7	8/30
1/2	11/17	2/26	1/13	4/23	3/10	6/18	5/8	8/13	7/4	10/8	9/1
1/3	11/18	2/27	1/14	4/24	3/11	6/19	5/9	8/14	7/5	10/9	9/2
1/4	11/19	2/28	1/15	4/25	3/12	6/20	5/10	8/15	7/6	10/10	9/3
1/5	11/20	3/1	1/16	4/26	3/13	6/21	5/11	8/16	7/7	10/11	9/4
1/6	11/21	3/2	1/17	4/27	3/14	6/22	5/12	8/17	7/8	10/12	9/5
1/7	11/22	3/3	1/18	4/28	3/15	6/23	5/13	8/18	7/9	10/13	9/6

Bitte beachten: Die erste Zahl ist der Monat, die zweite der Tag.

10/14	9/7	12/9	11/4	1/31	12/27	3/27	2/23	5/22	4/20	7/17	6/18
10/15	9/8	12/10	11/5	2/1	12/28	3/28	2/24	5/23	4/21	7/18	6/19
10/16	9/9	12/11	11/6	2/2	12/29	3/29	2/25	5/24	4/22	7/19	6/20
10/17	9/10	12/12	11/7	2/3	1/1	3/30	2/26	5/25	4/23	7/20	6/21
10/18	9/11	12/13	11/8		(1954)	3/31	2/27	5/26	4/24	7/21	6/22
10/19	9/12	12/14	11/9	2/4	1/2	4/1	2/28	5/27	4/25	7/22	6/23
10/20	9/13	12/15	11/10	2/5	1/3	4/2	2/29	5/28	4/26	7/23	6/24
10/21	9/14	12/16	11/11	2/6	1/4	4/3	3/1	5/29	4/27	7/24	6/25
10/22	9/15	12/17	11/12	2/7	1/5	4/4	3/2	5/30	4/28	7/25	6/26
10/23	9/16	12/18	11/13	2/8	1/6	4/5	3/3	5/31	4/29	7/26	6/27
10/24	9/17	12/19	11/14	2/9	1/7	4/6	3/4	6/1	5/1	7/27	6/28
10/25	9/18	12/20	11/15	2/10	1/8	4/7	3/5	6/2	5/2	7/28	6/29
10/26	9/19	12/21	11/16	2/11	1/9	4/8	3/6	6/3	5/3	7/29	6/30
10/27	9/20	12/22	11/17	2/12	1/10	4/9	3/7	6/4	5/4	7/30	7/1
10/28	9/21	12/23	11/18	2/13	1/11	4/10	3/8	6/5	5/5	7/31	7/2
10/29	9/22	12/24	11/19	2/14	1/12	4/11	3/9	6/6	5/6	8/1	7/3
10/30	9/23	12/25	11/20	2/15	1/13	4/12	3/10	6/7	5/7	8/2	7/4
10/31	9/24	12/26	11/21	2/16	1/14	4/13	3/11	6/8	5/8	8/3	7/5
11/1	9/25	12/27	11/22	2/17	1/15	4/14	3/12	6/9	5/9	8/4	7/6
11/2	9/26	12/28	11/23	2/18	1/16	4/15	3/13	6/10	5/10	8/5	7/7
11/3	9/27	12/29	11/24	2/19	1/17	4/16	3/14	6/11	5/11	8/6	7/8
11/4	9/28	12/30	11/25	2/20	1/18	4/17	3/15	6/12	5/12	8/7	7/9
11/5	9/29	12/31	11/26	2/21	1/19	4/18	3/16	6/13	5/13	8/8	7/10
11/6	9/30			2/22	1/20	4/19	3/17	6/14	5/14	8/9	7/11
11/7	10/1	**1954**		2/23	1/21	4/20	3/18	6/15	5/15	8/10	7/12
11/8	10/2	**Solar**	**Lunar**	2/24	1/22	4/21	3/19	6/16	5/16	8/11	7/13
11/9	10/3	1/1	11/27	2/25	1/23	4/22	3/20	6/17	5/17	8/12	7/14
11/10	10/4	1/2	11/28	2/26	1/24	4/23	3/21	6/18	5/18	8/13	7/15
11/11	10/5	1/3	11/29	2/27	1/25	4/24	3/22	6/19	5/19	8/14	7/16
11/12	10/6	1/4	11/30	2/28	1/26	4/25	3/23	6/20	5/20	8/15	7/17
11/13	10/7	1/5	12/1	3/1	1/27	4/26	3/24	6/21	5/21	8/16	7/18
11/14	10/8	1/6	12/2	3/2	1/28	4/27	3/25	6/22	5/22	8/17	7/19
11/15	10/9	1/7	12/3	3/3	1/29	4/28	3/26	6/23	5/23	8/18	7/20
11/16	10/10	1/8	12/4	3/4	1/30	4/29	3/27	6/24	5/24	8/19	7/21
11/17	10/11	1/9	12/5	3/5	2/1	4/30	3/28	6/25	5/25	8/20	7/22
11/18	10/12	1/10	12/6	3/6	2/2	5/1	3/29	6/26	5/26	8/21	7/23
11/19	10/13	1/11	12/7	3/7	2/3	5/2	3/30	6/27	5/27	8/22	7/24
11/20	10/14	1/12	12/8	3/8	2/4	5/3	4/1	6/28	5/28	8/23	7/25
11/21	10/15	1/13	12/9	3/9	2/5	5/4	4/2	6/29	5/29	8/24	7/26
11/22	10/16	1/14	12/10	3/10	2/6	5/5	4/3	6/30	6/1	8/25	7/27
11/23	10/17	1/15	12/11	3/11	2/7	5/6	4/4	7/1	6/2	8/26	7/28
11/24	10/18	1/16	12/12	3/12	2/8	5/7	4/5	7/2	6/3	8/27	7/29
11/25	10/19	1/17	12/13	3/13	2/9	5/8	4/6	7/3	6/4	8/28	8/1
11/26	10/20	1/18	12/14	3/14	2/10	5/9	4/7	7/4	6/5	8/29	8/2
11/27	10/21	1/19	12/15	3/15	2/11	5/10	4/8	7/5	6/6	8/30	8/3
11/28	10/22	1/20	12/16	3/16	2/12	5/11	4/9	7/6	6/7	8/31	8/4
11/29	10/23	1/21	12/17	3/17	2/13	5/12	4/10	7/7	6/8	9/1	8/5
11/30	10/24	1/22	12/18	3/18	2/14	5/13	4/11	7/8	6/9	9/2	8/6
12/1	10/25	1/23	12/19	3/19	2/15	5/14	4/12	7/9	6/10	9/3	8/7
12/2	10/26	1/24	12/20	3/20	2/16	5/15	4/13	7/10	6/11	9/4	8/8
12/3	10/27	1/25	12/21	3/21	2/17	5/16	4/14	7/11	6/12	9/5	8/9
12/4	10/28	1/26	12/22	3/22	2/18	5/17	4/15	7/12	6/13	9/6	8/10
12/5	10/29	1/27	12/23	3/23	2/19	5/18	4/16	7/13	6/14	9/7	8/11
12/6	11/1	1/28	12/24	3/24	2/20	5/19	4/17	7/14	6/15	9/8	8/12
12/7	11/2	1/29	12/25	3/25	2/21	5/20	4/18	7/15	6/16	9/9	8/13
12/8	11/3	1/30	12/26	3/26	2/22	5/21	4/19	7/16	6/17	9/10	8/14

Bitte beachten: Die erste Zahl ist der Monat, die zweite der Tag.

				1955		2/23	2/2	4/20	3/28	6/14	4/24
9/11	8/15	11/6	10/11			2/23	2/2	4/20	3/28	6/14	4/24
9/12	8/16	11/7	10/12	Solar	Lunar	2/24	2/3	4/21	3/29	6/15	4/25
9/13	8/17	11/8	10/13	1/1	12/8	2/25	2/4	4/22	3/1	6/16	4/26
9/14	8/18	11/9	10/14	1/2	12/9	2/26	2/5	*(Schaltmonat)*		6/17	4/27
9/15	8/19	11/10	10/15	1/3	12/10	2/27	2/6	4/23	3/2	6/18	4/28
9/16	8/20	11/11	10/16	1/4	12/11	2/28	2/7	4/24	3/3	6/19	4/29
9/17	8/21	11/12	10/17	1/5	12/12	3/1	2/8	4/25	3/4	6/20	5/1
9/18	8/22	11/13	10/18	1/6	12/13	3/2	2/9	4/26	3/5	6/21	5/2
9/19	8/23	11/14	10/19	1/7	12/14	3/3	2/10	4/27	3/6	6/22	5/3
9/20	8/24	11/15	10/20	1/8	12/15	3/4	2/11	4/28	3/7	6/23	5/4
9/21	8/25	11/16	10/21	1/9	12/16	3/5	2/12	4/29	3/8	6/24	5/5
9/22	8/26	11/17	10/22	1/10	12/17	3/6	2/13	4/30	3/9	6/25	5/6
9/23	8/27	11/18	10/23	1/11	12/18	3/7	2/14	5/1	3/10	6/26	5/7
9/24	8/28	11/19	10/24	1/12	12/19	3/8	2/15	5/2	3/11	6/27	5/8
9/25	8/29	11/20	10/25	1/13	12/20	3/9	2/16	5/3	3/12	6/28	5/9
9/26	8/30	11/21	10/26	1/14	12/21	3/10	2/17	5/4	3/13	6/29	5/10
9/27	9/1	11/22	10/27	1/15	12/22	3/11	2/18	5/5	3/14	6/30	5/11
9/28	9/2	11/23	10/28	1/16	12/23	3/12	2/19	5/6	3/15	7/1	5/12
9/29	9/3	11/24	10/29	1/17	12/24	3/13	2/20	5/7	3/16	7/2	5/13
9/30	9/4	11/25	11/1	1/18	12/25	3/14	2/21	5/8	3/17	7/3	5/14
10/1	9/5	11/26	11/2	1/19	12/26	3/15	2/22	5/9	3/18	7/4	5/15
10/2	9/6	11/27	11/3	1/20	12/27	3/16	2/23	5/10	3/19	7/5	5/16
10/3	9/7	11/28	11/4	1/21	12/28	3/17	2/24	5/11	3/20	7/6	5/17
10/4	9/8	11/29	11/5	1/22	12/29	3/18	2/25	5/12	3/21	7/7	5/18
10/5	9/9	11/30	11/6	1/23	12/30	3/19	2/26	5/13	3/22	7/8	5/19
10/6	9/10	12/1	11/7	1/24	1/1	3/20	2/27	5/14	3/23	7/9	5/20
10/7	9/11	12/2	11/8		(1955)	3/21	2/28	5/15	3/24	7/10	5/21
10/8	9/12	12/3	11/9	1/25	1/2	3/22	2/29	5/16	3/25	7/11	5/22
10/9	9/13	12/4	11/10	1/26	1/3	3/23	2/30	5/17	3/26	7/12	5/23
10/10	9/14	12/5	11/11	1/27	1/4	3/24	3/1	5/18	3/27	7/13	5/24
10/11	9/15	12/6	11/12	1/28	1/5	3/25	3/2	5/19	3/28	7/14	5/25
10/12	9/16	12/7	11/13	1/29	1/6	3/26	3/3	5/20	3/29	7/15	5/26
10/13	9/17	12/8	11/14	1/30	1/7	3/27	3/4	5/21	3/30	7/16	5/27
10/14	9/18	12/9	11/15	1/31	1/8	3/28	3/5	5/22	4/1	7/17	5/28
10/15	9/19	12/10	11/16	2/1	1/9	3/29	3/6	5/23	4/2	7/18	5/29
10/16	9/20	12/11	11/17	2/2	1/10	3/30	3/7	5/24	4/3	7/19	6/1
10/17	9/21	12/12	11/18	2/3	1/11	3/31	3/8	5/25	4/4	7/20	6/2
10/18	9/22	12/13	11/19	2/4	1/12	4/1	3/9	5/26	4/5	7/21	6/3
10/19	9/23	12/14	11/20	2/5	1/13	4/2	3/10	5/27	4/6	7/22	6/4
10/20	9/24	12/15	11/21	2/6	1/14	4/3	3/11	5/28	4/7	7/23	6/5
10/21	9/25	12/16	11/22	2/7	1/15	4/4	3/12	5/29	4/8	7/24	6/6
10/22	9/26	12/17	11/23	2/8	1/16	4/5	3/13	5/30	4/9	7/25	6/7
10/23	9/27	12/18	11/24	2/9	1/17	4/6	3/14	5/31	4/10	7/26	6/8
10/24	9/28	12/19	11/25	2/10	1/18	4/7	3/15	6/1	4/11	7/27	6/9
10/25	9/29	12/20	11/26	2/11	1/19	4/8	3/16	6/2	4/12	7/28	6/10
10/26	9/30	12/21	11/27	2/12	1/20	4/9	3/17	6/3	4/13	7/29	6/11
10/27	10/1	12/22	11/28	2/13	1/21	4/10	3/18	6/4	4/14	7/30	6/12
10/28	10/2	12/23	11/29	2/14	1/22	4/11	3/19	6/5	4/15	7/31	6/13
10/29	10/3	12/24	11/30	2/15	1/23	4/12	3/20	6/6	4/16	8/1	6/14
10/30	10/4	12/25	12/1	2/16	1/24	4/13	3/21	6/7	4/17	8/2	6/15
10/31	10/5	12/26	12/2	2/17	1/25	4/14	3/22	6/8	4/18	8/3	6/16
11/1	10/6	12/27	12/3	2/18	1/26	4/15	3/23	6/9	4/19	8/4	6/17
11/2	10/7	12/28	12/4	2/19	1/27	4/16	3/24	6/10	4/20	8/5	6/18
11/3	10/8	12/29	12/5	2/20	1/28	4/17	3/25	6/11	4/21	8/6	6/19
11/4	10/9	12/30	12/6	2/21	1/29	4/18	3/26	6/12	4/22	8/7	6/20
11/5	10/10	12/31	12/7	2/22	2/1	4/19	3/27	6/13	4/23	8/8	6/21

Bitte beachten: Die erste Zahl ist der Monat, die zweite der Tag.

8/9	6/22	10/4	8/19	11/29	10/16	1/21	12/9	3/16	2/5	5/11	4/2
8/10	6/23	10/5	8/20	11/30	10/17	1/22	12/10	3/17	2/6	5/12	4/3
8/11	6/24	10/6	8/21	12/1	10/18	1/23	12/11	3/18	2/7	5/13	4/4
8/12	6/25	10/7	8/22	12/2	10/19	1/24	12/12	3/19	2/8	5/14	4/5
8/13	6/26	10/8	8/23	12/3	10/20	1/25	12/13	3/20	2/9	5/15	4/6
8/14	6/27	10/9	8/24	12/4	10/21	1/26	12/14	3/21	2/10	5/16	4/7
8/15	6/28	10/10	8/25	12/5	10/22	1/27	12/15	3/22	2/11	5/17	4/8
8/16	6/29	10/11	8/26	12/6	10/23	1/28	12/16	3/23	2/12	5/18	4/9
8/17	6/30	10/12	8/27	12/7	10/24	1/29	12/17	3/24	2/13	5/19	4/10
8/18	7/1	10/13	8/28	12/8	10/25	1/30	12/18	3/25	2/14	5/20	4/11
8/19	7/2	10/14	8/29	12/9	10/26	1/31	12/19	3/26	2/15	5/21	4/12
8/20	7/3	10/15	8/30	12/10	10/27	2/1	12/20	3/27	2/16	5/22	4/13
8/21	7/4	10/16	9/1	12/11	10/28	2/2	12/21	3/28	2/17	5/23	4/14
8/22	7/5	10/17	9/2	12/12	10/29	2/3	12/22	3/29	2/18	5/24	4/15
8/23	7/6	10/18	9/3	12/13	10/30	2/4	12/23	3/30	2/19	5/25	4/16
8/24	7/7	10/19	9/4	12/14	11/1	2/5	12/24	3/31	2/20	5/26	4/17
8/25	7/8	10/20	9/5	12/15	11/2	2/6	12/25	4/1	2/21	5/27	4/18
8/26	7/9	10/21	9/6	12/16	11/3	2/7	12/26	4/2	2/22	5/28	4/19
8/27	7/10	10/22	9/7	12/17	11/4	2/8	12/27	4/3	2/23	5/29	4/20
8/28	7/11	10/23	9/8	12/18	11/5	2/9	12/28	4/4	2/24	5/30	4/21
8/29	7/12	10/24	9/9	12/19	11/6	2/10	12/29	4/5	2/25	5/31	4/22
8/30	7/13	10/25	9/10	12/20	11/7	2/11	12/30	4/6	2/26	6/1	4/23
8/31	7/14	10/26	9/11	12/21	11/8	2/12	1/1	4/7	2/27	6/2	4/24
9/1	7/15	10/27	9/12	12/22	11/9		(1956)	4/8	2/28	6/3	4/25
9/2	7/16	10/28	9/13	12/23	11/10	2/13	1/2	4/9	2/29	6/4	4/26
9/3	7/17	10/29	9/14	12/24	11/11	2/14	1/3	4/10	2/30	6/5	4/27
9/4	7/18	10/30	9/15	12/25	11/12	2/15	1/4	4/11	3/1	6/6	4/28
9/5	7/19	10/31	9/16	12/26	11/13	2/16	1/5	4/12	3/2	6/7	4/29
9/6	7/20	11/1	9/17	12/27	11/14	2/17	1/6	4/13	3/3	6/8	4/30
9/7	7/21	11/2	9/18	12/28	11/15	2/18	1/7	4/14	3/4	6/9	5/1
9/8	7/22	11/3	9/19	12/29	11/16	2/19	1/8	4/15	3/5	6/10	5/2
9/9	7/23	11/4	9/20	12/30	11/17	2/20	1/9	4/16	3/6	6/11	5/3
9/10	7/24	11/5	9/21	12/31	11/18	2/21	1/10	4/17	3/7	6/12	5/4
9/11	7/25	11/6	9/22			2/22	1/11	4/18	3/8	6/13	5/5
9/12	7/26	11/7	9/23	**1956**		2/23	1/12	4/19	3/9	6/14	5/6
9/13	7/27	11/8	9/24	**Solar**	**Lunar**	2/24	1/13	4/20	3/10	6/15	5/7
9/14	7/28	11/9	9/25	1/1	11/19	2/25	1/14	4/21	3/11	6/16	5/8
9/15	7/29	11/10	9/26	1/2	11/20	2/26	1/15	4/22	3/12	6/17	5/9
9/16	8/1	11/11	9/27	1/3	11/21	2/27	1/16	4/23	3/13	6/18	5/10
9/17	8/2	11/12	9/28	1/4	11/22	2/28	1/17	4/24	3/14	6/19	5/11
9/18	8/3	11/13	9/29	1/5	11/23	2/29	1/18	4/25	3/15	6/20	5/12
9/19	8/4	11/14	10/1	1/6	11/24	3/1	1/19	4/26	3/16	6/21	5/13
9/20	8/5	11/15	10/2	1/7	11/25	3/2	1/20	4/27	3/17	6/22	5/14
9/21	8/6	11/16	10/3	1/8	11/26	3/3	1/21	4/28	3/18	6/23	5/15
9/22	8/7	11/17	10/4	1/9	11/27	3/4	1/22	4/29	3/19	6/24	5/16
9/23	8/8	11/18	10/5	1/10	11/28	3/5	1/23	4/20	3/20	6/25	5/17
9/24	8/9	11/19	10/6	1/11	11/29	3/6	1/24	5/1	3/21	6/26	5/18
9/25	8/10	11/20	10/7	1/12	11/30	3/7	1/25	5/2	3/22	6/27	5/19
9/26	8/11	11/21	10/8	1/13	12/1	3/8	1/26	5/3	3/23	6/28	5/20
9/27	8/12	11/22	10/9	1/14	12/2	3/9	1/27	5/4	3/24	6/29	5/21
9/28	8/13	11/23	10/10	1/15	12/3	3/10	1/28	5/5	3/25	6/30	5/22
9/29	8/14	11/24	10/11	1/16	12/4	3/11	1/29	5/6	3/26	7/1	5/23
9/30	8/15	11/25	10/12	1/17	12/5	3/12	2/1	5/7	3/27	7/2	5/24
10/1	8/16	11/26	10/13	1/18	12/6	3/13	2/2	5/8	3/28	7/3	5/25
10/2	8/17	11/27	10/14	1/19	12/7	3/14	2/3	5/9	3/29	7/4	5/26
10/3	8/18	11/28	10/15	1/20	12/8	3/15	2/4	5/10	4/1	7/5	5/27

Bitte beachten: Die erste Zahl ist der Monat, die zweite der Tag.

7/6	5/28	8/31	7/26	10/26	9/23	12/21	11/20	2/11	1/12	4/8	3/9
7/7	5/29	9/1	7/27	10/27	9/24	12/22	11/21	2/12	1/13	4/9	3/10
7/8	6/1	9/2	7/28	10/28	9/25	12/23	11/22	2/13	1/14	4/10	3/11
7/9	6/2	9/3	7/29	10/29	9/26	12/24	11/23	2/14	1/15	4/11	3/12
7/10	6/3	9/4	7/30	10/30	9/27	12/25	11/24	2/15	1/16	4/12	3/13
7/11	6/4	9/5	8/1	10/31	9/28	12/26	11/25	2/16	1/17	4/13	3/14
7/12	6/5	9/6	8/2	11/1	9/29	12/27	11/26	2/17	1/18	4/14	3/15
7/13	6/6	9/7	8/3	11/2	9/30	12/28	11/27	2/18	1/19	4/15	3/16
7/14	6/7	9/8	8/4	11/3	10/1	12/29	11/28	2/19	1/20	4/16	3/17
7/15	6/8	9/9	8/5	11/4	10/2	12/30	11/29	2/20	1/21	4/17	3/18
7/16	6/9	9/10	8/6	11/5	10/3	12/31	11/30	2/21	1/22	4/18	3/19
7/17	6/10	9/11	8/7	11/6	10/4			2/22	1/23	4/19	3/20
7/18	6/11	9/12	8/8	11/7	10/5	**1957**		2/23	1/24	4/20	3/21
7/19	6/12	9/13	8/9	11/8	10/6	**Solar**	**Lunar**	2/24	1/25	4/21	3/22
7/20	6/13	9/14	8/10	11/9	10/7	1/1	12/1	2/25	1/26	4/22	3/23
7/21	6/14	9/15	8/11	11/10	10/8	1/2	12/2	2/26	1/27	4/23	3/24
7/22	6/15	9/16	8/12	11/11	10/9	1/3	12/3	2/27	1/28	4/24	3/25
7/23	6/16	9/17	8/13	11/12	10/10	1/4	12/4	2/28	1/29	4/25	3/26
7/24	6/17	9/18	8/14	11/13	10/11	1/5	12/5	3/1	1/30	4/26	3/27
7/25	6/18	9/19	8/15	11/14	10/12	1/6	12/6	3/2	2/1	4/27	3/28
7/26	6/19	9/20	8/16	11/15	10/13	1/7	12/7	3/3	2/2	4/28	3/29
7/27	6/20	9/21	8/17	11/16	10/14	1/8	12/8	3/4	2/3	4/29	3/30
7/28	6/21	9/22	8/18	11/17	10/15	1/9	12/9	3/5	2/4	4/30	4/1
7/29	6/22	9/23	8/19	11/18	10/16	1/10	12/10	3/6	2/5	5/1	4/2
7/30	6/23	9/24	8/20	11/19	10/17	1/11	12/11	3/7	2/6	5/2	4/3
7/31	6/24	9/25	8/21	11/20	10/18	1/12	12/12	3/8	2/7	5/3	4/4
8/1	6/25	9/26	8/22	11/21	10/19	1/13	12/13	3/9	2/8	5/4	4/5
8/2	6/26	9/27	8/23	11/22	10/20	1/14	12/14	3/10	2/9	5/5	4/6
8/3	6/27	9/28	8/24	11/23	10/21	1/15	12/15	3/11	2/10	5/6	4/7
8/4	6/28	9/29	8/25	11/24	10/22	1/16	12/16	3/12	2/11	5/7	4/8
8/5	6/29	9/30	8/26	11/25	10/23	1/17	12/17	3/13	2/12	5/8	4/9
8/6	7/1	10/1	8/27	11/26	10/24	1/18	12/18	3/14	2/13	5/9	4/10
8/7	7/2	10/2	8/28	11/27	10/25	1/19	12/19	3/15	2/14	5/10	4/11
8/8	7/3	10/3	8/29	11/28	10/26	1/20	12/20	3/16	2/15	5/11	4/12
8/9	7/4	10/4	9/1	11/29	10/27	1/21	12/21	3/17	2/16	5/12	4/13
8/10	7/5	10/5	9/2	11/30	10/28	1/22	12/22	3/18	2/17	5/13	4/14
8/11	7/6	10/6	9/3	12/1	10/29	1/23	12/23	3/19	2/18	5/14	4/15
8/12	7/7	10/7	9/4	12/2	11/1	1/24	12/24	3/20	2/19	5/15	4/16
8/13	7/8	10/8	9/5	12/3	11/2	1/25	12/25	3/21	2/20	5/16	4/17
8/14	7/9	10/9	9/6	12/4	11/3	1/26	12/26	3/22	2/21	5/17	4/18
8/15	7/10	10/10	9/7	12/5	11/4	1/27	12/27	3/23	2/22	5/18	4/19
8/16	7/11	10/11	9/8	12/6	11/5	1/28	12/28	3/24	2/23	5/19	4/20
8/17	7/12	10/12	9/9	12/7	11/6	1/29	12/29	3/25	2/24	5/20	4/21
8/18	7/13	10/13	9/10	12/8	11/7	1/30	12/30	3/26	2/25	5/21	4/22
8/19	7/14	10/14	9/11	12/9	11/8	1/31	1/1	3/27	2/26	5/22	4/23
8/20	7/15	10/15	9/12	12/10	11/9		(1957)	3/28	2/27	5/23	4/24
8/21	7/16	10/16	9/13	12/11	11/10	2/1	1/2	3/29	2/28	5/24	4/25
8/22	7/17	10/17	9/14	12/12	11/11	2/2	1/3	3/30	2/29	5/25	4/26
8/23	7/18	10/18	9/15	12/13	11/12	2/3	1/4	3/31	3/1	5/26	4/27
8/24	7/19	10/19	9/16	12/14	11/13	2/4	1/5	4/1	3/2	5/27	4/28
8/25	7/20	10/20	9/17	12/15	11/14	2/5	1/6	4/2	3/3	5/28	4/29
8/26	7/21	10/21	9/18	12/16	11/15	2/6	1/7	4/3	3/4	5/29	5/1
8/27	7/22	10/22	9/19	12/17	11/16	2/7	1/8	4/4	3/5	5/30	5/2
8/28	7/23	10/23	9/20	12/18	11/17	2/8	1/9	4/5	3/6	5/31	5/3
8/29	7/24	10/24	9/21	12/19	11/18	2/9	1/10	4/6	3/7	6/1	5/4
8/30	7/25	10/25	9/22	12/20	11/19	2/10	1/11	4/7	3/8	6/2	5/5

Bitte beachten: Die erste Zahl ist der Monat, die zweite der Tag.

6/3	5/6	7/29	7/3	9/23	8/30	11/17	9/26	1/9	11/20	3/5	1/16
6/4	5/7	7/30	7/4	9/24	8/1	11/18	9/27	1/10	11/21	3/6	1/17
6/5	5/8	7/31	7/5	(Schaltmonat)		11/19	9/28	1/11	11/22	3/7	1/18
6/6	5/9	8/1	7/6	9/25	8/2	11/20	9/29	1/12	11/23	3/8	1/19
6/7	5/10	8/2	7/7	9/26	8/3	11/21	9/30	1/13	11/24	3/9	1/20
6/8	5/11	8/3	7/8	9/27	8/4	11/22	10/1	1/14	11/25	3/10	1/21
6/9	5/12	8/4	7/9	9/28	8/5	11/23	10/2	1/15	11/26	3/11	1/22
6/10	5/13	8/5	7/10	9/29	8/6	11/24	10/3	1/16	11/27	3/12	1/23
6/11	5/14	8/6	7/11	9/30	8/7	11/25	10/4	1/17	11/28	3/13	1/24
6/12	5/15	8/7	7/12	10/1	8/8	11/26	10/5	1/18	11/29	3/14	1/25
6/13	5/16	8/8	7/13	10/2	8/9	11/27	10/6	1/19	11/30	3/15	1/26
6/14	5/17	8/9	7/14	10/3	8/10	11/28	10/7	1/20	12/1	3/16	1/27
6/15	5/18	8/10	7/15	10/4	8/11	11/29	10/8	1/21	12/2	3/17	1/28
6/16	5/19	8/11	7/16	10/5	8/12	11/30	10/9	1/22	12/3	3/18	1/29
6/17	5/20	8/12	7/17	10/6	8/13	12/1	10/10	1/23	12/4	3/19	1/30
6/18	5/21	8/13	7/18	10/7	8/14	12/2	10/11	1/24	12/5	3/20	2/1
6/19	5/22	8/14	7/19	10/8	8/15	12/3	10/12	1/25	12/6	3/21	2/2
6/20	5/23	8/15	7/20	10/9	8/16	12/4	10/13	1/26	12/7	3/22	2/3
6/21	5/24	8/16	7/21	10/10	8/17	12/5	10/14	1/27	12/8	3/23	2/4
6/22	5/25	8/17	7/22	10/11	8/18	12/6	10/15	1/28	12/9	3/24	2/5
6/23	5/26	8/18	7/23	10/12	8/19	12/7	10/16	1/29	12/10	3/25	2/6
6/24	5/27	8/19	7/24	10/13	8/20	12/8	10/17	1/30	12/11	3/26	2/7
6/25	5/28	8/20	7/25	10/14	8/21	12/9	10/18	1/31	12/12	3/27	2/8
6/26	5/29	8/21	7/26	10/15	8/22	12/10	10/19	2/1	12/13	3/28	2/9
6/27	5/30	8/22	7/27	10/16	8/23	12/11	10/20	2/2	12/14	3/29	2/10
6/28	6/1	8/23	7/28	10/17	8/24	12/12	10/21	2/3	12/15	3/30	2/11
6/29	6/2	8/24	7/29	10/18	8/25	12/13	10/22	2/4	12/16	3/31	2/12
6/30	6/3	8/25	8/1	10/19	8/26	12/14	10/23	2/5	12/17	4/1	2/13
7/1	6/4	8/26	8/2	10/20	8/27	12/15	10/24	2/6	12/18	4/2	2/14
7/2	6/5	8/27	8/3	10/21	8/28	12/16	10/25	2/7	12/19	4/3	2/15
7/3	6/6	8/28	8/4	10/22	8/29	12/17	10/26	2/8	12/20	4/4	2/16
7/4	6/7	8/29	8/5	10/23	9/1	12/18	10/27	2/9	12/21	4/5	2/17
7/5	6/8	8/30	8/6	10/24	9/2	12/19	10/28	2/10	12/22	4/6	2/18
7/6	6/9	8/31	8/7	10/25	9/3	12/20	10/29	2/11	12/23	4/7	2/19
7/7	6/10	9/1	8/8	10/26	9/4	12/21	11/1	2/12	12/24	4/8	2/20
7/8	6/11	9/2	8/9	10/27	9/5	12/22	11/2	2/13	12/25	4/9	2/21
7/9	6/12	9/3	8/10	10/28	9/6	12/23	11/3	2/14	12/26	4/10	2/22
7/10	6/13	9/4	8/11	10/29	9/7	12/24	11/4	2/15	12/27	4/11	2/23
7/11	6/14	9/5	8/12	10/30	9/8	12/25	11/5	2/16	12/28	4/12	2/24
7/12	6/15	9/6	8/13	10/31	9/9	12/26	11/6	2/17	12/29	4/13	2/25
7/13	6/16	9/7	8/14	11/1	9/10	12/27	11/7	2/18	1/1	4/14	2/26
7/14	6/17	9/8	8/15	11/2	9/11	12/28	11/8		(1958)	4/15	2/27
7/15	6/18	9/9	8/16	11/3	9/12	12/29	11/9	2/19	1/2	4/16	2/28
7/16	6/19	9/10	8/17	11/4	9/13	12/30	11/10	2/20	1/3	4/17	2/29
7/17	6/20	9/11	8/18	11/5	9/14	12/31	11/11	2/21	1/4	4/18	2/30
7/18	6/21	9/12	8/19	11/6	9/15			2/22	1/5	4/19	3/1
7/19	6/22	9/13	8/20	11/7	9/16	**1958**		2/23	1/6	4/20	3/2
7/20	6/23	9/14	8/21	11/8	9/17	**Solar**	**Lunar**	2/24	1/7	4/21	3/3
7/21	6/24	9/15	8/22	11/9	9/18	1/1	11/12	2/25	1/8	4/22	3/4
7/22	6/25	9/16	8/23	11/10	9/19	1/2	11/13	2/26	1/9	4/23	3/5
7/23	6/26	9/17	8/24	11/11	9/20	1/3	11/14	2/27	1/10	4/24	3/6
7/24	6/27	9/18	8/25	11/12	9/21	1/4	11/15	2/28	1/11	4/25	3/7
7/25	6/28	9/19	8/26	11/13	9/22	1/5	11/16	3/1	1/12	4/26	3/8
7/26	6/29	9/20	8/27	11/14	9/23	1/6	11/17	3/2	1/13	4/27	3/9
7/27	7/1	9/21	8/28	11/15	9/24	1/7	11/18	3/3	1/14	4/28	3/10
7/28	7/2	9/22	8/29	11/16	9/25	1/8	11/19	3/4	1/15	4/29	3/11

Bitte beachten: Die erste Zahl ist der Monat, die zweite der Tag.

4/30	3/12	6/25	5/9	8/20	7/6	10/15	9/3	12/10	10/30	2/1	12/24
5/1	3/13	6/26	5/10	8/21	7/7	10/16	9/4	12/11	11/1	2/2	12/25
5/2	3/14	6/27	5/11	8/22	7/8	10/17	9/5	12/12	11/2	2/3	12/26
5/3	3/15	6/28	5/12	8/23	7/9	10/18	9/6	12/13	11/3	2/4	12/27
5/4	3/16	6/29	5/13	8/24	7/10	10/19	9/7	12/14	11/4	2/5	12/28
5/5	3/17	6/30	5/14	8/25	7/11	10/20	9/8	12/15	11/5	2/6	12/29
5/6	3/18	7/1	5/15	8/26	7/12	10/21	9/9	12/16	11/6	2/7	12/30
5/7	3/19	7/2	5/16	8/27	7/13	10/22	9/10	12/17	11/7	2/8	1/1
5/8	3/20	7/3	5/17	8/28	7/14	10/23	9/11	12/18	11/8		(1959)
5/9	3/21	7/4	5/18	8/29	7/15	10/24	9/12	12/19	11/9	2/9	1/2
5/10	3/22	7/5	5/19	8/30	7/16	10/25	9/13	12/20	11/10	2/10	1/3
5/11	3/23	7/6	5/20	8/31	7/17	10/26	9/14	12/21	11/11	2/11	1/4
5/12	3/24	7/7	5/21	9/1	7/18	10/27	9/15	12/22	11/12	2/12	1/5
5/13	3/25	7/8	5/22	9/2	7/19	10/28	9/16	12/23	11/13	2/13	1/6
5/14	3/26	7/9	5/23	9/3	7/20	10/29	9/17	12/24	11/14	2/14	1/7
5/15	3/27	7/10	5/24	9/4	7/21	10/30	9/18	12/25	11/15	2/15	1/8
5/16	3/28	7/11	5/25	9/5	7/22	10/31	9/19	12/26	11/16	2/16	1/9
5/17	3/29	7/12	5/26	9/6	7/23	11/1	9/20	12/27	11/17	2/17	1/10
5/18	3/30	7/13	5/27	9/7	7/24	11/2	9/21	12/28	11/18	2/18	1/11
5/19	4/1	7/14	5/28	9/8	7/25	11/3	9/22	12/29	11/19	2/19	1/12
5/20	4/2	7/15	5/29	9/9	7/26	11/4	9/23	12/30	11/20	2/20	1/13
5/21	4/3	7/16	5/30	9/10	7/27	11/5	9/24	12/31	11/21	2/21	1/14
5/22	4/4	7/17	6/1	9/11	7/28	11/6	9/25			2/22	1/15
5/23	4/5	7/18	6/2	9/12	7/29	11/7	9/26	**1959**		2/23	1/16
5/24	4/6	7/19	6/3	9/13	8/1	11/8	9/27	Solar	Lunar	2/24	1/17
5/25	4/7	7/20	6/4	9/14	8/2	11/9	9/28	1/1	11/22	2/25	1/18
5/26	4/8	7/21	6/5	9/15	8/3	11/10	9/29	1/2	11/23	2/26	1/19
5/27	4/9	7/22	6/6	9/16	8/4	11/11	10/1	1/3	11/24	2/27	1/20
5/28	4/10	7/23	6/7	9/17	8/5	11/12	10/2	1/4	11/25	2/28	1/21
5/29	4/11	7/24	6/8	9/18	8/6	11/13	10/3	1/5	11/26	3/1	1/22
5/30	4/12	7/25	6/9	9/19	8/7	11/14	10/4	1/6	11/27	3/2	1/23
5/31	4/13	7/26	6/10	9/20	8/8	11/15	10/5	1/7	11/28	3/3	1/24
6/1	4/14	7/27	6/11	9/21	8/9	11/16	10/6	1/8	11/29	3/4	1/25
6/2	4/15	7/28	6/12	9/22	8/10	11/17	10/7	1/9	12/1	3/5	1/26
6/3	4/16	7/29	6/13	9/23	8/11	11/18	10/8	1/10	12/2	3/6	1/27
6/4	4/17	7/30	6/14	9/24	8/12	11/19	10/9	1/11	12/3	3/7	1/28
6/5	4/18	7/31	6/15	9/25	8/13	11/20	10/10	1/12	12/4	3/8	1/29
6/6	4/19	8/1	6/16	9/26	8/14	11/21	10/11	1/13	12/5	3/9	2/1
6/7	4/20	8/2	6/17	9/27	8/15	11/22	10/12	1/14	12/6	3/10	2/2
6/8	4/21	8/3	6/18	9/28	8/16	11/23	10/13	1/15	12/7	3/11	2/3
6/9	4/22	8/4	6/19	9/29	8/17	11/24	10/14	1/16	12/8	3/12	2/4
6/10	4/23	8/5	6/20	9/30	8/18	11/25	10/15	1/17	12/9	3/13	2/5
6/11	4/24	8/6	6/21	10/1	8/19	11/26	10/16	1/18	12/10	3/14	2/6
6/12	4/25	8/7	6/22	10/2	8/20	11/27	10/17	1/19	12/11	3/15	2/7
6/13	4/26	8/8	6/23	10/3	8/21	11/28	10/18	1/20	12/12	3/16	2/8
6/14	4/27	8/9	6/24	10/4	8/22	11/29	10/19	1/21	12/13	3/17	2/9
6/15	4/28	8/10	6/25	10/5	8/23	11/30	10/20	1/22	12/14	3/18	2/10
6/16	4/29	8/11	6/26	10/6	8/24	12/1	10/21	1/23	12/15	3/19	2/11
6/17	5/1	8/12	6/27	10/7	8/25	12/2	10/22	1/24	12/16	3/20	2/12
6/18	5/2	8/13	6/28	10/8	8/26	12/3	10/23	1/25	12/17	3/21	2/13
6/19	5/3	8/14	6/29	10/9	8/27	12/4	10/24	1/26	12/18	3/22	2/14
6/20	5/4	8/15	7/1	10/10	8/28	12/5	10/25	1/27	12/19	3/23	2/15
6/21	5/5	8/16	7/2	10/11	8/29	12/6	10/26	1/28	12/20	3/24	2/16
6/22	5/6	8/17	7/3	10/12	8/30	12/7	10/27	1/29	12/21	3/25	2/17
6/23	5/7	8/18	7/4	10/13	9/1	12/8	10/28	1/30	12/22	3/26	2/18
6/24	5/8	8/19	7/5	10/14	9/2	12/9	10/29	1/31	12/23	3/27	2/19

Bitte beachten: Die erste Zahl ist der Monat, die zweite der Tag.

3/28	2/20	5/23	4/16	7/18	6/13	9/12	8/10	11/7	10/7	**1960**
3/29	2/21	5/24	4/17	7/19	6/14	9/13	8/11	11/8	10/8	Solar Lunar
3/30	2/22	5/25	4/18	7/20	6/15	9/14	8/12	11/9	10/9	1/1 12/3
3/31	2/23	5/26	4/19	7/21	6/16	9/15	8/13	11/10	10/10	1/2 12/4
4/1	2/24	5/27	4/20	7/22	6/17	9/16	8/14	11/11	10/11	1/3 12/5
4/2	2/25	5/28	4/21	7/23	6/18	9/17	8/15	11/12	10/12	1/4 12/6
4/3	2/26	5/29	4/22	7/24	6/19	9/18	8/16	11/13	10/13	1/5 12/7
4/4	2/27	5/30	4/23	7/25	6/20	9/19	8/17	11/14	10/14	1/6 12/8
4/5	2/28	5/31	4/24	7/26	6/21	9/20	8/18	11/15	10/15	1/7 12/9
4/6	2/29	6/1	4/25	7/27	6/22	9/21	8/19	11/16	10/16	1/8 12/10
4/7	2/30	6/2	4/26	7/28	6/23	9/22	8/20	11/17	10/17	1/9 12/11
4/8	3/1	6/3	4/27	7/29	6/24	9/23	8/21	11/18	10/18	1/10 12/12
4/9	3/2	6/4	4/28	7/30	6/25	9/24	8/22	11/19	10/19	1/11 12/13
4/10	3/3	6/5	4/29	7/31	6/26	9/25	8/23	11/20	10/20	1/12 12/14
4/11	3/4	6/6	5/1	8/1	6/27	9/26	8/24	11/21	10/21	1/13 12/15
4/12	3/5	6/7	5/2	8/2	6/28	9/27	8/25	11/22	10/22	1/14 12/16
4/13	3/6	6/8	5/3	8/3	6/29	9/28	8/26	11/23	10/23	1/15 12/17
4/14	3/7	6/9	5/4	8/4	7/1	9/29	8/27	11/24	10/24	1/16 12/18
4/15	3/8	6/10	5/5	8/5	7/2	9/30	8/28	11/25	10/25	1/17 12/19
4/16	3/9	6/11	5/6	8/6	7/3	10/1	8/29	11/26	10/26	1/18 12/20
4/17	3/10	6/12	5/7	8/7	7/4	10/2	9/1	11/27	10/27	1/19 12/21
4/18	3/11	6/13	5/8	8/8	7/5	10/3	9/2	11/28	10/28	1/20 12/22
4/19	3/12	6/14	5/9	8/9	7/6	10/4	9/3	11/29	10/29	1/21 12/23
4/20	3/13	6/15	5/10	8/10	7/7	10/5	9/4	11/30	11/1	1/22 12/24
4/21	3/14	6/16	5/11	8/11	7/8	10/6	9/5	12/1	11/2	1/23 12/25
4/22	3/15	6/17	5/12	8/12	7/9	10/7	9/6	12/2	11/3	1/24 12/26
4/23	3/16	6/18	5/13	8/13	7/10	10/8	9/7	12/3	11/4	1/25 12/27
4/24	3/17	6/19	5/14	8/14	7/11	10/9	9/8	12/4	11/5	1/26 12/28
4/25	3/18	6/20	5/15	8/15	7/12	10/10	9/9	12/5	11/6	1/27 12/29
4/26	3/19	6/21	5/16	8/16	7/13	10/11	9/10	12/6	11/7	1/28 1/1
4/27	3/20	6/22	5/17	8/17	7/14	10/12	9/11	12/7	11/8	(1960)
4/28	3/21	6/23	5/18	8/18	7/15	10/13	9/12	12/8	11/9	1/29 1/2
4/29	3/22	6/24	5/19	8/19	7/16	10/14	9/13	12/9	11/10	1/30 1/3
4/30	3/23	6/25	5/20	8/20	7/17	10/15	9/14	12/10	11/11	1/31 1/4
5/1	3/24	6/26	5/21	8/21	7/18	10/16	9/15	12/11	11/12	2/1 1/5
5/2	3/25	6/27	5/22	8/22	7/19	10/17	9/16	12/12	11/13	2/2 1/6
5/3	3/26	6/28	5/23	8/23	7/20	10/18	9/17	12/13	11/14	2/3 1/7
5/4	3/27	6/29	5/24	8/24	7/21	10/19	9/18	12/14	11/15	2/4 1/8
5/5	3/28	6/30	5/25	8/25	7/22	10/20	9/19	12/15	11/16	2/5 1/9
5/6	3/29	7/1	5/26	8/26	7/23	10/21	9/20	12/16	11/17	2/6 1/10
5/7	3/30	7/2	5/27	8/27	7/24	10/22	9/21	12/17	11/18	2/7 1/11
5/8	4/1	7/3	5/28	8/28	7/25	10/23	9/22	12/18	11/19	2/8 1/12
5/9	4/2	7/4	5/29	8/29	7/26	10/24	9/23	12/19	11/20	2/9 1/13
5/10	4/3	7/5	5/30	8/30	7/27	10/25	9/24	12/20	11/21	2/10 1/14
5/11	4/4	7/6	6/1	8/31	7/28	10/26	9/25	12/21	11/22	2/11 1/15
5/12	4/5	7/7	6/2	9/1	7/29	10/27	9/26	12/22	11/23	2/12 1/16
5/13	4/6	7/8	6/3	9/2	7/30	10/28	9/27	12/23	11/24	2/13 1/17
5/14	4/7	7/9	6/4	9/3	8/1	10/29	9/28	12/24	11/25	2/14 1/18
5/15	4/8	7/10	6/5	9/4	8/2	10/30	9/29	12/25	11/26	2/15 1/19
5/16	4/9	7/11	6/6	9/5	8/3	10/31	9/30	12/26	11/27	2/16 1/20
5/17	4/10	7/12	6/7	9/6	8/4	11/1	10/1	12/27	11/28	2/17 1/21
5/18	4/11	7/13	6/8	9/7	8/5	11/2	10/2	12/28	11/29	2/18 1/22
5/19	4/12	7/14	6/9	9/8	8/6	11/3	10/3	12/29	11/30	2/19 1/23
5/20	4/13	7/15	6/10	9/9	8/7	11/4	10/4	12/30	12/1	2/20 1/24
5/21	4/14	7/16	6/11	9/10	8/8	11/5	10/5	12/31	12/2	2/21 1/25
5/22	4/15	7/17	6/12	9/11	8/9	11/6	10/6			2/22 1/26

Bitte beachten: Die erste Zahl ist der Monat, die zweite der Tag.

2/23	1/27	4/19	3/24	6/14	5/21	8/8	6/16	10/3	8/13	11/28	10/10
2/24	1/28	4/20	3/25	6/15	5/22	8/9	6/17	10/4	8/14	11/29	10/11
2/25	1/29	4/21	3/26	6/16	5/23	8/10	6/18	10/5	8/15	11/30	10/12
2/26	1/30	4/22	3/27	6/17	5/24	8/11	6/19	10/6	8/16	12/1	10/13
2/27	2/1	4/23	3/28	6/18	5/25	8/12	6/20	10/7	8/17	12/2	10/14
2/28	2/2	4/24	3/29	6/19	5/26	8/13	6/21	10/8	8/18	12/3	10/15
2/29	2/3	4/25	3/30	6/20	5/27	8/14	6/22	10/9	8/19	12/4	10/16
3/1	2/4	4/26	4/1	6/21	5/28	8/15	6/23	10/10	8/20	12/5	10/17
3/2	2/5	4/27	4/2	6/22	5/29	8/16	6/24	10/11	8/21	12/6	10/18
3/3	2/6	4/28	4/3	6/23	5/30	8/17	6/25	10/12	8/22	12/7	10/19
3/4	2/7	4/29	4/4	6/24	6/1	8/18	6/26	10/13	8/23	12/8	10/20
3/5	2/8	4/30	4/5	6/25	6/2	8/19	6/27	10/14	8/24	12/9	10/21
3/6	2/9	5/1	4/6	6/26	6/3	8/20	6/28	10/15	8/25	12/10	10/22
3/7	2/10	5/2	4/7	6/27	6/4	8/21	6/29	10/16	8/26	12/11	10/23
3/8	2/11	5/3	4/8	6/28	6/5	8/22	7/1	10/17	8/27	12/12	10/24
3/9	2/12	5/4	4/9	6/29	6/6	8/23	7/2	10/18	8/28	12/13	10/25
3/10	2/13	5/5	4/10	6/30	6/7	8/24	7/3	10/19	8/29	12/14	10/26
3/11	2/14	5/6	4/11	7/1	6/8	8/25	7/4	10/20	9/1	12/15	10/27
3/12	2/15	5/7	4/12	7/2	6/9	8/26	7/5	10/21	9/2	12/16	10/28
3/13	2/16	5/8	4/13	7/3	6/10	8/27	7/6	10/22	9/3	12/17	10/29
3/14	2/17	5/9	4/14	7/4	6/11	8/28	7/7	10/23	9/4	12/18	11/1
3/15	2/18	5/10	4/15	7/5	6/12	8/29	7/8	10/24	9/5	12/19	11/2
3/16	2/19	5/11	4/16	7/6	6/13	8/30	7/9	10/25	9/6	12/20	11/3
3/17	2/20	5/12	4/17	7/7	6/14	8/31	7/10	10/26	9/7	12/21	11/4
3/18	2/21	5/13	4/18	7/8	6/15	9/1	7/11	10/27	9/8	12/22	11/5
3/19	2/22	5/14	4/19	7/9	6/16	9/2	7/12	10/28	9/9	12/23	11/6
3/20	2/23	5/15	4/20	7/10	6/17	9/3	7/13	10/29	9/10	12/24	11/7
3/21	2/24	5/16	4/21	7/11	6/18	9/4	7/14	10/30	9/11	12/25	11/8
3/22	2/25	5/17	4/22	7/12	6/19	9/5	7/15	10/31	9/12	12/26	11/9
3/23	2/26	5/18	4/23	7/13	6/20	9/6	7/16	11/1	9/13	12/27	11/10
3/24	2/27	5/19	4/24	7/14	6/21	9/7	7/17	11/2	9/14	12/28	11/11
3/25	2/28	5/20	4/25	7/15	6/22	9/8	7/18	11/3	9/15	12/29	11/12
3/26	2/29	5/21	4/26	7/16	6/23	9/9	7/19	11/4	9/16	12/30	11/13
3/27	3/1	5/22	4/27	7/17	6/24	9/10	7/20	11/5	9/17	12/31	11/14
3/28	3/2	5/23	4/28	7/18	6/25	9/11	7/21	11/6	9/18		
3/29	3/3	5/24	4/29	7/19	6/26	9/12	7/22	11/7	9/19	**1961**	
3/30	3/4	5/25	5/1	7/20	6/27	9/13	7/23	11/8	9/20	Solar	Lunar
3/31	3/5	5/26	5/2	7/21	6/28	9/14	7/24	11/9	9/21	1/1	11/15
4/1	3/6	5/27	5/3	7/22	6/29	9/15	7/25	11/10	9/22	1/2	11/16
4/2	3/7	5/28	5/4	7/23	6/30	9/16	7/26	11/11	9/23	1/3	11/17
4/3	3/8	5/29	5/5	7/24	6/1	9/17	7/27	11/12	9/24	1/4	11/18
4/4	3/9	5/30	5/6	(Schaltmonat)		9/18	7/28	11/13	9/25	1/5	11/19
4/5	3/10	5/31	5/7	7/25	6/2	9/19	7/29	11/14	9/26	1/6	11/20
4/6	3/11	6/1	5/8	7/26	6/3	9/20	7/30	11/15	9/27	1/7	11/21
4/7	3/12	6/2	5/9	7/27	6/4	9/21	8/1	11/16	9/28	1/8	11/22
4/8	3/13	6/3	5/10	7/28	6/5	9/22	8/2	11/17	9/29	1/9	11/23
4/9	3/14	6/4	5/11	7/29	6/6	9/23	8/3	11/18	9/30	1/10	11/24
4/10	3/15	6/5	5/12	7/30	6/7	9/24	8/4	11/19	10/1	1/11	11/25
4/11	3/16	6/6	5/13	7/31	6/8	9/25	8/5	11/20	10/2	1/12	11/26
4/12	3/17	6/7	5/14	8/1	6/9	9/26	8/6	11/21	10/3	1/13	11/27
4/13	3/18	6/8	5/15	8/2	6/10	9/27	8/7	11/22	10/4	1/14	11/28
4/14	3/19	6/9	5/16	8/3	6/11	9/28	8/8	11/23	10/5	1/15	11/29
4/15	3/20	6/10	5/17	8/4	6/12	9/29	8/9	11/24	10/6	1/16	11/30
4/16	3/21	6/11	5/18	8/5	6/13	9/30	8/10	11/25	10/7	1/17	12/1
4/17	3/22	6/12	5/19	8/6	6/14	10/1	8/11	11/26	10/8	1/18	12/2
4/18	3/23	6/13	5/20	8/7	6/15	10/2	8/12	11/27	10/9	1/19	12/3

Bitte beachten: Die erste Zahl ist der Monat, die zweite der Tag.

1/20	12/4	3/16	1/30	5/11	3/27	7/6	5/24	8/31	7/21	10/26	9/17
1/21	12/5	3/17	2/1	5/12	3/28	7/7	5/25	9/1	7/22	10/27	9/18
1/22	12/6	3/18	2/2	5/13	3/29	7/8	5/26	9/2	7/23	10/28	9/19
1/23	12/7	3/19	2/3	5/14	3/30	7/9	5/27	9/3	7/24	10/29	9/20
1/24	12/8	3/20	2/4	5/15	4/1	7/10	5/28	9/4	7/25	10/30	9/21
1/25	12/9	3/21	2/5	5/16	4/2	7/11	5/29	9/5	7/26	10/31	9/22
1/26	12/10	3/22	2/6	5/17	4/3	7/12	5/30	9/6	7/27	11/1	9/23
1/27	12/11	3/23	2/7	5/18	4/4	7/13	6/1	9/7	7/28	11/2	9/24
1/28	12/12	3/24	2/8	5/19	4/5	7/14	6/2	9/8	7/29	11/3	9/25
1/29	12/13	3/25	2/9	5/20	4/6	7/15	6/3	9/9	7/30	11/4	9/26
1/30	12/14	3/26	2/10	5/21	4/7	7/16	6/4	9/10	8/1	11/5	9/27
1/31	12/15	3/27	2/11	5/22	4/8	7/17	6/5	9/11	8/2	11/6	9/28
2/1	12/16	3/28	2/12	5/23	4/9	7/18	6/6	9/12	8/3	11/7	9/29
2/2	12/17	3/29	2/13	5/24	4/10	7/19	6/7	9/13	8/4	11/8	10/1
2/3	12/18	3/30	2/14	5/25	4/11	7/20	6/8	9/14	8/5	11/9	10/2
2/4	12/19	3/31	2/15	5/26	4/12	7/21	6/9	9/15	8/6	11/10	10/3
2/5	12/20	4/1	2/16	5/27	4/13	7/22	6/10	9/16	8/7	11/11	10/4
2/6	12/21	4/2	2/17	5/28	4/14	7/23	6/11	9/17	8/8	11/12	10/5
2/7	12/22	4/3	2/18	5/29	4/15	7/24	6/12	9/18	8/9	11/13	10/6
2/8	12/23	4/4	2/19	5/30	4/16	7/25	6/13	9/19	8/10	11/14	10/7
2/9	12/24	4/5	2/20	5/31	4/17	7/26	6/14	9/20	8/11	11/15	10/8
2/10	12/25	4/6	2/21	6/1	4/18	7/27	6/15	9/21	8/12	11/16	10/9
2/11	12/26	4/7	2/22	6/2	4/19	7/28	6/16	9/22	8/13	11/17	10/10
2/12	12/27	4/8	2/23	6/3	4/20	7/29	6/17	9/23	8/14	11/18	10/11
2/13	12/28	4/9	2/24	6/4	4/21	7/30	6/18	9/24	8/15	11/19	10/12
2/14	12/29	4/10	2/25	6/5	4/22	7/31	6/19	9/25	8/16	11/20	10/13
2/15	1/1	4/11	2/26	6/6	4/23	8/1	6/20	9/26	8/17	11/21	10/14
	(1961)	4/12	2/27	6/7	4/24	8/2	6/21	9/27	8/18	11/22	10/15
2/16	1/2	4/13	2/28	6/8	4/25	8/3	6/22	9/28	8/19	11/23	10/16
2/17	1/3	4/14	2/29	6/9	4/26	8/4	6/23	9/29	8/20	11/24	10/17
2/18	1/4	4/15	3/1	6/10	4/27	8/5	6/24	9/30	8/21	11/25	10/18
2/19	1/5	4/16	3/2	6/11	4/28	8/6	6/25	10/1	8/22	11/26	10/19
2/20	1/6	4/17	3/3	6/12	4/29	8/7	6/26	10/2	8/23	11/27	10/20
2/21	1/7	4/18	3/4	6/13	5/1	8/8	6/27	10/3	8/24	11/28	10/21
2/22	1/8	4/19	3/5	6/14	5/2	8/9	6/28	10/4	8/25	11/29	10/22
2/23	1/9	4/20	3/6	6/15	5/3	8/10	6/29	10/5	8/26	11/30	10/23
2/24	1/10	4/21	3/7	6/16	5/4	8/11	7/1	10/6	8/27	12/1	10/24
2/25	1/11	4/22	3/8	6/17	5/5	8/12	7/2	10/7	8/28	12/2	10/25
2/26	1/12	4/23	3/9	6/18	5/6	8/13	7/3	10/8	8/29	12/3	10/26
2/27	1/13	4/24	3/10	6/19	5/7	8/14	7/4	10/9	8/30	12/4	10/27
2/28	1/14	4/25	3/11	6/20	5/8	8/15	7/5	10/10	9/1	12/5	10/28
3/1	1/15	4/26	3/12	6/21	5/9	8/16	7/6	10/11	9/2	12/6	10/29
3/2	1/16	4/27	3/13	6/22	5/10	8/17	7/7	10/12	9/3	12/7	10/30
3/3	1/17	4/28	3/14	6/23	5/11	8/18	7/8	10/13	9/4	12/8	11/1
3/4	1/18	4/29	3/15	6/24	5/12	8/19	7/9	10/14	9/5	12/9	11/2
3/5	1/19	4/30	3/16	6/25	5/13	8/20	7/10	10/15	9/6	12/10	11/3
3/6	1/20	5/1	3/17	6/26	5/14	8/21	7/11	10/16	9/7	12/11	11/4
3/7	1/21	5/2	3/18	6/27	5/15	8/22	7/12	10/17	9/8	12/12	11/5
3/8	1/22	5/3	3/19	6/28	5/16	8/23	7/13	10/18	9/9	12/13	11/6
3/9	1/23	5/4	3/20	6/29	5/17	8/24	7/14	10/19	9/10	12/14	11/7
3/10	1/24	5/5	3/21	6/30	5/18	8/25	7/15	10/20	9/11	12/15	11/8
3/11	1/25	5/6	3/22	7/1	5/19	8/26	7/16	10/21	9/12	12/16	11/9
3/12	1/26	5/7	3/23	7/2	5/20	8/27	7/17	10/22	9/13	12/17	11/10
3/13	1/27	5/8	3/24	7/3	5/21	8/28	7/18	10/23	9/14	12/18	11/11
3/14	1/28	5/9	3/25	7/4	5/22	8/29	7/19	10/24	9/15	12/19	11/12
3/15	1/29	5/10	3/26	7/5	5/23	8/30	7/20	10/25	9/16	12/20	11/13

Bitte beachten: Die erste Zahl ist der Monat, die zweite der Tag.

12/21	11/14	2/11	1/7	4/8	3/4	6/3	5/2	7/29	6/28	9/23	8/25
12/22	11/15	2/12	1/8	4/9	3/5	6/4	5/3	7/30	6/29	9/24	8/26
12/23	11/16	2/13	1/9	4/10	3/6	6/5	5/4	7/31	7/1	9/25	8/27
12/24	11/17	2/14	1/10	4/11	3/7	6/6	5/5	8/1	7/2	9/26	8/28
12/25	11/18	2/15	1/11	4/12	3/8	6/7	5/6	8/2	7/3	9/27	8/29
12/26	11/19	2/16	1/12	4/13	3/9	6/8	5/7	8/3	7/4	9/28	8/30
12/27	11/20	2/17	1/13	4/14	3/10	6/9	5/8	8/4	7/5	9/29	9/1
12/28	11/21	2/18	1/14	4/15	3/11	6/10	5/9	8/5	7/6	9/30	9/2
12/29	11/22	2/19	1/15	4/16	3/12	6/11	5/10	8/6	7/7	10/1	9/3
12/30	11/23	2/20	1/16	4/17	3/13	6/12	5/11	8/7	7/8	10/2	9/4
12/31	11/24	2/21	1/17	4/18	3/14	6/13	5/12	8/8	7/9	10/3	9/5
		2/22	1/18	4/19	3/15	6/14	5/13	8/9	7/10	10/4	9/6
1962		2/23	1/19	4/20	3/16	6/15	5/14	8/10	7/11	10/5	9/7
Solar	**Lunar**	2/24	1/20	4/21	3/17	6/16	5/15	8/11	7/12	10/6	9/8
1/1	11/25	2/25	1/21	4/22	3/18	6/17	5/16	8/12	7/13	10/7	9/9
1/2	11/26	2/26	1/22	4/23	3/19	6/18	5/17	8/13	7/14	10/8	9/10
1/3	11/27	2/27	1/23	4/24	3/20	6/19	5/18	8/14	7/15	10/9	9/11
1/4	11/28	2/28	1/24	4/25	3/21	6/20	5/19	8/15	7/16	10/10	9/12
1/5	11/29	3/1	1/25	4/26	3/22	6/21	5/20	8/16	7/17	10/11	9/13
1/6	12/1	3/2	1/26	4/27	3/23	6/22	5/21	8/17	7/18	10/12	9/14
1/7	12/2	3/3	1/27	4/28	3/24	6/23	5/22	8/18	7/19	10/13	9/15
1/8	12/3	3/4	1/28	4/29	3/25	6/24	5/23	8/19	7/20	10/14	9/16
1/9	12/4	3/5	1/29	4/30	3/26	6/25	5/24	8/20	7/21	10/15	9/17
1/10	12/5	3/6	2/1	5/1	3/27	6/26	5/25	8/21	7/22	10/16	9/18
1/11	12/6	3/7	2/2	5/2	3/28	6/27	5/26	8/22	7/23	10/17	9/19
1/12	12/7	3/8	2/3	5/3	3/29	6/28	5/27	8/23	7/24	10/18	9/20
1/13	12/8	3/9	2/4	5/4	4/1	6/29	5/28	8/24	7/25	10/19	9/21
1/14	12/9	3/10	2/5	5/5	4/2	6/30	5/29	8/25	7/26	10/20	9/22
1/15	12/10	3/11	2/6	5/6	4/3	7/1	5/30	8/26	7/27	10/21	9/23
1/16	12/11	3/12	2/7	5/7	4/4	7/2	6/1	8/27	7/28	10/22	9/24
1/17	12/12	3/13	2/8	5/8	4/5	7/3	6/2	8/28	7/29	10/23	9/25
1/18	12/13	3/14	2/9	5/9	4/6	7/4	6/3	8/29	7/30	10/24	9/26
1/19	12/14	3/15	2/10	5/10	4/7	7/5	6/4	8/30	8/1	10/25	9/27
1/20	12/15	3/16	2/11	5/11	4/8	7/6	6/5	8/31	8/2	10/26	9/28
1/21	12/16	3/17	2/12	5/12	4/9	7/7	6/6	9/1	8/3	10/27	9/29
1/22	12/17	3/18	2/13	5/13	4/10	7/8	6/7	9/2	8/4	10/28	10/1
1/23	12/18	3/19	2/14	5/14	4/11	7/9	6/8	9/3	8/5	10/29	10/2
1/24	12/19	3/20	2/15	5/15	4/12	7/10	6/9	9/4	8/6	10/30	10/3
1/25	12/20	3/21	2/16	5/16	4/13	7/11	6/10	9/5	8/7	10/31	10/4
1/26	12/21	3/22	2/17	5/17	4/14	7/12	6/11	9/6	8/8	11/1	10/5
1/27	12/22	3/23	2/18	5/18	4/15	7/13	6/12	9/7	8/9	11/2	10/6
1/28	12/23	3/24	2/19	5/19	4/16	7/14	6/13	9/8	8/10	11/3	10/7
1/29	12/24	3/25	2/20	5/20	4/17	7/15	6/14	9/9	8/11	11/4	10/8
1/30	12/25	3/26	2/21	5/21	4/18	7/16	6/15	9/10	8/12	11/5	10/9
1/31	12/26	3/27	2/22	5/22	4/19	7/17	6/16	9/11	8/13	11/6	10/10
2/1	12/27	3/28	2/23	5/23	4/20	7/18	6/17	9/12	8/14	11/7	10/11
2/2	12/28	3/29	2/24	5/24	4/21	7/19	6/18	9/13	8/15	11/8	10/12
2/3	12/29	3/30	2/25	5/25	4/22	7/20	6/19	9/14	8/16	11/9	10/13
2/4	12/30	3/31	2/26	5/26	4/23	7/21	6/20	9/15	8/17	11/10	10/14
2/5	1/1	4/1	2/27	5/27	4/24	7/22	6/21	9/16	8/18	11/11	10/15
	(1962)	4/2	2/28	5/28	4/25	7/23	6/22	9/17	8/19	11/12	10/16
2/6	1/2	4/3	2/29	5/29	4/26	7/24	6/23	9/18	8/20	11/13	10/17
2/7	1/3	4/4	2/30	5/30	4/27	7/25	6/24	9/19	8/21	11/14	10/18
2/8	1/4	4/5	3/1	5/31	4/28	7/26	6/25	9/20	8/22	11/15	10/19
2/9	1/5	4/6	3/2	6/1	4/29	7/27	6/26	9/21	8/23	11/16	10/20
2/10	1/6	4/7	3/3	6/2	5/1	7/28	6/27	9/22	8/24	11/17	10/21

Bitte beachten: Die erste Zahl ist der Monat, die zweite der Tag.

11/18	10/22	1/10	12/15	3/6	2/11	5/1	4/8	6/25	5/5	8/20	7/2
11/19	10/23	1/11	12/16	3/7	2/12	5/2	4/9	6/26	5/6	8/21	7/3
11/20	10/24	1/12	12/17	3/8	2/13	5/3	4/10	6/27	5/7	8/22	7/4
11/21	10/25	1/13	12/18	3/9	2/14	5/4	4/11	6/28	5/8	8/23	7/5
11/22	10/26	1/14	12/19	3/10	2/15	5/5	4/12	6/29	5/9	8/24	7/6
11/23	10/27	1/15	12/20	3/11	2/16	5/6	4/13	6/30	5/10	8/25	7/7
11/24	10/28	1/16	12/21	3/12	2/17	5/7	4/14	7/1	5/11	8/26	7/8
11/25	10/29	1/17	12/22	3/13	2/18	5/8	4/15	7/2	5/12	8/27	7/9
11/26	10/30	1/18	12/23	3/14	2/19	5/9	4/16	7/3	5/13	8/28	7/10
11/27	11/1	1/19	12/24	3/15	2/20	5/10	4/17	7/4	5/14	8/29	7/11
11/28	11/2	1/20	12/25	3/16	2/21	5/11	4/18	7/5	5/15	8/30	7/12
11/29	11/3	1/21	12/26	3/17	2/22	5/12	4/19	7/6	5/16	8/31	7/13
11/30	11/4	1/22	12/27	3/18	2/23	5/13	4/20	7/7	5/17	9/1	7/14
12/1	11/5	1/23	12/28	3/19	2/24	5/14	4/21	7/8	5/18	9/2	7/15
12/2	11/6	1/24	12/29	3/20	2/25	5/15	4/22	7/9	5/19	9/3	7/16
12/3	11/7	1/25	1/1	3/21	2/26	5/16	4/23	7/10	5/20	9/4	7/17
12/4	11/8		(1963)	3/22	2/27	5/17	4/24	7/11	5/21	9/5	7/18
12/5	11/9	1/26	1/2	3/23	2/28	5/18	4/25	7/12	5/22	9/6	7/19
12/6	11/10	1/27	1/3	3/24	2/29	5/19	4/26	7/13	5/23	9/7	7/20
12/7	11/11	1/28	1/4	3/25	3/1	5/20	4/27	7/14	5/24	9/8	7/21
12/8	11/12	1/29	1/5	3/26	3/2	5/21	4/28	7/15	5/25	9/9	7/22
12/9	11/13	1/30	1/6	3/27	3/3	5/22	4/29	7/16	5/26	9/10	7/23
12/10	11/14	1/31	1/7	3/28	3/4	5/23	4/1	7/17	5/27	9/11	7/24
12/11	11/15	2/1	1/8	3/29	3/5	(Schaltmonat)		7/18	5/28	9/12	7/25
12/12	11/16	2/2	1/9	3/30	3/6	5/24	4/2	7/19	5/29	9/13	7/26
12/13	11/17	2/3	1/10	3/31	3/7	5/25	4/3	7/20	5/30	9/14	7/27
12/14	11/18	2/4	1/11	4/1	3/8	5/26	4/4	7/21	6/1	9/15	7/28
12/15	11/19	2/5	1/12	4/2	3/9	5/27	4/5	7/22	6/2	9/16	7/29
12/16	11/20	2/6	1/13	4/3	3/10	5/28	4/6	7/23	6/3	9/17	7/30
12/17	11/21	2/7	1/14	4/4	3/11	5/29	4/7	7/24	6/4	9/18	8/1
12/18	11/22	2/8	1/15	4/5	3/12	5/30	4/8	7/25	6/5	9/19	8/2
12/19	11/23	2/9	1/16	4/6	3/13	5/31	4/9	7/26	6/6	9/20	8/3
12/20	11/24	2/10	1/17	4/7	3/14	6/1	4/10	7/27	6/7	9/21	8/4
12/21	11/25	2/11	1/18	4/8	3/15	6/2	4/11	7/28	6/8	9/22	8/5
12/22	11/26	2/12	1/19	4/9	3/16	6/3	4/12	7/29	6/9	9/23	8/6
12/23	11/27	2/13	1/20	4/10	3/17	6/4	4/13	7/30	6/10	9/24	8/7
12/24	11/28	2/14	1/21	4/11	3/18	6/5	4/14	7/31	6/11	9/25	8/8
12/25	11/29	2/15	1/22	4/12	3/19	6/6	4/15	8/1	6/12	9/26	8/9
12/26	11/30	2/16	1/23	4/13	3/20	6/7	4/16	8/2	6/13	9/27	8/10
12/27	12/1	2/17	1/24	4/14	3/21	6/8	4/17	8/3	6/14	9/28	8/11
12/28	12/2	2/18	1/25	4/15	3/22	6/9	4/18	8/4	6/15	9/29	8/12
12/29	12/3	2/19	1/26	4/16	3/23	6/10	4/19	8/5	6/16	9/30	8/13
12/30	12/4	2/20	1/27	4/17	3/24	6/11	4/20	8/6	6/17	10/1	8/14
12/31	12/5	2/21	1/28	4/18	3/25	6/12	4/21	8/7	6/18	10/2	8/15
		2/22	1/29	4/19	3/26	6/13	4/22	8/8	6/19	10/3	8/16
1963		2/23	1/30	4/20	3/27	6/14	4/23	8/9	6/20	10/4	8/17
Solar	**Lunar**	2/24	2/1	4/21	3/28	6/15	4/24	8/10	6/21	10/5	8/18
1/1	12/6	2/25	2/2	4/22	3/29	6/16	4/25	8/11	6/22	10/6	8/19
1/2	12/7	2/26	2/3	4/23	3/30	6/17	4/26	8/12	6/23	10/7	8/20
1/3	12/8	2/27	2/4	4/24	4/1	6/18	4/27	8/13	6/24	10/8	8/21
1/4	12/9	2/28	2/5	4/25	4/2	6/19	4/28	8/14	6/25	10/9	8/22
1/5	12/10	3/1	2/6	4/26	4/3	6/20	4/29	8/15	6/26	10/10	8/23
1/6	12/11	3/2	2/7	4/27	4/4	6/21	5/1	8/16	6/27	10/11	8/24
1/7	12/12	3/3	2/8	4/28	4/5	6/22	5/2	8/17	6/28	10/12	8/25
1/8	12/13	3/4	2/9	4/29	4/6	6/23	5/3	8/18	6/29	10/13	8/26
1/9	12/14	3/5	2/10	4/30	4/7	6/24	5/4	8/19	7/1	10/14	8/27

Bitte beachten: Die erste Zahl ist der Monat, die zweite der Tag.

10/15	8/28	12/10	10/25	2/1	12/18	3/27	2/14	5/22	4/11	7/17	6/9
10/16	8/29	12/11	10/26	2/2	12/19	3/28	2/15	5/23	4/12	7/18	6/10
10/17	9/1	12/12	10/27	2/3	12/20	3/29	2/16	5/24	4/13	7/19	6/11
10/18	9/2	12/13	10/28	2/4	12/21	3/30	2/17	5/25	4/14	7/20	6/12
10/19	9/3	12/14	10/29	2/5	12/22	3/31	2/18	5/26	4/15	7/21	6/13
10/20	9/4	12/15	10/30	2/6	12/23	4/1	2/19	5/27	4/16	7/22	6/14
10/21	9/5	12/16	11/1	2/7	12/24	4/2	2/20	5/28	4/17	7/23	6/15
10/22	9/6	12/17	11/2	2/8	12/25	4/3	2/21	5/29	4/18	7/24	6/16
10/23	9/7	12/18	11/3	2/9	12/26	4/4	2/22	5/30	4/19	7/25	6/17
10/24	9/8	12/19	11/4	2/10	12/27	4/5	2/23	5/31	4/20	7/26	6/18
10/25	9/9	12/20	11/5	2/11	12/28	4/6	2/24	6/1	4/21	7/27	6/19
10/26	9/10	12/21	11/6	2/12	12/29	4/7	2/25	6/2	4/22	7/28	6/20
10/27	9/11	12/22	11/7	2/13	1/1	4/8	2/26	6/3	4/23	7/29	6/21
10/28	9/12	12/23	11/8		(1964)	4/9	2/27	6/4	4/24	7/30	6/22
10/29	9/13	12/24	11/9	2/14	1/2	4/10	2/28	6/5	4/25	7/31	6/23
10/30	9/14	12/25	11/10	2/15	1/3	4/11	2/29	6/6	4/26	8/1	6/24
10/31	9/15	12/26	11/11	2/16	1/4	4/12	3/1	6/7	4/27	8/2	6/25
11/1	9/16	12/27	11/12	2/17	1/5	4/13	3/2	6/8	4/28	8/3	6/26
11/2	9/17	12/28	11/13	2/18	1/6	4/14	3/3	6/9	4/29	8/4	6/27
11/3	9/18	12/29	11/14	2/19	1/7	4/15	3/4	6/10	5/1	8/5	6/28
11/4	9/19	12/30	11/15	2/20	1/8	4/16	3/5	6/11	5/2	8/6	6/29
11/5	9/20	12/31	11/16	2/21	1/9	4/17	3/6	6/12	5/3	8/7	6/30
11/6	9/21			2/22	1/10	4/18	3/7	6/13	5/4	8/8	7/1
11/7	9/22	**1964**		2/23	1/11	4/19	3/8	6/14	5/5	8/9	7/2
11/8	9/23	**Solar**	**Lunar**	2/24	1/12	4/20	3/9	6/15	5/6	8/10	7/3
11/9	9/24	1/1	11/17	2/25	1/13	4/21	3/10	6/16	5/7	8/11	7/4
11/10	9/25	1/2	11/18	2/26	1/14	4/22	3/11	6/17	5/8	8/12	7/5
11/11	9/26	1/3	11/19	2/27	1/15	4/23	3/12	6/18	5/9	8/13	7/6
11/12	9/27	1/4	11/20	2/28	1/16	4/24	3/13	6/19	5/10	8/14	7/7
11/13	9/28	1/5	11/21	2/29	1/17	4/25	3/14	6/20	5/11	8/15	7/8
11/14	9/29	1/6	11/22	3/1	1/18	4/26	3/15	6/21	5/12	8/16	7/9
11/15	9/30	1/7	11/23	3/2	1/19	4/27	3/16	6/22	5/13	8/17	7/10
11/16	10/1	1/8	11/24	3/3	1/20	4/28	3/17	6/23	5/14	8/18	7/11
11/17	10/2	1/9	11/25	3/4	1/21	4/29	3/18	6/24	5/15	8/19	7/12
11/18	10/3	1/10	11/26	3/5	1/22	4/30	3/19	6/25	5/16	8/20	7/13
11/19	10/4	1/11	11/27	3/6	1/23	5/1	3/20	6/26	5/17	8/21	7/14
11/20	10/5	1/12	11/28	3/7	1/24	5/2	3/21	6/27	5/18	8/22	7/15
11/21	10/6	1/13	11/29	3/8	1/25	5/3	3/22	6/28	5/19	8/23	7/16
11/22	10/7	1/14	11/30	3/9	1/26	5/4	3/23	6/29	5/20	8/24	7/17
11/23	10/8	1/15	12/1	3/10	1/27	5/5	3/24	6/30	5/21	8/25	7/18
11/24	10/9	1/16	12/2	3/11	1/28	5/6	3/25	7/1	5/22	8/26	7/19
11/25	10/10	1/17	12/3	3/12	1/29	5/7	3/26	7/2	5/23	8/27	7/20
11/26	10/11	1/18	12/4	3/13	1/30	5/8	3/27	7/3	5/24	8/28	7/21
11/27	10/12	1/19	12/5	3/14	2/1	5/9	3/28	7/4	5/25	8/29	7/22
11/28	10/13	1/20	12/6	3/15	2/2	5/10	3/29	7/5	5/26	8/30	7/23
11/29	10/14	1/21	12/7	3/16	2/3	5/11	3/30	7/6	5/27	8/31	7/24
11/30	10/15	1/22	12/8	3/17	2/4	5/12	4/1	7/7	5/28	9/1	7/25
12/1	10/16	1/23	12/9	3/18	2/5	5/13	4/2	7/8	5/29	9/2	7/26
12/2	10/17	1/24	12/10	3/19	2/6	5/14	4/3	7/9	6/1	9/3	7/27
12/3	10/18	1/25	12/11	3/20	2/7	5/15	4/4	7/10	6/2	9/4	7/28
12/4	10/19	1/26	12/12	3/21	2/8	5/16	4/5	7/11	6/3	9/5	7/29
12/5	10/20	1/27	12/13	3/22	2/9	5/17	4/6	7/12	6/4	9/6	8/1
12/6	10/21	1/28	12/14	3/23	2/10	5/18	4/7	7/13	6/5	9/7	8/2
12/7	10/22	1/29	12/15	3/24	2/11	5/19	4/8	7/14	6/6	9/8	8/3
12/8	10/23	1/30	12/16	3/25	2/12	5/20	4/9	7/15	6/7	9/9	8/4
12/9	10/24	1/31	12/17	3/26	2/13	5/21	4/10	7/16	6/8	9/10	8/5

Bitte beachten: Die erste Zahl ist der Monat, die zweite der Tag.

9/11	8/6	11/6	10/3	**1965**		2/23	1/22	4/20	3/19	6/15	5/16
9/12	8/7	11/7	10/4	**Solar**	**Lunar**	2/24	1/23	4/21	3/20	6/16	5/17
9/13	8/8	11/8	10/5	1/1	11/29	2/25	1/24	4/22	3/21	6/17	5/18
9/14	8/9	11/9	10/6	1/2	11/30	2/26	1/25	4/23	3/22	6/18	5/19
9/15	8/10	11/10	10/7	1/3	12/1	2/27	1/26	4/24	3/23	6/19	5/20
9/16	8/11	11/11	10/8	1/4	12/2	2/28	1/27	4/25	3/24	6/20	5/21
9/17	8/12	11/12	10/9	1/5	12/3	3/1	1/28	4/26	3/25	6/21	5/22
9/18	8/13	11/13	10/10	1/6	12/4	3/2	1/29	4/27	3/26	6/22	5/23
9/19	8/14	11/14	10/11	1/7	12/5	3/3	2/1	4/28	3/27	6/23	5/24
9/20	8/15	11/15	10/12	1/8	12/6	3/4	2/2	4/29	3/28	6/24	5/25
9/21	8/16	11/16	10/13	1/9	12/7	3/5	2/3	4/30	3/29	6/25	5/26
9/22	8/17	11/17	10/14	1/10	12/8	3/6	2/4	5/1	4/1	6/26	5/27
9/23	8/18	11/18	10/15	1/11	12/9	3/7	2/5	5/2	4/2	6/27	5/28
9/24	8/19	11/19	10/16	1/12	12/10	3/8	2/6	5/3	4/3	6/28	5/29
9/25	8/20	11/20	10/17	1/13	12/11	3/9	2/7	5/4	4/4	6/29	6/1
9/26	8/21	11/21	10/18	1/14	12/12	3/10	2/8	5/5	4/5	6/30	6/2
9/27	8/22	11/22	10/19	1/15	12/13	3/11	2/9	5/6	4/6	7/1	6/3
9/28	8/23	11/23	10/20	1/16	12/14	3/12	2/10	5/7	4/7	7/2	6/4
9/29	8/24	11/24	10/21	1/17	12/15	3/13	2/11	5/8	4/8	7/3	6/5
9/30	8/25	11/25	10/22	1/18	12/16	3/14	2/12	5/9	4/9	7/4	6/6
10/1	8/26	11/26	10/23	1/19	12/17	3/15	2/13	5/10	4/10	7/5	6/7
10/2	8/27	11/27	10/24	1/20	12/18	3/16	2/14	5/11	4/11	7/6	6/8
10/3	8/28	11/28	10/25	1/21	12/19	3/17	2/15	5/12	4/12	7/7	6/9
10/4	8/29	11/29	10/26	1/22	12/20	3/18	2/16	5/13	4/13	7/8	6/10
10/5	8/30	11/30	10/27	1/23	12/21	3/19	2/17	5/14	4/14	7/9	6/11
10/6	9/1	12/1	10/28	1/24	12/22	3/20	2/18	5/15	4/15	7/10	6/12
10/7	9/2	12/2	10/29	1/25	12/23	3/21	2/19	5/16	4/16	7/11	6/13
10/8	9/3	12/3	10/30	1/26	12/24	3/22	2/20	5/17	4/17	7/12	6/14
10/9	9/4	12/4	11/1	1/27	12/25	3/23	2/21	5/18	4/18	7/13	6/15
10/10	9/5	12/5	11/2	1/28	12/26	3/24	2/22	5/19	4/19	7/14	6/16
10/11	9/6	12/6	11/3	1/29	12/27	3/25	2/23	5/20	4/20	7/15	6/17
10/12	9/7	12/7	11/4	1/30	12/28	3/26	2/24	5/21	4/21	7/16	6/18
10/13	9/8	12/8	11/5	1/31	12/29	3/27	2/25	5/22	4/22	7/17	6/19
10/14	9/9	12/9	11/6	2/1	12/30	3/28	2/26	5/23	4/23	7/18	6/20
10/15	9/10	12/10	11/7	2/2	1/1	3/29	2/27	5/24	4/24	7/19	6/21
10/16	9/11	12/11	11/8		(1965)	3/30	2/28	5/25	4/25	7/20	6/22
10/17	9/12	12/12	11/9	2/3	1/2	3/31	2/29	5/26	4/26	7/21	6/23
10/18	9/13	12/13	11/10	2/4	1/3	4/1	2/30	5/27	4/27	7/22	6/24
10/19	9/14	12/14	11/11	2/5	1/4	4/2	3/1	5/28	4/28	7/23	6/25
10/20	9/15	12/15	11/12	2/6	1/5	4/3	3/2	5/29	4/29	7/24	6/26
10/21	9/16	12/16	11/13	2/7	1/6	4/4	3/3	5/30	4/30	7/25	6/27
10/22	9/17	12/17	11/14	2/8	1/7	4/5	3/4	5/31	5/1	7/26	6/28
10/23	9/18	12/18	11/15	2/9	1/8	4/6	3/5	6/1	5/2	7/27	6/29
10/24	9/19	12/19	11/16	2/10	1/9	4/7	3/6	6/2	5/3	7/28	7/1
10/25	9/20	12/20	11/17	2/11	1/10	4/8	3/7	6/3	5/4	7/29	7/2
10/26	9/21	12/21	11/18	2/12	1/11	4/9	3/8	6/4	5/5	7/30	7/3
10/27	9/22	12/22	11/19	2/13	1/12	4/10	3/9	6/5	5/6	7/31	7/4
10/28	9/23	12/23	11/20	2/14	1/13	4/11	3/10	6/6	5/7	8/1	7/5
10/29	9/24	12/24	11/21	2/15	1/14	4/12	3/11	6/7	5/8	8/2	7/6
10/30	9/25	12/25	11/22	2/16	1/15	4/13	3/12	6/8	5/9	8/3	7/7
10/31	9/26	12/26	11/23	2/17	1/16	4/14	3/13	6/9	5/10	8/4	7/8
11/1	9/27	12/27	11/24	2/18	1/17	4/15	3/14	6/10	5/11	8/5	7/9
11/2	9/28	12/28	11/25	2/19	1/18	4/16	3/15	6/11	5/12	8/6	7/10
11/3	9/29	12/29	11/26	2/20	1/19	4/17	3/16	6/12	5/13	8/7	7/11
11/4	10/1	12/30	11/27	2/21	1/20	4/18	3/17	6/13	5/14	8/8	7/12
11/5	10/2	12/31	11/28	2/22	1/21	4/19	3/18	6/14	5/15	8/9	7/13

Bitte beachten: Die erste Zahl ist der Monat, die zweite der Tag.

8/10	7/14	10/5	9/11	11/30	11/8		(1966)	3/18	2/27	5/12	3/22
8/11	7/15	10/6	9/12	12/1	11/9	1/22	1/2	3/19	2/28	5/13	3/23
8/12	7/16	10/7	9/13	12/2	11/10	1/23	1/3	3/20	2/29	5/14	3/24
8/13	7/17	10/8	9/14	12/3	11/11	1/24	1/4	3/21	2/30	5/15	3/25
8/14	7/18	10/9	9/15	12/4	11/12	1/25	1/5	3/22	3/1	5/16	3/26
8/15	7/19	10/10	9/16	12/5	11/13	1/26	1/6	3/23	3/2	5/17	3/27
8/16	7/20	10/11	9/17	12/6	11/14	1/27	1/7	3/24	3/3	5/18	3/28
8/17	7/21	10/12	9/18	12/7	11/15	1/28	1/8	3/25	3/4	5/19	3/29
8/18	7/22	10/13	9/19	12/8	11/16	1/29	1/9	3/26	3/5	5/20	4/1
8/19	7/23	10/14	9/20	12/9	11/17	1/30	1/10	3/27	3/6	5/21	4/2
8/20	7/24	10/15	9/21	12/10	11/18	1/31	1/11	3/28	3/7	5/22	4/3
8/21	7/25	10/16	9/22	12/11	11/19	2/1	1/12	3/29	3/8	5/23	4/4
8/22	7/26	10/17	9/23	12/12	11/20	2/2	1/13	3/30	3/9	5/24	4/5
8/23	7/27	10/18	9/24	12/13	11/21	2/3	1/14	3/31	3/10	5/25	4/6
8/24	7/28	10/19	9/25	12/14	11/22	2/4	1/15	4/1	3/11	5/26	4/7
8/25	7/29	10/20	9/26	12/15	11/23	2/5	1/16	4/2	3/12	5/27	4/8
8/26	7/30	10/21	9/27	12/16	11/24	2/6	1/17	4/3	3/13	5/28	4/9
8/27	8/1	10/22	9/28	12/17	11/25	2/7	1/18	4/4	3/14	5/29	4/10
8/28	8/2	10/23	9/29	12/18	11/26	2/8	1/19	4/5	3/15	5/30	4/11
8/29	8/3	10/24	10/1	12/19	11/27	2/9	1/20	4/6	3/16	5/31	4/12
8/30	8/4	10/25	10/2	12/20	11/28	2/10	1/21	4/7	3/17	6/1	4/13
8/31	8/5	10/26	10/3	12/21	11/29	2/11	1/22	4/8	3/18	6/2	4/14
9/1	8/6	10/27	10/4	12/22	11/30	2/12	1/23	4/9	3/19	6/3	4/15
9/2	8/7	10/28	10/5	12/23	12/1	2/13	1/24	4/10	3/20	6/4	4/16
9/3	8/8	10/29	10/6	12/24	12/2	2/14	1/25	4/11	3/21	6/5	4/17
9/4	8/9	10/30	10/7	12/25	12/3	2/15	1/26	4/12	3/22	6/6	4/18
9/5	8/10	10/31	10/8	12/26	12/4	2/16	1/27	4/13	3/23	6/7	4/19
9/6	8/11	11/1	10/9	12/27	12/5	2/17	1/28	4/14	3/24	6/8	4/20
9/7	8/12	11/2	10/10	12/28	12/6	2/18	1/29	4/15	3/25	6/9	4/21
9/8	8/13	11/3	10/11	12/29	12/7	2/19	1/30	4/16	3/26	6/10	4/22
9/9	8/14	11/4	10/12	12/30	12/8	2/20	2/1	4/17	3/27	6/11	4/23
9/10	8/15	11/5	10/13	12/31	12/9	2/21	2/2	4/18	3/28	6/12	4/24
9/11	8/16	11/6	10/14			2/22	2/3	4/19	3/29	6/13	4/25
9/12	8/17	11/7	10/15	**1966**		2/23	2/4	4/20	3/30	6/14	4/26
9/13	8/18	11/8	10/16	**Solar**	**Lunar**	2/24	2/5	4/21	3/1	6/15	4/27
9/14	8/19	11/9	10/17	1/1	12/10	2/25	2/6	*(Schaltmonat)*		6/16	4/28
9/15	8/20	11/10	10/18	1/2	12/11	2/26	2/7	4/22	3/2	6/17	4/29
9/16	8/21	11/11	10/19	1/3	12/12	2/27	2/8	4/23	3/3	6/18	4/30
9/17	8/22	11/12	10/20	1/4	12/13	2/28	2/9	4/24	3/4	6/19	5/1
9/18	8/23	11/13	10/21	1/5	12/14	3/1	2/10	4/25	3/5	6/20	5/2
9/19	8/24	11/14	10/22	1/6	12/15	3/2	2/11	4/26	3/6	6/21	5/3
9/20	8/25	11/15	10/23	1/7	12/16	3/3	2/12	4/27	3/7	6/22	5/4
9/21	8/26	11/16	10/24	1/8	12/17	3/4	2/13	4/28	3/8	6/23	5/5
9/22	8/27	11/17	10/25	1/9	12/18	3/5	2/14	4/29	3/9	6/24	5/6
9/23	8/28	11/18	10/26	1/10	12/19	3/6	2/15	4/30	3/10	6/25	5/7
9/24	8/29	11/19	10/27	1/11	12/20	3/7	2/16	5/1	3/11	6/26	5/8
9/25	9/1	11/20	10/28	1/12	12/21	3/8	2/17	5/2	3/12	6/27	5/9
9/26	9/2	11/21	10/29	1/13	12/22	3/9	2/18	5/3	3/13	6/28	5/10
9/27	9/3	11/22	10/30	1/14	12/23	3/10	2/19	5/4	3/14	6/29	5/11
9/28	9/4	11/23	11/1	1/15	12/24	3/11	2/20	5/5	3/15	6/30	5/12
9/29	9/5	11/24	11/2	1/16	12/25	3/12	2/21	5/6	3/16	7/1	5/13
9/30	9/6	11/25	11/3	1/17	12/26	3/13	2/22	5/7	3/17	7/2	5/14
10/1	9/7	11/26	11/4	1/18	12/27	3/14	2/23	5/8	3/18	7/3	5/15
10/2	9/8	11/27	11/5	1/19	12/28	3/15	2/24	5/9	3/19	7/4	5/16
10/3	9/9	11/28	11/6	1/20	12/29	3/16	2/25	5/10	3/20	7/5	5/17
10/4	9/10	11/29	11/7	1/21	1/1	3/17	2/26	5/11	3/21	7/6	5/18

Bitte beachten: Die erste Zahl ist der Monat, die zweite der Tag.

7/7	5/19	9/1	7/17	10/27	9/14	12/22	11/11	2/12	1/4	4/9	2/30
7/8	5/20	9/2	7/18	10/28	9/15	12/23	11/12	2/13	1/5	4/10	3/1
7/9	5/21	9/3	7/19	10/29	9/16	12/24	11/13	2/14	1/6	4/11	3/2
7/10	5/22	9/4	7/20	10/30	9/17	12/25	11/14	2/15	1/7	4/12	3/3
7/11	5/23	9/5	7/21	10/31	9/18	12/26	11/15	2/16	1/8	4/13	3/4
7/12	5/24	9/6	7/22	11/1	9/19	12/27	11/16	2/17	1/9	4/14	3/5
7/13	5/25	9/7	7/23	11/2	9/20	12/28	11/17	2/18	1/10	4/15	3/6
7/14	5/26	9/8	7/24	11/3	9/21	12/29	11/18	2/19	1/11	4/16	3/7
7/15	5/27	9/9	7/25	11/4	9/22	12/30	11/19	2/20	1/12	4/17	3/8
7/16	5/28	9/10	7/26	11/5	9/23	12/31	11/20	2/21	1/13	4/18	3/9
7/17	5/29	9/11	7/27	11/6	9/24			2/22	1/14	4/19	3/10
7/18	6/1	9/12	7/28	11/7	9/25	**1967**		2/23	1/15	4/20	3/11
7/19	6/2	9/13	7/29	11/8	9/26	**Solar**	**Lunar**	2/24	1/16	4/21	3/12
7/20	6/3	9/14	7/30	11/9	9/27	1/1	11/21	2/25	1/17	4/22	3/13
7/21	6/4	9/15	8/1	11/10	9/28	1/2	11/22	2/26	1/18	4/23	3/14
7/22	6/5	9/16	8/2	11/11	9/29	1/3	11/23	2/27	1/19	4/24	3/15
7/23	6/6	9/17	8/3	11/12	10/1	1/4	11/24	2/28	1/20	4/25	3/16
7/24	6/7	9/18	8/4	11/13	10/2	1/5	11/25	3/1	1/21	4/26	3/17
7/25	6/8	9/19	8/5	11/14	10/3	1/6	11/26	3/2	1/22	4/27	3/18
7/26	6/9	9/20	8/6	11/15	10/4	1/7	11/27	3/3	1/23	4/28	3/19
7/27	6/10	9/21	8/7	11/16	10/5	1/8	11/28	3/4	1/24	4/29	3/20
7/28	6/11	9/22	8/8	11/17	10/6	1/9	11/29	3/5	1/25	4/30	3/21
7/29	6/12	9/23	8/9	11/18	10/7	1/10	11/30	3/6	1/26	5/1	3/22
7/30	6/13	9/24	8/10	11/19	10/8	1/11	12/1	3/7	1/27	5/2	3/23
7/31	6/14	9/25	8/11	11/20	10/9	1/12	12/2	3/8	1/28	5/3	3/24
8/1	6/15	9/26	8/12	11/21	10/10	1/13	12/3	3/9	1/29	5/4	3/25
8/2	6/16	9/27	8/13	11/22	10/11	1/14	12/4	3/10	1/30	5/5	3/26
8/3	6/17	9/28	8/14	11/23	10/12	1/15	12/5	3/11	2/1	5/6	3/27
8/4	6/18	9/29	8/15	11/24	10/13	1/16	12/6	3/12	2/2	5/7	3/28
8/5	6/19	9/30	8/16	11/25	10/14	1/17	12/7	3/13	2/3	5/8	3/29
8/6	6/20	10/1	8/17	11/26	10/15	1/18	12/8	3/14	2/4	5/9	4/1
8/7	6/21	10/2	8/18	11/27	10/16	1/19	12/9	3/15	2/5	5/10	4/2
8/8	6/22	10/3	8/19	11/28	10/17	1/20	12/10	3/16	2/6	5/11	4/3
8/9	6/23	10/4	8/20	11/29	10/18	1/21	12/11	3/17	2/7	5/12	4/4
8/10	6/24	10/5	8/21	11/30	10/19	1/22	12/12	3/18	2/8	5/13	4/5
8/11	6/25	10/6	8/22	12/1	10/20	1/23	12/13	3/19	2/9	5/14	4/6
8/12	6/26	10/7	8/23	12/2	10/21	1/24	12/14	3/20	2/10	5/15	4/7
8/13	6/27	10/8	8/24	12/3	10/22	1/25	12/15	3/21	2/11	5/16	4/8
8/14	6/28	10/9	8/25	12/4	10/23	1/26	12/16	3/22	2/12	5/17	4/9
8/15	6/29	10/10	8/26	12/5	10/24	1/27	12/17	3/23	2/13	5/18	4/10
8/16	7/1	10/11	8/27	12/6	10/25	1/28	12/18	3/24	2/14	5/19	4/11
8/17	7/2	10/12	8/28	12/7	10/26	1/29	12/19	3/25	2/15	5/20	4/12
8/18	7/3	10/13	8/29	12/8	10/27	1/30	12/20	3/26	2/16	5/21	4/13
8/19	7/4	10/14	9/1	12/9	10/28	1/31	12/21	3/27	2/17	5/22	4/14
8/20	7/5	10/15	9/2	12/10	10/29	2/1	12/22	3/28	2/18	5/23	4/15
8/21	7/6	10/16	9/3	12/11	10/30	2/2	12/23	3/29	2/19	5/24	4/16
8/22	7/7	10/17	9/4	12/12	11/1	2/3	12/24	3/30	2/20	5/25	4/17
8/23	7/8	10/18	9/5	12/13	11/2	2/4	12/25	3/31	2/21	5/26	4/18
8/24	7/9	10/19	9/6	12/14	11/3	2/5	12/26	4/1	2/22	5/27	4/19
8/25	7/10	10/20	9/7	12/15	11/4	2/6	12/27	4/2	2/23	5/28	4/20
8/26	7/11	10/21	9/8	12/16	11/5	2/7	12/28	4/3	2/24	5/29	4/21
8/27	7/12	10/22	9/9	12/17	11/6	2/8	12/29	4/4	2/25	5/30	4/22
8/28	7/13	10/23	9/10	12/18	11/7	2/9	1/1	4/5	2/26	5/31	4/23
8/29	7/14	10/24	9/11	12/19	11/8		(1967)	4/6	2/27	6/1	4/24
8/30	7/15	10/25	9/12	12/20	11/9	2/10	1/2	4/7	2/28	6/2	4/25
8/31	7/16	10/26	9/13	12/21	11/10	2/11	1/3	4/8	2/29	6/3	4/26

Bitte beachten: Die erste Zahl ist der Monat, die zweite der Tag.

6/4	4/27	7/30	6/23	9/24	8/21	11/19	10/18	1/11	12/12	3/6	2/8
6/5	4/28	7/31	6/24	9/25	8/22	11/20	10/19	1/12	12/13	3/7	2/9
6/6	4/29	8/1	6/25	9/26	8/23	11/21	10/20	1/13	12/14	3/8	2/10
6/7	4/30	8/2	6/26	9/27	8/24	11/22	10/21	1/14	12/15	3/9	2/11
6/8	5/1	8/3	6/27	9/28	8/25	11/23	10/22	1/15	12/16	3/10	2/12
6/9	5/2	8/4	6/28	9/29	8/26	11/24	10/23	1/16	12/17	3/11	2/13
6/10	5/3	8/5	6/29	9/30	8/27	11/25	10/24	1/17	12/18	3/12	2/14
6/11	5/4	8/6	7/1	10/1	8/28	11/26	10/25	1/18	12/19	3/13	2/15
6/12	5/5	8/7	7/2	10/2	8/29	11/27	10/26	1/19	12/20	3/14	2/16
6/13	5/6	8/8	7/3	10/3	8/30	11/28	10/27	1/20	12/21	3/15	2/17
6/14	5/7	8/9	7/4	10/4	9/1	11/29	10/28	1/21	12/22	3/16	2/18
6/15	5/8	8/10	7/5	10/5	9/2	11/30	10/29	1/22	12/23	3/17	2/19
6/16	5/9	8/11	7/6	10/6	9/3	12/1	10/30	1/23	12/24	3/18	2/20
6/17	5/10	8/12	7/7	10/7	9/4	12/2	11/1	1/24	12/25	3/19	2/21
6/18	5/11	8/13	7/8	10/8	9/5	12/3	11/2	1/25	12/26	3/20	2/22
6/19	5/12	8/14	7/9	10/9	9/6	12/4	11/3	1/26	12/27	3/21	2/23
6/20	5/13	8/15	7/10	10/10	9/7	12/5	11/4	1/27	12/28	3/22	2/24
6/21	5/14	8/16	7/11	10/11	9/8	12/6	11/5	1/28	12/29	3/23	2/25
6/22	5/15	8/17	7/12	10/12	9/9	12/7	11/6	1/29	12/30	3/24	2/26
6/23	5/16	8/18	7/13	10/13	9/10	12/8	11/7	1/30	1/1	3/25	2/27
6/24	5/17	8/19	7/14	10/14	9/11	12/9	11/8		(1968)	3/26	2/28
6/25	5/18	8/20	7/15	10/15	9/12	12/10	11/9	1/31	1/2	3/27	2/29
6/26	5/19	8/21	7/16	10/16	9/13	12/11	11/10	2/1	1/3	3/28	2/30
6/27	5/20	8/22	7/17	10/17	9/14	12/12	11/11	2/2	1/4	3/29	3/1
6/28	5/21	8/23	7/18	10/18	9/15	12/13	11/12	2/3	1/5	3/30	3/2
6/29	5/22	8/24	7/19	10/19	9/16	12/14	11/13	2/4	1/6	3/31	3/3
6/30	5/23	8/25	7/20	10/20	9/17	12/15	11/14	2/5	1/7	4/1	3/4
7/1	5/24	8/26	7/21	10/21	9/18	12/16	11/15	2/6	1/8	4/2	3/5
7/2	5/25	8/27	7/22	10/22	9/19	12/17	11/16	2/7	1/9	4/3	3/6
7/3	5/26	8/28	7/23	10/23	9/20	12/18	11/17	2/8	1/10	4/4	3/7
7/4	5/27	8/29	7/24	10/24	9/21	12/19	11/18	2/9	1/11	4/5	3/8
7/5	5/28	8/30	7/25	10/25	9/22	12/20	11/19	2/10	1/12	4/6	3/9
7/6	5/29	8/31	7/26	10/26	9/23	12/21	11/20	2/11	1/13	4/7	3/10
7/7	5/30	9/1	7/27	10/27	9/24	12/22	11/21	2/12	1/14	4/8	3/11
7/8	6/1	9/2	7/28	10/28	9/25	12/23	11/22	2/13	1/15	4/9	3/12
7/9	6/2	9/3	7/29	10/29	9/26	12/24	11/23	2/14	1/16	4/10	3/13
7/10	6/3	9/4	8/1	10/30	9/27	12/25	11/24	2/15	1/17	4/11	3/14
7/11	6/4	9/5	8/2	10/31	9/28	12/26	11/25	2/16	1/18	4/12	3/15
7/12	6/5	9/6	8/3	11/1	9/29	12/27	11/26	2/17	1/19	4/13	3/16
7/13	6/6	9/7	8/4	11/2	10/1	12/28	11/27	2/18	1/20	4/14	3/17
7/14	6/7	9/8	8/5	11/3	10/2	12/29	11/28	2/19	1/21	4/15	3/18
7/15	6/8	9/9	8/6	11/4	10/3	12/30	11/29	2/20	1/22	4/16	3/19
7/16	6/9	9/10	8/7	11/5	10/4	12/31	12/1	2/21	1/23	4/17	3/20
7/17	6/10	9/11	8/8	11/6	10/5			2/22	1/24	4/18	3/21
7/18	6/11	9/12	8/9	11/7	10/6	**1968**		2/23	1/25	4/19	3/22
7/19	6/12	9/13	8/10	11/8	10/7	Solar	Lunar	2/24	1/26	4/20	3/23
7/20	6/13	9/14	8/11	11/9	10/8	1/1	12/2	2/25	1/27	4/21	3/24
7/21	6/14	9/15	8/12	11/10	10/9	1/2	12/3	2/26	1/28	4/22	3/25
7/22	6/15	9/16	8/13	11/11	10/10	1/3	12/4	2/27	1/29	4/23	3/26
7/23	6/16	9/17	8/14	11/12	10/11	1/4	12/5	2/28	2/1	4/24	3/27
7/24	6/17	9/18	8/15	11/13	10/12	1/5	12/6	2/29	2/2	4/25	3/28
7/25	6/18	9/19	8/16	11/14	10/13	1/6	12/7	3/1	2/3	4/26	3/29
7/26	6/19	9/20	8/17	11/15	10/14	1/7	12/8	3/2	2/4	4/27	4/1
7/27	6/20	9/21	8/18	11/16	10/15	1/8	12/9	3/3	2/5	4/28	4/2
7/28	6/21	9/22	8/19	11/17	10/16	1/9	12/10	3/4	2/6	4/29	4/3
7/29	6/22	9/23	8/20	11/18	10/17	1/10	12/11	3/5	2/7	4/30	4/4

Bitte beachten: Die erste Zahl ist der Monat, die zweite der Tag.

5/1	4/5	6/26	6/1	8/21	7/28	10/15	8/24	12/10	10/21	2/1	12/15
5/2	4/6	6/27	6/2	8/22	7/29	10/16	8/25	12/11	10/22	2/2	12/16
5/3	4/7	6/28	6/3	8/23	7/30	10/17	8/26	12/12	10/23	2/3	12/17
5/4	4/8	6/29	6/4	8/24	7/1	10/18	8/27	12/13	10/24	2/4	12/18
5/5	4/9	6/30	6/5	*(Schaltmonat)*		10/19	8/28	12/14	10/25	2/5	12/19
5/6	4/10	7/1	6/6	8/25	7/2	10/20	8/29	12/15	10/26	2/6	12/20
5/7	4/11	7/2	6/7	8/26	7/3	10/21	8/30	12/16	10/27	2/7	12/21
5/8	4/12	7/3	6/8	8/27	7/4	10/22	9/1	12/17	10/28	2/8	12/22
5/9	4/13	7/4	6/9	8/28	7/5	10/23	9/2	12/18	10/29	2/9	12/23
5/10	4/14	7/5	6/10	8/29	7/6	10/24	9/3	12/19	10/30	2/10	12/24
5/11	4/15	7/6	6/11	8/30	7/7	10/25	9/4	12/20	11/1	2/11	12/25
5/12	4/16	7/7	6/12	8/31	7/8	10/26	9/5	12/21	11/2	2/12	12/26
5/13	4/17	7/8	6/13	9/1	7/9	10/27	9/6	12/22	11/3	2/13	12/27
5/14	4/18	7/9	6/14	9/2	7/10	10/28	9/7	12/23	11/4	2/14	12/28
5/15	4/19	7/10	6/15	9/3	7/11	10/29	9/8	12/24	11/5	2/15	12/29
5/16	4/20	7/11	6/16	9/4	7/12	10/30	9/9	12/25	11/6	2/16	12/30
5/17	4/21	7/12	6/17	9/5	7/13	10/31	9/10	12/26	11/7	2/17	1/1
5/18	4/22	7/13	6/18	9/6	7/14	11/1	9/11	12/27	11/8		(1969)
5/19	4/23	7/14	6/19	9/7	7/15	11/2	9/12	12/28	11/9	2/18	1/2
5/20	4/24	7/15	6/20	9/8	7/16	11/3	9/13	12/29	11/10	2/19	1/3
5/21	4/25	7/16	6/21	9/9	7/17	11/4	9/14	12/30	11/11	2/20	1/4
5/22	4/26	7/17	6/22	9/10	7/18	11/5	9/15	12/31	11/12	2/21	1/5
5/23	4/27	7/18	6/23	9/11	7/19	11/6	9/16			2/22	1/6
5/24	4/28	7/19	6/24	9/12	7/20	11/7	9/17	**1969**		2/23	1/7
5/25	4/29	7/20	6/25	9/13	7/21	11/8	9/18	**Solar**	**Lunar**	2/24	1/8
5/26	4/30	7/21	6/26	9/14	7/22	11/9	9/19	1/1	11/13	2/25	1/9
5/27	5/1	7/22	6/27	9/15	7/23	11/10	9/20	1/2	11/14	2/26	1/10
5/28	5/2	7/23	6/28	9/16	7/24	11/11	9/21	1/3	11/15	2/27	1/11
5/29	5/3	7/24	6/29	9/17	7/25	11/12	9/22	1/4	11/16	2/28	1/12
5/30	5/4	7/25	7/1	9/18	7/26	11/13	9/23	1/5	11/17	3/1	1/13
5/31	5/5	7/26	7/2	9/19	7/27	11/14	9/24	1/6	11/18	3/2	1/14
6/1	5/6	7/27	7/3	9/20	7/28	11/15	9/25	1/7	11/19	3/3	1/15
6/2	5/7	7/28	7/4	9/21	7/29	11/16	9/26	1/8	11/20	3/4	1/16
6/3	5/8	7/29	7/5	9/22	8/1	11/17	9/27	1/9	11/21	3/5	1/17
6/4	5/9	7/30	7/6	9/23	8/2	11/18	9/28	1/10	11/22	3/6	1/18
6/5	5/10	7/31	7/7	9/24	8/3	11/19	9/29	1/11	11/23	3/7	1/19
6/6	5/11	8/1	7/8	9/25	8/4	11/20	10/1	1/12	11/24	3/8	1/20
6/7	5/12	8/2	7/9	9/26	8/5	11/21	10/2	1/13	11/25	3/9	1/21
6/8	5/13	8/3	7/10	9/27	8/6	11/22	10/3	1/14	11/26	3/10	1/22
6/9	5/14	8/4	7/11	9/28	8/7	11/23	10/4	1/15	11/27	3/11	1/23
6/10	5/15	8/5	7/12	9/29	8/8	11/24	10/5	1/16	11/28	3/12	1/24
6/11	5/16	8/6	7/13	9/30	8/9	11/25	10/6	1/17	11/29	3/13	1/25
6/12	5/17	8/7	7/14	10/1	8/10	11/26	10/7	1/18	12/1	3/14	1/26
6/13	5/18	8/8	7/15	10/2	8/11	11/27	10/8	1/19	12/2	3/15	1/27
6/14	5/19	8/9	7/16	10/3	8/12	11/28	10/9	1/20	12/3	3/16	1/28
6/15	5/20	8/10	7/17	10/4	8/13	11/29	10/10	1/21	12/4	3/17	1/29
6/16	5/21	8/11	7/18	10/5	8/14	11/30	10/11	1/22	12/5	3/18	2/1
6/17	5/22	8/12	7/19	10/6	8/15	12/1	10/12	1/23	12/6	3/19	2/2
6/18	5/23	8/13	7/20	10/7	8/16	12/2	10/13	1/24	12/7	3/20	2/3
6/19	5/24	8/14	7/21	10/8	8/17	12/3	10/14	1/25	12/8	3/21	2/4
6/20	5/25	8/15	7/22	10/9	8/18	12/4	10/15	1/26	12/9	3/22	2/5
6/21	5/26	8/16	7/23	10/10	8/19	12/5	10/16	1/27	12/10	3/23	2/6
6/22	5/27	8/17	7/24	10/11	8/20	12/6	10/17	1/28	12/11	3/24	2/7
6/23	5/28	8/18	7/25	10/12	8/21	12/7	10/18	1/29	12/12	3/25	2/8
6/24	5/29	8/19	7/26	10/13	8/22	12/8	10/19	1/30	12/13	3/26	2/9
6/25	5/30	8/20	7/27	10/14	8/23	12/9	10/20	1/31	12/14	3/27	2/10

Bitte beachten: Die erste Zahl ist der Monat, die zweite der Tag.

3/28	2/11	5/23	4/7	7/18	6/5	9/12	8/1	11/8	9/28	**1970**
3/29	2/12	5/24	4/8	7/19	6/6	9/13	8/2	11/9	9/29	**Solar** **Lunar**
3/30	2/13	5/25	4/9	7/20	6/7	9/14	8/3	11/10	10/1	1/1 11/24
3/31	2/14	5/26	4/10	7/21	6/8	9/15	8/4	11/11	10/2	1/2 11/25
4/1	2/15	5/27	4/11	7/22	6/9	9/16	8/5	11/12	10/3	1/3 11/26
4/2	2/16	5/28	4/12	7/23	6/10	9/17	8/6	11/13	10/4	1/4 11/27
4/3	2/17	5/29	4/13	7/24	6/11	9/18	8/7	11/14	10/5	1/5 11/28
4/4	2/18	5/30	4/14	7/25	6/12	9/19	8/8	11/15	10/6	1/6 11/29
4/5	2/19	5/31	4/15	7/26	6/13	9/20	8/9	11/16	10/7	1/7 11/30
4/6	2/20	6/1	4/16	7/27	6/14	9/21	8/10	11/17	10/8	1/8 12/1
4/7	2/21	6/2	4/17	7/28	6/15	9/22	8/11	11/18	10/9	1/9 12/2
4/8	2/22	6/3	4/18	7/29	6/16	9/23	8/12	11/19	10/10	1/10 12/3
4/9	2/23	6/4	4/19	7/30	6/17	9/24	8/13	11/20	10/11	1/11 12/4
4/10	2/24	6/5	4/20	7/31	6/18	9/25	8/14	11/21	10/12	1/12 12/5
4/11	2/25	6/6	4/21	8/1	6/19	9/26	8/15	11/22	10/13	1/13 12/6
4/12	2/26	6/7	4/22	8/2	6/20	9/27	8/16	11/23	10/14	1/14 12/7
4/13	2/27	6/8	4/23	8/3	6/21	9/28	8/17	11/24	10/15	1/15 12/8
4/14	2/28	6/9	4/24	8/4	6/22	9/29	8/18	11/25	10/16	1/16 12/9
4/15	2/29	6/10	4/25	8/5	6/23	9/30	8/19	11/26	10/17	1/17 12/10
4/16	2/30	6/11	4/26	8/6	6/24	10/1	8/20	11/27	10/18	1/18 12/11
4/17	3/1	6/12	4/27	8/7	6/25	10/2	8/21	11/28	10/19	1/19 12/12
4/18	3/2	6/13	4/28	8/8	6/26	10/3	8/22	11/29	10/20	1/20 12/13
4/19	3/3	6/14	4/29	8/9	6/27	10/4	8/23	11/30	10/21	1/21 12/14
4/20	3/4	6/15	5/1	8/10	6/28	10/5	8/24	12/1	10/22	1/22 12/15
4/21	3/5	6/16	5/2	8/11	6/29	10/6	8/25	12/2	10/23	1/23 12/16
4/22	3/6	6/17	5/3	8/12	6/30	10/7	8/26	12/3	10/24	1/24 12/17
4/23	3/7	6/18	5/4	8/13	7/1	10/8	8/27	12/4	10/25	1/25 12/18
4/24	3/8	6/19	5/5	8/14	7/2	10/9	8/28	12/5	10/26	1/26 12/19
4/25	3/9	6/20	5/6	8/15	7/3	10/10	8/29	12/6	10/27	1/27 12/20
4/26	3/10	6/21	5/7	8/16	7/4	10/11	9/1	12/7	10/28	1/28 12/21
4/27	3/11	6/22	5/8	8/17	7/5	10/12	9/2	12/8	10/29	1/29 12/22
4/28	3/12	6/23	5/9	8/18	7/6	10/13	9/3	12/9	11/1	1/30 12/23
4/29	3/13	6/24	5/10	8/19	7/7	10/14	9/4	12/10	11/2	1/31 12/24
4/30	3/14	6/25	5/11	8/20	7/8	10/15	9/5	12/11	11/3	2/1 12/25
5/1	3/15	6/26	5/12	8/21	7/9	10/16	9/6	12/12	11/4	2/2 12/26
5/2	3/16	6/27	5/13	8/22	7/10	10/17	9/7	12/13	11/5	2/3 12/27
5/3	3/17	6/28	5/14	8/23	7/11	10/18	9/8	12/14	11/6	2/4 12/28
5/4	3/18	6/29	5/15	8/24	7/12	10/19	9/9	12/15	11/7	2/5 12/29
5/5	3/19	6/30	5/16	8/25	7/13	10/20	9/10	12/16	11/8	2/6 1/1
5/6	3/20	7/1	5/17	8/26	7/14	10/21	9/11	12/17	11/9	(1970)
5/7	3/21	7/2	5/18	8/27	7/15	10/22	9/12	12/18	11/10	2/7 1/2
5/8	3/22	7/3	5/19	8/28	7/16	10/23	9/13	12/19	11/11	2/8 1/3
5/9	3/23	7/4	5/20	8/29	7/17	10/24	9/14	12/20	11/12	2/9 1/4
5/10	3/24	7/5	5/21	8/30	7/18	10/25	9/15	12/21	11/13	2/10 1/5
5/11	3/25	7/6	5/22	8/31	7/19	10/26	9/16	12/22	11/14	2/11 1/6
5/12	3/26	7/7	5/23	9/1	7/20	10/27	9/17	12/23	11/15	2/12 1/7
5/13	3/27	7/8	5/24	9/2	7/21	10/28	9/18	12/24	11/16	2/13 1/8
5/14	3/28	7/9	5/25	9/3	7/22	10/29	9/19	12/25	11/17	2/14 1/9
5/15	3/29	7/10	5/26	9/4	7/23	10/30	9/20	12/26	11/18	2/15 1/10
5/16	4/1	7/11	5/27	9/5	7/24	11/1	9/21	12/27	11/19	2/16 1/11
5/17	4/2	7/12	5/28	9/6	7/25	11/2	9/22	12/28	11/20	2/17 1/12
5/18	4/2	7/13	5/29	9/7	7/26	11/3	9/23	12/29	11/21	2/18 1/13
5/19	4/3	7/14	6/1	9/8	7/27	11/4	9/24	12/30	11/22	2/19 1/14
5/20	4/4	7/15	6/2	9/9	7/28	11/5	9/25	12/31	11/23	2/20 1/15
5/21	4/5	7/16	6/3	9/10	7/29	11/6	9/26			2/21 1/16
5/22	4/6	7/17	6/4	9/11	7/30	11/7	9/27			2/22 1/17

Bitte beachten: Die erste Zahl ist der Monat, die zweite der Tag.

2/23	1/18	4/20	3/15	6/15	5/12	8/10	7/9	10/5	9/6	11/30	11/2
2/24	1/19	4/21	3/16	6/16	5/13	8/11	7/10	10/6	9/7	12/1	11/3
2/25	1/20	4/22	3/17	6/17	5/14	8/12	7/11	10/7	9/8	12/2	11/4
2/26	1/21	4/23	3/18	6/18	5/15	8/13	7/12	10/8	9/9	12/3	11/5
2/27	1/22	4/24	3/19	6/19	5/16	8/14	7/13	10/9	9/10	12/4	11/6
2/28	1/23	4/25	3/20	6/20	5/17	8/15	7/14	10/10	9/11	12/5	11/7
3/1	1/24	4/26	3/21	6/21	5/18	8/16	7/15	10/11	9/12	12/6	11/8
3/2	1/25	4/27	3/22	6/22	5/19	8/17	7/16	10/12	9/13	12/7	11/9
3/3	1/26	4/28	3/23	6/23	5/20	8/18	7/17	10/13	9/14	12/8	11/10
3/4	1/27	4/29	3/24	6/24	5/21	8/19	7/18	10/14	9/15	12/9	11/11
3/5	1/28	4/30	3/25	6/25	5/22	8/20	7/19	10/15	9/16	12/10	11/12
3/6	1/29	5/1	3/26	6/26	5/23	8/21	7/20	10/16	9/17	12/11	11/13
3/7	1/30	5/2	3/27	6/27	5/24	8/22	7/21	10/17	9/18	12/12	11/14
3/8	2/1	5/3	3/28	6/28	5/25	8/23	7/22	10/18	9/19	12/13	11/15
3/9	2/2	5/4	3/29	6/29	5/26	8/24	7/23	10/19	9/20	12/14	11/16
3/10	2/3	5/5	4/1	6/30	5/27	8/25	7/24	10/20	9/21	12/15	11/17
3/11	2/4	5/6	4/2	7/1	5/28	8/26	7/25	10/21	9/22	12/16	11/18
3/12	2/5	5/7	4/3	7/2	5/29	8/27	7/26	10/22	9/23	12/17	11/19
3/13	2/6	5/8	4/4	7/3	6/1	8/28	7/27	10/23	9/24	12/18	11/20
3/14	2/7	5/9	4/5	7/4	6/2	8/29	7/28	10/24	9/25	12/19	11/21
3/15	2/8	5/10	4/6	7/5	6/3	8/30	7/29	10/25	9/26	12/20	11/22
3/16	2/9	5/11	4/7	7/6	6/4	8/31	7/30	10/26	9/27	12/21	11/23
3/17	2/10	5/12	4/8	7/7	6/5	9/1	8/1	10/27	9/28	12/22	11/24
3/18	2/11	5/13	4/9	7/8	6/6	9/2	8/2	10/28	9/29	12/23	11/25
3/19	2/12	5/14	4/10	7/9	6/7	9/3	8/3	10/29	9/30	12/24	11/26
3/20	2/13	5/15	4/11	7/10	6/8	9/4	8/4	10/30	10/1	12/25	11/27
3/21	2/14	5/16	4/12	7/11	6/9	9/5	8/5	10/31	10/2	12/26	11/28
3/22	2/15	5/17	4/13	7/12	6/10	9/6	8/6	11/1	10/3	12/27	11/29
3/23	2/16	5/18	4/14	7/13	6/11	9/7	8/7	11/2	10/4	12/28	12/1
3/24	2/17	5/19	4/15	7/14	6/12	9/8	8/8	11/3	10/5	12/29	12/2
3/25	2/18	5/20	4/16	7/15	6/13	9/9	8/9	11/4	10/6	12/30	12/3
3/26	2/19	5/21	4/17	7/16	6/14	9/10	8/10	11/5	10/7	12/31	12/4
3/27	2/20	5/22	4/18	7/17	6/15	9/11	8/11	11/6	10/8		
3/28	2/21	5/23	4/19	7/18	6/16	9/12	8/12	11/7	10/9	**1971**	
3/29	2/22	5/24	4/20	7/19	6/17	9/13	8/13	11/8	10/10	**Solar**	**Lunar**
3/30	2/23	5/25	4/21	7/20	6/18	9/14	8/14	11/9	10/11	1/1	12/5
3/31	2/24	5/26	4/22	7/21	6/19	9/15	8/15	11/10	10/12	1/2	12/6
4/1	2/25	5/27	4/23	7/22	6/20	9/16	8/16	11/11	10/13	1/3	12/7
4/2	2/26	5/28	4/24	7/23	6/21	9/17	8/17	11/12	10/14	1/4	12/8
4/3	2/27	5/29	4/25	7/24	6/22	9/18	8/18	11/13	10/15	1/5	12/9
4/4	2/28	5/30	4/26	7/25	6/23	9/19	8/19	11/14	10/16	1/6	12/10
4/5	2/29	5/31	4/27	7/26	6/24	9/20	8/20	11/15	10/17	1/7	12/11
4/6	3/1	6/1	4/28	7/27	6/25	9/21	8/21	11/16	10/18	1/8	12/12
4/7	3/2	6/2	4/29	7/28	6/26	9/22	8/22	11/17	10/19	1/9	12/13
4/8	3/3	6/3	4/30	7/29	6/27	9/23	8/23	11/18	10/20	1/10	12/14
4/9	3/4	6/4	5/1	7/30	6/28	9/24	8/24	11/19	10/21	1/11	12/15
4/10	3/5	6/5	5/2	7/31	6/29	9/25	8/25	11/20	10/22	1/12	12/16
4/11	3/6	6/6	5/3	8/1	6/30	9/26	8/26	11/21	10/23	1/13	12/17
4/12	3/7	6/7	5/4	8/2	7/1	9/27	8/27	11/22	10/24	1/14	12/18
4/13	3/8	6/8	5/5	8/3	7/2	9/28	8/28	11/23	10/25	1/15	12/19
4/14	3/9	6/9	5/6	8/4	7/3	9/29	8/29	11/24	10/26	1/16	12/20
4/15	3/10	6/10	5/7	8/5	7/4	9/30	9/1	11/25	10/27	1/17	12/21
4/16	3/11	6/11	5/8	8/6	7/5	10/1	9/2	11/26	10/28	1/18	12/22
4/17	3/12	6/12	5/9	8/7	7/6	10/2	9/3	11/27	10/29	1/19	12/23
4/18	3/13	6/13	5/10	8/8	7/7	10/3	9/4	11/28	10/30	1/20	12/24
4/19	3/14	6/14	5/11	8/9	7/8	10/4	9/5	11/29	11/1	1/21	12/25

Bitte beachten: Die erste Zahl ist der Monat, die zweite der Tag.

1/22	12/26	3/18	2/22	5/13	4/19	7/7	5/15	9/1	7/12	10/27	9/9
1/23	12/27	3/19	2/23	5/14	4/20	7/8	5/16	9/2	7/13	10/28	9/10
1/24	12/28	3/20	2/24	5/15	4/21	7/9	5/17	9/3	7/14	10/29	9/11
1/25	12/29	3/21	2/25	5/16	4/22	7/10	5/18	9/4	7/15	10/30	9/12
1/26	12/30	3/22	2/26	5/17	4/23	7/11	5/19	9/5	7/16	10/31	9/13
1/27	1/1	3/23	2/27	5/18	4/24	7/12	5/20	9/6	7/17	11/1	9/14
	(1971)	3/24	2/28	5/19	4/25	7/13	5/21	9/7	7/18	11/2	9/15
1/28	1/2	3/25	2/29	5/20	4/26	7/14	5/22	9/8	7/19	11/3	9/16
1/29	1/3	3/26	2/30	5/21	4/27	7/15	5/23	9/9	7/20	11/4	9/17
1/30	1/4	3/27	3/1	5/22	4/28	7/16	5/24	9/10	7/21	11/5	9/18
1/31	1/5	3/28	3/2	5/23	4/29	7/17	5/25	9/11	7/22	11/6	9/19
2/1	1/6	3/29	3/3	5/24	5/1	7/18	5/26	9/12	7/23	11/7	9/20
2/2	1/7	3/30	3/4	5/25	5/2	7/19	5/27	9/13	7/24	11/8	9/21
2/3	1/8	3/31	3/5	5/26	5/3	7/20	5/28	9/14	7/25	11/9	9/22
2/4	1/9	4/1	3/6	5/27	5/4	7/21	5/29	9/15	7/26	11/10	9/23
2/5	1/10	4/2	3/7	5/28	5/5	7/22	6/1	9/16	7/27	11/11	9/24
2/6	1/11	4/3	3/8	5/29	5/6	7/23	6/2	9/17	7/28	11/12	9/25
2/7	1/12	4/4	3/9	5/30	5/7	7/24	6/3	9/18	7/29	11/13	9/26
2/8	1/13	4/5	3/10	5/31	5/8	7/25	6/4	9/19	8/1	11/14	9/27
2/9	1/14	4/6	3/11	6/1	5/9	7/26	6/5	9/20	8/2	11/15	9/28
2/10	1/15	4/7	3/12	6/2	5/10	7/27	6/6	9/21	8/3	11/16	9/29
2/11	1/16	4/8	3/13	6/3	5/11	7/28	6/7	9/22	8/4	11/17	9/30
2/12	1/17	4/9	3/14	6/4	5/12	7/29	6/8	9/23	8/5	11/18	10/1
2/13	1/18	4/10	3/15	6/5	5/13	7/30	6/9	9/24	8/6	11/19	10/2
2/14	1/19	4/11	3/16	6/6	5/14	7/31	6/10	9/25	8/7	11/20	10/3
2/15	1/20	4/12	3/17	6/7	5/15	8/1	6/11	9/26	8/8	11/21	10/4
2/16	1/21	4/13	3/18	6/8	5/16	8/2	6/12	9/27	8/9	11/22	10/5
2/17	1/22	4/14	3/19	6/9	5/17	8/3	6/13	9/28	8/10	11/23	10/6
2/18	1/23	4/15	3/20	6/10	5/18	8/4	6/14	9/29	8/11	11/24	10/7
2/19	1/24	4/16	3/21	6/11	5/19	8/5	6/15	9/30	8/12	11/25	10/8
2/20	1/25	4/17	3/22	6/12	5/20	8/6	6/16	10/1	8/13	11/26	10/9
2/21	1/26	4/18	3/23	6/13	5/21	8/7	6/17	10/2	8/14	11/27	10/10
2/22	1/27	4/19	3/24	6/14	5/22	8/8	6/18	10/3	8/15	11/28	10/11
2/23	1/28	4/20	3/25	6/15	5/23	8/9	6/19	10/4	8/16	11/29	10/12
2/24	1/29	4/21	3/26	6/16	5/24	8/10	6/20	10/5	8/17	11/30	10/13
2/25	2/1	4/22	3/27	6/17	5/25	8/11	6/21	10/6	8/18	12/1	10/14
2/26	2/2	4/23	3/28	6/18	5/26	8/12	6/22	10/7	8/19	12/2	10/15
2/27	2/3	4/24	3/29	6/19	5/27	8/13	6/23	10/8	8/20	12/3	10/16
2/28	2/4	4/25	4/1	6/20	5/28	8/14	6/24	10/9	8/21	12/4	10/17
3/1	2/5	4/26	4/2	6/21	5/29	8/15	6/25	10/10	8/22	12/5	10/18
3/2	2/6	4/27	4/3	6/22	5/30	8/16	6/26	10/11	8/23	12/6	10/19
3/3	2/7	4/28	4/4	6/23	5/1	8/17	6/27	10/12	8/24	12/7	10/20
3/4	2/8	4/29	4/5	*(Schaltmonat)*		8/18	6/28	10/13	8/25	12/8	10/21
3/5	2/9	4/30	4/6	6/24	5/2	8/19	6/29	10/14	8/26	12/9	10/22
3/6	2/10	5/1	4/7	6/25	5/3	8/20	6/30	10/15	8/27	12/10	10/23
3/7	2/11	5/2	4/8	6/26	5/4	8/21	7/1	10/16	8/28	12/11	10/24
3/8	2/12	5/3	4/9	6/27	5/5	8/22	7/2	10/17	8/29	12/12	10/25
3/9	2/13	5/4	4/10	6/28	5/6	8/23	7/3	10/18	8/30	12/13	10/26
3/10	2/14	5/5	4/11	6/29	5/7	8/24	7/4	10/19	9/1	12/14	10/27
3/11	2/15	5/6	4/12	6/30	5/8	8/25	7/5	10/20	9/2	12/15	10/28
3/12	2/16	5/7	4/13	7/1	5/9	8/26	7/6	10/21	9/3	12/16	10/29
3/13	2/17	5/8	4/14	7/2	5/10	8/27	7/7	10/22	9/4	12/17	10/30
3/14	2/18	5/9	4/15	7/3	5/11	8/28	7/8	10/23	9/5	12/18	11/1
3/15	2/19	5/10	4/16	7/4	5/12	8/29	7/9	10/24	9/6	12/19	11/2
3/16	2/20	5/11	4/17	7/5	5/13	8/30	7/10	10/25	9/7	12/20	11/3
3/17	2/21	5/12	4/18	7/6	5/14	8/31	7/11	10/26	9/8	12/21	11/4

Bitte beachten: Die erste Zahl ist der Monat, die zweite der Tag.

12/22	11/5	2/13	12/29	4/8	2/25	6/3	4/22	7/29	6/19	9/23	8/16
12/23	11/6	2/14	12/30	4/9	2/26	6/4	4/23	7/30	6/20	9/24	8/17
12/24	11/7	2/15	1/1	4/10	2/27	6/5	4/24	7/31	6/21	9/25	8/18
12/25	11/8		(1972)	4/11	2/28	6/6	4/25	8/1	6/22	9/26	8/19
12/26	11/9	2/16	1/2	4/12	2/29	6/7	4/26	8/2	6/23	9/27	8/20
12/27	11/10	2/17	1/3	4/13	2/30	6/8	4/27	8/3	6/24	9/28	8/21
12/28	11/11	2/18	1/4	4/14	3/1	6/9	4/28	8/4	6/25	9/29	8/22
12/29	11/12	2/19	1/5	4/15	3/2	6/10	4/29	8/5	6/26	9/30	8/23
12/30	11/13	2/20	1/6	4/16	3/3	6/11	5/1	8/6	6/27	10/1	8/24
12/31	11/14	2/21	1/7	4/17	3/4	6/12	5/2	8/7	6/28	10/2	8/25
		2/22	1/8	4/18	3/5	6/13	5/3	8/8	6/29	10/3	8/26
1972		2/23	1/9	4/19	3/6	6/14	5/4	8/9	7/1	10/4	8/27
Solar	**Lunar**	2/24	1/10	4/20	3/7	6/15	5/5	8/10	7/2	10/5	8/28
1/1	11/15	2/25	1/11	4/21	3/8	6/16	5/6	8/11	7/3	10/6	8/29
1/2	11/16	2/26	1/12	4/22	3/9	6/17	5/7	8/12	7/4	10/7	9/1
1/3	11/17	2/27	1/13	4/23	3/10	6/18	5/8	8/13	7/5	10/8	9/2
1/4	11/18	2/28	1/14	4/24	3/11	6/19	5/9	8/14	7/6	10/9	9/3
1/5	11/19	2/29	1/15	4/25	3/12	6/20	5/10	8/15	7/7	10/10	9/4
1/6	11/20	3/1	1/16	4/26	3/13	6/21	5/11	8/16	7/8	10/11	9/5
1/7	11/21	3/2	1/17	4/27	3/14	6/22	5/12	8/17	7/9	10/12	9/6
1/8	11/22	3/3	1/18	4/28	3/15	6/23	5/13	8/18	7/10	10/13	9/7
1/9	11/23	3/4	1/19	4/29	3/16	6/24	5/14	8/19	7/11	10/14	9/8
1/10	11/24	3/5	1/20	4/30	3/17	6/25	5/15	8/20	7/12	10/15	9/9
1/11	11/25	3/6	1/21	5/1	3/18	6/26	5/16	8/21	7/13	10/16	9/10
1/12	11/26	3/7	1/22	5/2	3/19	6/27	5/17	8/22	7/14	10/17	9/11
1/13	11/27	3/8	1/23	5/3	3/20	6/28	5/18	8/23	7/15	10/18	9/12
1/14	11/28	3/9	1/24	5/4	3/21	6/29	5/19	8/24	7/16	10/19	9/13
1/15	11/29	3/10	1/25	5/5	3/22	6/30	5/20	8/25	7/17	10/20	9/14
1/16	12/1	3/11	1/26	5/6	3/23	7/1	5/21	8/26	7/18	10/21	9/15
1/17	12/2	3/12	1/27	5/7	3/24	7/2	5/22	8/27	7/19	10/22	9/16
1/18	12/3	3/13	1/28	5/8	3/25	7/3	5/23	8/28	7/20	10/23	9/17
1/19	12/4	3/14	1/29	5/9	3/26	7/4	5/24	8/29	7/21	10/24	9/18
1/20	12/5	3/15	2/1	5/10	3/27	7/5	5/25	8/30	7/22	10/25	9/19
1/21	12/6	3/16	2/2	5/11	3/28	7/6	5/26	8/31	7/23	10/26	9/20
1/22	12/7	3/17	2/3	5/12	3/29	7/7	5/27	9/1	7/24	10/27	9/21
1/23	12/8	3/18	2/4	5/13	4/1	7/8	5/28	9/2	7/25	10/28	9/22
1/24	12/9	3/19	2/5	5/14	4/2	7/9	5/29	9/3	7/26	10/29	9/23
1/25	12/10	3/20	2/6	5/15	4/3	7/10	5/30	9/4	7/27	10/30	9/24
1/26	12/11	3/21	2/7	5/16	4/4	7/11	6/1	9/5	7/28	10/31	9/25
1/27	12/12	3/22	2/8	5/17	4/5	7/12	6/2	9/6	7/29	11/1	9/26
1/28	12/13	3/23	2/9	5/18	4/6	7/13	6/3	9/7	7/30	11/2	9/27
1/29	12/14	3/24	2/10	5/19	4/7	7/14	6/4	9/8	8/1	11/3	9/28
1/30	12/15	3/25	2/11	5/20	4/8	7/15	6/5	9/9	8/2	11/4	9/29
1/31	12/16	3/26	2/12	5/21	4/9	7/16	6/6	9/10	8/3	11/5	9/30
2/1	12/17	3/27	2/13	5/22	4/10	7/17	6/7	9/11	8/4	11/6	10/1
2/2	12/18	3/28	2/14	5/23	4/11	7/18	6/8	9/12	8/5	11/7	10/2
2/3	12/19	3/29	2/15	5/24	4/12	7/19	6/9	9/13	8/6	11/8	10/3
2/4	12/20	3/30	2/16	5/25	4/13	7/20	6/10	9/14	8/7	11/9	10/4
2/5	12/21	3/31	2/17	5/26	4/14	7/21	6/11	9/15	8/8	11/10	10/5
2/6	12/22	4/1	2/18	5/27	4/15	7/22	6/12	9/16	8/9	11/11	10/6
2/7	12/23	4/2	2/19	5/28	4/16	7/23	6/13	9/17	8/10	11/12	10/7
2/8	12/24	4/3	2/20	5/29	4/17	7/24	6/14	9/18	8/11	11/13	10/8
2/9	12/25	4/4	2/21	5/30	4/18	7/25	6/15	9/19	8/12	11/14	10/9
2/10	12/26	4/5	2/22	5/31	4/19	7/26	6/16	9/20	8/13	11/15	10/10
2/11	12/27	4/6	2/23	6/1	4/20	7/27	6/17	9/21	8/14	11/16	10/11
2/12	12/28	4/7	2/24	6/2	4/21	7/28	6/18	9/22	8/15	11/17	10/12

Bitte beachten: Die erste Zahl ist der Monat, die zweite der Tag.

11/18	10/13	1/10	12/7	3/6	2/2	5/1	3/29	6/26	5/26	8/21	7/23
11/19	10/14	1/11	12/8	3/7	2/3	5/2	3/30	6/27	5/27	8/22	7/24
11/20	10/15	1/12	12/9	3/8	2/4	5/3	4/1	6/28	5/28	8/23	7/25
11/21	10/16	1/13	12/10	3/9	2/5	5/4	4/2	6/29	5/29	8/24	7/26
11/22	10/17	1/14	12/11	3/10	2/6	5/5	4/3	6/30	6/1	8/25	7/27
11/23	10/18	1/15	12/12	3/11	2/7	5/6	4/4	7/1	6/2	8/26	7/28
11/24	10/19	1/16	12/13	3/12	2/8	5/7	4/5	7/2	6/3	8/27	7/29
11/25	10/20	1/17	12/14	3/13	2/9	5/8	4/6	7/3	6/4	8/28	8/1
11/26	10/21	1/18	12/15	3/14	2/10	5/9	4/7	7/4	6/5	8/29	8/2
11/27	10/22	1/19	12/16	3/15	2/11	5/10	4/8	7/5	6/6	8/30	8/3
11/28	10/23	1/20	12/17	3/16	2/12	5/11	4/9	7/6	6/7	8/31	8/4
11/29	10/24	1/21	12/18	3/17	2/13	5/12	4/10	7/7	6/8	9/1	8/5
11/30	10/25	1/22	12/19	3/18	2/14	5/13	4/11	7/8	6/9	9/2	8/6
12/1	10/26	1/23	12/20	3/19	2/15	5/14	4/12	7/9	6/10	9/3	8/7
12/2	10/27	1/24	12/21	3/20	2/16	5/15	4/13	7/10	6/11	9/4	8/8
12/3	10/28	1/25	12/22	3/21	2/17	5/16	4/14	7/11	6/12	9/5	8/9
12/4	10/29	1/26	12/23	3/22	2/18	5/17	4/15	7/12	6/13	9/6	8/10
12/5	10/30	1/27	12/24	3/23	2/19	5/18	4/16	7/13	6/14	9/7	8/11
12/6	11/1	1/28	12/25	3/24	2/20	5/19	4/17	7/14	6/15	9/8	8/12
12/7	11/2	1/29	12/26	3/25	2/21	5/20	4/18	7/15	6/16	9/9	8/13
12/8	11/3	1/30	12/27	3/26	2/22	5/21	4/19	7/16	6/17	9/10	8/14
12/9	11/4	1/31	12/28	3/27	2/23	5/22	4/20	7/17	6/18	9/11	8/15
12/10	11/5	2/1	12/29	3/28	2/24	5/23	4/21	7/18	6/19	9/12	8/16
12/11	11/6	2/2	12/30	3/29	2/25	5/24	4/22	7/19	6/20	9/13	8/17
12/12	11/7	2/3	1/1	3/30	2/26	5/25	4/23	7/20	6/21	9/14	8/18
12/13	11/8		(1973)	3/31	2/27	5/26	4/24	7/21	6/22	9/15	8/19
12/14	11/9	2/4	1/2	4/1	2/28	5/27	4/25	7/22	6/23	9/16	8/20
12/15	11/10	2/5	1/3	4/2	2/29	5/28	4/26	7/23	6/24	9/17	8/21
12/16	11/11	2/6	1/4	4/3	3/1	5/29	4/27	7/24	6/25	9/18	8/22
12/17	11/12	2/7	1/5	4/4	3/2	5/30	4/28	7/25	6/26	9/19	8/23
12/18	11/13	2/8	1/6	4/5	3/3	5/31	4/29	7/26	6/27	9/20	8/24
12/19	11/14	2/9	1/7	4/6	3/4	6/1	5/1	7/27	6/28	9/21	8/25
12/20	11/15	2/10	1/8	4/7	3/5	6/2	5/2	7/28	6/29	9/22	8/26
12/21	11/16	2/11	1/9	4/8	3/6	6/3	5/3	7/29	6/30	9/23	8/27
12/22	11/17	2/12	1/10	4/9	3/7	6/4	5/4	7/30	7/1	9/24	8/28
12/23	11/18	2/13	1/11	4/10	3/8	6/5	5/5	7/31	7/2	9/25	8/29
12/24	11/19	2/14	1/12	4/11	3/9	6/6	5/6	8/1	7/3	9/26	9/1
12/25	11/20	2/15	1/13	4/12	3/10	6/7	5/7	8/2	7/4	9/27	9/2
12/26	11/21	2/16	1/14	4/13	3/11	6/8	5/8	8/3	7/5	9/28	9/3
12/27	11/22	2/17	1/15	4/14	3/12	6/9	5/9	8/4	7/6	9/29	9/4
12/28	11/23	2/18	1/16	4/15	3/13	6/10	5/10	8/5	7/7	9/30	9/5
12/29	11/24	2/19	1/17	4/16	3/14	6/11	5/11	8/6	7/8	10/1	9/6
12/30	11/25	2/20	1/18	4/17	3/15	6/12	5/12	8/7	7/9	10/2	9/7
12/31	11/26	2/21	1/19	4/18	3/16	6/13	5/13	8/8	7/10	10/3	9/8
		2/22	1/20	4/19	3/17	6/14	5/14	8/9	7/11	10/4	9/9
1973		2/23	1/21	4/20	3/18	6/15	5/15	8/10	7/12	10/5	9/10
Solar	**Lunar**	2/24	1/22	4/21	3/19	6/16	5/16	8/11	7/13	10/6	9/11
1/1	11/27	2/25	1/23	4/22	3/20	6/17	5/17	8/12	7/14	10/7	9/12
1/2	11/28	2/26	1/24	4/23	3/21	6/18	5/18	8/13	7/15	10/8	9/13
1/3	11/29	2/27	1/25	4/24	3/22	6/19	5/19	8/14	7/16	10/9	9/14
1/4	12/1	2/28	1/26	4/25	3/23	6/20	5/20	8/15	7/17	10/10	9/15
1/5	12/2	3/1	1/27	4/26	3/24	6/21	5/21	8/16	7/18	10/11	9/16
1/6	12/3	3/2	1/28	4/27	3/25	6/22	5/22	8/17	7/19	10/12	9/17
1/7	12/4	3/3	1/29	4/28	3/26	6/23	5/23	8/18	7/20	10/13	9/18
1/8	12/5	3/4	1/30	4/29	3/27	6/24	5/24	8/19	7/21	10/14	9/19
1/9	12/6	3/5	2/1	4/30	3/28	6/25	5/25	8/20	7/22	10/15	9/20

Bitte beachten: Die erste Zahl ist der Monat, die zweite der Tag.

10/16	9/21	12/11	11/17	2/1	1/10	3/29	3/6	5/23	4/2	7/18	5/29
10/17	9/22	12/12	11/18	2/2	1/11	3/30	3/7	5/24	4/3	7/19	6/1
10/18	9/23	12/13	11/19	2/3	1/12	3/31	3/8	5/25	4/4	7/20	6/2
10/19	9/24	12/14	11/20	2/4	1/13	4/1	3/9	5/26	4/5	7/21	6/3
10/20	9/25	12/15	11/21	2/5	1/14	4/2	3/10	5/27	4/6	7/22	6/4
10/21	9/26	12/16	11/22	2/6	1/15	4/3	3/11	5/28	4/7	7/23	6/5
10/22	9/27	12/17	11/23	2/7	1/16	4/4	3/12	5/29	4/8	7/24	6/6
10/23	9/28	12/18	11/24	2/8	1/17	4/5	3/13	5/30	4/9	7/25	6/7
10/24	9/29	12/19	11/25	2/9	1/18	4/6	3/14	5/31	4/10	7/26	6/8
10/25	9/30	12/20	11/26	2/10	1/19	4/7	3/15	6/1	4/11	7/27	6/9
10/26	10/1	12/21	11/27	2/11	1/20	4/8	3/16	6/2	4/12	7/28	6/10
10/27	10/2	12/22	11/28	2/12	1/21	4/9	3/17	6/3	4/13	7/29	6/11
10/28	10/3	12/23	11/29	2/13	1/22	4/10	3/18	6/4	4/14	7/30	6/12
10/29	10/4	12/24	12/1	2/14	1/23	4/11	3/19	6/5	4/15	7/31	6/13
10/30	10/5	12/25	12/2	2/15	1/24	4/12	3/20	6/6	4/16	8/1	6/14
10/31	10/6	12/26	12/3	2/16	1/25	4/13	3/21	6/7	4/17	8/2	6/15
11/1	10/7	12/27	12/4	2/17	1/26	4/14	3/22	6/8	4/18	8/3	6/16
11/2	10/8	12/28	12/5	2/18	1/27	4/15	3/23	6/9	4/19	8/4	6/17
11/3	10/9	12/29	12/6	2/19	1/28	4/16	3/24	6/10	4/20	8/5	6/18
11/4	10/10	12/30	12/7	2/20	1/29	4/17	3/25	6/11	4/21	8/6	6/19
11/5	10/11	12/31	12/8	2/21	1/30	4/18	3/26	6/12	4/22	8/7	6/20
11/6	10/12			2/22	2/1	4/19	3/27	6/13	4/23	8/8	6/21
11/7	10/13	**1974**		2/23	2/2	4/20	3/28	6/14	4/24	8/9	6/22
11/8	10/14	**Solar**	**Lunar**	2/24	2/3	4/21	3/29	6/15	4/25	8/10	6/23
11/9	10/15	1/1	12/9	2/25	2/4	4/22	4/1	6/16	4/26	8/11	6/24
11/10	10/16	1/2	12/10	2/26	2/5	4/23	4/2	6/17	4/27	8/12	6/25
11/11	10/17	1/3	12/11	2/27	2/6	4/24	4/3	6/18	4/28	8/13	6/26
11/12	10/18	1/4	12/12	2/28	2/7	4/25	4/4	6/19	4/29	8/14	6/27
11/13	10/19	1/5	12/13	3/1	2/8	4/26	4/5	6/20	5/1	8/15	6/28
11/14	10/20	1/6	12/14	3/2	2/9	4/27	4/6	6/21	5/2	8/16	6/29
11/15	10/21	1/7	12/15	3/3	2/10	4/28	4/7	6/22	5/3	8/17	6/30
11/16	10/22	1/8	12/16	3/4	2/11	4/29	4/8	6/23	5/4	8/18	7/1
11/17	10/23	1/9	12/17	3/5	2/12	4/30	4/9	6/24	5/5	8/19	7/2
11/18	10/24	1/10	12/18	3/6	2/13	5/1	4/10	6/25	5/6	8/20	7/3
11/19	10/25	1/11	12/19	3/7	2/14	5/2	4/11	6/26	5/7	8/21	7/4
11/20	10/26	1/12	12/20	3/8	2/15	5/3	4/12	6/27	5/8	8/22	7/5
11/21	10/27	1/13	12/21	3/9	2/16	5/4	4/13	6/28	5/9	8/23	7/6
11/22	10/28	1/14	12/22	3/10	2/17	5/5	4/14	6/29	5/10	8/24	7/7
11/23	10/29	1/15	12/23	3/11	2/18	5/6	4/15	6/30	5/11	8/25	7/8
11/24	10/30	1/16	12/24	3/12	2/19	5/7	4/16	7/1	5/12	8/26	7/9
11/25	11/1	1/17	12/25	3/13	2/20	5/8	4/17	7/2	5/13	8/27	7/10
11/26	11/2	1/18	12/26	3/14	2/21	5/9	4/18	7/3	5/14	8/28	7/11
11/27	11/3	1/19	12/27	3/15	2/22	5/10	4/19	7/4	5/15	8/29	7/12
11/28	11/4	1/20	12/28	3/16	2/23	5/11	4/20	7/5	5/16	8/30	7/13
11/29	11/5	1/21	12/29	3/17	2/24	5/12	4/21	7/6	5/17	8/31	7/14
11/30	11/6	1/22	12/30	3/18	2/25	5/13	4/22	7/7	5/18	9/1	7/15
12/1	11/7	1/23	1/1	3/19	2/26	5/14	4/23	7/8	5/19	9/2	7/16
12/2	11/8		(1974)	3/20	2/27	5/15	4/24	7/9	5/20	9/3	7/17
12/3	11/9	1/24	1/2	3/21	2/28	5/16	4/25	7/10	5/21	9/4	7/18
12/4	11/10	1/25	1/3	3/22	2/29	5/17	4/26	7/11	5/22	9/5	7/19
12/5	11/11	1/26	1/4	3/23	2/30	5/18	4/27	7/12	5/23	9/6	7/20
12/6	11/12	1/27	1/5	3/24	3/1	5/19	4/28	7/13	5/24	9/7	7/21
12/7	11/13	1/28	1/6	3/25	3/2	5/20	4/29	7/14	5/25	9/8	7/22
12/8	11/14	1/29	1/7	3/26	3/3	5/21	4/30	7/15	5/26	9/9	7/23
12/9	11/15	1/30	1/8	3/27	3/4	5/22	4/1	7/16	5/27	9/10	7/24
12/10	11/16	1/31	1/9	3/28	3/5	*(Schaltmonat)*		7/17	5/28	9/11	7/25

Bitte beachten: Die erste Zahl ist der Monat, die zweite der Tag.

9/12	7/26	11/7	9/24	**1975**		2/23	1/13	4/20	3/9	6/15	5/6
9/13	7/27	11/8	9/25	Solar	Lunar	2/24	1/14	4/21	3/10	6/16	5/7
9/14	7/28	11/9	9/26	1/1	11/19	2/25	1/15	4/22	3/11	6/17	5/8
9/15	7/29	11/10	9/27	1/2	11/20	2/26	1/16	4/23	3/12	6/18	5/9
9/16	8/1	11/11	9/28	1/3	11/21	2/27	1/17	4/24	3/13	6/19	5/10
9/17	8/2	11/12	9/29	1/4	11/22	2/28	1/18	4/25	3/14	6/20	5/11
9/18	8/3	11/13	9/30	1/5	11/23	3/1	1/19	4/26	3/15	6/21	5/12
9/19	8/4	11/14	10/1	1/6	11/24	3/2	1/20	4/27	3/16	6/22	5/13
9/20	8/5	11/15	10/2	1/7	11/25	3/3	1/21	4/28	3/17	6/23	5/14
9/21	8/6	11/16	10/3	1/8	11/26	3/4	1/22	4/29	3/18	6/24	5/15
9/22	8/7	11/17	10/4	1/9	11/27	3/5	1/23	4/30	3/19	6/25	5/16
9/23	8/8	11/18	10/5	1/10	11/28	3/6	1/24	5/1	3/20	6/26	5/17
9/24	8/9	11/19	10/6	1/11	11/29	3/7	1/25	5/2	3/21	6/27	5/18
9/25	8/10	11/20	10/7	1/12	12/1	3/8	1/26	5/3	3/22	6/28	5/19
9/26	8/11	11/21	10/8	1/13	12/2	3/9	1/27	5/4	3/23	6/29	5/20
9/27	8/12	11/22	10/9	1/14	12/3	3/10	1/28	5/5	3/24	6/30	5/21
9/28	8/13	11/23	10/10	1/15	12/4	3/11	1/29	5/6	3/25	7/1	5/22
9/29	8/14	11/24	10/11	1/16	12/5	3/12	1/30	5/7	3/26	7/2	5/23
9/30	8/15	11/25	10/12	1/17	12/6	3/13	2/1	5/8	3/27	7/3	5/24
10/1	8/16	11/26	10/13	1/18	12/7	3/14	2/2	5/9	3/28	7/4	5/25
10/2	8/17	11/27	10/14	1/19	12/8	3/15	2/3	5/10	3/29	7/5	5/26
10/3	8/18	11/28	10/15	1/20	12/9	3/16	2/4	5/11	4/1	7/6	5/27
10/4	8/19	11/29	10/16	1/21	12/10	3/17	2/5	5/12	4/2	7/7	5/28
10/5	8/20	11/30	10/17	1/22	12/11	3/18	2/6	5/13	4/3	7/8	5/29
10/6	8/21	12/1	10/18	1/23	12/12	3/19	2/7	5/14	4/4	7/9	6/1
10/7	8/22	12/2	10/19	1/24	12/13	3/20	2/8	5/15	4/5	7/10	6/2
10/8	8/23	12/3	10/20	1/25	12/14	3/21	2/9	5/16	4/6	7/11	6/3
10/9	8/24	12/4	10/21	1/26	12/15	3/22	2/10	5/17	4/7	7/12	6/4
10/10	8/25	12/5	10/22	1/27	12/16	3/23	2/11	5/18	4/8	7/13	6/5
10/11	8/26	12/6	10/23	1/28	12/17	3/24	2/12	5/19	4/9	7/14	6/6
10/12	8/27	12/7	10/24	1/29	12/18	3/25	2/13	5/20	4/10	7/15	6/7
10/13	8/28	12/8	10/25	1/30	12/19	3/26	2/14	5/21	4/11	7/16	6/8
10/14	8/29	12/9	10/26	1/31	12/20	3/27	2/15	5/22	4/12	7/17	6/9
10/15	9/1	12/10	10/27	2/1	12/21	3/28	2/16	5/23	4/13	7/18	6/10
10/16	9/2	12/11	10/28	2/2	12/22	3/29	2/17	5/24	4/14	7/19	6/11
10/17	9/3	12/12	10/29	2/3	12/23	3/30	2/18	5/25	4/15	7/20	6/12
10/18	9/4	12/13	10/30	2/4	12/24	3/31	2/19	5/26	4/16	7/21	6/13
10/19	9/5	12/14	11/1	2/5	12/25	4/1	2/20	5/27	4/17	7/22	6/14
10/20	9/6	12/15	11/2	2/6	12/26	4/2	2/21	5/28	4/18	7/23	6/15
10/21	9/7	12/16	11/3	2/7	12/27	4/3	2/22	5/29	4/19	7/24	6/16
10/22	9/8	12/17	11/4	2/8	12/28	4/4	2/23	5/30	4/20	7/25	6/17
10/23	9/9	12/18	11/5	2/9	12/29	4/5	2/24	5/31	4/21	7/26	6/18
10/24	9/10	12/19	11/6	2/10	12/30	4/6	2/25	6/1	4/22	7/27	6/19
10/25	9/11	12/20	11/7	2/11	1/1	4/7	2/26	6/2	4/23	7/28	6/20
10/26	9/12	12/21	11/8		(1975)	4/8	2/27	6/3	4/24	7/29	6/21
10/27	9/13	12/22	11/9	2/12	1/2	4/9	2/28	6/4	4/25	7/30	6/22
10/28	9/14	12/23	11/10	2/13	1/3	4/10	2/29	6/5	4/26	7/31	6/23
10/29	9/15	12/24	11/11	2/14	1/4	4/11	2/30	6/6	4/27	8/1	6/24
10/30	9/16	12/25	11/12	2/15	1/5	4/12	3/1	6/7	4/28	8/2	6/25
10/31	9/17	12/26	11/13	2/16	1/6	4/13	3/2	6/8	4/29	8/3	6/26
11/1	9/18	12/27	11/14	2/17	1/7	4/14	3/3	6/9	4/30	8/4	6/27
11/2	9/19	12/28	11/15	2/18	1/8	4/15	3/4	6/10	5/1	8/5	6/28
11/3	9/20	12/29	11/16	2/19	1/9	4/16	3/5	6/11	5/2	8/6	6/29
11/4	9/21	12/30	11/17	2/20	1/10	4/17	3/6	6/12	5/3	8/7	7/1
11/5	9/22	12/31	11/18	2/21	1/11	4/18	3/7	6/13	5/4	8/8	7/2
11/6	9/23			2/22	1/12	4/19	3/8	6/14	5/5	8/9	7/3

Bitte beachten: Die erste Zahl ist der Monat, die zweite der Tag.

8/10	7/4	10/5	9/1	11/30	10/28	1/22	12/22	3/17	2/17	5/12	4/14
8/11	7/5	10/6	9/2	12/1	10/29	1/23	12/23	3/18	2/18	5/13	4/15
8/12	7/6	10/7	9/3	12/2	10/30	1/24	12/24	3/19	2/19	5/14	4/16
8/13	7/7	10/8	9/4	12/3	11/1	1/25	12/25	3/20	2/20	5/15	4/17
8/14	7/8	10/9	9/5	12/4	11/2	1/26	12/26	3/21	2/21	5/16	4/18
8/15	7/9	10/10	9/6	12/5	11/3	1/27	12/27	3/22	2/22	5/17	4/19
8/16	7/10	10/11	9/7	12/6	11/4	1/28	12/28	3/23	2/23	5/18	4/20
8/17	7/11	10/12	9/8	12/7	11/5	1/29	12/29	3/24	2/24	5/19	4/21
8/18	7/12	10/13	9/9	12/8	11/6	1/30	12/30	3/25	2/25	5/20	4/22
8/19	7/13	10/14	9/10	12/9	11/7	1/31	1/1	3/26	2/26	5/21	4/23
8/20	7/14	10/15	9/11	12/10	11/8		(1976)	3/27	2/27	5/22	4/24
8/21	7/15	10/16	9/12	12/11	11/9	2/1	1/2	3/28	2/28	5/23	4/25
8/22	7/16	10/17	9/13	12/12	11/10	2/2	1/3	3/29	2/29	5/24	4/26
8/23	7/17	10/18	9/14	12/13	11/11	2/3	1/4	3/30	2/30	5/25	4/27
8/24	7/18	10/19	9/15	12/14	11/12	2/4	1/5	3/31	3/1	5/26	4/28
8/25	7/19	10/20	9/16	12/15	11/13	2/5	1/6	4/1	3/2	5/27	4/29
8/26	7/20	10/21	9/17	12/16	11/14	2/6	1/7	4/2	3/3	5/28	4/30
8/27	7/21	10/22	9/18	12/17	11/15	2/7	1/8	4/3	3/4	5/29	5/1
8/28	7/22	10/23	9/19	12/18	11/16	2/8	1/9	4/4	3/5	5/30	5/2
8/29	7/23	10/24	9/20	12/19	11/17	2/9	1/10	4/5	3/6	5/31	5/3
8/30	7/24	10/25	9/21	12/20	11/18	2/10	1/11	4/6	3/7	6/1	5/4
8/31	7/25	10/26	9/22	12/21	11/19	2/11	1/12	4/7	3/8	6/2	5/5
9/1	7/26	10/27	9/23	12/22	11/20	2/12	1/13	4/8	3/9	6/3	5/6
9/2	7/27	10/28	9/24	12/23	11/21	2/13	1/14	4/9	3/10	6/4	5/7
9/3	7/28	10/29	9/25	12/24	11/22	2/14	1/15	4/10	3/11	6/5	5/8
9/4	7/29	10/30	9/26	12/25	11/23	2/15	1/16	4/11	3/12	6/6	5/9
9/5	7/30	10/31	9/27	12/26	11/24	2/16	1/17	4/12	3/13	6/7	5/10
9/6	8/1	11/1	9/28	12/27	11/25	2/17	1/18	4/13	3/14	6/8	5/11
9/7	8/2	11/2	9/29	12/28	11/26	2/18	1/19	4/14	3/15	6/9	5/12
9/8	8/3	11/3	10/1	12/29	11/27	2/19	1/20	4/15	3/16	6/10	5/13
9/9	8/4	11/4	10/2	12/30	11/28	2/20	1/21	4/16	3/17	6/11	5/14
9/10	8/5	11/5	10/3	12/31	11/29	2/21	1/22	4/17	3/18	6/12	5/15
9/11	8/6	11/6	10/4			2/22	1/23	4/18	3/19	6/13	5/16
9/12	8/7	11/7	10/5	**1976**		2/23	1/24	4/19	3/20	6/14	5/17
9/13	8/8	11/8	10/6	**Solar**	**Lunar**	2/24	1/25	4/20	3/21	6/15	5/18
9/14	8/9	11/9	10/7	1/1	12/1	2/25	1/26	4/21	3/22	6/16	5/19
9/15	8/10	11/10	10/8	1/2	12/2	2/26	1/27	4/22	3/23	6/17	5/20
9/16	8/11	11/11	10/9	1/3	12/3	2/27	1/28	4/23	3/24	6/18	5/21
9/17	8/12	11/12	10/10	1/4	12/4	2/28	1/29	4/24	3/25	6/19	5/22
9/18	8/13	11/13	10/11	1/5	12/5	2/29	1/30	4/25	3/26	6/20	5/23
9/19	8/14	11/14	10/12	1/6	12/6	3/1	2/1	4/26	3/27	6/21	5/24
9/20	8/15	11/15	10/13	1/7	12/7	3/2	2/2	4/27	3/28	6/22	5/25
9/21	8/16	11/16	10/14	1/8	12/8	3/3	2/3	4/28	3/29	6/23	5/26
9/22	8/17	11/17	10/15	1/9	12/9	3/4	2/4	4/29	4/1	6/24	5/27
9/23	8/18	11/18	10/16	1/10	12/10	3/5	2/5	4/30	4/2	6/25	5/28
9/24	8/19	11/19	10/17	1/11	12/11	3/6	2/6	5/1	4/3	6/26	5/29
9/25	8/20	11/20	10/18	1/12	12/12	3/7	2/7	5/2	4/4	6/27	6/1
9/26	8/21	11/21	10/19	1/13	12/13	3/8	2/8	5/3	4/5	6/28	6/2
9/27	8/22	11/22	10/20	1/14	12/14	3/9	2/9	5/4	4/6	6/29	6/3
9/28	8/23	11/23	10/21	1/15	12/15	3/10	2/10	5/5	4/7	6/30	6/4
9/29	8/24	11/24	10/22	1/16	12/16	3/11	2/11	5/6	4/8	7/1	6/5
9/30	8/15	11/25	10/23	1/17	12/17	3/12	2/12	5/7	4/9	7/2	6/6
10/1	8/26	11/26	10/24	1/18	12/18	3/13	2/13	5/8	4/10	7/3	6/7
10/2	8/27	11/27	10/25	1/19	12/19	3/14	2/14	5/9	4/11	7/4	6/8
10/3	8/28	11/28	10/26	1/20	12/20	3/15	2/15	5/10	4/12	7/5	6/9
10/4	8/29	11/29	10/27	1/21	12/21	3/16	2/16	5/11	4/13	7/6	6/10

Bitte beachten: Die erste Zahl ist der Monat, die zweite der Tag.

7/7	6/11	9/1	8/8	10/26	9/4	12/21	11/1	2/12	12/25	4/8	2/20
7/8	6/12	9/2	8/9	10/27	9/5	12/22	11/2	2/13	12/26	4/9	2/21
7/9	6/13	9/3	8/10	10/28	9/6	12/23	11/3	2/14	12/27	4/10	2/22
7/10	6/14	9/4	8/11	10/29	9/7	12/24	11/4	2/15	12/28	4/11	2/23
7/11	6/15	9/5	8/12	10/30	9/8	12/25	11/5	2/16	12/29	4/12	2/24
7/12	6/16	9/6	8/13	10/31	9/9	12/26	11/6	2/17	12/30	4/13	2/25
7/13	6/17	9/7	8/14	11/1	9/10	12/27	11/7	2/18	1/1	4/14	2/26
7/14	6/18	9/8	8/15	11/2	9/11	12/28	11/8		(1977)	4/15	2/27
7/15	6/19	9/9	8/16	11/3	9/12	12/29	11/9	2/19	1/2	4/16	2/28
7/16	6/20	9/10	8/17	11/4	9/13	12/30	11/10	2/20	1/3	4/17	2/29
7/17	6/21	9/11	8/18	11/5	9/14	12/31	11/11	2/21	1/4	4/18	3/1
7/18	6/22	9/12	8/19	11/6	9/15			2/22	1/5	4/19	3/2
7/19	6/23	9/13	8/20	11/7	9/16	**1977**		2/23	1/6	4/20	3/3
7/20	6/24	9/14	8/21	11/8	9/17	Solar	Lunar	2/24	1/7	4/21	3/4
7/21	6/25	9/15	8/22	11/9	9/18	1/1	11/12	2/25	1/8	4/22	3/5
7/22	6/26	9/16	8/23	11/10	9/19	1/2	11/13	2/26	1/9	4/23	3/6
7/23	6/27	9/17	8/24	11/11	9/20	1/3	11/14	2/27	1/10	4/24	3/7
7/24	6/28	9/18	8/25	11/12	9/21	1/4	11/15	2/28	1/11	4/25	3/8
7/25	6/29	9/19	8/26	11/13	9/22	1/5	11/16	3/1	1/12	4/26	3/9
7/26	6/30	9/20	8/27	11/14	9/23	1/6	11/17	3/2	1/13	4/27	3/10
7/27	7/1	9/21	8/28	11/15	9/24	1/7	11/18	3/3	1/14	4/28	3/11
7/28	7/2	9/22	8/29	11/16	9/25	1/8	11/19	3/4	1/15	4/29	3/12
7/29	7/3	9/23	8/30	11/17	9/26	1/9	11/20	3/5	1/16	4/30	3/13
7/30	7/4	9/24	8/1	11/18	9/27	1/10	11/21	3/6	1/17	5/1	3/14
7/31	7/5	(Schaltmonat)		11/19	9/28	1/11	11/22	3/7	1/18	5/2	3/15
8/1	7/6	9/25	8/2	11/20	9/29	1/12	11/23	3/8	1/19	5/3	3/16
8/2	7/7	9/26	8/3	11/21	10/1	1/13	11/24	3/9	1/20	5/4	3/17
8/3	7/8	9/27	8/4	11/22	10/2	1/14	11/25	3/10	1/21	5/5	3/18
8/4	7/9	9/28	8/5	11/23	10/3	1/15	11/26	3/11	1/22	5/6	3/19
8/5	7/10	9/29	8/6	11/24	10/4	1/16	11/27	3/12	1/23	5/7	3/20
8/6	7/11	9/30	8/7	11/25	10/5	1/17	11/28	3/13	1/24	5/8	3/21
8/7	7/12	10/1	8/8	11/26	10/6	1/18	11/29	3/14	1/25	5/9	3/22
8/8	7/13	10/2	8/9	11/27	10/7	1/19	12/1	3/15	1/26	5/10	3/23
8/9	7/14	10/3	8/10	11/28	10/8	1/20	12/2	3/16	1/27	5/11	3/24
8/10	7/15	10/4	8/11	11/29	10/9	1/21	12/3	3/17	1/28	5/12	3/25
8/11	7/16	10/5	8/12	11/30	10/10	1/22	12/4	3/18	1/29	5/13	3/26
8/12	7/17	10/6	8/13	12/1	10/11	1/23	12/5	3/19	1/30	5/14	3/27
8/13	7/18	10/7	8/14	12/2	10/12	1/24	12/6	3/20	2/1	5/15	3/28
8/14	7/19	10/8	8/15	12/3	10/13	1/25	12/7	3/21	2/2	5/16	3/29
8/15	7/20	10/9	8/16	12/4	10/14	1/26	12/8	3/22	2/3	5/17	3/30
8/16	7/21	10/10	8/17	12/5	10/15	1/27	12/9	3/23	2/4	5/18	4/1
8/17	7/22	10/11	8/18	12/6	10/16	1/28	12/10	3/24	2/5	5/19	4/2
8/18	7/23	10/12	8/19	12/7	10/17	1/29	12/11	3/25	2/6	5/20	4/3
8/19	7/24	10/13	8/20	12/8	10/18	1/30	12/12	3/26	2/7	5/21	4/4
8/20	7/25	10/14	8/21	12/9	10/19	1/31	12/13	3/27	2/8	5/22	4/5
8/21	7/26	10/15	8/22	12/10	10/20	2/1	12/14	3/28	2/9	5/23	4/6
8/22	7/27	10/16	8/23	12/11	10/21	2/2	12/15	3/29	2/10	5/24	4/7
8/23	7/28	10/17	8/24	12/12	10/22	2/3	12/16	3/30	2/11	5/25	4/8
8/24	7/29	10/18	8/25	12/13	10/23	2/4	12/17	3/31	2/12	5/26	4/9
8/25	8/1	10/19	8/26	12/14	10/24	2/5	12/18	4/1	2/13	5/27	4/10
8/26	8/2	10/20	8/27	12/15	10/25	2/6	12/19	4/2	2/14	5/28	4/11
8/27	8/3	10/21	8/28	12/16	10/26	2/7	12/20	4/3	2/15	5/29	4/12
8/28	8/4	10/22	8/29	12/17	10/27	2/8	12/21	4/4	2/16	5/30	4/13
8/29	8/5	10/23	9/1	12/18	10/28	2/9	12/22	4/5	2/17	5/31	4/14
8/30	8/6	10/24	9/2	12/19	10/29	2/10	12/23	4/6	2/18	6/1	4/15
8/31	8/7	10/25	9/3	12/20	10/30	2/11	12/24	4/7	2/19	6/2	4/16

Bitte beachten: Die erste Zahl ist der Monat, die zweite der Tag.

6/3	4/17	7/29	6/14	9/23	8/11	11/18	10/8	1/10	12/2	3/6	1/28
6/4	4/18	7/30	6/15	9/24	8/12	11/19	10/9	1/11	12/3	3/7	1/29
6/5	4/19	7/31	6/16	9/25	8/13	11/20	10/10	1/12	12/4	3/8	1/30
6/6	4/20	8/1	6/17	9/26	8/14	11/21	10/11	1/13	12/5	3/9	2/1
6/7	4/21	8/2	6/18	9/27	8/15	11/22	10/12	1/14	12/6	3/10	2/2
6/8	4/22	8/3	6/19	9/28	8/16	11/23	10/13	1/15	12/7	3/11	2/3
6/9	4/23	8/4	6/20	9/29	8/17	11/24	10/14	1/16	12/8	3/12	2/4
6/10	4/24	8/5	6/21	9/30	8/18	11/25	10/15	1/17	12/9	3/13	2/5
6/11	4/25	8/6	6/22	10/1	8/19	11/26	10/16	1/18	12/10	3/14	2/6
6/12	4/26	8/7	6/23	10/2	8/20	11/27	10/17	1/19	12/11	3/15	2/7
6/13	4/27	8/8	6/24	10/3	8/21	11/28	10/18	1/20	12/12	3/16	2/8
6/14	4/28	8/9	6/25	10/4	8/22	11/29	10/19	1/21	12/13	3/17	2/9
6/15	4/29	8/10	6/26	10/5	8/23	11/30	10/20	1/22	12/14	3/18	2/10
6/16	4/30	8/11	6/27	10/6	8/24	12/1	10/21	1/23	12/15	3/19	2/11
6/17	5/1	8/12	6/28	10/7	8/25	12/2	10/22	1/24	12/16	3/20	2/12
6/18	5/2	8/13	6/29	10/8	8/26	12/3	10/23	1/25	12/17	3/21	2/13
6/19	5/3	8/14	6/30	10/9	8/27	12/4	10/24	1/26	12/18	3/22	2/14
6/20	5/4	8/15	7/1	10/10	8/28	12/5	10/25	1/27	12/19	3/23	2/15
6/21	5/5	8/16	7/2	10/11	8/29	12/6	10/26	1/28	12/20	3/24	2/16
6/22	5/6	8/17	7/3	10/12	8/30	12/7	10/27	1/29	12/21	3/25	2/17
6/23	5/7	8/18	7/4	10/13	9/1	12/8	10/28	1/30	12/22	3/26	2/18
6/24	5/8	8/19	7/5	10/14	9/2	12/9	10/29	1/31	12/23	3/27	2/19
6/25	5/9	8/20	7/6	10/15	9/3	12/10	10/30	2/1	12/24	3/28	2/20
6/26	5/10	8/21	7/7	10/16	9/4	12/11	11/1	2/2	12/25	3/29	2/21
6/27	5/11	8/22	7/8	10/17	9/5	12/12	11/2	2/3	12/26	3/30	2/22
6/28	5/12	8/23	7/9	10/18	9/6	12/13	11/3	2/4	12/27	3/31	2/23
6/29	5/13	8/24	7/10	10/19	9/7	12/14	11/4	2/5	12/28	4/1	2/24
6/30	5/14	8/25	7/11	10/20	9/8	12/15	11/5	2/6	12/29	4/2	2/25
7/1	5/15	8/26	7/12	10/21	9/9	12/16	11/6	2/7	1/1	4/3	2/26
7/2	5/16	8/27	7/13	10/22	9/10	12/17	11/7		(1978)	4/4	2/27
7/3	5/17	8/28	7/14	10/23	9/11	12/18	11/8	2/8	1/2	4/5	2/28
7/4	5/18	8/29	7/15	10/24	9/12	12/19	11/9	2/9	1/3	4/6	2/29
7/5	5/19	8/30	7/16	10/25	9/13	12/20	11/10	2/10	1/4	4/7	3/1
7/6	5/20	8/31	7/17	10/26	9/14	12/21	11/11	2/11	1/5	4/8	3/2
7/7	5/21	9/1	7/18	10/27	9/15	12/22	11/12	2/12	1/6	4/9	3/3
7/8	5/22	9/2	7/19	10/28	9/16	12/23	11/13	2/13	1/7	4/10	3/4
7/9	5/23	9/3	7/20	10/29	9/17	12/24	11/14	2/14	1/8	4/11	3/5
7/10	5/24	9/4	7/21	10/30	9/18	12/25	11/15	2/15	1/9	4/12	3/6
7/11	5/25	9/5	7/22	10/31	9/19	12/26	11/16	2/16	1/10	4/13	3/7
7/12	5/26	9/6	7/23	11/1	9/20	12/27	11/17	2/17	1/11	4/14	3/8
7/13	5/27	9/7	7/24	11/2	9/21	12/28	11/18	2/18	1/12	4/15	3/9
7/14	5/28	9/8	7/25	11/3	9/22	12/29	11/19	2/19	1/13	4/16	3/10
7/15	5/29	9/9	7/26	11/4	9/23	12/30	11/20	2/20	1/14	4/17	3/11
7/16	6/1	9/10	7/27	11/5	9/24	12/31	11/21	2/21	1/15	4/18	3/12
7/17	6/2	9/11	7/28	11/6	9/25			2/22	1/16	4/19	3/13
7/18	6/3	9/12	7/29	11/7	9/26	**1978**		2/23	1/17	4/20	3/14
7/19	6/4	9/13	8/1	11/8	9/27	Solar	Lunar	2/24	1/18	4/21	3/15
7/20	6/5	9/14	8/2	11/9	9/28	1/1	11/22	2/25	1/19	4/22	3/16
7/21	6/6	9/15	8/3	11/10	9/29	1/2	11/23	2/26	1/20	4/23	3/17
7/22	6/7	9/16	8/4	11/11	10/1	1/3	11/24	2/27	1/21	4/24	3/18
7/23	6/8	9/17	8/5	11/12	10/2	1/4	11/25	2/28	1/22	4/25	3/19
7/24	6/9	9/18	8/6	11/13	10/3	1/5	11/26	3/1	1/23	4/26	3/20
7/25	6/10	9/19	8/7	11/14	10/4	1/6	11/27	3/2	1/24	4/27	3/21
7/26	6/11	9/20	8/8	11/15	10/5	1/7	11/28	3/3	1/25	4/28	3/22
7/27	6/12	9/21	8/9	11/16	10/6	1/8	11/29	3/4	1/26	4/29	3/23
7/28	6/13	9/22	8/10	11/17	10/7	1/9	12/1	3/5	1/27	4/30	3/24

Bitte beachten: Die erste Zahl ist der Monat, die zweite der Tag.

5/1	3/25	6/26	5/21	8/21	7/18	10/16	9/15	12/11	11/12	2/1	1/5
5/2	3/26	6/27	5/22	8/22	7/19	10/17	9/16	12/12	11/13	2/2	1/6
5/3	3/27	6/28	5/23	8/23	7/20	10/18	9/17	12/13	11/14	2/3	1/7
5/4	3/28	6/29	5/24	8/24	7/21	10/19	9/18	12/14	11/15	2/4	1/8
5/5	3/29	6/30	5/25	8/25	7/22	10/20	9/19	12/15	11/16	2/5	1/9
5/6	3/30	7/1	5/26	8/26	7/23	10/21	9/20	12/16	11/17	2/6	1/10
5/7	4/1	7/2	5/27	8/27	7/24	10/22	9/21	12/17	11/18	2/7	1/11
5/8	4/2	7/3	5/28	8/28	7/25	10/23	9/22	12/18	11/19	2/8	1/12
5/9	4/3	7/4	5/29	8/29	7/26	10/24	9/23	12/19	11/20	2/9	1/13
5/10	4/4	7/5	6/1	8/30	7/27	10/25	9/24	12/20	11/21	2/10	1/14
5/11	4/5	7/6	6/2	8/31	7/28	10/26	9/25	12/21	11/22	2/11	1/15
5/12	4/6	7/7	6/3	9/1	7/29	10/27	9/26	12/22	11/23	2/12	1/16
5/13	4/7	7/8	6/4	9/2	7/30	10/28	9/27	12/23	11/24	2/13	1/17
5/14	4/8	7/9	6/5	9/3	8/1	10/29	9/28	12/24	11/25	2/14	1/18
5/15	4/9	7/10	6/6	9/4	8/2	10/30	9/29	12/25	11/26	2/15	1/19
5/16	4/10	7/11	6/7	9/5	8/3	10/31	9/30	12/26	11/27	2/16	1/20
5/17	4/11	7/12	6/8	9/6	8/4	11/1	10/1	12/27	11/28	2/17	1/21
5/18	4/12	7/13	6/9	9/7	8/5	11/2	10/2	12/28	11/29	2/18	1/22
5/19	4/13	7/14	6/10	9/8	8/6	11/3	10/3	12/29	11/30	2/19	1/23
5/20	4/14	7/15	6/11	9/9	8/7	11/4	10/4	12/30	12/1	2/20	1/24
5/21	4/15	7/16	6/12	9/10	8/8	11/5	10/5	12/31	12/2	2/21	1/25
5/22	4/16	7/17	6/13	9/11	8/9	11/6	10/6			2/22	1/26
5/23	4/17	7/18	6/14	9/12	8/10	11/7	10/7	**1979**		2/23	1/27
5/24	4/18	7/19	6/15	9/13	8/11	11/8	10/8	Solar	Lunar	2/24	1/28
5/25	4/19	7/20	6/16	9/14	8/12	11/9	10/9	1/1	12/3	2/25	1/29
5/26	4/20	7/21	6/17	9/15	8/13	11/10	10/10	1/2	12/4	2/26	1/30
5/27	4/21	7/22	6/18	9/16	8/14	11/11	10/11	1/3	12/5	2/27	2/1
5/28	4/22	7/23	6/19	9/17	8/15	11/12	10/12	1/4	12/6	2/28	2/2
5/29	4/23	7/24	6/20	9/18	8/16	11/13	10/13	1/5	12/7	3/1	2/3
5/30	4/24	7/25	6/21	9/19	8/17	11/14	10/14	1/6	12/8	3/2	2/4
5/31	4/25	7/26	6/22	9/20	8/18	11/15	10/15	1/7	12/9	3/3	2/5
6/1	4/26	7/27	6/23	9/21	8/19	11/16	10/16	1/8	12/10	3/4	2/6
6/2	4/27	7/28	6/24	9/22	8/20	11/17	10/17	1/9	12/11	3/5	2/7
6/3	4/28	7/29	6/25	9/23	8/21	11/18	10/18	1/10	12/12	3/6	2/8
6/4	4/29	7/30	6/26	9/24	8/22	11/19	10/19	1/11	12/13	3/7	2/9
6/5	4/30	7/31	6/27	9/25	8/23	11/20	10/20	1/12	12/14	3/8	2/10
6/6	5/1	8/1	6/28	9/26	8/24	11/21	10/21	1/13	12/15	3/9	2/11
6/7	5/2	8/2	6/29	9/27	8/25	11/22	10/22	1/14	12/16	3/10	2/12
6/8	5/3	8/3	6/30	9/28	8/26	11/23	10/23	1/15	12/17	3/11	2/13
6/9	5/4	8/4	7/1	9/29	8/27	11/24	10/24	1/16	12/18	3/12	2/14
6/10	5/5	8/5	7/2	9/30	8/28	11/25	10/25	1/17	12/19	3/13	2/15
6/11	5/6	8/6	7/3	10/1	8/29	11/26	10/26	1/18	12/20	3/14	2/16
6/12	5/7	8/7	7/4	10/2	9/1	11/27	10/27	1/19	12/21	3/15	2/17
6/13	5/8	8/8	7/5	10/3	9/2	11/28	10/28	1/20	12/22	3/16	2/18
6/14	5/9	8/9	7/6	10/4	9/3	11/29	10/29	1/21	12/23	3/17	2/19
6/15	5/10	8/10	7/7	10/5	9/4	11/30	11/1	1/22	12/24	3/18	2/20
6/16	5/11	8/11	7/8	10/6	9/5	12/1	11/2	1/23	12/25	3/19	2/21
6/17	5/12	8/12	7/9	10/7	9/6	12/2	11/3	1/24	12/26	3/20	2/22
6/18	5/13	8/13	7/10	10/8	9/7	12/3	11/4	1/25	12/27	3/21	2/23
6/19	5/14	8/14	7/11	10/9	9/8	12/4	11/5	1/26	12/28	3/22	2/24
6/20	5/15	8/15	7/12	10/10	9/9	12/5	11/6	1/27	12/29	3/23	2/25
6/21	5/16	8/16	7/13	10/11	9/10	12/6	11/7	1/28	1/1	3/24	2/26
6/22	5/17	8/17	7/14	10/12	9/11	12/7	11/8		(1979)	3/25	2/27
6/23	5/18	8/18	7/15	10/13	9/12	12/8	11/9	1/29	1/2	3/26	2/28
6/24	5/19	8/19	7/16	10/14	9/13	12/9	11/10	1/30	1/3	3/27	2/29
6/25	5/20	8/20	7/17	10/15	9/14	12/10	11/11	1/31	1/4	3/28	3/1

Bitte beachten: Die erste Zahl ist der Monat, die zweite der Tag.

Solar	Lunar	Solar	Lunar	Solar	Lunar	Solar	Lunar	Solar	Lunar	Solar	Lunar
3/29	3/2	5/24	4/29	7/19	6/26	9/12	7/21	11/7	9/18	**1980**	
3/30	3/3	5/25	4/30	7/20	6/27	9/13	7/22	11/8	9/19	Solar	Lunar
3/31	3/4	5/26	5/1	7/21	6/28	9/14	7/23	11/9	9/20	1/1	11/14
4/1	3/5	5/27	5/2	7/22	6/29	9/15	7/24	11/10	9/21	1/2	11/15
4/2	3/6	5/28	5/3	7/23	6/30	9/16	7/25	11/11	9/22	1/3	11/16
4/3	3/7	5/29	5/4	7/24	6/1	9/17	7/26	11/12	9/23	1/4	11/17
4/4	3/8	5/30	5/5	*(Schaltmonat)*		9/18	7/27	11/13	9/24	1/5	11/18
4/5	3/9	5/31	5/6	7/25	6/2	9/19	7/28	11/14	9/25	1/6	11/19
4/6	3/10	6/1	5/7	7/26	6/3	9/20	7/29	11/15	9/26	1/7	11/20
4/7	3/11	6/2	5/8	7/27	6/4	9/21	8/1	11/16	9/27	1/8	11/21
4/8	3/12	6/3	5/9	7/28	6/5	9/22	8/2	11/17	9/28	1/9	11/22
4/9	3/13	6/4	5/10	7/29	6/6	9/23	8/3	11/18	9/29	1/10	11/23
4/10	3/14	6/5	5/11	7/30	6/7	9/24	8/4	11/19	9/30	1/11	11/24
4/11	3/15	6/6	5/12	7/31	6/8	9/25	8/5	11/20	10/1	1/12	11/25
4/12	3/16	6/7	5/13	8/1	6/9	9/26	8/6	11/21	10/2	1/13	11/26
4/13	3/17	6/8	5/14	8/2	6/10	9/27	8/7	11/22	10/3	1/14	11/27
4/14	3/18	6/9	5/15	8/3	6/11	9/28	8/8	11/23	10/4	1/15	11/28
4/15	3/19	6/10	5/16	8/4	6/12	9/29	8/9	11/24	10/5	1/16	11/29
4/16	3/20	6/11	5/17	8/5	6/13	9/30	8/10	11/25	10/6	1/17	11/30
4/17	3/21	6/12	5/18	8/6	6/14	10/1	8/11	11/26	10/7	1/18	12/1
4/18	3/22	6/13	5/19	8/7	6/15	10/2	8/12	11/27	10/8	1/19	12/2
4/19	3/23	6/14	5/20	8/8	6/16	10/3	8/13	11/28	10/9	1/20	12/3
4/20	3/24	6/15	5/21	8/9	6/17	10/4	8/14	11/29	10/10	1/21	12/4
4/21	3/25	6/16	5/22	8/10	6/18	10/5	8/15	11/30	10/11	1/22	12/5
4/22	3/26	6/17	5/23	8/11	6/19	10/6	8/16	12/1	10/12	1/23	12/6
4/23	3/27	6/18	5/24	8/12	6/20	10/7	8/17	12/2	10/13	1/24	12/7
4/24	3/28	6/19	5/25	8/13	6/21	10/8	8/18	12/3	10/14	1/25	12/8
4/25	3/29	6/20	5/26	8/14	6/22	10/9	8/19	12/4	10/15	1/26	12/9
4/26	4/1	6/21	5/27	8/15	6/23	10/10	8/20	12/5	10/16	1/27	12/10
4/27	4/2	6/22	5/28	8/16	6/24	10/11	8/21	12/6	10/17	1/28	12/11
4/28	4/3	6/23	5/29	8/17	6/25	10/12	8/22	12/7	10/18	1/29	12/12
4/29	4/4	6/24	6/1	8/18	6/26	10/13	8/23	12/8	10/19	1/30	12/13
4/30	4/5	6/25	6/2	8/19	6/27	10/14	8/24	12/9	10/20	1/31	12/14
5/1	4/6	6/26	6/3	8/20	6/28	10/15	8/25	12/10	10/21	2/1	12/15
5/2	4/7	6/27	6/4	8/21	6/29	10/16	8/26	12/11	10/22	2/2	12/16
5/3	4/8	6/28	6/5	8/22	6/30	10/17	8/27	12/12	10/23	2/3	12/17
5/4	4/9	6/29	6/6	8/23	7/1	10/18	8/28	12/13	10/24	2/4	12/18
5/5	4/10	6/30	6/7	8/24	7/2	10/19	8/29	12/14	10/25	2/5	12/19
5/6	4/11	7/1	6/8	8/25	7/3	10/20	8/30	12/15	10/26	2/6	12/20
5/7	4/12	7/2	6/9	8/26	7/4	10/21	9/1	12/16	10/27	2/7	12/21
5/8	4/13	7/3	6/10	8/27	7/5	10/22	9/2	12/17	10/28	2/8	12/22
5/9	4/14	7/4	6/11	8/28	7/6	10/23	9/3	12/18	10/29	2/9	12/23
5/10	4/15	7/5	6/12	8/29	7/7	10/24	9/4	12/19	11/1	2/10	12/24
5/11	4/16	7/6	6/13	8/30	7/8	10/25	9/5	12/20	11/2	2/11	12/25
5/12	4/17	7/7	6/14	8/31	7/9	10/26	9/6	12/21	11/3	2/12	12/26
5/13	4/18	7/8	6/15	9/1	7/10	10/27	9/7	12/22	11/4	2/13	12/27
5/14	4/19	7/9	6/16	9/2	7/11	10/28	9/8	12/23	11/5	2/14	12/28
5/15	4/20	7/10	6/17	9/3	7/12	10/29	9/9	12/24	11/6	2/15	12/29
5/16	4/21	7/11	6/18	9/4	7/13	10/30	9/10	12/25	11/7	2/16	1/1
5/17	4/22	7/12	6/19	9/5	7/14	10/31	9/11	12/26	11/8		(1980)
5/18	4/23	7/13	6/20	9/6	7/15	11/1	9/12	12/27	11/9	2/17	1/2
5/19	4/24	7/14	6/21	9/7	7/16	11/2	9/13	12/28	11/10	2/18	1/3
5/20	4/25	7/15	6/22	9/8	7/17	11/3	9/14	12/29	11/11	2/19	1/4
5/21	4/26	7/16	6/23	9/9	7/18	11/4	9/15	12/30	11/12	2/20	1/5
5/22	4/27	7/17	6/24	9/10	7/19	11/5	9/16	12/31	11/13	2/21	1/6
5/23	4/28	7/18	6/25	9/11	7/20	11/6	9/17			2/22	1/7

Bitte beachten: Die erste Zahl ist der Monat, die zweite der Tag.

Solar	Lunar	Solar	Lunar	Solar	Lunar	Solar	Lunar	Solar	Lunar	Solar	Lunar
2/23	1/8	4/19	3/5	6/14	5/2	8/9	6/29	10/4	8/26	11/29	10/22
2/24	1/9	4/20	3/6	6/15	5/3	8/10	6/30	10/5	8/27	11/30	10/23
2/25	1/10	4/21	3/7	6/16	5/4	8/11	7/1	10/6	8/28	12/1	10/24
2/26	1/11	4/22	3/8	6/17	5/5	8/12	7/2	10/7	8/29	12/2	10/25
2/27	1/12	4/23	3/9	6/18	5/6	8/13	7/3	10/8	8/30	12/3	10/26
2/28	1/13	4/24	3/10	6/19	5/7	8/14	7/4	10/9	9/1	12/4	10/27
2/29	1/14	4/25	3/11	6/20	5/8	8/15	7/5	10/10	9/2	12/5	10/28
3/1	1/15	4/26	3/12	6/21	5/9	8/16	7/6	10/11	9/3	12/6	10/29
3/2	1/16	4/27	3/13	6/22	5/10	8/17	7/7	10/12	9/4	12/7	11/1
3/3	1/17	4/28	3/14	6/23	5/11	8/18	7/8	10/13	9/5	12/8	11/2
3/4	1/18	4/29	3/15	6/24	5/12	8/19	7/9	10/14	9/6	12/9	11/3
3/5	1/19	4/30	3/16	6/25	5/13	8/20	7/10	10/15	9/7	12/10	11/4
3/6	1/20	5/1	3/17	6/26	5/14	8/21	7/11	10/16	9/8	12/11	11/5
3/7	1/21	5/2	3/18	6/27	5/15	8/22	7/12	10/17	9/9	12/12	11/6
3/8	1/22	5/3	3/19	6/28	5/16	8/23	7/13	10/18	9/10	12/13	11/7
3/9	1/23	5/4	3/20	6/29	5/17	8/24	7/14	10/19	9/11	12/14	11/8
3/10	1/24	5/5	3/21	6/30	5/18	8/25	7/15	10/20	9/12	12/15	11/9
3/11	1/25	5/6	3/22	7/1	5/19	8/26	7/16	10/21	9/13	12/16	11/10
3/12	1/26	5/7	3/23	7/2	5/20	8/27	7/17	10/22	9/14	12/17	11/11
3/13	1/27	5/8	3/24	7/3	5/21	8/28	7/18	10/23	9/15	12/18	11/12
3/14	1/28	5/9	3/25	7/4	5/22	8/29	7/19	10/24	9/16	12/19	11/13
3/15	1/29	5/10	3/26	7/5	5/23	8/30	7/20	10/25	9/17	12/20	11/14
3/16	1/30	5/11	3/27	7/6	5/24	8/31	7/21	10/26	9/18	12/21	11/15
3/17	2/1	5/12	3/28	7/7	5/25	9/1	7/22	10/27	9/19	12/22	11/16
3/18	2/2	5/13	3/29	7/8	5/26	9/2	7/23	10/28	9/20	12/23	11/17
3/19	2/3	5/14	4/1	7/9	5/27	9/3	7/24	10/29	9/21	12/24	11/18
3/20	2/4	5/15	4/2	7/10	5/28	9/4	7/25	10/30	9/22	12/25	11/19
3/21	2/5	5/16	4/3	7/11	5/29	9/5	7/26	10/31	9/23	12/26	11/20
3/22	2/6	5/17	4/4	7/12	6/1	9/6	7/27	11/1	9/24	12/27	11/21
3/23	2/7	5/18	4/5	7/13	6/2	9/7	7/28	11/2	9/25	12/28	11/22
3/24	2/8	5/19	4/6	7/14	6/3	9/8	7/29	11/3	9/26	12/29	11/23
3/25	2/9	5/20	4/7	7/15	6/4	9/9	8/1	11/4	9/27	12/30	11/24
3/26	2/10	5/21	4/8	7/16	6/5	9/10	8/2	11/5	9/28	12/31	11/25
3/27	2/11	5/22	4/9	7/17	6/6	9/11	8/3	11/6	9/29		
3/28	2/12	5/23	4/10	7/18	6/7	9/12	8/4	11/7	9/30	**1981**	
3/29	2/13	5/24	4/11	7/19	6/8	9/13	8/5	11/8	10/1	**Solar**	**Lunar**
3/30	2/14	5/25	4/12	7/20	6/9	9/14	8/6	11/9	10/2	1/1	11/26
3/31	2/15	5/26	4/13	7/21	6/10	9/15	8/7	11/10	10/3	1/2	11/27
4/1	2/16	5/27	4/14	7/22	6/11	9/16	8/8	11/11	10/4	1/3	11/28
4/2	2/17	5/28	4/15	7/23	6/12	9/17	8/9	11/12	10/5	1/4	11/29
4/3	2/18	5/29	4/16	7/24	6/13	9/18	8/10	11/13	10/6	1/5	11/30
4/4	2/19	5/30	4/17	7/25	6/14	9/19	8/11	11/14	10/7	1/6	12/1
4/5	2/20	5/31	4/18	7/26	6/15	9/20	8/12	11/15	10/8	1/7	12/2
4/6	2/21	6/1	4/19	7/27	6/16	9/21	8/13	11/16	10/9	1/8	12/3
4/7	2/22	6/2	4/20	7/28	6/17	9/22	8/14	11/17	10/10	1/9	12/4
4/8	2/23	6/3	4/21	7/29	6/18	9/23	8/15	11/18	10/11	1/10	12/5
4/9	2/24	6/4	4/22	7/30	6/19	9/24	8/16	11/19	10/12	1/11	12/6
4/10	2/25	6/5	4/23	7/31	6/20	9/25	8/17	11/20	10/13	1/12	12/7
4/11	2/26	6/6	4/24	8/1	6/21	9/26	8/18	11/21	10/14	1/13	12/8
4/12	2/27	6/7	4/25	8/2	6/22	9/27	8/19	11/22	10/15	1/14	12/9
4/13	2/28	6/8	4/26	8/3	6/23	9/28	8/20	11/23	10/16	1/15	12/10
4/14	2/29	6/9	4/27	8/4	6/24	9/29	8/21	11/24	10/17	1/16	12/11
4/15	3/1	6/10	4/28	8/5	6/25	9/30	8/22	11/25	10/18	1/17	12/12
4/16	3/2	6/11	4/29	8/6	6/26	10/1	8/23	11/26	10/19	1/18	12/13
4/17	3/3	6/12	4/30	8/7	6/27	10/2	8/24	11/27	10/20	1/19	12/14
4/18	3/4	6/13	5/1	8/8	6/28	10/3	8/25	11/28	10/21	1/20	12/15

Bitte beachten: Die erste Zahl ist der Monat, die zweite der Tag.

1/21	12/16	3/17	2/12	5/12	4/9	7/7	6/6	9/1	8/4	10/27	9/30
1/22	12/17	3/18	2/13	5/13	4/10	7/8	6/7	9/2	8/5	10/28	10/1
1/23	12/18	3/19	2/14	5/14	4/11	7/9	6/8	9/3	8/6	10/29	10/2
1/24	12/19	3/20	2/15	5/15	4/12	7/10	6/9	9/4	8/7	10/30	10/3
1/25	12/20	3/21	2/16	5/16	4/13	7/11	6/10	9/5	8/8	10/31	10/4
1/26	12/21	3/22	2/17	5/17	4/14	7/12	6/11	9/6	8/9	11/1	10/5
1/27	12/22	3/23	2/18	5/18	4/15	7/13	6/12	9/7	8/10	11/2	10/6
1/28	12/23	3/24	2/19	5/19	4/16	7/14	6/13	9/8	8/11	11/3	10/7
1/29	12/24	3/25	2/20	5/20	4/17	7/15	6/14	9/9	8/12	11/4	10/8
1/30	12/25	3/26	2/21	5/21	4/18	7/16	6/15	9/10	8/13	11/5	10/9
1/31	12/26	3/27	2/22	5/22	4/19	7/17	6/16	9/11	8/14	11/6	10/10
2/1	12/27	3/28	2/23	5/23	4/20	7/18	6/17	9/12	8/15	11/7	10/11
2/2	12/28	3/29	2/24	5/24	4/21	7/19	6/18	9/13	8/16	11/8	10/12
2/3	12/29	3/30	2/25	5/25	4/22	7/20	6/19	9/14	8/17	11/9	10/13
2/4	12/30	3/31	2/26	5/26	4/23	7/21	6/20	9/15	8/18	11/10	10/14
2/5	1/1	4/1	2/27	5/27	4/24	7/22	6/21	9/16	8/19	11/11	10/15
	(1981)	4/2	2/28	5/28	4/25	7/23	6/22	9/17	8/20	11/12	10/16
2/6	1/2	4/3	2/29	5/29	4/26	7/24	6/23	9/18	8/21	11/13	10/17
2/7	1/3	4/4	2/30	5/30	4/27	7/25	6/24	9/19	8/22	11/14	10/18
2/8	1/4	4/5	3/1	5/31	4/28	7/26	6/25	9/20	8/23	11/15	10/19
2/9	1/5	4/6	3/2	6/1	4/29	7/27	6/26	9/21	8/24	11/16	10/20
2/10	1/6	4/7	3/3	6/2	5/1	7/28	6/27	9/22	8/25	11/17	10/21
2/11	1/7	4/8	3/4	6/3	5/2	7/29	6/28	9/23	8/26	11/18	10/22
2/12	1/8	4/9	3/5	6/4	5/3	7/30	6/29	9/24	8/27	11/19	10/23
2/13	1/9	4/10	3/6	6/5	5/4	7/31	7/1	9/25	8/28	11/20	10/24
2/14	1/10	4/11	3/7	6/6	5/5	8/1	7/2	9/26	8/29	11/21	10/25
2/15	1/11	4/12	3/8	6/7	5/6	8/2	7/3	9/27	8/30	11/22	10/26
2/16	1/12	4/13	3/9	6/8	5/7	8/3	7/4	9/28	9/1	11/23	10/27
2/17	1/13	4/14	3/10	6/9	5/8	8/4	7/5	9/29	9/2	11/24	10/28
2/18	1/14	4/15	3/11	6/10	5/9	8/5	7/6	9/30	9/3	11/25	10/29
2/19	1/15	4/16	3/12	6/11	5/10	8/6	7/7	10/1	9/4	11/26	11/1
2/20	1/16	4/17	3/13	6/12	5/11	8/7	7/8	10/2	9/5	11/27	11/2
2/21	1/17	4/18	3/14	6/13	5/12	8/8	7/9	10/3	9/6	11/28	11/3
2/22	1/18	4/19	3/15	6/14	5/13	8/9	7/10	10/4	9/7	11/29	11/4
2/23	1/19	4/20	3/16	6/15	5/14	8/10	7/11	10/5	9/8	11/30	11/5
2/24	1/20	4/21	3/17	6/16	5/15	8/11	7/12	10/6	9/9	12/1	11/6
2/25	1/21	4/22	3/18	6/17	5/16	8/12	7/13	10/7	9/10	12/2	11/7
2/26	1/22	4/23	3/19	6/18	5/17	8/13	7/14	10/8	9/11	12/3	11/8
2/27	1/23	4/24	3/20	6/19	5/18	8/14	7/15	10/9	9/12	12/4	11/9
2/28	1/24	4/25	3/21	6/20	5/19	8/15	7/16	10/10	9/13	12/5	11/10
3/1	1/25	4/26	3/22	6/21	5/20	8/16	7/17	10/11	9/14	12/6	11/11
3/2	1/26	4/27	3/23	6/22	5/21	8/17	7/18	10/12	9/15	12/7	11/12
3/3	1/27	4/28	3/24	6/23	5/22	8/18	7/19	10/13	9/16	12/8	11/13
3/4	1/28	4/29	3/25	6/24	5/23	8/19	7/20	10/14	9/17	12/9	11/14
3/5	1/29	4/30	3/26	6/25	5/24	8/20	7/21	10/15	9/18	12/10	11/15
3/6	2/1	5/1	3/27	6/26	5/25	8/21	7/22	10/16	9/19	12/11	11/16
3/7	2/2	5/2	3/28	6/27	5/26	8/22	7/23	10/17	9/20	12/12	11/17
3/8	2/3	5/3	3/29	6/28	5/27	8/23	7/24	10/18	9/21	12/13	11/18
3/9	2/4	5/4	4/1	6/29	5/28	8/24	7/25	10/19	9/22	12/14	11/19
3/10	2/5	5/5	4/2	6/30	5/29	8/25	7/26	10/20	9/23	12/15	11/20
3/11	2/6	5/6	4/3	7/1	5/30	8/26	7/27	10/21	9/24	12/16	11/21
3/12	2/7	5/7	4/4	7/2	6/1	8/27	7/28	10/22	9/25	12/17	11/22
3/13	2/8	5/8	4/5	7/3	6/2	8/28	7/29	10/23	9/26	12/18	11/23
3/14	2/9	5/9	4/6	7/4	6/3	8/29	8/1	10/24	9/27	12/19	11/24
3/15	2/10	5/10	4/7	7/5	6/4	8/30	8/2	10/25	9/28	12/20	11/25
3/16	2/11	5/11	4/8	7/6	6/5	8/31	8/3	10/26	9/29	12/21	11/26

Bitte beachten: Die erste Zahl ist der Monat, die zweite der Tag.

12/22	11/27	2/12	1/19	4/9	3/16	6/3	4/12	7/29	6/9	9/23	8/7
12/23	11/28	2/13	1/20	4/10	3/17	6/4	4/13	7/30	6/10	9/24	8/8
12/24	11/29	2/14	1/21	4/11	3/18	6/5	4/14	7/31	6/11	9/25	8/9
12/25	11/30	2/15	1/22	4/12	3/19	6/6	4/15	8/1	6/12	9/26	8/10
12/26	12/1	2/16	1/23	4/13	3/20	6/7	4/16	8/2	6/13	9/27	8/11
12/27	12/2	2/17	1/24	4/14	3/21	6/8	4/17	8/3	6/14	9/28	8/12
12/28	12/3	2/18	1/25	4/15	3/22	6/9	4/18	8/4	6/15	9/29	8/13
12/29	12/4	2/19	1/26	4/16	3/23	6/10	4/19	8/5	6/16	9/30	8/14
12/30	12/5	2/20	1/27	4/17	3/24	6/11	4/20	8/6	6/17	10/1	8/15
12/31	12/6	2/21	1/28	4/18	3/25	6/12	4/21	8/7	6/18	10/2	8/16
		2/22	1/29	4/19	3/26	6/13	4/22	8/8	6/19	10/3	8/17
1982		2/23	1/30	4/20	3/27	6/14	4/23	8/9	6/20	10/4	8/18
Solar	**Lunar**	2/24	2/1	4/21	3/28	6/15	4/24	8/10	6/21	10/5	8/19
1/1	12/7	2/25	2/2	4/22	3/29	6/16	4/25	8/11	6/22	10/6	8/20
1/2	12/8	2/26	2/3	4/23	3/30	6/17	4/26	8/12	6/23	10/7	8/21
1/3	12/9	2/27	2/4	4/24	4/1	6/18	4/27	8/13	6/24	10/8	8/22
1/4	12/10	2/28	2/5	4/25	4/2	6/19	4/28	8/14	6/25	10/9	8/23
1/5	12/11	3/1	2/6	4/26	4/3	6/20	4/29	8/15	6/26	10/10	8/24
1/6	12/12	3/2	2/7	4/27	4/4	6/21	5/1	8/16	6/27	10/11	8/25
1/7	12/13	3/3	2/8	4/28	4/5	6/22	5/2	8/17	6/28	10/12	8/26
1/8	12/14	3/4	2/9	4/29	4/6	6/23	5/3	8/18	6/29	10/13	8/27
1/9	12/15	3/5	2/10	4/30	4/7	6/24	5/4	8/19	7/1	10/14	8/28
1/10	12/16	3/6	2/11	5/1	4/8	6/25	5/5	8/20	7/2	10/15	8/29
1/11	12/17	3/7	2/12	5/2	4/9	6/26	5/6	8/21	7/3	10/16	8/30
1/12	12/18	3/8	2/13	5/3	4/10	6/27	5/7	8/22	7/4	10/17	9/1
1/13	12/19	3/9	2/14	5/4	4/11	6/28	5/8	8/23	7/5	10/18	9/2
1/14	12/20	3/10	2/15	5/5	4/12	6/29	5/9	8/24	7/6	10/19	9/3
1/15	12/21	3/11	2/16	5/6	4/13	6/30	5/10	8/25	7/7	10/20	9/4
1/16	12/22	3/12	2/17	5/7	4/14	7/1	5/11	8/26	7/8	10/21	9/5
1/17	12/23	3/13	2/18	5/8	4/15	7/2	5/12	8/27	7/9	10/22	9/6
1/18	12/24	3/14	2/19	5/9	4/16	7/3	5/13	8/28	7/10	10/23	9/7
1/19	12/25	3/15	2/20	5/10	4/17	7/4	5/14	8/29	7/11	10/24	9/8
1/20	12/26	3/16	2/21	5/11	4/18	7/5	5/15	8/30	7/12	10/25	9/9
1/21	12/27	3/17	2/22	5/12	4/19	7/6	5/16	8/31	7/13	10/26	9/10
1/22	12/28	3/18	2/23	5/13	4/20	7/7	5/17	9/1	7/14	10/27	9/11
1/23	12/29	3/19	2/24	5/14	4/21	7/8	5/18	9/2	7/15	10/28	9/12
1/24	12/30	3/20	2/25	5/15	4/22	7/9	5/19	9/3	7/16	10/29	9/13
1/25	1/1	3/21	2/26	5/16	4/23	7/10	5/20	9/4	7/17	10/30	9/14
	(1982)	3/22	2/27	5/17	4/24	7/11	5/21	9/5	7/18	10/31	9/15
1/26	1/2	3/23	2/28	5/18	4/25	7/12	5/22	9/6	7/19	11/1	9/16
1/27	1/3	3/24	2/29	5/19	4/26	7/13	5/23	9/7	7/20	11/2	9/17
1/28	1/4	3/25	3/1	5/20	4/27	7/14	5/24	9/8	7/21	11/3	9/18
1/29	1/5	3/26	3/2	5/21	4/28	7/15	5/25	9/9	7/22	11/4	9/19
1/30	1/6	3/27	3/3	5/22	4/29	7/16	5/26	9/10	7/23	11/5	9/20
1/31	1/7	3/28	3/4	5/23	4/1	7/17	5/27	9/11	7/24	11/6	9/21
2/1	1/8	3/29	3/5	(Schaltmonat)		7/18	5/28	9/12	7/25	11/7	9/22
2/2	1/9	3/30	3/6	5/24	4/2	7/19	5/29	9/13	7/26	11/8	9/23
2/3	1/10	3/31	3/7	5/25	4/3	7/20	5/30	9/14	7/27	11/9	9/24
2/4	1/11	4/1	3/8	5/26	4/4	7/21	6/1	9/15	7/28	11/10	9/25
2/5	1/12	4/2	3/9	5/27	4/5	7/22	6/2	9/16	7/29	11/11	9/26
2/6	1/13	4/3	3/10	5/28	4/6	7/23	6/3	9/17	8/1	11/12	9/27
2/7	1/14	4/4	3/11	5/29	4/7	7/24	6/4	9/18	8/2	11/13	9/28
2/8	1/15	4/5	3/12	5/30	4/8	7/25	6/5	9/19	8/3	11/14	9/29
2/9	1/16	4/6	3/13	5/31	4/9	7/26	6/6	9/20	8/4	11/15	10/1
2/10	1/17	4/7	3/14	6/1	4/10	7/27	6/7	9/21	8/5	11/16	10/2
2/11	1/18	4/8	3/15	6/2	4/11	7/28	6/8	9/22	8/6	11/17	10/3

Bitte beachten: Die erste Zahl ist der Monat, die zweite der Tag.

11/18	10/4	1/10	11/27	3/6	1/22	5/1	3/19	6/26	5/16	8/21	7/13
11/19	10/5	1/11	11/28	3/7	1/23	5/2	3/20	6/27	5/17	8/22	7/14
11/20	10/6	1/12	11/29	3/8	1/24	5/3	3/21	6/28	5/18	8/23	7/15
11/21	10/7	1/13	11/30	3/9	1/25	5/4	3/22	6/29	5/19	8/24	7/16
11/22	10/8	1/14	12/1	3/10	1/26	5/5	3/23	6/30	5/20	8/25	7/17
11/23	10/9	1/15	12/2	3/11	1/27	5/6	3/24	7/1	5/21	8/26	7/18
11/24	10/10	1/16	12/3	3/12	1/28	5/7	3/25	7/2	5/22	8/27	7/19
11/25	10/11	1/17	12/4	3/13	1/29	5/8	3/26	7/3	5/23	8/28	7/20
11/26	10/12	1/18	12/5	3/14	1/30	5/9	3/27	7/4	5/24	8/29	7/21
11/27	10/13	1/19	12/6	3/15	2/1	5/10	3/28	7/5	5/25	8/30	7/22
11/28	10/14	1/20	12/7	3/16	2/2	5/11	3/29	7/6	5/26	8/31	7/23
11/29	10/15	1/21	12/8	3/17	2/3	5/12	3/30	7/7	5/27	9/1	7/24
11/30	10/16	1/22	12/9	3/18	2/4	5/13	4/1	7/8	5/28	9/2	7/25
12/1	10/17	1/23	12/10	3/19	2/5	5/14	4/2	7/9	5/29	9/3	7/26
12/2	10/18	1/24	12/11	3/20	2/6	5/15	4/3	7/10	6/1	9/4	7/27
12/3	10/19	1/25	12/12	3/21	2/7	5/16	4/4	7/11	6/2	9/5	7/28
12/4	10/20	1/26	12/13	3/22	2/8	5/17	4/5	7/12	6/3	9/6	7/29
12/5	10/21	1/27	12/14	3/23	2/9	5/18	4/6	7/13	6/4	9/7	8/1
12/6	10/22	1/28	12/15	3/24	2/10	5/19	4/7	7/14	6/5	9/8	8/2
12/7	10/23	1/29	12/16	3/25	2/11	5/20	4/8	7/15	6/6	9/9	8/3
12/8	10/24	1/30	12/17	3/26	2/12	5/21	4/9	7/16	6/7	9/10	8/4
12/9	10/25	1/31	12/18	3/27	2/13	5/22	4/10	7/17	6/8	9/11	8/5
12/10	10/26	2/1	12/19	3/28	2/14	5/23	4/11	7/18	6/9	9/12	8/6
12/11	10/27	2/2	12/20	3/29	2/15	5/24	4/12	7/19	6/10	9/13	8/7
12/12	10/28	2/3	12/21	3/30	2/16	5/25	4/13	7/20	6/11	9/14	8/8
12/13	10/29	2/4	12/22	3/31	2/17	5/26	4/14	7/21	6/12	9/15	8/9
12/14	10/30	2/5	12/23	4/1	2/18	5/27	4/15	7/22	6/13	9/16	8/10
12/15	11/1	2/6	12/24	4/2	2/19	5/28	4/16	7/23	6/14	9/17	8/11
12/16	11/2	2/7	12/25	4/3	2/20	5/29	4/17	7/24	6/15	9/18	8/12
12/17	11/3	2/8	12/26	4/4	2/21	5/30	4/18	7/25	6/16	9/19	8/13
12/18	11/4	2/9	12/27	4/5	2/22	5/31	4/19	7/26	6/17	9/20	8/14
12/19	11/5	2/10	12/28	4/6	2/23	6/1	4/20	7/27	6/18	9/21	8/15
12/20	11/6	2/11	12/29	4/7	2/24	6/2	4/21	7/28	6/19	9/22	8/16
12/21	11/7	2/12	12/30	4/8	2/25	6/3	4/22	7/29	6/20	9/23	8/17
12/22	11/8	2/13	1/1	4/9	2/26	6/4	4/23	7/30	6/21	9/24	8/18
12/23	11/9		(1983)	4/10	2/27	6/5	4/24	7/31	6/22	9/25	8/19
12/24	11/10	2/14	1/2	4/11	2/28	6/6	4/25	8/1	6/23	9/26	8/20
12/25	11/11	2/15	1/3	4/12	2/29	6/7	4/26	8/2	6/24	9/27	8/21
12/26	11/12	2/16	1/4	4/13	3/1	6/8	4/27	8/3	6/25	9/28	8/22
12/27	11/13	2/17	1/5	4/14	3/2	6/9	4/28	8/4	6/26	9/29	8/23
12/28	11/14	2/18	1/6	4/15	3/3	6/10	4/29	8/5	6/27	9/30	8/24
12/29	11/15	2/19	1/7	4/16	3/4	6/11	5/1	8/6	6/28	10/1	8/25
12/30	11/16	2/20	1/8	4/17	3/5	6/12	5/2	8/7	6/29	10/2	8/26
12/31	11/17	2/21	1/9	4/18	3/6	6/13	5/3	8/8	6/30	10/3	8/27
		2/22	1/10	4/19	3/7	6/14	5/4	8/9	7/1	10/4	8/28
1983		2/23	1/11	4/20	3/8	6/15	5/5	8/10	7/2	10/5	8/29
Solar	**Lunar**	2/24	1/12	4/21	3/9	6/16	5/6	8/11	7/3	10/6	9/1
1/1	11/18	2/25	1/13	4/22	3/10	6/17	5/7	8/12	7/4	10/7	9/2
1/2	11/19	2/26	1/14	4/23	3/11	6/18	5/8	8/13	7/5	10/8	9/3
1/3	11/20	2/27	1/15	4/24	3/12	6/19	5/9	8/14	7/6	10/9	9/4
1/4	11/21	2/28	1/16	4/25	3/13	6/20	5/10	8/15	7/7	10/10	9/5
1/5	11/22	3/1	1/17	4/26	3/14	6/21	5/11	8/16	7/8	10/11	9/6
1/6	11/23	3/2	1/18	4/27	3/15	6/22	5/12	8/17	7/9	10/12	9/7
1/7	11/24	3/3	1/19	4/28	3/16	6/23	5/13	8/18	7/10	10/13	9/8
1/8	11/25	3/4	1/20	4/29	3/17	6/24	5/14	8/19	7/11	10/14	9/9
1/9	11/26	3/5	1/21	4/30	3/18	6/25	5/15	8/20	7/12	10/15	9/10

Bitte beachten: Die erste Zahl ist der Monat, die zweite der Tag.

10/16	9/11	12/11	11/8	2/2	1/1	3/28	2/26	5/23	4/23	7/18	6/20
10/17	9/12	12/12	11/9		(1984)	3/29	2/27	5/24	4/24	7/19	6/21
10/18	9/13	12/13	11/10	2/3	1/2	3/30	2/28	5/25	4/25	7/20	6/22
10/19	9/14	12/14	11/11	2/4	1/3	3/31	2/29	5/26	4/26	7/21	6/23
10/20	9/15	12/15	11/12	2/5	1/4	4/1	3/1	5/27	4/27	7/22	6/24
10/21	9/16	12/16	11/13	2/6	1/5	4/2	3/2	5/28	4/28	7/23	6/25
10/22	9/17	12/17	11/14	2/7	1/6	4/3	3/3	5/29	4/29	7/24	6/26
10/23	9/18	12/18	11/15	2/8	1/7	4/4	3/4	5/30	4/30	7/25	6/27
10/24	9/19	12/19	11/16	2/9	1/8	4/5	3/5	5/31	5/1	7/26	6/28
10/25	9/20	12/20	11/17	2/10	1/9	4/6	3/6	6/1	5/2	7/27	6/29
10/26	9/21	12/21	11/18	2/11	1/10	4/7	3/7	6/2	5/3	7/28	7/1
10/27	9/22	12/22	11/19	2/12	1/11	4/8	3/8	6/3	5/4	7/29	7/2
10/28	9/23	12/23	11/20	2/13	1/12	4/9	3/9	6/4	5/5	7/30	7/3
10/29	9/24	12/24	11/21	2/14	1/13	4/10	3/10	6/5	5/6	7/31	7/4
10/30	9/25	12/25	11/22	2/15	1/14	4/11	3/11	6/6	5/7	8/1	7/5
10/31	9/26	12/26	11/23	2/16	1/15	4/12	3/12	6/7	5/8	8/2	7/6
11/1	9/27	12/27	11/24	2/17	1/16	4/13	3/13	6/8	5/9	8/3	7/7
11/2	9/28	12/28	11/25	2/18	1/17	4/14	3/14	6/9	5/10	8/4	7/8
11/3	9/29	12/29	11/26	2/19	1/18	4/15	3/15	6/10	5/11	8/5	7/9
11/4	9/30	12/30	11/27	2/20	1/19	4/16	3/16	6/11	5/12	8/6	7/10
11/5	10/1	12/31	11/28	2/21	1/20	4/17	3/17	6/12	5/13	8/7	7/11
11/6	10/2			2/22	1/21	4/18	3/18	6/13	5/14	8/8	7/12
11/7	10/3	**1984**		2/23	1/22	4/19	3/19	6/14	5/15	8/9	7/13
11/8	10/4	**Solar**	**Lunar**	2/24	1/23	4/20	3/20	6/15	5/16	8/10	7/14
11/9	10/5	1/1	11/29	2/25	1/24	4/21	3/21	6/16	5/17	8/11	7/15
11/10	10/6	1/2	11/30	2/26	1/25	4/22	3/22	6/17	5/18	8/12	7/16
11/11	10/7	1/3	12/1	2/27	1/26	4/23	3/23	6/18	5/19	8/13	7/17
11/12	10/8	1/4	12/2	2/28	1/27	4/24	3/24	6/19	5/20	8/14	7/18
11/13	10/9	1/5	12/3	2/29	1/28	4/25	3/25	6/20	5/21	8/15	7/19
11/14	10/10	1/6	12/4	3/1	1/29	4/26	3/26	6/21	5/22	8/16	7/20
11/15	10/11	1/7	12/5	3/2	1/30	4/27	3/27	6/22	5/23	8/17	7/21
11/16	10/12	1/8	12/6	3/3	2/1	4/28	3/28	6/23	5/24	8/18	7/22
11/17	10/13	1/9	12/7	3/4	2/2	4/29	3/29	6/24	5/25	8/19	7/23
11/18	10/14	1/10	12/8	3/5	2/3	4/30	3/30	6/25	5/26	8/20	7/24
11/19	10/15	1/11	12/9	3/6	2/4	5/1	4/1	6/26	5/27	8/21	7/25
11/20	10/16	1/12	12/10	3/7	2/5	5/2	4/2	6/27	5/28	8/22	7/26
11/21	10/17	1/13	12/11	3/8	2/6	5/3	4/3	6/28	5/29	8/23	7/27
11/22	10/18	1/14	12/12	3/9	2/7	5/4	4/4	6/29	6/1	8/24	7/28
11/23	10/19	1/15	12/13	3/10	2/8	5/5	4/5	6/30	6/2	8/25	7/29
11/24	10/20	1/16	12/14	3/11	2/9	5/6	4/6	7/1	6/3	8/26	7/30
11/25	10/21	1/17	12/15	3/12	2/10	5/7	4/7	7/2	6/4	8/27	8/1
11/26	10/22	1/18	12/16	3/13	2/11	5/8	4/8	7/3	6/5	8/28	8/2
11/27	10/23	1/19	12/17	3/14	2/12	5/9	4/9	7/4	6/6	8/29	8/3
11/28	10/24	1/20	12/18	3/15	2/13	5/10	4/10	7/5	6/7	8/30	8/4
11/29	10/25	1/21	12/19	3/16	2/14	5/11	4/11	7/6	6/8	8/31	8/5
11/30	10/26	1/22	12/20	3/17	2/15	5/12	4/12	7/7	6/9	9/1	8/6
12/1	10/27	1/23	12/21	3/18	2/16	5/13	4/13	7/8	6/10	9/2	8/7
12/2	10/28	1/24	12/22	3/19	2/17	5/14	4/14	7/9	6/11	9/3	8/8
12/3	10/29	1/25	12/23	3/20	2/18	5/15	4/15	7/10	6/12	9/4	8/9
12/4	11/1	1/26	12/24	3/21	2/19	5/16	4/16	7/11	6/13	9/5	8/10
12/5	11/2	1/27	12/25	3/22	2/20	5/17	4/17	7/12	6/14	9/6	8/11
12/6	11/3	1/28	12/26	3/23	2/21	5/18	4/18	7/13	6/15	9/7	8/12
12/7	11/4	1/29	12/27	3/24	2/22	5/19	4/19	7/14	6/16	9/8	8/13
12/8	11/5	1/30	12/28	3/25	2/23	5/20	4/20	7/15	6/17	9/9	8/14
12/9	11/6	1/31	12/29	3/26	2/24	5/21	4/21	7/16	6/18	9/10	8/15
12/10	11/7	2/1	12/30	3/27	2/25	5/22	4/22	7/17	6/19	9/11	8/16

Bitte beachten: Die erste Zahl ist der Monat, die zweite der Tag.

9/12	8/17	11/7	10/15	**1985**		2/23	1/4	4/20	3/1	6/15	4/27
9/13	8/18	11/8	10/16	**Solar**	**Lunar**	2/24	1/5	4/21	3/2	6/16	4/28
9/14	8/19	11/9	10/17	1/1	11/11	2/25	1/6	4/22	3/3	6/17	4/29
9/15	8/20	11/10	10/18	1/2	11/12	2/26	1/7	4/23	3/4	6/18	5/1
9/16	8/21	11/11	10/19	1/3	11/13	2/27	1/8	4/24	3/5	6/19	5/2
9/17	8/22	11/12	10/20	1/4	11/14	2/28	1/9	4/25	3/6	6/20	5/3
9/18	8/23	11/13	10/21	1/5	11/15	3/1	1/10	4/26	3/7	6/21	5/4
9/19	8/24	11/14	10/22	1/6	11/16	3/2	1/11	4/27	3/8	6/22	5/5
9/20	8/25	11/15	10/23	1/7	11/17	3/3	1/12	4/28	3/9	6/23	5/6
9/21	8/26	11/16	10/24	1/8	11/18	3/4	1/13	4/29	3/10	6/24	5/7
9/22	8/27	11/17	10/25	1/9	11/19	3/5	1/14	4/30	3/11	6/25	5/8
9/23	8/28	11/18	10/26	1/10	11/20	3/6	1/15	5/1	3/12	6/26	5/9
9/24	8/29	11/19	10/27	1/11	11/21	3/7	1/16	5/2	3/13	6/27	5/10
9/25	9/1	11/20	10/28	1/12	11/22	3/8	1/17	5/3	3/14	6/28	5/11
9/26	9/2	11/21	10/29	1/13	11/23	3/9	1/18	5/4	3/15	6/29	5/12
9/27	9/3	11/22	10/30	1/14	11/24	3/10	1/19	5/5	3/16	6/30	5/13
9/28	9/4	11/23	10/1	1/15	11/25	3/11	1/20	5/6	3/17	7/1	5/14
9/29	9/5	*(Schaltmonat)*		1/16	11/26	3/12	1/21	5/7	3/18	7/2	5/15
9/30	9/6	11/24	10/2	1/17	11/27	3/13	1/22	5/8	3/19	7/3	5/16
10/1	9/7	11/25	10/3	1/18	11/28	3/14	1/23	5/9	3/20	7/4	5/17
10/2	9/8	11/26	10/4	1/19	11/29	3/15	1/24	5/10	3/21	7/5	5/18
10/3	9/9	11/27	10/5	1/20	11/30	3/16	1/25	5/11	3/22	7/6	5/19
10/4	9/10	11/28	10/6	1/21	12/1	3/17	1/26	5/12	3/23	7/7	5/20
10/5	9/11	11/29	10/7	1/22	12/2	3/18	1/27	5/13	3/24	7/8	5/21
10/6	9/12	11/30	10/8	1/23	12/3	3/19	1/28	5/14	3/25	7/9	5/22
10/7	9/13	12/1	10/9	1/24	12/4	3/20	1/29	5/15	3/26	7/10	5/23
10/8	9/14	12/2	10/10	1/25	12/5	3/21	2/1	5/16	3/27	7/11	5/24
10/9	9/15	12/3	10/11	1/26	12/6	3/22	2/2	5/17	3/28	7/12	5/25
10/10	9/16	12/4	10/12	1/27	12/7	3/23	2/3	5/18	3/29	7/13	5/26
10/11	9/17	12/5	10/13	1/28	12/8	3/24	2/4	5/19	3/30	7/14	5/27
10/12	9/18	12/6	10/14	1/29	12/9	3/25	2/5	5/20	4/1	7/15	5/28
10/13	9/19	12/7	10/15	1/30	12/10	3/26	2/6	5/21	4/2	7/16	5/29
10/14	9/20	12/8	10/16	1/31	12/11	3/27	2/7	5/22	4/3	7/17	5/30
10/15	9/21	12/9	10/17	2/1	12/12	3/28	2/8	5/23	4/4	7/18	6/1
10/16	9/22	12/10	10/18	2/2	12/13	3/29	2/9	5/24	4/5	7/19	6/2
10/17	9/23	12/11	10/19	2/3	12/14	3/30	2/10	5/25	4/6	7/20	6/3
10/18	9/24	12/12	10/20	2/4	12/15	3/31	2/11	5/26	4/7	7/21	6/4
10/19	9/25	12/13	10/21	2/5	12/16	4/1	2/12	5/27	4/8	7/22	6/5
10/20	9/26	12/14	10/22	2/6	12/17	4/2	2/13	5/28	4/9	7/23	6/6
10/21	9/27	12/15	10/23	2/7	12/18	4/3	2/14	5/29	4/10	7/24	6/7
10/22	9/28	12/16	10/24	2/8	12/19	4/4	2/15	5/30	4/11	7/25	6/8
10/23	9/29	12/17	10/25	2/9	12/20	4/5	2/16	5/31	4/12	7/26	6/9
10/24	10/1	12/18	10/26	2/10	12/21	4/6	2/17	6/1	4/13	7/27	6/10
10/25	10/2	12/19	10/27	2/11	12/22	4/7	2/18	6/2	4/14	7/28	6/11
10/26	10/3	12/20	10/28	2/12	12/23	4/8	2/19	6/3	4/15	7/29	6/12
10/27	10/4	12/21	10/29	2/13	12/24	4/9	2/20	6/4	4/16	7/30	6/13
10/28	10/5	12/22	11/1	2/14	12/25	4/10	2/21	6/5	4/17	7/31	6/14
10/29	10/6	12/23	11/2	2/15	12/26	4/11	2/22	6/6	4/18	8/1	6/15
10/30	10/7	12/24	11/3	2/16	12/27	4/12	2/23	6/7	4/19	8/2	6/16
10/31	10/8	12/25	11/4	2/17	12/28	4/13	2/24	6/8	4/20	8/3	6/17
11/1	10/9	12/26	11/5	2/18	12/29	4/14	2/25	6/9	4/21	8/4	6/18
11/2	10/10	12/27	11/6	2/19	12/30	4/15	2/26	6/10	4/22	8/5	6/19
11/3	10/11	12/28	11/7	2/20	1/1	4/16	2/27	6/11	4/23	8/6	6/20
11/4	10/12	12/29	11/8		(1985)	4/17	2/28	6/12	4/24	8/7	6/21
11/5	10/13	12/30	11/9	2/21	1/2	4/18	2/29	6/13	4/25	8/8	6/22
11/6	10/14	12/31	11/10	2/22	1/3	4/19	2/30	6/14	4/26	8/9	6/23

Bitte beachten: Die erste Zahl ist der Monat, die zweite der Tag.

8/10	6/24	10/5	8/21	11/30	10/19	1/22	12/13	3/18	2/9	5/13	4/5
8/11	6/25	10/6	8/22	12/1	10/20	1/23	12/14	3/19	2/10	5/14	4/6
8/12	6/26	10/7	8/23	12/2	10/21	1/24	12/15	3/20	2/11	5/15	4/7
8/13	6/27	10/8	8/24	12/3	10/22	1/25	12/16	3/21	2/12	5/16	4/8
8/14	6/28	10/9	8/25	12/4	10/23	1/26	12/17	3/22	2/13	5/17	4/9
8/15	6/29	10/10	8/26	12/5	10/24	1/27	12/18	3/23	2/14	5/18	4/10
8/16	7/1	10/11	8/27	12/6	10/25	1/28	12/19	3/24	2/15	5/19	4/11
8/17	7/2	10/12	8/28	12/7	10/26	1/29	12/20	3/25	2/16	5/20	4/12
8/18	7/3	10/13	8/29	12/8	10/27	1/30	12/21	3/26	2/17	5/21	4/13
8/19	7/4	10/14	9/1	12/9	10/28	1/31	12/22	3/27	2/18	5/22	4/14
8/20	7/5	10/15	9/2	12/10	10/29	2/1	12/23	3/28	2/19	5/23	4/15
8/21	7/6	10/16	9/3	12/11	10/30	2/2	12/24	3/29	2/20	5/24	4/16
8/22	7/7	10/17	9/4	12/12	11/1	2/3	12/25	3/30	2/21	5/25	4/17
8/23	7/8	10/18	9/5	12/13	11/2	2/4	12/26	3/31	2/22	5/26	4/18
8/24	7/9	10/19	9/6	12/14	11/3	2/5	12/27	4/1	2/23	5/27	4/19
8/25	7/10	10/20	9/7	12/15	11/4	2/6	12/28	4/2	2/24	5/28	4/20
8/26	7/11	10/21	9/8	12/16	11/5	2/7	12/29	4/3	2/25	5/29	4/21
8/27	7/12	10/22	9/9	12/17	11/6	2/8	12/30	4/4	2/26	5/30	4/22
8/28	7/13	10/23	9/10	12/18	11/7	2/9	1/1	4/5	2/27	5/31	4/23
8/29	7/14	10/24	9/11	12/19	11/8		(1986)	4/6	2/28	6/1	4/24
8/30	7/15	10/25	9/12	12/20	11/9	2/10	1/2	4/7	2/29	6/2	4/25
8/31	7/16	10/26	9/13	12/21	11/10	2/11	1/3	4/8	2/30	6/3	4/26
9/1	7/17	10/27	9/14	12/22	11/11	2/12	1/4	4/9	3/1	6/4	4/27
9/2	7/18	10/28	9/15	12/23	11/12	2/13	1/5	4/10	3/2	6/5	4/28
9/3	7/19	10/29	9/16	12/24	11/13	2/14	1/6	4/11	3/3	6/6	4/29
9/4	7/20	10/30	9/17	12/25	11/14	2/15	1/7	4/12	3/4	6/7	5/1
9/5	7/21	10/31	9/18	12/26	11/15	2/16	1/8	4/13	3/5	6/8	5/2
9/6	7/22	11/1	9/19	12/27	11/16	2/17	1/9	4/14	3/6	6/9	5/3
9/7	7/23	11/2	9/20	12/28	11/17	2/18	1/10	4/15	3/7	6/10	5/4
9/8	7/24	11/3	9/21	12/29	11/18	2/19	1/11	4/16	3/8	6/11	5/5
9/9	7/25	11/4	9/22	12/30	11/19	2/20	1/12	4/17	3/9	6/12	5/6
9/10	7/26	11/5	9/23	12/31	11/20	2/21	1/13	4/18	3/10	6/13	5/7
9/11	7/27	11/6	9/24			2/22	1/14	4/19	3/11	6/14	5/8
9/12	7/28	11/7	9/25	**1986**		2/23	1/15	4/20	3/12	6/15	5/9
9/13	7/29	11/8	9/26	Solar	Lunar	2/24	1/16	4/21	3/13	6/16	5/10
9/14	7/30	11/9	9/27	1/1	11/21	2/25	1/17	4/22	3/14	6/17	5/11
9/15	8/1	11/10	9/28	1/2	11/22	2/26	1/18	4/23	3/15	6/18	5/12
9/16	8/2	11/11	9/29	1/3	11/23	2/27	1/19	4/24	3/16	6/19	5/13
9/17	8/3	11/12	10/1	1/4	11/24	2/28	1/20	4/25	3/17	6/20	5/14
9/18	8/4	11/13	10/2	1/5	11/25	3/1	1/21	4/26	3/18	6/21	5/15
9/19	8/5	11/14	10/3	1/6	11/26	3/2	1/22	4/27	3/19	6/22	5/16
9/20	8/6	11/15	10/4	1/7	11/27	3/3	1/23	4/28	3/20	6/23	5/17
9/21	8/7	11/16	10/5	1/8	11/28	3/4	1/24	4/29	3/21	6/24	5/18
9/22	8/8	11/17	10/6	1/9	11/29	3/5	1/25	4/30	3/22	6/25	5/19
9/23	8/9	11/18	10/7	1/10	12/1	3/6	1/26	5/1	3/23	6/26	5/20
9/24	8/10	11/19	10/8	1/11	12/2	3/7	1/27	5/2	3/24	6/27	5/21
9/25	8/11	11/20	10/9	1/12	12/3	3/8	1/28	5/3	3/25	6/28	5/22
9/26	8/12	11/21	10/10	1/13	12/4	3/9	1/29	5/4	3/26	6/29	5/23
9/27	8/13	11/22	10/11	1/14	12/5	3/10	2/1	5/5	3/27	6/30	5/24
9/28	8/14	11/23	10/12	1/15	12/6	3/11	2/2	5/6	3/28	7/1	5/25
9/29	8/15	11/24	10/13	1/16	12/7	3/12	2/3	5/7	3/29	7/2	5/26
9/30	8/16	11/25	10/14	1/17	12/8	3/13	2/4	5/8	3/30	7/3	5/27
10/1	8/17	11/26	10/15	1/18	12/9	3/14	2/5	5/9	4/1	7/4	5/28
10/2	8/18	11/27	10/16	1/19	12/10	3/15	2/6	5/10	4/2	7/5	5/29
10/3	8/19	11/28	10/17	1/20	12/11	3/16	2/7	5/11	4/3	7/6	5/30
10/4	8/20	11/29	10/18	1/21	12/12	3/17	2/8	5/12	4/4	7/7	6/1

Bitte beachten: Die erste Zahl ist der Monat, die zweite der Tag.

7/8	6/2	9/2	7/28	10/28	9/25	12/23	11/22	2/13	1/16	4/10	3/13
7/9	6/3	9/3	7/29	10/29	9/26	12/24	11/23	2/14	1/17	4/11	3/14
7/10	6/4	9/4	8/1	10/30	9/27	12/25	11/24	2/15	1/18	4/12	3/15
7/11	6/5	9/5	8/2	10/31	9/28	12/26	11/25	2/16	1/19	4/13	3/16
7/12	6/6	9/6	8/3	11/1	9/29	12/27	11/26	2/17	1/20	4/14	3/17
7/13	6/7	9/7	8/4	11/2	10/1	12/28	11/27	2/18	1/21	4/15	3/18
7/14	6/8	9/8	8/5	11/3	10/2	12/29	11/28	2/19	1/22	4/16	3/19
7/15	6/9	9/9	8/6	11/4	10/3	12/30	11/29	2/20	1/23	4/17	3/20
7/16	6/10	9/10	8/7	11/5	10/4	12/31	12/1	2/21	1/24	4/18	3/21
7/17	6/11	9/11	8/8	11/6	10/5			2/22	1/25	4/19	3/22
7/18	6/12	9/12	8/9	11/7	10/6	**1987**		2/23	1/26	4/20	3/23
7/19	6/13	9/13	8/10	11/8	10/7	**Solar**	**Lunar**	2/24	1/27	4/21	3/24
7/20	6/14	9/14	8/11	11/9	10/8	1/1	12/2	2/25	1/28	4/22	3/25
7/21	6/15	9/15	8/12	11/10	10/9	1/2	12/3	2/26	1/29	4/23	3/26
7/22	6/16	9/16	8/13	11/11	10/10	1/3	12/4	2/27	1/30	4/24	3/27
7/23	6/17	9/17	8/14	11/12	10/11	1/4	12/5	2/28	2/1	4/25	3/28
7/24	6/18	9/18	8/15	11/13	10/12	1/5	12/6	3/1	2/2	4/26	3/29
7/25	6/19	9/19	8/16	11/14	10/13	1/6	12/7	3/2	2/3	4/27	3/30
7/26	6/20	9/20	8/17	11/15	10/14	1/7	12/8	3/3	2/4	4/28	4/1
7/27	6/21	9/21	8/18	11/16	10/15	1/8	12/9	3/4	2/5	4/29	4/2
7/28	6/22	9/22	8/19	11/17	10/16	1/9	12/10	3/5	2/6	4/30	4/3
7/29	6/23	9/23	8/20	11/18	10/17	1/10	12/11	3/6	2/7	5/1	4/4
7/30	6/24	9/24	8/21	11/19	10/18	1/11	12/12	3/7	2/8	5/2	4/5
7/31	6/25	9/25	8/22	11/20	10/19	1/12	12/13	3/8	2/9	5/3	4/6
8/1	6/26	9/26	8/23	11/21	10/20	1/13	12/14	3/9	2/10	5/4	4/7
8/2	6/27	9/27	8/24	11/22	10/21	1/14	12/15	3/10	2/11	5/5	4/8
8/3	6/28	9/28	8/25	11/23	10/22	1/15	12/16	3/11	2/12	5/6	4/9
8/4	6/29	9/29	8/26	11/24	10/23	1/16	12/17	3/12	2/13	5/7	4/10
8/5	6/30	9/30	8/27	11/25	10/24	1/17	12/18	3/13	2/14	5/8	4/11
8/6	7/1	10/1	8/28	11/26	10/25	1/18	12/19	3/14	2/15	5/9	4/12
8/7	7/2	10/2	8/29	11/27	10/26	1/19	12/20	3/15	2/16	5/10	4/13
8/8	7/3	10/3	8/30	11/28	10/27	1/20	12/21	3/16	2/17	5/11	4/14
8/9	7/4	10/4	9/1	11/29	10/28	1/21	12/22	3/17	2/18	5/12	4/15
8/10	7/5	10/5	9/2	11/30	10/29	1/22	12/23	3/18	2/19	5/13	4/16
8/11	7/6	10/6	9/3	12/1	10/30	1/23	12/24	3/19	2/20	5/14	4/17
8/12	7/7	10/7	9/4	12/2	11/1	1/24	12/25	3/20	2/21	5/15	4/18
8/13	7/8	10/8	9/5	12/3	11/2	1/25	12/26	3/21	2/22	5/16	4/19
8/14	7/9	10/9	9/6	12/4	11/3	1/26	12/27	3/22	2/23	5/17	4/20
8/15	7/10	10/10	9/7	12/5	11/4	1/27	12/28	3/23	2/24	5/18	4/21
8/16	7/11	10/11	9/8	12/6	11/5	1/28	12/29	3/24	2/25	5/19	4/22
8/17	7/12	10/12	9/9	12/7	11/6	1/29	1/1	3/25	2/26	5/20	4/23
8/18	7/13	10/13	9/10	12/8	11/7		(1987)	3/26	2/27	5/21	4/24
8/19	7/14	10/14	9/11	12/9	11/8	1/30	1/2	3/27	2/28	5/22	4/25
8/20	7/15	10/15	9/12	12/10	11/9	1/31	1/3	3/28	2/29	5/23	4/26
8/21	7/16	10/16	9/13	12/11	11/10	2/1	1/4	3/29	3/1	5/24	4/27
8/22	7/17	10/17	9/14	12/12	11/11	2/2	1/5	3/30	3/2	5/25	4/28
8/23	7/18	10/18	9/15	12/13	11/12	2/3	1/6	3/31	3/3	5/26	4/29
8/24	7/19	10/19	9/16	12/14	11/13	2/4	1/7	4/1	3/4	5/27	5/1
8/25	7/20	10/20	9/17	12/15	11/14	2/5	1/8	4/2	3/5	5/28	5/2
8/26	7/21	10/21	9/18	12/16	11/15	2/6	1/9	4/3	3/6	5/29	5/3
8/27	7/22	10/22	9/19	12/17	11/16	2/7	1/10	4/4	3/7	5/30	5/4
8/28	7/23	10/23	9/20	12/18	11/17	2/8	1/11	4/5	3/8	5/31	5/5
8/29	7/24	10/24	9/21	12/19	11/18	2/9	1/12	4/6	3/9	6/1	5/6
8/30	7/25	10/25	9/22	12/20	11/19	2/10	1/13	4/7	3/10	6/2	5/7
8/31	7/26	10/26	9/23	12/21	11/20	2/11	1/14	4/8	3/11	6/3	5/8
9/1	7/27	10/27	9/24	12/22	11/21	2/12	1/15	4/9	3/12	6/4	5/9

Bitte beachten: Die erste Zahl ist der Monat, die zweite der Tag.

6/5	5/10	7/31	7/6	9/24	8/2	11/19	9/28	1/11	11/22	3/6	1/19
6/6	5/11	8/1	7/7	9/25	8/3	11/20	9/29	1/12	11/23	3/7	1/20
6/7	5/12	8/2	7/8	9/26	8/4	11/21	10/1	1/13	11/24	3/8	1/21
6/8	5/13	8/3	7/9	9/27	8/5	11/22	10/2	1/14	11/25	3/9	1/22
6/9	5/14	8/4	7/10	9/28	8/6	11/23	10/3	1/15	11/26	3/10	1/23
6/10	5/15	8/5	7/11	9/29	8/7	11/24	10/4	1/16	11/27	3/11	1/24
6/11	5/16	8/6	7/12	9/30	8/8	11/25	10/5	1/17	11/28	3/12	1/25
6/12	5/17	8/7	7/13	10/1	8/9	11/26	10/6	1/18	11/29	3/13	1/26
6/13	5/18	8/8	7/14	10/2	8/10	11/27	10/7	1/19	12/1	3/14	1/27
6/14	5/19	8/9	7/15	10/3	8/11	11/28	10/8	1/20	12/2	3/15	1/28
6/15	5/20	8/10	7/16	10/4	8/12	11/29	10/9	1/21	12/3	3/16	1/29
6/16	5/21	8/11	7/17	10/5	8/13	11/30	10/10	1/22	12/4	3/17	1/30
6/17	5/22	8/12	7/18	10/6	8/14	12/1	10/11	1/23	12/5	3/18	2/1
6/18	5/23	8/13	7/19	10/7	8/15	12/2	10/12	1/24	12/6	3/19	2/2
6/19	5/24	8/14	7/20	10/8	8/16	12/3	10/13	1/25	12/7	3/20	2/3
6/20	5/25	8/15	7/21	10/9	8/17	12/4	10/14	1/26	12/8	3/21	2/4
6/21	5/26	8/16	7/22	10/10	8/18	12/5	10/15	1/27	12/9	3/22	2/5
6/22	5/27	8/17	7/23	10/11	8/19	12/6	10/16	1/28	12/10	3/23	2/6
6/23	5/28	8/18	7/24	10/12	8/20	12/7	10/17	1/29	12/11	3/24	2/7
6/24	5/29	8/19	7/25	10/13	8/21	12/8	10/18	1/30	12/12	3/25	2/8
6/25	5/30	8/20	7/26	10/14	8/22	12/9	10/19	1/31	12/13	3/26	2/9
6/26	6/1	8/21	7/27	10/15	8/23	12/10	10/20	2/1	12/14	3/27	2/10
6/27	6/2	8/22	7/28	10/16	8/24	12/11	10/21	2/2	12/15	3/28	2/11
6/28	6/3	8/23	7/29	10/17	8/25	12/12	10/22	2/3	12/16	3/29	2/12
6/29	6/4	8/24	7/1	10/18	8/26	12/13	10/23	2/4	12/17	3/30	2/13
6/30	6/5	*(Schaltmonat)*		10/19	8/27	12/14	10/24	2/5	12/18	3/31	2/14
7/1	6/6	8/25	7/2	10/20	8/28	12/15	10/25	2/6	12/19	4/1	2/15
7/2	6/7	8/26	7/3	10/21	8/29	12/16	10/26	2/7	12/20	4/2	2/16
7/3	6/8	8/27	7/4	10/22	8/30	12/17	10/27	2/8	12/21	4/3	2/17
7/4	6/9	8/28	7/5	10/23	9/1	12/18	10/28	2/9	12/22	4/4	2/18
7/5	6/10	8/29	7/6	10/24	9/2	12/19	10/29	2/10	12/23	4/5	2/19
7/6	6/11	8/30	7/7	10/25	9/3	12/20	10/30	2/11	12/24	4/6	2/20
7/7	6/12	8/31	7/8	10/26	9/4	12/21	11/1	2/12	12/25	4/7	2/21
7/8	6/13	9/1	7/9	10/27	9/5	12/22	11/2	2/13	12/26	4/8	2/22
7/9	6/14	9/2	7/10	10/28	9/6	12/23	11/3	2/14	12/27	4/9	2/23
7/10	6/15	9/3	7/11	10/29	9/7	12/24	11/4	2/15	12/28	4/10	2/24
7/11	6/16	9/4	7/12	10/30	9/8	12/25	11/5	2/16	12/29	4/11	2/25
7/12	6/17	9/5	7/13	10/31	9/9	12/26	11/6	2/17	1/1	4/12	2/26
7/13	6/18	9/6	7/14	11/1	9/10	12/27	11/7		(1988)	4/13	2/27
7/14	6/19	9/7	7/15	11/2	9/11	12/28	11/8	2/18	1/2	4/14	2/28
7/15	6/20	9/8	7/16	11/3	9/12	12/29	11/9	2/19	1/3	4/15	2/29
7/16	6/21	9/9	7/17	11/4	9/13	12/30	11/10	2/20	1/4	4/16	3/1
7/17	6/22	9/10	7/18	11/5	9/14	12/31	11/11	2/21	1/5	4/17	3/2
7/18	6/23	9/11	7/19	11/6	9/15			2/22	1/6	4/18	3/3
7/19	6/24	9/12	7/20	11/7	9/16	**1988**		2/23	1/7	4/19	3/4
7/20	6/25	9/13	7/21	11/8	9/17	**Solar**	**Lunar**	2/24	1/8	4/20	3/5
7/21	6/26	9/14	7/22	11/9	9/18	1/1	11/12	2/25	1/9	4/21	3/6
7/22	6/27	9/15	7/23	11/10	9/19	1/2	11/13	2/26	1/10	4/22	3/7
7/23	6/28	9/16	7/24	11/11	9/20	1/3	11/14	2/27	1/11	4/23	3/8
7/24	6/29	9/17	7/25	11/12	9/21	1/4	11/15	2/28	1/12	4/24	3/9
7/25	6/30	9/18	7/26	11/13	9/22	1/5	11/16	2/29	1/13	4/25	3/10
7/26	7/1	9/19	7/27	11/14	9/23	1/6	11/17	3/1	1/14	4/26	3/11
7/27	7/2	9/20	7/28	11/15	9/24	1/7	11/18	3/2	1/15	4/27	3/12
7/28	7/3	9/21	7/29	11/16	9/25	1/8	11/19	3/3	1/16	4/28	3/13
7/29	7/4	9/22	7/30	11/17	9/26	1/9	11/20	3/4	1/17	4/29	3/14
7/30	7/5	9/23	8/1	11/18	9/27	1/10	11/21	3/5	1/18	4/30	3/15

Bitte beachten: Die erste Zahl ist der Monat, die zweite der Tag.

5/1	3/16	6/26	5/13	8/21	7/10	10/16	9/6	12/11	11/3	2/2	12/26
5/2	3/17	6/27	5/14	8/22	7/11	10/17	9/7	12/12	11/4	2/3	12/27
5/3	3/18	6/28	5/15	8/23	7/12	10/18	9/8	12/13	11/5	2/4	12/28
5/4	3/19	6/29	5/16	8/24	7/13	10/19	9/9	12/14	11/6	2/5	12/29
5/5	3/20	6/30	5/17	8/25	7/14	10/20	9/10	12/15	11/7	2/6	1/1
5/6	3/21	7/1	5/18	8/26	7/15	10/21	9/11	12/16	11/8		(1989)
5/7	3/22	7/2	5/19	8/27	7/16	10/22	9/12	12/17	11/9	2/7	1/2
5/8	3/23	7/3	5/20	8/28	7/17	10/23	9/13	12/18	11/10	2/8	1/3
5/9	3/24	7/4	5/21	8/29	7/18	10/24	9/14	12/19	11/11	2/9	1/4
5/10	3/25	7/5	5/22	8/30	7/19	10/25	9/15	12/20	11/12	2/10	1/5
5/11	3/26	7/6	5/23	8/31	7/20	10/26	9/16	12/21	11/13	2/11	1/6
5/12	3/27	7/7	5/24	9/1	7/21	10/27	9/17	12/22	11/14	2/12	1/7
5/13	3/28	7/8	5/25	9/2	7/22	10/28	9/18	12/23	11/15	2/13	1/8
5/14	3/29	7/9	5/26	9/3	7/23	10/29	9/19	12/24	11/16	2/14	1/9
5/15	3/30	7/10	5/27	9/4	7/24	10/30	9/20	12/25	11/17	2/15	1/10
5/16	4/1	7/11	5/28	9/5	7/25	10/31	9/21	12/26	11/18	2/16	1/11
5/17	4/2	7/12	5/29	9/6	7/26	11/1	9/22	12/27	11/19	2/17	1/12
5/18	4/3	7/13	5/30	9/7	7/27	11/2	9/23	12/28	11/20	2/18	1/13
5/19	4/4	7/14	6/1	9/8	7/28	11/3	9/24	12/29	11/21	2/19	1/14
5/20	4/5	7/15	6/2	9/9	7/29	11/4	9/25	12/30	11/22	2/20	1/15
5/21	4/6	7/16	6/3	9/10	7/30	11/5	9/26	12/31	11/23	2/21	1/16
5/22	4/7	7/17	6/4	9/11	8/1	11/6	9/27			2/22	1/17
5/23	4/8	7/18	6/5	9/12	8/2	11/7	9/28	**1989**		2/23	1/18
5/24	4/9	7/19	6/6	9/13	8/3	11/8	9/29	**Solar**	**Lunar**	2/24	1/19
5/25	4/10	7/20	6/7	9/14	8/4	11/9	10/1	1/1	11/24	2/25	1/20
5/26	4/11	7/21	6/8	9/15	8/5	11/10	10/2	1/2	11/25	2/26	1/21
5/27	4/12	7/22	6/9	9/16	8/6	11/11	10/3	1/3	11/26	2/27	1/22
5/28	4/13	7/23	6/10	9/17	8/7	11/12	10/4	1/4	11/27	2/28	1/23
5/29	4/14	7/24	6/11	9/18	8/8	11/13	10/5	1/5	11/28	3/1	1/24
5/30	4/15	7/25	6/12	9/19	8/9	11/14	10/6	1/6	11/29	3/2	1/25
5/31	4/16	7/26	6/13	9/20	8/10	11/15	10/7	1/7	11/30	3/3	1/26
6/1	4/17	7/27	6/14	9/21	8/11	11/16	10/8	1/8	12/1	3/4	1/27
6/2	4/18	7/28	6/15	9/22	8/12	11/17	10/9	1/9	12/2	3/5	1/28
6/3	4/19	7/29	6/16	9/23	8/13	11/18	10/10	1/10	12/3	3/6	1/29
6/4	4/20	7/30	6/17	9/24	8/14	11/19	10/11	1/11	12/4	3/7	1/30
6/5	4/21	7/31	6/18	9/25	8/15	11/20	10/12	1/12	12/5	3/8	2/1
6/6	4/22	8/1	6/19	9/26	8/16	11/21	10/13	1/13	12/6	3/9	2/2
6/7	4/23	8/2	6/20	9/27	8/17	11/22	10/14	1/14	12/7	3/10	2/3
6/8	4/24	8/3	6/21	9/28	8/18	11/23	10/15	1/15	12/8	3/11	2/4
6/9	4/25	8/4	6/22	9/29	8/19	11/24	10/16	1/16	12/9	3/12	2/5
6/10	4/26	8/5	6/23	9/30	8/20	11/25	10/17	1/17	12/10	3/13	2/6
6/11	4/27	8/6	6/24	10/1	8/21	11/26	10/18	1/18	12/11	3/14	2/7
6/12	4/28	8/7	6/25	10/2	8/22	11/27	10/19	1/19	12/12	3/15	2/8
6/13	4/29	8/8	6/26	10/3	8/23	11/28	10/20	1/20	12/13	3/16	2/9
6/14	5/1	8/9	6/27	10/4	8/24	11/29	10/21	1/21	12/14	3/17	2/10
6/15	5/2	8/10	6/28	10/5	8/25	11/30	10/22	1/22	12/15	3/18	2/11
6/16	5/3	8/11	6/29	10/6	8/26	12/1	10/23	1/23	12/16	3/19	2/12
6/17	5/4	8/12	7/1	10/7	8/27	12/2	10/24	1/24	12/17	3/20	2/13
6/18	5/5	8/13	7/2	10/8	8/28	12/3	10/25	1/25	12/18	3/21	2/14
6/19	5/6	8/14	7/3	10/9	8/29	12/4	10/26	1/26	12/19	3/22	2/15
6/20	5/7	8/15	7/4	10/10	8/30	12/5	10/27	1/27	12/20	3/23	2/16
6/21	5/8	8/16	7/5	10/11	9/1	12/6	10/28	1/28	12/21	3/24	2/17
6/22	5/9	8/17	7/6	10/12	9/2	12/7	10/29	1/29	12/22	3/25	2/18
6/23	5/10	8/18	7/7	10/13	9/3	12/8	10/30	1/30	12/23	3/26	2/19
6/24	5/11	8/19	7/8	10/14	9/4	12/9	11/1	1/31	12/24	3/27	2/20
6/25	5/12	8/20	7/9	10/15	9/5	12/10	11/2	2/1	12/25	3/28	2/21

Bitte beachten: Die erste Zahl ist der Monat, die zweite der Tag.

3/29	2/22	5/24	4/20	7/19	6/17	9/13	8/14	11/8	10/11	**1990**	
3/30	2/23	5/25	4/21	7/20	6/18	9/14	8/15	11/9	10/12	**Solar**	**Lunar**
3/31	2/24	5/26	4/22	7/21	6/19	9/15	8/16	11/10	10/13	1/1	12/5
4/1	2/25	5/27	4/23	7/22	6/20	9/16	8/17	11/11	10/14	1/2	12/6
4/2	2/26	5/28	4/24	7/23	6/21	9/17	8/18	11/12	10/15	1/3	12/7
4/3	2/27	5/29	4/25	7/24	6/22	9/18	8/19	11/13	10/16	1/4	12/8
4/4	2/28	5/30	4/26	7/25	6/23	9/19	8/20	11/14	10/17	1/5	12/9
4/5	2/29	5/31	4/27	7/26	6/24	9/20	8/21	11/15	10/18	1/6	12/10
4/6	3/1	6/1	4/28	7/27	6/25	9/21	8/22	11/16	10/19	1/7	12/11
4/7	3/2	6/2	4/29	7/28	6/26	9/22	8/23	11/17	10/20	1/8	12/12
4/8	3/3	6/3	4/30	7/29	6/27	9/23	8/24	11/18	10/21	1/9	12/13
4/9	3/4	6/4	5/1	7/30	6/28	9/24	8/25	11/19	10/22	1/10	12/14
4/10	3/5	6/5	5/2	7/31	6/29	9/25	8/26	11/20	10/23	1/11	12/15
4/11	3/6	6/6	5/3	8/1	6/30	9/26	8/27	11/21	10/24	1/12	12/16
4/12	3/7	6/7	5/4	8/2	7/1	9/27	8/28	11/22	10/25	1/13	12/17
4/13	3/8	6/8	5/5	8/3	7/2	9/28	8/29	11/23	10/26	1/14	12/18
4/14	3/9	6/9	5/6	8/4	7/3	9/29	8/30	11/24	10/27	1/15	12/19
4/15	3/10	6/10	5/7	8/5	7/4	9/30	9/1	11/25	10/28	1/16	12/20
4/16	3/11	6/11	5/8	8/6	7/5	10/1	9/2	11/26	10/29	1/17	12/21
4/17	3/12	6/12	5/9	8/7	7/6	10/2	9/3	11/27	10/30	1/18	12/22
4/18	3/13	6/13	5/10	8/8	7/7	10/3	9/4	11/28	11/1	1/19	12/23
4/19	3/14	6/14	5/11	8/9	7/8	10/4	9/5	11/29	11/2	1/20	12/24
4/20	3/15	6/15	5/12	8/10	7/9	10/5	9/6	11/30	11/3	1/21	12/25
4/21	3/16	6/16	5/13	8/11	7/10	10/6	9/7	12/1	11/4	1/22	12/26
4/22	3/17	6/17	5/14	8/12	7/11	10/7	9/8	12/2	11/5	1/23	12/27
4/23	3/18	6/18	5/15	8/13	7/12	10/8	9/9	12/3	11/6	1/24	12/28
4/24	3/19	6/19	5/16	8/14	7/13	10/9	9/10	12/4	11/7	1/25	12/29
4/25	3/20	6/20	5/17	8/15	7/14	10/10	9/11	12/5	11/8	1/26	12/30
4/26	3/21	6/21	5/18	8/16	7/15	10/11	9/12	12/6	11/9	1/27	1/1
4/27	3/22	6/22	5/19	8/17	7/16	10/12	9/13	12/7	11/10		(1990)
4/28	3/23	6/23	5/20	8/18	7/17	10/13	9/14	12/8	11/11	1/28	1/2
4/29	3/24	6/24	5/21	8/19	7/18	10/14	9/15	12/9	11/12	1/29	1/3
4/30	3/25	6/25	5/22	8/20	7/19	10/15	9/16	12/10	11/13	1/30	1/4
5/1	3/26	6/26	5/23	8/21	7/20	10/16	9/17	12/11	11/14	1/31	1/5
5/2	3/27	6/27	5/24	8/22	7/21	10/17	9/18	12/12	11/15	2/1	1/6
5/3	3/28	6/28	5/25	8/23	7/22	10/18	9/19	12/13	11/16	2/2	1/7
5/4	3/29	6/29	5/26	8/24	7/23	10/19	9/20	12/14	11/17	2/3	1/8
5/5	4/1	6/30	5/27	8/25	7/24	10/20	9/21	12/15	11/18	2/4	1/9
5/6	4/2	7/1	5/28	8/26	7/25	10/21	9/22	12/16	11/19	2/5	1/10
5/7	4/3	7/2	5/29	8/27	7/26	10/22	9/23	12/17	11/20	2/6	1/11
5/8	4/4	7/3	6/1	8/28	7/27	10/23	9/24	12/18	11/21	2/7	1/12
5/9	4/5	7/4	6/2	8/29	7/28	10/24	9/25	12/19	11/22	2/8	1/13
5/10	4/6	7/5	6/3	8/30	7/29	10/25	9/26	12/20	11/23	2/9	1/14
5/11	4/7	7/6	6/4	8/31	8/1	10/26	9/27	12/21	11/24	2/10	1/15
5/12	4/8	7/7	6/5	9/1	8/2	10/27	9/28	12/22	11/25	2/11	1/16
5/13	4/9	7/8	6/6	9/2	8/3	10/28	9/29	12/23	11/26	2/12	1/17
5/14	4/10	7/9	6/7	9/3	8/4	10/29	10/1	12/24	11/27	2/13	1/18
5/15	4/11	7/10	6/8	9/4	8/5	10/30	10/2	12/25	11/28	2/14	1/19
5/16	4/12	7/11	6/9	9/5	8/6	10/31	10/3	12/26	11/29	2/15	1/20
5/17	4/13	7/12	6/10	9/6	8/7	11/1	10/4	12/27	11/30	2/16	1/21
5/18	4/14	7/13	6/11	9/7	8/8	11/2	10/5	12/28	12/1	2/17	1/22
5/19	4/15	7/14	6/12	9/8	8/9	11/3	10/6	12/29	12/2	2/18	1/23
5/20	4/16	7/15	6/13	9/9	8/10	11/4	10/7	12/30	12/3	2/19	1/24
5/21	4/17	7/16	6/14	9/10	8/11	11/5	10/8	12/31	12/4	2/20	1/25
5/22	4/18	7/17	6/15	9/11	8/12	11/6	10/9			2/21	1/26
5/23	4/19	7/18	6/16	9/12	8/13	11/7	10/10			2/22	1/27

Bitte beachten: Die erste Zahl ist der Monat, die zweite der Tag.

2/23	1/28	4/20	3/25	6/15	5/23	8/9	6/19	10/4	8/16	11/29	10/13
2/24	1/29	4/21	3/26	6/16	5/24	8/10	6/20	10/5	8/17	11/30	10/14
2/25	2/1	4/22	3/27	6/17	5/25	8/11	6/21	10/6	8/18	12/1	10/15
2/26	2/2	4/23	3/28	6/18	5/26	8/12	6/22	10/7	8/19	12/2	10/16
2/27	2/3	4/24	3/29	6/19	5/27	8/13	6/23	10/8	8/20	12/3	10/17
2/28	2/4	4/25	4/1	6/20	5/28	8/14	6/24	10/9	8/21	12/4	10/18
3/1	2/5	4/26	4/2	6/21	5/29	8/15	6/25	10/10	8/22	12/5	10/19
3/2	2/6	4/27	4/3	6/22	5/30	8/16	6/26	10/11	8/23	12/6	10/20
3/3	2/7	4/28	4/4	6/23	5/1	8/17	6/27	10/12	8/24	12/7	10/21
3/4	2/8	4/29	4/5	*(Schaltmonat)*		8/18	6/28	10/13	8/25	12/8	10/22
3/5	2/9	4/30	4/6	6/24	5/2	8/19	6/29	10/14	8/26	12/9	10/23
3/6	2/10	5/1	4/7	6/25	5/3	8/20	7/1	10/15	8/27	12/10	10/24
3/7	2/11	5/2	4/8	6/26	5/4	8/21	7/2	10/16	8/28	12/11	10/25
3/8	2/12	5/3	4/9	6/27	5/5	8/22	7/3	10/17	8/29	12/12	10/26
3/9	2/13	5/4	4/10	6/28	5/6	8/23	7/4	10/18	9/1	12/13	10/27
3/10	2/14	5/5	4/11	6/29	5/7	8/24	7/5	10/19	9/2	12/14	10/28
3/11	2/15	5/6	4/12	6/30	5/8	8/25	7/6	10/20	9/3	12/15	10/29
3/12	2/16	5/7	4/13	7/1	5/9	8/26	7/7	10/21	9/4	12/16	10/30
3/13	2/17	5/8	4/14	7/2	5/10	8/27	7/8	10/22	9/5	12/17	11/1
3/14	2/18	5/9	4/15	7/3	5/11	8/28	7/9	10/23	9/6	12/18	11/2
3/15	2/19	5/10	4/16	7/4	5/12	8/29	7/10	10/24	9/7	12/19	11/3
3/16	2/20	5/11	4/17	7/5	5/13	8/30	7/11	10/25	9/8	12/20	11/4
3/17	2/21	5/12	4/18	7/6	5/14	8/31	7/12	10/26	9/9	12/21	11/5
3/18	2/22	5/13	4/19	7/7	5/15	9/1	7/13	10/27	9/10	12/22	11/6
3/19	2/23	5/14	4/20	7/8	5/16	9/2	7/14	10/28	9/11	12/23	11/7
3/20	2/24	5/15	4/21	7/9	5/17	9/3	7/15	10/29	9/12	12/24	11/8
3/21	2/25	5/16	4/22	7/10	5/18	9/4	7/16	10/30	9/13	12/25	11/9
3/22	2/26	5/17	4/23	7/11	5/19	9/5	7/17	10/31	9/14	12/26	11/10
3/23	2/27	5/18	4/24	7/12	5/20	9/6	7/18	11/1	9/15	12/27	11/11
3/24	2/28	5/19	4/25	7/13	5/21	9/7	7/19	11/2	9/16	12/28	11/12
3/25	2/29	5/20	4/26	7/14	5/22	9/8	7/20	11/3	9/17	12/29	11/13
3/26	2/30	5/21	4/27	7/15	5/23	9/9	7/21	11/4	9/18	12/30	11/14
3/27	3/1	5/22	4/28	7/16	5/24	9/10	7/22	11/5	9/19	12/31	11/15
3/28	3/2	5/23	4/29	7/17	5/25	9/11	7/23	11/6	9/20		
3/29	3/3	5/24	5/1	7/18	5/26	9/12	7/24	11/7	9/21	**1991**	
3/30	3/4	5/25	5/2	7/19	5/27	9/13	7/25	11/8	9/22	Solar	Lunar
3/31	3/5	5/26	5/3	7/20	5/28	9/14	7/26	11/9	9/23	1/1	11/16
4/1	3/6	5/27	5/4	7/21	5/29	9/15	7/27	11/10	9/24	1/2	11/17
4/2	3/7	5/28	5/5	7/22	6/1	9/16	7/28	11/11	9/25	1/3	11/18
4/3	3/8	5/29	5/6	7/23	6/2	9/17	7/29	11/12	9/26	1/4	11/19
4/4	3/9	5/30	5/7	7/24	6/3	9/18	7/30	11/13	9/27	1/5	11/20
4/5	3/10	5/31	5/8	7/25	6/4	9/19	8/1	11/14	9/28	1/6	11/21
4/6	3/11	6/1	5/9	7/26	6/5	9/20	8/2	11/15	9/29	1/7	11/22
4/7	3/12	6/2	5/10	7/27	6/6	9/21	8/3	11/16	9/30	1/8	11/23
4/8	3/13	6/3	5/11	7/28	6/7	9/22	8/4	11/17	10/1	1/9	11/24
4/9	3/14	6/4	5/12	7/29	6/8	9/23	8/5	11/18	10/2	1/10	11/25
4/10	3/15	6/5	5/13	7/30	6/9	9/24	8/6	11/19	10/3	1/11	11/26
4/11	3/16	6/6	5/14	7/31	6/10	9/25	8/7	11/20	10/4	1/12	11/27
4/12	3/17	6/7	5/15	8/1	6/11	9/26	8/8	11/21	10/5	1/13	11/28
4/13	3/18	6/8	5/16	8/2	6/12	9/27	8/9	11/22	10/6	1/14	11/29
4/14	3/19	6/9	5/17	8/3	6/13	9/28	8/10	11/23	10/7	1/15	11/30
4/15	3/20	6/10	5/18	8/4	6/14	9/29	8/11	11/24	10/8	1/16	12/1
4/16	3/21	6/11	5/19	8/5	6/15	9/30	8/12	11/25	10/9	1/17	12/2
4/17	3/22	6/12	5/20	8/6	6/16	10/1	8/13	11/26	10/10	1/18	12/3
4/18	3/23	6/13	5/21	8/7	6/17	10/2	8/14	11/27	10/11	1/19	12/4
4/19	3/24	6/14	5/22	8/8	6/18	10/3	8/15	11/28	10/12	1/20	12/5

Bitte beachten: Die erste Zahl ist der Monat, die zweite der Tag.

1/21	12/6	3/17	2/2	5/12	3/28	7/7	5/26	9/1	7/23	10/27	9/20
1/22	12/7	3/18	2/3	5/13	3/29	7/8	5/27	9/2	7/24	10/28	9/21
1/23	12/8	3/19	2/4	5/14	4/1	7/9	5/28	9/3	7/25	10/29	9/22
1/24	12/9	3/20	2/5	5/15	4/2	7/10	5/29	9/4	7/26	10/30	9/23
1/25	12/10	3/21	2/6	5/16	4/3	7/11	5/30	9/5	7/27	10/31	9/24
1/26	12/11	3/22	2/7	5/17	4/4	7/12	6/1	9/6	7/28	11/1	9/25
1/27	12/12	3/23	2/8	5/18	4/5	7/13	6/2	9/7	7/29	11/2	9/26
1/28	12/13	3/24	2/9	5/19	4/6	7/14	6/3	9/8	8/1	11/3	9/27
1/29	12/14	3/25	2/10	5/20	4/7	7/15	6/4	9/9	8/2	11/4	9/28
1/30	12/15	3/26	2/11	5/21	4/8	7/16	6/5	9/10	8/3	11/5	9/29
1/31	12/16	3/27	2/12	5/22	4/9	7/17	6/6	9/11	8/4	11/6	10/1
2/1	12/17	3/28	2/13	5/23	4/10	7/18	6/7	9/12	8/5	11/7	10/2
2/2	12/18	3/29	2/14	5/24	4/11	7/19	6/8	9/13	8/6	11/8	10/3
2/3	12/19	3/30	2/15	5/25	4/12	7/20	6/9	9/14	8/7	11/9	10/4
2/4	12/20	3/31	2/16	5/26	4/13	7/21	6/10	9/15	8/8	11/10	10/5
2/5	12/21	4/1	2/17	5/27	4/14	7/22	6/11	9/16	8/9	11/11	10/6
2/6	12/22	4/2	2/18	5/28	4/15	7/23	6/12	9/17	8/10	11/12	10/7
2/7	12/23	4/3	2/19	5/29	4/16	7/24	6/13	9/18	8/11	11/13	10/8
2/8	12/24	4/4	2/20	5/30	4/17	7/25	6/14	9/19	8/12	11/14	10/9
2/9	12/25	4/5	2/21	5/31	4/18	7/26	6/15	9/20	8/13	11/15	10/10
2/10	12/26	4/6	2/22	6/1	4/19	7/27	6/16	9/21	8/14	11/16	10/11
2/11	12/27	4/7	2/23	6/2	4/20	7/28	6/17	9/22	8/15	11/17	10/12
2/12	12/28	4/8	2/24	6/3	4/21	7/29	6/18	9/23	8/16	11/18	10/13
2/13	12/29	4/9	2/25	6/4	4/22	7/30	6/19	9/24	8/17	11/19	10/14
2/14	12/30	4/10	2/26	6/5	4/23	7/31	6/20	9/25	8/18	11/20	10/15
2/15	1/1	4/11	2/27	6/6	4/24	8/1	6/21	9/26	8/19	11/21	10/16
	(1991)	4/12	2/28	6/7	4/25	8/2	6/22	9/27	8/20	11/22	10/17
2/16	1/2	4/13	2/29	6/8	4/26	8/3	6/23	9/28	8/21	11/23	10/18
2/17	1/3	4/14	2/30	6/9	4/27	8/4	6/24	9/29	8/22	11/24	10/19
2/18	1/4	4/15	3/1	6/10	4/28	8/5	6/25	9/30	8/23	11/25	10/20
2/19	1/5	4/16	3/2	6/11	4/29	8/6	6/26	10/1	8/24	11/26	10/21
2/20	1/6	4/17	3/3	6/12	5/1	8/7	6/27	10/2	8/25	11/27	10/22
2/21	1/7	4/18	3/4	6/13	5/2	8/8	6/28	10/3	8/26	11/28	10/23
2/22	1/8	4/19	3/5	6/14	5/3	8/9	6/29	10/4	8/27	11/29	10/24
2/23	1/9	4/20	3/6	6/15	5/4	8/10	7/1	10/5	8/28	11/30	10/25
2/24	1/10	4/21	3/7	6/16	5/5	8/11	7/2	10/6	8/29	12/1	10/26
2/25	1/11	4/22	3/8	6/17	5/6	8/12	7/3	10/7	8/30	12/2	10/27
2/26	1/12	4/23	3/9	6/18	5/7	8/13	7/4	10/8	9/1	12/3	10/28
2/27	1/13	4/24	3/10	6/19	5/8	8/14	7/5	10/9	9/2	12/4	10/29
2/28	1/14	4/25	3/11	6/20	5/9	8/15	7/6	10/10	9/3	12/5	10/30
3/1	1/15	4/26	3/12	6/21	5/10	8/16	7/7	10/11	9/4	12/6	11/1
3/2	1/16	4/27	3/13	6/22	5/11	8/17	7/8	10/12	9/5	12/7	11/2
3/3	1/17	4/28	3/14	6/23	5/12	8/18	7/9	10/13	9/6	12/8	11/3
3/4	1/18	4/29	3/15	6/24	5/13	8/19	7/10	10/14	9/7	12/9	11/4
3/5	1/19	4/30	3/16	6/25	5/14	8/20	7/11	10/15	9/8	12/10	11/5
3/6	1/20	5/1	3/17	6/26	5/15	8/21	7/12	10/16	9/9	12/11	11/6
3/7	1/21	5/2	3/18	6/27	5/16	8/22	7/13	10/17	9/10	12/12	11/7
3/8	1/22	5/3	3/19	6/28	5/17	8/23	7/14	10/18	9/11	12/13	11/8
3/9	1/23	5/4	3/20	6/29	5/18	8/24	7/15	10/19	9/12	12/14	11/9
3/10	1/24	5/5	3/21	6/30	5/19	8/25	7/16	10/20	9/13	12/15	11/10
3/11	1/25	5/6	3/22	7/1	5/20	8/26	7/17	10/21	9/14	12/16	11/11
3/12	1/26	5/7	3/23	7/2	5/21	8/27	7/18	10/22	9/15	12/17	11/12
3/13	1/27	5/8	3/24	7/3	5/22	8/28	7/19	10/23	9/16	12/18	11/13
3/14	1/28	5/9	3/25	7/4	5/23	8/29	7/20	10/24	9/17	12/19	11/14
3/15	1/29	5/10	3/26	7/5	5/24	8/30	7/21	10/25	9/18	12/20	11/15
3/16	2/1	5/11	3/27	7/6	5/25	8/31	7/22	10/26	9/19	12/21	11/16

Bitte beachten: Die erste Zahl ist der Monat, die zweite der Tag.

Solar	Lunar	Solar	Lunar	Solar	Lunar	Solar	Lunar	Solar	Lunar	Solar	Lunar
12/22	11/17	2/12	1/9	4/8	3/6	6/3	5/3	7/29	6/30	9/23	8/27
12/23	11/18	2/13	1/10	4/9	3/7	6/4	5/4	7/30	7/1	9/24	8/28
12/24	11/19	2/14	1/11	4/10	3/8	6/5	5/5	7/31	7/2	9/25	8/29
12/25	11/20	2/15	1/12	4/11	3/9	6/6	5/6	8/1	7/3	9/26	9/1
12/26	11/21	2/16	1/13	4/12	3/10	6/7	5/7	8/2	7/4	9/27	9/2
12/27	11/22	2/17	1/14	4/13	3/11	6/8	5/8	8/3	7/5	9/28	9/3
12/28	11/23	2/18	1/15	4/14	3/12	6/9	5/9	8/4	7/6	9/29	9/4
12/29	11/24	2/19	1/16	4/15	3/13	6/10	5/10	8/5	7/7	9/30	9/5
12/30	11/25	2/20	1/17	4/16	3/14	6/11	5/11	8/6	7/8	10/1	9/6
12/31	11/26	2/21	1/18	4/17	3/15	6/12	5/12	8/7	7/9	10/2	9/7
		2/22	1/19	4/18	3/16	6/13	5/13	8/8	7/10	10/3	9/8
1992		2/23	1/20	4/19	3/17	6/14	5/14	8/9	7/11	10/4	9/9
Solar	**Lunar**	2/24	1/21	4/20	3/18	6/15	5/15	8/10	7/12	10/5	9/10
1/1	11/27	2/25	1/22	4/21	3/19	6/16	5/16	8/11	7/13	10/6	9/11
1/2	11/28	2/26	1/23	4/22	3/20	6/17	5/17	8/12	7/14	10/7	9/12
1/3	11/29	2/27	1/24	4/23	3/21	6/18	5/18	8/13	7/15	10/8	9/13
1/4	11/30	2/28	1/25	4/24	3/22	6/19	5/19	8/14	7/16	10/9	9/14
1/5	12/1	2/29	1/26	4/25	3/23	6/20	5/20	8/15	7/17	10/10	9/15
1/6	12/2	3/1	1/27	4/26	3/24	6/21	5/21	8/16	7/18	10/11	9/16
1/7	12/3	3/2	1/28	4/27	3/25	6/22	5/22	8/17	7/19	10/12	9/17
1/8	12/4	3/3	1/29	4/28	3/26	6/23	5/23	8/18	7/20	10/13	9/18
1/9	12/5	3/4	2/1	4/29	3/27	6/24	5/24	8/19	7/21	10/14	9/19
1/10	12/6	3/5	2/2	4/30	3/28	6/25	5/25	8/20	7/22	10/15	9/20
1/11	12/7	3/6	2/3	5/1	3/29	6/26	5/26	8/21	7/23	10/16	9/21
1/12	12/8	3/7	2/4	5/2	3/30	6/27	5/27	8/22	7/24	10/17	9/22
1/13	12/9	3/8	2/5	5/3	4/1	6/28	5/28	8/23	7/25	10/18	9/23
1/14	12/10	3/9	2/6	5/4	4/2	6/29	5/29	8/24	7/26	10/19	9/24
1/15	12/11	3/10	2/7	5/5	4/3	6/30	6/1	8/25	7/27	10/20	9/25
1/16	12/12	3/11	2/8	5/6	4/4	7/1	6/2	8/26	7/28	10/21	9/26
1/17	12/13	3/12	2/9	5/7	4/5	7/2	6/3	8/27	7/29	10/22	9/27
1/18	12/14	3/13	2/10	5/8	4/6	7/3	6/4	8/28	8/1	10/23	9/28
1/19	12/15	3/14	2/11	5/9	4/7	7/4	6/5	8/29	8/2	10/24	9/29
1/20	12/16	3/15	2/12	5/10	4/8	7/5	6/6	8/30	8/3	10/25	9/30
1/21	12/17	3/16	2/13	5/11	4/9	7/6	6/7	8/31	8/4	10/26	10/1
1/22	12/18	3/17	2/14	5/12	4/10	7/7	6/8	9/1	8/5	10/27	10/2
1/23	12/19	3/18	2/15	5/13	4/11	7/8	6/9	9/2	8/6	10/28	10/3
1/24	12/20	3/19	2/16	5/14	4/12	7/9	6/10	9/3	8/7	10/29	10/4
1/25	12/21	3/20	2/17	5/15	4/13	7/10	6/11	9/4	8/8	10/30	10/5
1/26	12/22	3/21	2/18	5/16	4/14	7/11	6/12	9/5	8/9	10/31	10/6
1/27	12/23	3/22	2/19	5/17	4/15	7/12	6/13	9/6	8/10	11/1	10/7
1/28	12/24	3/23	2/20	5/18	4/16	7/13	6/14	9/7	8/11	11/2	10/8
1/29	12/25	3/24	2/21	5/19	4/17	7/14	6/15	9/8	8/12	11/3	10/9
1/30	12/26	3/25	2/22	5/20	4/18	7/15	6/16	9/9	8/13	11/4	10/10
1/31	12/27	3/26	2/23	5/21	4/19	7/16	6/17	9/10	8/14	11/5	10/11
2/1	12/28	3/27	2/24	5/22	4/20	7/17	6/18	9/11	8/15	11/6	10/12
2/2	12/29	3/28	2/25	5/23	4/21	7/18	6/19	9/12	8/16	11/7	10/13
2/3	12/30	3/29	2/26	5/24	4/22	7/19	6/20	9/13	8/17	11/8	10/14
2/4	1/1	3/30	2/27	5/25	4/23	7/20	6/21	9/14	8/18	11/9	10/15
	(1992)	3/31	2/28	5/26	4/24	7/21	6/22	9/15	8/19	11/10	10/16
2/5	1/2	4/1	2/29	5/27	4/25	7/22	6/23	9/16	8/20	11/11	10/17
2/6	1/3	4/2	2/30	5/28	4/26	7/23	6/24	9/17	8/21	11/12	10/18
2/7	1/4	4/3	3/1	5/29	4/27	7/24	6/25	9/18	8/22	11/13	10/19
2/8	1/5	4/4	3/2	5/30	4/28	7/25	6/26	9/19	8/23	11/14	10/20
2/9	1/6	4/5	3/3	5/31	4/29	7/26	6/27	9/20	8/24	11/15	10/21
2/10	1/7	4/6	3/4	6/1	5/1	7/27	6/28	9/21	8/25	11/16	10/22
2/11	1/8	4/7	3/5	6/2	5/2	7/28	6/29	9/22	8/26	11/17	10/23

Bitte beachten: Die erste Zahl ist der Monat, die zweite der Tag.

11/18	10/24	1/10	12/18	3/6	2/14	4/30	3/9	6/25	5/6	8/20	7/3
11/19	10/25	1/11	12/19	3/7	2/15	5/1	3/10	6/26	5/7	8/21	7/4
11/20	10/26	1/12	12/20	3/8	2/16	5/2	3/11	6/27	5/8	8/22	7/5
11/21	10/27	1/13	12/21	3/9	2/17	5/3	3/12	6/28	5/9	8/23	7/6
11/22	10/28	1/14	12/22	3/10	2/18	5/4	3/13	6/29	5/10	8/24	7/7
11/23	10/29	1/15	12/23	3/11	2/19	5/5	3/14	6/30	5/11	8/25	7/8
11/24	11/1	1/16	12/24	3/12	2/20	5/6	3/15	7/1	5/12	8/26	7/9
11/25	11/2	1/17	12/25	3/13	2/21	5/7	3/16	7/2	5/13	8/27	7/10
11/26	11/3	1/18	12/26	3/14	2/22	5/8	3/17	7/3	5/14	8/28	7/11
11/27	11/4	1/19	12/27	3/15	2/23	5/9	3/18	7/4	5/15	8/29	7/12
11/28	11/5	1/20	12/28	3/16	2/24	5/10	3/19	7/5	5/16	8/30	7/13
11/29	11/6	1/21	12/29	3/17	2/25	5/11	3/20	7/6	5/17	8/31	7/14
11/30	11/7	1/22	12/30	3/18	2/26	5/12	3/21	7/7	5/18	9/1	7/15
12/1	11/8	1/23	1/1	3/19	2/27	5/13	3/22	7/8	5/19	9/2	7/16
12/2	11/9		(1993)	3/20	2/28	5/14	3/23	7/9	5/20	9/3	7/17
12/3	11/10	1/24	1/2	3/21	2/29	5/15	3/24	7/10	5/21	9/4	7/18
12/4	11/11	1/25	1/3	3/22	2/30	5/16	3/25	7/11	5/22	9/5	7/19
12/5	11/12	1/26	1/4	3/23	3/1	5/17	3/26	7/12	5/23	9/6	7/20
12/6	11/13	1/27	1/5	3/24	3/2	5/18	3/27	7/13	5/24	9/7	7/21
12/7	11/14	1/28	1/6	3/25	3/3	5/19	3/28	7/14	5/25	9/8	7/22
12/8	11/15	1/29	1/7	3/26	3/4	5/20	3/29	7/15	5/26	9/9	7/23
12/9	11/16	1/30	1/8	3/27	3/5	5/21	4/1	7/16	5/27	9/10	7/24
12/10	11/17	1/31	1/9	3/28	3/6	5/22	4/2	7/17	5/28	9/11	7/25
12/11	11/18	2/1	1/10	3/29	3/7	5/23	4/3	7/18	5/29	9/12	7/26
12/12	11/19	2/2	1/11	3/30	3/8	5/24	4/4	7/19	6/1	9/13	7/27
12/13	11/20	2/3	1/12	3/31	3/9	5/25	4/5	7/20	6/2	9/14	7/28
12/14	11/21	2/4	1/13	4/1	3/10	5/26	4/6	7/21	6/3	9/15	7/29
12/15	11/22	2/5	1/14	4/2	3/11	5/27	4/7	7/22	6/4	9/16	8/1
12/16	11/23	2/6	1/15	4/3	3/12	5/28	4/8	7/23	6/5	9/17	8/2
12/17	11/24	2/7	1/16	4/4	3/13	5/29	4/9	7/24	6/6	9/18	8/3
12/18	11/25	2/8	1/17	4/5	3/14	5/30	4/10	7/25	6/7	9/19	8/4
12/19	11/26	2/9	1/18	4/6	3/15	5/31	4/11	7/26	6/8	9/20	8/5
12/20	11/27	2/10	1/19	4/7	3/16	6/1	4/12	7/27	6/9	9/21	8/6
12/21	11/28	2/11	1/20	4/8	3/17	6/2	4/13	7/28	6/10	9/22	8/7
12/22	11/29	2/12	1/21	4/9	3/18	6/3	4/14	7/29	6/11	9/23	8/8
12/23	11/30	2/13	1/22	4/10	3/19	6/4	4/15	7/30	6/12	9/24	8/9
12/24	12/1	2/14	1/23	4/11	3/20	6/5	4/16	7/31	6/13	9/25	8/10
12/25	12/2	2/15	1/24	4/12	3/21	6/6	4/17	8/1	6/14	9/26	8/11
12/26	12/3	2/16	1/25	4/13	3/22	6/7	4/18	8/2	6/15	9/27	8/12
12/27	12/4	2/17	1/26	4/14	3/23	6/8	4/19	8/3	6/16	9/28	8/13
12/28	12/5	2/18	1/27	4/15	3/24	6/9	4/20	8/4	6/17	9/29	8/14
12/29	12/6	2/19	1/28	4/16	3/25	6/10	4/21	8/5	6/18	9/30	8/15
12/30	12/7	2/20	1/29	4/17	3/26	6/11	4/22	8/6	6/19	10/1	8/16
12/31	12/8	2/21	2/1	4/18	3/27	6/12	4/23	8/7	6/20	10/2	8/17
		2/22	2/2	4/19	3/28	6/13	4/24	8/8	6/21	10/3	8/18
1993		2/23	2/3	4/20	3/29	6/14	4/25	8/9	6/22	10/4	8/19
Solar	**Lunar**	2/24	2/4	4/21	3/30	6/15	4/26	8/10	6/23	10/5	8/20
1/1	12/9	2/25	2/5	4/22	3/1	6/16	4/27	8/11	6/24	10/6	8/21
1/2	12/10	2/26	2/6	(Schaltmonat)		6/17	4/28	8/12	6/25	10/7	8/22
1/3	12/11	2/27	2/7	4/23	3/2	6/18	4/29	8/13	6/26	10/8	8/23
1/4	12/12	2/28	2/8	4/24	3/3	6/19	4/30	8/14	6/27	10/9	8/24
1/5	12/13	3/1	2/9	4/25	3/4	6/20	5/1	8/15	6/28	10/10	8/25
1/6	12/14	3/2	2/10	4/26	3/5	6/21	5/2	8/16	6/29	10/11	8/26
1/7	12/15	3/3	2/11	4/27	3/6	6/22	5/3	8/17	6/30	10/12	8/27
1/8	12/16	3/4	2/12	4/28	3/7	6/23	5/4	8/18	7/1	10/13	8/28
1/9	12/17	3/5	2/13	4/29	3/8	6/24	5/5	8/19	7/2	10/14	8/29

Bitte beachten: Die erste Zahl ist der Monat, die zweite der Tag.

Solar	Lunar	Solar	Lunar	Solar	Lunar	Solar	Lunar	Solar	Lunar	Solar	Lunar
10/15	9/1	12/10	10/27	2/1	12/21	3/28	2/17	5/23	4/13	7/18	6/10
10/16	9/2	12/11	10/28	2/2	12/22	3/29	2/18	5/24	4/14	7/19	6/11
10/17	9/3	12/12	10/29	2/3	12/23	3/30	2/19	5/25	4/15	7/20	6/12
10/18	9/4	12/13	11/1	2/4	12/24	3/31	2/20	5/26	4/16	7/21	6/13
10/19	9/5	12/14	11/2	2/5	12/25	4/1	2/21	5/27	4/17	7/22	6/14
10/20	9/6	12/15	11/3	2/6	12/26	4/2	2/22	5/28	4/18	7/23	6/15
10/21	9/7	12/16	11/4	2/7	12/27	4/3	2/23	5/29	4/19	7/24	6/16
10/22	9/8	12/17	11/5	2/8	12/28	4/4	2/24	5/30	4/20	7/25	6/17
10/23	9/9	12/18	11/6	2/9	12/29	4/5	2/25	5/31	4/21	7/26	6/18
10/24	9/10	12/19	11/7	2/10	1/1	4/6	2/26	6/1	4/22	7/27	6/19
10/25	9/11	12/20	11/8		(1994)	4/7	2/27	6/2	4/23	7/28	6/20
10/26	9/12	12/21	11/9	2/11	1/2	4/8	2/28	6/3	4/24	7/29	6/21
10/27	9/13	12/22	11/10	2/12	1/3	4/9	2/29	6/4	4/25	7/30	6/22
10/28	9/14	12/23	11/11	2/13	1/4	4/10	2/30	6/5	4/26	7/31	6/23
10/29	9/15	12/24	11/12	2/14	1/5	4/11	3/1	6/6	4/27	8/1	6/24
10/30	9/16	12/25	11/13	2/15	1/6	4/12	3/2	6/7	4/28	8/2	6/25
10/31	9/17	12/26	11/14	2/16	1/7	4/13	3/3	6/8	4/29	8/3	6/26
11/1	9/18	12/27	11/15	2/17	1/8	4/14	3/4	6/9	5/1	8/4	6/27
11/2	9/19	12/28	11/16	2/18	1/9	4/15	3/5	6/10	5/2	8/5	6/28
11/3	9/20	12/29	11/17	2/19	1/10	4/16	3/6	6/11	5/3	8/6	6/29
11/4	9/21	12/30	11/18	2/20	1/11	4/17	3/7	6/12	5/4	8/7	7/1
11/5	9/22	12/31	11/19	2/21	1/12	4/18	3/8	6/13	5/5	8/8	7/2
11/6	9/23			2/22	1/13	4/19	3/9	6/14	5/6	8/9	7/3
11/7	9/24	**1994**		2/23	1/14	4/20	3/10	6/15	5/7	8/10	7/4
11/8	9/25	**Solar**	**Lunar**	2/24	1/15	4/21	3/11	6/16	5/8	8/11	7/5
11/9	9/26	1/1	11/20	2/25	1/16	4/22	3/12	6/17	5/9	8/12	7/6
11/10	9/27	1/2	11/21	2/26	1/17	4/23	3/13	6/18	5/10	8/13	7/7
11/11	9/28	1/3	11/22	2/27	1/18	4/24	3/14	6/19	5/11	8/14	7/8
11/12	9/29	1/4	11/23	2/28	1/19	4/25	3/15	6/20	5/12	8/15	7/9
11/13	9/30	1/5	11/24	3/1	1/20	4/26	3/16	6/21	5/13	8/16	7/10
11/14	10/1	1/6	11/25	3/2	1/21	4/27	3/17	6/22	5/14	8/17	7/11
11/15	10/2	1/7	11/26	3/3	1/22	4/28	3/18	6/23	5/15	8/18	7/12
11/16	10/3	1/8	11/27	3/4	1/23	4/29	3/19	6/24	5/16	8/19	7/13
11/17	10/4	1/9	11/28	3/5	1/24	4/30	3/20	6/25	5/17	8/20	7/14
11/18	10/5	1/10	11/29	3/6	1/25	5/1	3/21	6/26	5/18	8/21	7/15
11/19	10/6	1/11	11/30	3/7	1/26	5/2	3/22	6/27	5/19	8/22	7/16
11/20	10/7	1/12	12/1	3/8	1/27	5/3	3/23	6/28	5/20	8/23	7/17
11/21	10/8	1/13	12/2	3/9	1/28	5/4	3/24	6/29	5/21	8/24	7/18
11/22	10/9	1/14	12/3	3/10	1/29	5/5	3/25	6/30	5/22	8/25	7/19
11/23	10/10	1/15	12/4	3/11	1/30	5/6	3/26	7/1	5/23	8/26	7/20
11/24	10/11	1/16	12/5	3/12	2/1	5/7	3/27	7/2	5/24	8/27	7/21
11/25	10/12	1/17	12/6	3/13	2/2	5/8	3/28	7/3	5/25	8/28	7/22
11/26	10/13	1/18	12/7	3/14	2/3	5/9	3/29	7/4	5/26	8/29	7/23
11/27	10/14	1/19	12/8	3/15	2/4	5/10	3/30	7/5	5/27	8/30	7/24
11/28	10/15	1/20	12/9	3/16	2/5	5/11	4/1	7/6	5/28	8/31	7/25
11/29	10/16	1/21	12/10	3/17	2/6	5/12	4/2	7/7	5/29	9/1	7/26
11/30	10/17	1/22	12/11	3/18	2/7	5/13	4/3	7/8	5/30	9/2	7/27
12/1	10/18	1/23	12/12	3/19	2/8	5/14	4/4	7/9	6/1	9/3	7/28
12/2	10/19	1/24	12/13	3/20	2/9	5/15	4/5	7/10	6/2	9/4	7/29
12/3	10/20	1/25	12/14	3/21	2/10	5/16	4/6	7/11	6/3	9/5	7/30
12/4	10/21	1/26	12/15	3/22	2/11	5/17	4/7	7/12	6/4	9/6	8/1
12/5	10/22	1/27	12/16	3/23	2/12	5/18	4/8	7/13	6/5	9/7	8/2
12/6	10/23	1/28	12/17	3/24	2/13	5/19	4/9	7/14	6/6	9/8	8/3
12/7	10/24	1/29	12/18	3/25	2/14	5/20	4/10	7/15	6/7	9/9	8/4
12/8	10/25	1/30	12/19	3/26	2/15	5/21	4/11	7/16	6/8	9/10	8/5
12/9	10/26	1/31	12/20	3/27	2/16	5/22	4/12	7/17	6/9	9/11	8/6

Bitte beachten: Die erste Zahl ist der Monat, die zweite der Tag.

Solar	Lunar	Solar	Lunar	Solar	Lunar	Solar	Lunar	Solar	Lunar	Solar	Lunar
9/12	8/7	11/5	10/3	12/31	11/29	2/21	1/22	4/18	3/19	6/13	5/16
9/13	8/8	11/6	10/4			2/22	1/23	4/19	3/20	6/14	5/17
9/14	8/9	11/7	10/5	**1995**		2/23	1/24	4/20	3/21	6/15	5/18
9/15	8/10	11/8	10/6	Solar	Lunar	2/24	1/25	4/21	3/22	6/16	5/19
9/16	8/11	11/9	10/7	1/1	12/1	2/25	1/26	4/22	3/23	6/17	5/20
9/17	8/12	11/10	10/8	1/2	12/2	2/26	1/27	4/23	3/24	6/18	5/21
9/18	8/13	11/11	10/9	1/3	12/3	2/27	1/28	4/24	3/25	6/19	5/22
9/19	8/14	11/12	10/10	1/4	12/4	2/28	1/29	4/25	3/26	6/20	5/23
9/20	8/15	11/13	10/11	1/5	12/5	3/1	2/1	4/26	3/27	6/21	5/24
9/21	8/16	11/14	10/12	1/6	12/6	3/2	2/2	4/27	3/28	6/22	5/25
9/22	8/17	11/15	10/13	1/7	12/7	3/3	2/3	4/28	3/29	6/23	5/26
9/23	8/18	11/16	10/14	1/8	12/8	3/4	2/4	4/29	3/30	6/24	5/27
9/24	8/19	11/17	10/15	1/9	12/9	3/5	2/5	4/30	4/1	6/25	5/28
9/25	8/20	11/18	10/16	1/10	12/10	3/6	2/6	5/1	4/2	6/26	5/29
9/26	8/21	11/19	10/17	1/11	12/11	3/7	2/7	5/2	4/3	6/27	5/30
9/27	8/22	11/20	10/18	1/12	12/12	3/8	2/8	5/3	4/4	6/28	6/1
9/28	8/23	11/21	10/19	1/13	12/13	3/9	2/9	5/4	4/5	6/29	6/2
9/29	8/24	11/22	10/20	1/14	12/14	3/10	2/10	5/5	4/6	6/30	6/3
9/30	8/25	11/23	10/21	1/15	12/15	3/11	2/11	5/6	4/7	7/1	6/4
		11/24	10/22	1/16	12/16	3/12	2/12	5/7	4/8	7/2	6/5
10/1	8/26	11/25	10/23	1/17	12/17	3/13	2/13	5/8	4/9	7/3	6/6
10/2	8/27	11/26	10/24	1/18	12/18	3/14	2/14	5/9	4/10	7/4	6/7
10/3	8/28	11/27	10/25	1/19	12/19	3/15	2/15	5/10	4/11	7/5	6/8
10/4	8/29	11/28	10/26	1/20	12/20	3/16	2/16	5/11	4/12	7/6	6/9
10/5	9/1	11/29	10/27	1/21	12/21	3/17	2/17	5/12	4/13	7/7	6/10
10/6	9/2	11/30	10/28	1/22	12/22	3/18	2/18	5/13	4/14	7/8	6/11
10/7	9/3	12/1	10/29	1/23	12/23	3/19	2/19	5/14	4/15	7/9	6/12
10/8	9/4	12/2	10/30	1/24	12/24	3/20	2/20	5/15	4/16	7/10	6/13
10/9	9/5	12/3	11/1	1/25	12/25	3/21	2/21	5/16	4/17	7/11	6/14
10/10	9/6	12/4	11/2	1/26	12/26	3/22	2/22	5/17	4/18	7/12	6/15
10/11	9/7	12/5	11/3	1/27	12/27	3/23	2/23	5/18	4/19	7/13	6/16
10/12	9/8	12/6	11/4	1/28	12/28	3/24	2/24	5/19	4/20	7/14	6/17
10/13	9/9	12/7	11/5	1/29	12/29	3/25	2/25	5/20	4/21	7/15	6/18
10/14	9/10	12/8	11/6	1/30	12/30	3/26	2/26	5/21	4/22	7/16	6/19
10/15	9/11	12/9	11/7	1/31	1/1	3/27	2/27	5/22	4/23	7/17	6/20
10/16	9/12	12/10	11/8		(1995)	3/28	2/28	5/23	4/24	7/18	6/21
10/17	9/13	12/11	11/9	2/1	1/2	3/29	2/29	5/24	4/25	7/19	6/22
10/18	9/14	12/12	11/10	2/2	1/3	3/30	2/30	5/25	4/26	7/20	6/23
10/19	9/15	12/13	11/11	2/3	1/4	3/31	3/1	5/26	4/27	7/21	6/24
10/20	9/16	12/14	11/12	2/4	1/5	4/1	3/2	5/27	4/28	7/22	6/25
10/21	9/17	12/15	11/13	2/5	1/6	4/2	3/3	5/28	4/29	7/23	6/26
10/22	9/18	12/16	11/14	2/6	1/7	4/3	3/4	5/29	5/1	7/24	6/27
10/23	9/19	12/17	11/15	2/7	1/8	4/4	3/5	5/30	5/2	7/25	6/28
10/24	9/20	12/18	11/16	2/8	1/9	4/5	3/6	5/31	5/3	7/26	6/29
10/25	9/21	12/19	11/17	2/9	1/10	4/6	3/7	6/1	5/4	7/27	7/1
10/26	9/22	12/20	11/18	2/10	1/11	4/7	3/8	6/2	5/5	7/28	7/2
10/27	9/23	12/21	11/19	2/11	1/12	4/8	3/9	6/3	5/6	7/29	7/3
10/28	9/24	12/22	11/20	2/12	1/13	4/9	3/10	6/4	5/7	7/30	7/4
10/29	9/25	12/23	11/21	2/13	1/14	4/10	3/11	6/5	5/8	7/31	7/5
10/30	9/26	12/24	11/22	2/14	1/15	4/11	3/12	6/6	5/9	8/1	7/6
10/31	9/27	12/25	11/23	2/15	1/16	4/12	3/13	6/7	5/10	8/2	7/7
		12/26	11/24	2/16	1/17	4/13	3/14	6/8	5/11	8/3	7/8
11/1	9/28	12/27	11/25	2/17	1/18	4/14	3/15	6/9	5/12	8/4	7/9
11/2	9/29	12/28	11/26	2/18	1/19	4/15	3/16	6/10	5/13	8/5	7/10
11/3	10/1	12/29	11/27	2/19	1/20	4/16	3/17	6/11	5/14	8/6	7/11
11/4	10/2	12/30	11/28	2/20	1/21	4/17	3/18	6/12	5/15	8/7	7/12

Bitte beachten: Die erste Zahl ist der Monat, die zweite der Tag.

8/8	7/13	10/2	8/8	11/27	10/6	1/19	11/29	3/14	1/25	5/9	3/22
8/9	7/14	10/3	8/9	11/28	10/7	1/20	12/1	3/15	1/26	5/10	3/23
8/10	7/15	10/4	8/10	11/29	10/8	1/21	12/2	3/16	1/27	5/11	3/24
8/11	7/16	10/5	8/11	11/30	10/9	1/22	12/3	3/17	1/28	5/12	3/25
8/12	7/17	10/6	8/12	12/1	10/10	1/23	12/4	3/18	1/29	5/13	3/26
8/13	7/18	10/7	8/13	12/2	10/11	1/24	12/5	3/19	2/1	5/14	3/27
8/14	7/19	10/8	8/14	12/3	10/12	1/25	12/6	3/20	2/2	5/15	3/28
8/15	7/20	10/9	8/15	12/4	10/13	1/26	12/7	3/21	2/3	5/16	3/29
8/16	7/21	10/10	8/16	12/5	10/14	1/27	12/8	3/22	2/4	5/17	4/1
8/17	7/22	10/11	8/17	12/6	10/15	1/28	12/9	3/23	2/5	5/18	4/2
8/18	7/23	10/12	8/18	12/7	10/16	1/29	12/10	3/24	2/6	5/19	4/3
8/19	7/24	10/13	8/19	12/8	10/17	1/30	12/11	3/25	2/7	5/20	4/4
8/20	7/25	10/14	8/20	12/9	10/18	1/31	12/12	3/26	2/8	5/21	4/5
8/21	7/26	10/15	8/21	12/10	10/19	2/1	12/13	3/27	2/9	5/22	4/6
8/22	7/27	10/16	8/22	12/11	10/20	2/2	12/14	3/28	2/10	5/23	4/7
8/23	7/28	10/17	8/23	12/12	10/21	2/3	12/15	3/29	2/11	5/24	4/8
8/24	7/29	10/18	8/24	12/13	10/22	2/4	12/16	3/30	2/12	5/25	4/9
8/25	7/30	10/19	8/25	12/14	10/23	2/5	12/17	3/31	2/13	5/26	4/10
8/26	8/1	10/20	8/26	12/15	10/24	2/6	12/18	4/1	2/14	5/27	4/11
8/27	8/2	10/21	8/27	12/16	10/25	2/7	12/19	4/2	2/15	5/28	4/12
8/28	8/3	10/22	8/28	12/17	10/26	2/8	12/20	4/3	2/16	5/29	4/13
8/29	8/4	10/23	8/29	12/18	10/27	2/9	12/21	4/4	2/17	5/30	4/14
8/30	8/5	10/24	9/1	12/19	10/28	2/10	12/22	4/5	2/18	5/31	4/15
8/31	8/6	10/25	9/2	12/20	10/29	2/11	12/23	4/6	2/19	6/1	4/16
9/1	8/7	10/26	9/3	12/21	10/30	2/12	12/24	4/7	2/20	6/2	4/17
9/2	8/8	10/27	9/4	12/22	11/1	2/13	12/25	4/8	2/21	6/3	4/18
9/3	8/9	10/28	9/5	12/23	11/2	2/14	12/26	4/9	2/22	6/4	4/19
9/4	8/10	10/29	9/6	12/24	11/3	2/15	12/27	4/10	2/23	6/5	4/20
9/5	8/11	10/30	9/7	12/25	11/4	2/16	12/28	4/11	2/24	6/6	4/21
9/6	8/12	10/31	9/8	12/26	11/5	2/17	12/29	4/12	2/25	6/7	4/22
9/7	8/13	11/1	9/9	12/27	11/6	2/18	12/30	4/13	2/26	6/8	4/23
9/8	8/14	11/2	9/10	12/28	11/7	2/19	1/1	4/14	2/27	6/9	4/24
9/9	8/15	11/3	9/11	12/29	11/8		(1996)	4/15	2/28	6/10	4/25
9/10	8/16	11/4	9/12	12/30	11/9	2/20	1/2	4/16	2/29	6/11	4/26
9/11	8/17	11/5	9/13	12/31	11/10	2/21	1/3	4/17	2/30	6/12	4/27
9/12	8/18	11/6	9/14			2/22	1/4	4/18	3/1	6/13	4/28
9/13	8/19	11/7	9/15	**1996**		2/23	1/5	4/19	3/2	6/14	4/29
9/14	8/20	11/8	9/16	**Solar**	**Lunar**	2/24	1/6	4/20	3/3	6/15	4/30
9/15	8/21	11/9	9/17	1/1	11/11	2/25	1/7	4/21	3/4	6/16	5/1
9/16	8/22	11/10	9/18	1/2	11/12	2/26	1/8	4/22	3/5	6/17	5/2
9/17	8/23	11/11	9/19	1/3	11/13	2/27	1/9	4/23	3/6	6/18	5/3
9/18	8/24	11/12	9/20	1/4	11/14	2/28	1/10	4/24	3/7	6/19	5/4
9/19	8/25	11/13	9/21	1/5	11/15	2/29	1/11	4/25	3/8	6/20	5/5
9/20	8/26	11/14	9/22	1/6	11/16	3/1	1/12	4/26	3/9	6/21	5/6
9/21	8/27	11/15	9/23	1/7	11/17	3/2	1/13	4/27	3/10	6/22	5/7
9/22	8/28	11/16	9/24	1/8	11/18	3/3	1/14	4/28	3/11	6/23	5/8
9/23	8/29	11/17	9/25	1/9	11/19	3/4	1/15	4/29	3/12	6/24	5/9
9/24	8/30	11/18	9/26	1/10	11/20	3/5	1/16	4/30	3/13	6/25	5/10
9/25	8/1	11/19	9/27	1/11	11/21	3/6	1/17	5/1	3/14	6/26	5/11
(Schaltmonat)		11/20	9/28	1/12	11/22	3/7	1/18	5/2	3/15	6/27	5/12
9/26	8/2	11/21	9/29	1/13	11/23	3/8	1/19	5/3	3/16	6/28	5/13
9/27	8/3	11/22	10/1	1/14	11/24	3/9	1/20	5/4	3/17	6/29	5/14
9/28	8/4	11/23	10/2	1/15	11/25	3/10	1/21	5/5	3/18	6/30	5/15
9/29	8/5	11/24	10/3	1/16	11/26	3/11	1/22	5/6	3/19	7/1	5/16
9/30	8/6	11/25	10/4	1/17	11/27	3/12	1/23	5/7	3/20	7/2	5/17
10/1	8/7	11/26	10/5	1/18	11/28	3/13	1/24	5/8	3/21	7/3	5/18

Bitte beachten: Die erste Zahl ist der Monat, die zweite der Tag.

7/4	5/19	8/29	7/16	10/24	9/13	12/19	11/9	2/9	1/3	4/6	2/29
7/5	5/20	8/30	7/17	10/25	9/14	12/20	11/10	2/10	1/4	4/7	3/1
7/6	5/21	8/31	7/18	10/26	9/15	12/21	11/11	2/11	1/5	4/8	3/2
7/7	5/22	9/1	7/19	10/27	9/16	12/22	11/12	2/12	1/6	4/9	3/3
7/8	5/23	9/2	7/20	10/28	9/17	12/23	11/13	2/13	1/7	4/10	3/4
7/9	5/24	9/3	7/21	10/29	9/18	12/24	11/14	2/14	1/8	4/11	3/5
7/10	5/25	9/4	7/22	10/30	9/19	12/25	11/15	2/15	1/9	4/12	3/6
7/11	5/26	9/5	7/23	10/31	9/20	12/26	11/16	2/16	1/10	4/13	3/7
7/12	5/27	9/6	7/24	11/1	9/21	12/27	11/17	2/17	1/11	4/14	3/8
7/13	5/28	9/7	7/25	11/2	9/22	12/28	11/18	2/18	1/12	4/15	3/9
7/14	5/29	9/8	7/26	11/3	9/23	12/29	11/19	2/19	1/13	4/16	3/10
7/15	6/1	9/9	7/27	11/4	9/24	12/30	11/20	2/20	1/14	4/17	3/11
7/16	6/2	9/10	7/28	11/5	9/25	12/31	11/21	2/21	1/15	4/18	3/12
7/17	6/3	9/11	7/29	11/6	9/26			2/22	1/16	4/19	3/13
7/18	6/4	9/12	8/1	11/7	9/27	**1997**		2/23	1/17	4/20	3/14
7/19	6/5	9/13	8/2	11/8	9/28	Solar	Lunar	2/24	1/18	4/21	3/15
7/20	6/6	9/14	8/3	11/9	9/29	1/1	11/22	2/25	1/19	4/22	3/16
7/21	6/7	9/15	8/4	11/10	9/30	1/2	11/23	2/26	1/20	4/23	3/17
7/22	6/8	9/16	8/5	11/11	10/1	1/3	11/24	2/27	1/21	4/24	3/18
7/23	6/9	9/17	8/6	11/12	10/2	1/4	11/25	2/28	1/22	4/25	3/19
7/24	6/10	9/18	8/7	11/13	10/3	1/5	11/26	3/1	1/23	4/26	3/20
7/25	6/11	9/19	8/8	11/14	10/4	1/6	11/27	3/2	1/24	4/27	3/21
7/26	6/12	9/20	8/9	11/15	10/5	1/7	11/28	3/3	1/25	4/28	3/22
7/27	6/13	9/21	8/10	11/16	10/6	1/8	11/29	3/4	1/26	4/29	3/23
7/28	6/14	9/22	8/11	11/17	10/7	1/9	12/1	3/5	1/27	4/30	3/24
7/29	6/15	9/23	8/12	11/18	10/8	1/10	12/2	3/6	1/28	5/1	3/25
7/30	6/16	9/24	8/13	11/19	10/9	1/11	12/3	3/7	1/29	5/2	3/26
7/31	6/17	9/25	8/14	11/20	10/10	1/12	12/4	3/8	1/30	5/3	3/27
8/1	6/18	9/26	8/15	11/21	10/11	1/13	12/5	3/9	2/1	5/4	3/28
8/2	6/19	9/27	8/16	11/22	10/12	1/14	12/6	3/10	2/2	5/5	3/29
8/3	6/20	9/28	8/17	11/23	10/13	1/15	12/7	3/11	2/3	5/6	3/30
8/4	6/21	9/29	8/18	11/24	10/14	1/16	12/8	3/12	2/4	5/7	4/1
8/5	6/22	9/30	8/19	11/25	10/15	1/17	12/9	3/13	2/5	5/8	4/2
8/6	6/23	10/1	8/20	11/26	10/16	1/18	12/10	3/14	2/6	5/9	4/3
8/7	6/24	10/2	8/21	11/27	10/17	1/19	12/11	3/15	2/7	5/10	4/4
8/8	6/25	10/3	8/22	11/28	10/18	1/20	12/12	3/16	2/8	5/11	4/5
8/9	6/26	10/4	8/23	11/29	10/19	1/21	12/13	3/17	2/9	5/12	4/6
8/10	6/27	10/5	8/24	11/30	10/20	1/22	12/14	3/18	2/10	5/13	4/7
8/11	6/28	10/6	8/25	12/1	10/21	1/23	12/15	3/19	2/11	5/14	4/8
8/12	6/29	10/7	8/26	12/2	10/22	1/24	12/16	3/20	2/12	5/15	4/9
8/13	6/30	10/8	8/27	12/3	10/23	1/25	12/17	3/21	2/13	5/16	4/10
8/14	7/1	10/9	8/28	12/4	10/24	1/26	12/18	3/22	2/14	5/17	4/11
8/15	7/2	10/10	8/29	12/5	10/25	1/27	12/19	3/23	2/15	5/18	4/12
8/16	7/3	10/11	8/30	12/6	10/26	1/28	12/20	3/24	2/16	5/19	4/13
8/17	7/4	10/12	9/1	12/7	10/27	1/29	12/21	3/25	2/17	5/20	4/14
8/18	7/5	10/13	9/2	12/8	10/28	1/30	12/22	3/26	2/18	5/21	4/15
8/19	7/6	10/14	9/3	12/9	10/29	1/31	12/23	3/27	2/19	5/22	4/16
8/20	7/7	10/15	9/4	12/10	10/30	2/1	12/24	3/28	2/20	5/23	4/17
8/21	7/8	10/16	9/5	12/11	11/1	2/2	12/25	3/29	2/21	5/24	4/18
8/22	7/9	10/17	9/6	12/12	11/2	2/3	12/26	3/30	2/22	5/25	4/19
8/23	7/10	10/18	9/7	12/13	11/3	2/4	12/27	3/31	2/23	5/26	4/20
8/24	7/11	10/19	9/8	12/14	11/4	2/5	12/28	4/1	2/24	5/27	4/21
8/25	7/12	10/20	9/9	12/15	11/5	2/6	12/29	4/2	2/25	5/28	4/22
8/26	7/13	10/21	9/10	12/16	11/6	2/7	1/1	4/3	2/26	5/29	4/23
8/27	7/14	10/22	9/11	12/17	11/7		(1997)	4/4	2/27	5/30	4/24
8/28	7/15	10/23	9/12	12/18	11/8	2/8	1/2	4/5	2/28	5/31	4/25

Bitte beachten: Die erste Zahl ist der Monat, die zweite der Tag.

6/1	4/26	7/27	6/23	9/21	8/20	11/16	10/17	1/8	12/10	3/4	2/6
6/2	4/27	7/28	6/24	9/22	8/21	11/17	10/18	1/9	12/11	3/5	2/7
6/3	4/28	7/29	6/25	9/23	8/22	11/18	10/19	1/10	12/12	3/6	2/8
6/4	4/29	7/30	6/26	9/24	8/23	11/19	10/20	1/11	12/13	3/7	2/9
6/5	5/1	7/31	6/27	9/25	8/24	11/20	10/21	1/12	12/14	3/8	2/10
6/6	5/2	8/1	6/28	9/26	8/25	11/21	10/22	1/13	12/15	3/9	2/11
6/7	5/3	8/2	6/29	9/27	8/26	11/22	10/23	1/14	12/16	3/10	2/12
6/8	5/4	8/3	7/1	9/28	8/27	11/23	10/24	1/15	12/17	3/11	2/13
6/9	5/5	8/4	7/2	9/29	8/28	11/24	10/25	1/16	12/18	3/12	2/14
6/10	5/6	8/5	7/3	9/30	8/29	11/25	10/26	1/17	12/19	3/13	2/15
6/11	5/7	8/6	7/4	10/1	8/30	11/26	10/27	1/18	12/20	3/14	2/16
6/12	5/8	8/7	7/5	10/2	9/1	11/27	10/28	1/19	12/21	3/15	2/17
6/13	5/9	8/8	7/6	10/3	9/2	11/28	10/29	1/20	12/22	3/16	2/18
6/14	5/10	8/9	7/7	10/4	9/3	11/29	10/30	1/21	12/23	3/17	2/19
6/15	5/11	8/10	7/8	10/5	9/4	11/30	11/1	1/22	12/24	3/18	2/20
6/16	5/12	8/11	7/9	10/6	9/5	12/1	11/2	1/23	12/25	3/19	2/21
6/17	5/13	8/12	7/10	10/7	9/6	12/2	11/3	1/24	12/26	3/20	2/22
6/18	5/14	8/13	7/11	10/8	9/7	12/3	11/4	1/25	12/27	3/21	2/23
6/19	5/15	8/14	7/12	10/9	9/8	12/4	11/5	1/26	12/28	3/22	2/24
6/20	5/16	8/15	7/13	10/10	9/9	12/5	11/6	1/27	12/29	3/23	2/25
6/21	5/17	8/16	7/14	10/11	9/10	12/6	11/7	1/28	1/1	3/24	2/26
6/22	5/18	8/17	7/15	10/12	9/11	12/7	11/8		(1998)	3/25	2/27
6/23	5/19	8/18	7/16	10/13	9/12	12/8	11/9	1/29	1/2	3/26	2/28
6/24	5/20	8/19	7/17	10/14	9/13	12/9	11/10	1/30	1/3	3/27	2/29
6/25	5/21	8/20	7/18	10/15	9/14	12/10	11/11	1/31	1/4	3/28	3/1
6/26	5/22	8/21	7/19	10/16	9/15	12/11	11/12	2/1	1/5	3/29	3/2
6/27	5/23	8/22	7/20	10/17	9/16	12/12	11/13	2/2	1/6	3/30	3/3
6/28	5/24	8/23	7/21	10/18	9/17	12/13	11/14	2/3	1/7	3/31	3/4
6/29	5/25	8/24	7/22	10/19	9/18	12/14	11/15	2/4	1/8	4/1	3/5
6/30	5/26	8/25	7/23	10/20	9/19	12/15	11/16	2/5	1/9	4/2	3/6
7/1	5/27	8/26	7/24	10/21	9/20	12/16	11/17	2/6	1/10	4/3	3/7
7/2	5/28	8/27	7/25	10/22	9/21	12/17	11/18	2/7	1/11	4/4	3/8
7/3	5/29	8/28	7/26	10/23	9/22	12/18	11/19	2/8	1/12	4/5	3/9
7/4	5/30	8/29	7/27	10/24	9/23	12/19	11/20	2/9	1/13	4/6	3/10
7/5	6/1	8/30	7/28	10/25	9/24	12/20	11/21	2/10	1/14	4/7	3/11
7/6	6/2	8/31	7/29	10/26	9/25	12/21	11/22	2/11	1/15	4/8	3/12
7/7	6/3	9/1	7/30	10/27	9/26	12/22	11/23	2/12	1/16	4/9	3/13
7/8	6/4	9/2	8/1	10/28	9/27	12/23	11/24	2/13	1/17	4/10	3/14
7/9	6/5	9/3	8/2	10/29	9/28	12/24	11/25	2/14	1/18	4/11	3/15
7/10	6/6	9/4	8/3	10/30	9/29	12/25	11/26	2/15	1/19	4/12	3/16
7/11	6/7	9/5	8/4	10/31	10/1	12/26	11/27	2/16	1/20	4/13	3/17
7/12	6/8	9/6	8/5	11/1	10/2	12/27	11/28	2/17	1/21	4/14	3/18
7/13	6/9	9/7	8/6	11/2	10/3	12/28	11/29	2/18	1/22	4/15	3/19
7/14	6/10	9/8	8/7	11/3	10/4	12/29	11/30	2/19	1/23	4/16	3/20
7/15	6/11	9/9	8/8	11/4	10/5	12/30	12/1	2/20	1/24	4/17	3/21
7/16	6/12	9/10	8/9	11/5	10/6	12/31	12/2	2/21	1/25	4/18	3/22
7/17	6/13	9/11	8/10	11/6	10/7			2/22	1/26	4/19	3/23
7/18	6/14	9/12	8/11	11/7	10/8	**1998**		2/23	1/27	4/20	3/24
7/19	6/15	9/13	8/12	11/8	10/9	Solar	Lunar	2/24	1/28	4/21	3/25
7/20	6/16	9/14	8/13	11/9	10/10	1/1	12/3	2/25	1/29	4/22	3/26
7/21	6/17	9/15	8/14	11/10	10/11	1/2	12/4	2/26	1/30	4/23	3/27
7/22	6/18	9/16	8/15	11/11	10/12	1/3	12/5	2/27	2/1	4/24	3/28
7/23	6/19	9/17	8/16	11/12	10/13	1/4	12/6	2/28	2/2	4/25	3/29
7/24	6/20	9/18	8/17	11/13	10/14	1/5	12/7	3/1	2/3	4/26	4/1
7/25	6/21	9/19	8/18	11/14	10/15	1/6	12/8	3/2	2/4	4/27	4/2
7/26	6/22	9/20	8/19	11/15	10/16	1/7	12/9	3/3	2/5	4/28	4/3

Bitte beachten: Die erste Zahl ist der Monat, die zweite der Tag.

4/29	4/4	6/24	5/1	8/18	6/27	10/13	8/23	12/8	10/20	1/30	12/14
4/30	4/5	(Schaltmonat)		8/19	6/28	10/14	8/24	12/9	10/21	1/31	12/15
5/1	4/6	6/25	5/2	8/20	6/29	10/15	8/25	12/10	10/22	2/1	12/16
5/2	4/7	6/26	5/3	8/21	6/30	10/16	8/26	12/11	10/23	2/2	12/17
5/3	4/8	6/27	5/4	8/22	7/1	10/17	8/27	12/12	10/24	2/3	12/18
5/4	4/9	6/28	5/5	8/23	7/2	10/18	8/28	12/13	10/25	2/4	12/19
5/5	4/10	6/29	5/6	8/24	7/3	10/19	8/29	12/14	10/26	2/5	12/20
5/6	4/11	6/30	5/7	8/25	7/4	10/20	9/1	12/15	10/27	2/6	12/21
5/7	4/12	7/1	5/8	8/26	7/5	10/21	9/2	12/16	10/28	2/7	12/22
5/8	4/13	7/2	5/9	8/27	7/6	10/22	9/3	12/17	10/29	2/8	12/23
5/9	4/14	7/3	5/10	8/28	7/7	10/23	9/4	12/18	10/30	2/9	12/24
5/10	4/15	7/4	5/11	8/29	7/8	10/24	9/5	12/19	11/1	2/10	12/25
5/11	4/16	7/5	5/12	8/30	7/9	10/25	9/6	12/20	11/2	2/11	12/26
5/12	4/17	7/6	5/13	8/31	7/10	10/26	9/7	12/21	11/3	2/12	12/27
5/13	4/18	7/7	5/14	9/1	7/11	10/27	9/8	12/22	11/4	2/13	12/28
5/14	4/19	7/8	5/15	9/2	7/12	10/28	9/9	12/23	11/5	2/14	12/29
5/15	4/20	7/9	5/16	9/3	7/13	10/29	9/10	12/24	11/6	2/15	12/30
5/16	4/21	7/10	5/17	9/4	7/14	10/30	9/11	12/25	11/7	2/16	1/1
5/17	4/22	7/11	5/18	9/5	7/15	10/31	9/12	12/26	11/8		(1999)
5/18	4/23	7/12	5/19	9/6	7/16	11/1	9/13	12/27	11/9	2/17	1/2
5/19	4/24	7/13	5/20	9/7	7/17	11/2	9/14	12/28	11/10	2/18	1/3
5/20	4/25	7/14	5/21	9/8	7/18	11/3	9/15	12/29	11/11	2/19	1/4
5/21	4/26	7/15	5/22	9/9	7/19	11/4	9/16	12/30	11/12	2/20	1/5
5/22	4/27	7/16	5/23	9/10	7/20	11/5	9/17	12/31	11/13	2/21	1/6
5/23	4/28	7/17	5/24	9/11	7/21	11/6	9/18			2/22	1/7
5/24	4/29	7/18	5/25	9/12	7/22	11/7	9/19	**1999**		2/23	1/8
5/25	4/30	7/19	5/26	9/13	7/23	11/8	9/20	Solar	Lunar	2/24	1/9
5/26	5/1	7/20	5/27	9/14	7/24	11/9	9/21	1/1	11/14	2/25	1/10
5/27	5/2	7/21	5/28	9/15	7/25	11/10	9/22	1/2	11/15	2/26	1/11
5/28	5/3	7/22	5/29	9/16	7/26	11/11	9/23	1/3	11/16	2/27	1/12
5/29	5/4	7/23	6/1	9/17	7/27	11/12	9/24	1/4	11/17	2/28	1/13
5/30	5/5	7/24	6/2	9/18	7/28	11/13	9/25	1/5	11/18	3/1	1/14
5/31	5/6	7/25	6/3	9/19	7/29	11/14	9/26	1/6	11/19	3/2	1/15
6/1	5/7	7/26	6/4	9/20	7/30	11/15	9/27	1/7	11/20	3/3	1/16
6/2	5/8	7/27	6/5	9/21	8/1	11/16	9/28	1/8	11/21	3/4	1/17
6/3	5/9	7/28	6/6	9/22	8/2	11/17	9/29	1/9	11/22	3/5	1/18
6/4	5/10	7/29	6/7	9/23	8/3	11/18	9/30	1/10	11/23	3/6	1/19
6/5	5/11	7/30	6/8	9/24	8/4	11/19	10/1	1/11	11/24	3/7	1/20
6/6	5/12	7/31	6/9	9/25	8/5	11/20	10/2	1/12	11/25	3/8	1/21
6/7	5/13	8/1	6/10	9/26	8/6	11/21	10/3	1/13	11/26	3/9	1/22
6/8	5/14	8/2	6/11	9/27	8/7	11/22	10/4	1/14	11/27	3/10	1/23
6/9	5/15	8/3	6/12	9/28	8/8	11/23	10/5	1/15	11/28	3/11	1/24
6/10	5/16	8/4	6/13	9/29	8/9	11/24	10/6	1/16	11/29	3/12	1/25
6/11	5/17	8/5	6/14	9/30	8/10	11/25	10/7	1/17	12/1	3/13	1/26
6/12	5/18	8/6	6/15	10/1	8/11	11/26	10/8	1/18	12/2	3/14	1/27
6/13	5/19	8/7	6/16	10/2	8/12	11/27	10/9	1/19	12/3	3/15	1/28
6/14	5/20	8/8	6/17	10/3	8/13	11/28	10/10	1/20	12/4	3/16	1/29
6/15	5/21	8/9	6/18	10/4	8/14	11/29	10/11	1/21	12/5	3/17	1/30
6/16	5/22	8/10	6/19	10/5	8/15	11/30	10/12	1/22	12/6	3/18	2/1
6/17	5/23	8/11	6/20	10/6	8/16	12/1	10/13	1/23	12/7	3/19	2/2
6/18	5/24	8/12	6/21	10/7	8/17	12/2	10/14	1/24	12/8	3/20	2/3
6/19	5/25	8/13	6/22	10/8	8/18	12/3	10/15	1/25	12/9	3/21	2/4
6/20	5/26	8/14	6/23	10/9	8/19	12/4	10/16	1/26	12/10	3/22	2/5
6/21	5/27	8/15	6/24	10/10	8/20	12/5	10/17	1/27	12/11	3/23	2/6
6/22	5/28	8/16	6/25	10/11	8/21	12/6	10/18	1/28	12/12	3/24	2/7
6/23	5/29	8/17	6/26	10/12	8/22	12/7	10/19	1/29	12/13	3/25	2/8

Bitte beachten: Die erste Zahl ist der Monat, die zweite der Tag.

3/26	2/9	5/21	4/7	7/16	6/4	9/10	8/1	11/5	9/28	12/31	11/24
3/27	2/10	5/22	4/8	7/17	6/5	9/11	8/2	11/6	9/29		
3/28	2/11	5/23	4/9	7/18	6/6	9/12	8/3	11/7	9/30	**2000**	
3/29	2/12	5/24	4/10	7/19	6/7	9/13	8/4	11/8	10/1	**Solar**	**Lunar**
3/30	2/13	5/25	4/11	7/20	6/8	9/14	8/5	11/9	10/2	1/1	11/25
3/31	2/14	5/26	4/12	7/21	6/9	9/15	8/6	11/10	10/3	1/2	11/26
4/1	2/15	5/27	4/13	7/22	6/10	9/16	8/7	11/11	10/4	1/3	11/27
4/2	2/16	5/28	4/14	7/23	6/11	9/17	8/8	11/12	10/5	1/4	11/28
4/3	2/17	5/29	4/15	7/24	6/12	9/18	8/9	11/13	10/6	1/5	11/29
4/4	2/18	5/30	4/16	7/25	6/13	9/19	8/10	11/14	10/7	1/6	11/30
4/5	2/19	5/31	4/17	7/26	6/14	9/20	8/11	11/15	10/8	1/7	12/1
4/6	2/20	6/1	4/18	7/27	6/15	9/21	8/12	11/16	10/9	1/8	12/2
4/7	2/21	6/2	4/19	7/28	6/16	9/22	8/13	11/17	10/10	1/9	12/3
4/8	2/22	6/3	4/20	7/29	6/17	9/23	8/14	11/18	10/11	1/10	12/4
4/9	2/23	6/4	4/21	7/30	6/18	9/24	8/15	11/19	10/12	1/11	12/5
4/10	2/24	6/5	4/22	7/31	6/19	9/25	8/16	11/20	10/13	1/12	12/6
4/11	2/25	6/6	4/23	8/1	6/20	9/26	8/17	11/21	10/14	1/13	12/7
4/12	2/26	6/7	4/24	8/2	6/21	9/27	8/18	11/22	10/15	1/14	12/8
4/13	2/27	6/8	4/25	8/3	6/22	9/28	8/19	11/23	10/16	1/15	12/9
4/14	2/28	6/9	4/26	8/4	6/23	9/29	8/20	11/24	10/17	1/16	12/10
4/15	2/29	6/10	4/27	8/5	6/24	9/30	8/21	11/25	10/18	1/17	12/11
4/16	3/1	6/11	4/28	8/6	6/25	10/1	8/22	11/26	10/19	1/18	12/12
4/17	3/2	6/12	4/29	8/7	6/26	10/2	8/23	11/27	10/20	1/19	12/13
4/18	3/3	6/13	4/30	8/8	6/27	10/3	8/24	11/28	10/21	1/20	12/14
4/19	3/4	6/14	5/1	8/9	6/28	10/4	8/25	11/29	10/22	1/21	12/15
4/20	3/5	6/15	5/2	8/10	6/29	10/5	8/26	11/30	10/23	1/22	12/16
4/21	3/6	6/16	5/3	8/11	7/1	10/6	8/27	12/1	10/24	1/23	12/17
4/22	3/7	6/17	5/4	8/12	7/2	10/7	8/28	12/2	10/25	1/24	12/18
4/23	3/8	6/18	5/5	8/13	7/3	10/8	8/29	12/3	10/26	1/25	12/19
4/24	3/9	6/19	5/6	8/14	7/4	10/9	9/1	12/4	10/27	1/26	12/20
4/25	3/10	6/20	5/7	8/15	7/5	10/10	9/2	12/5	10/28	1/27	12/21
4/26	3/11	6/21	5/8	8/16	7/6	10/11	9/3	12/6	10/29	1/28	12/22
4/27	3/12	6/22	5/9	8/17	7/7	10/12	9/4	12/7	10/30	1/29	12/23
4/28	3/13	6/23	5/10	8/18	7/8	10/13	9/5	12/8	11/1	1/30	12/24
4/29	3/14	6/24	5/11	8/19	7/9	10/14	9/6	12/9	11/2	1/31	12/25
4/30	3/15	6/25	5/12	8/20	7/10	10/15	9/7	12/10	11/3	2/1	12/26
5/1	3/16	6/26	5/13	8/21	7/11	10/16	9/8	12/11	11/4	2/2	12/27
5/2	3/17	6/27	5/14	8/22	7/12	10/17	9/9	12/12	11/5	2/3	12/28
5/3	3/18	6/28	5/15	8/23	7/13	10/18	9/10	12/13	11/6	2/4	12/29
5/4	3/19	6/29	5/16	8/24	7/14	10/19	9/11	12/14	11/7	2/5	1/1
5/5	3/20	6/30	5/17	8/25	7/15	10/20	9/12	12/15	11/8		(2000)
5/6	3/21	7/1	5/18	8/26	7/16	10/21	9/13	12/16	11/9	2/6	1/2
5/7	3/22	7/2	5/19	8/27	7/17	10/22	9/14	12/17	11/10	2/7	1/3
5/8	3/23	7/3	5/20	8/28	7/18	10/23	9/15	12/18	11/11	2/8	1/4
5/9	3/24	7/4	5/21	8/29	7/19	10/24	9/16	12/19	11/12	2/9	1/5
5/10	3/25	7/5	5/22	8/30	7/20	10/25	9/17	12/20	11/13	2/10	1/6
5/11	3/26	7/6	5/23	8/31	7/21	10/26	9/18	12/21	11/14	2/11	1/7
5/12	3/27	7/7	5/24	9/1	7/22	10/27	9/19	12/22	11/15	2/12	1/8
5/13	3/28	7/8	5/25	9/2	7/23	10/28	9/20	12/23	11/16	2/13	1/9
5/14	3/29	7/9	5/26	9/3	7/24	10/29	9/21	12/24	11/17	2/14	1/10
5/15	4/1	7/10	5/27	9/4	7/25	10/30	9/22	12/25	11/18	2/15	1/11
5/16	4/2	7/11	5/28	9/5	7/26	10/31	9/23	12/26	11/19	2/16	1/12
5/17	4/3	7/12	5/29	9/6	7/27	11/1	9/24	12/27	11/20	2/17	1/13
5/18	4/4	7/13	6/1	9/7	7/28	11/2	9/25	12/28	11/21	2/18	1/14
5/19	4/5	7/14	6/2	9/8	7/29	11/3	9/26	12/29	11/22	2/19	1/15
5/20	4/6	7/15	6/3	9/9	7/30	11/4	9/27	12/30	11/23	2/20	1/16

Bitte beachten: Die erste Zahl ist der Monat, die zweite der Tag.

2/21	1/17	4/15	3/11	6/7	5/6	7/30	6/29	9/21	8/24	11/13	10/18
2/22	1/18	4/16	3/12	6/8	5/7	7/31	7/1	9/22	8/25	11/14	10/19
2/23	1/19	4/17	3/13	6/9	5/8	8/1	7/2	9/23	8/26	11/15	10/20
2/24	1/20	4/18	3/14	6/10	5/9	8/2	7/3	9/24	8/27	11/16	10/21
2/25	1/21	4/19	3/15	6/11	5/10	8/3	7/4	9/25	8/28	11/17	10/22
2/26	1/22	4/20	3/16	6/12	5/11	8/4	7/5	9/26	8/29	11/18	10/23
2/27	1/23	4/21	3/17	6/13	5/12	8/5	7/6	9/27	8/30	11/19	10/24
2/28	1/24	4/22	3/18	6/14	5/13	8/6	7/7	9/28	9/1	11/20	10/25
3/1	1/25	4/23	3/19	6/15	5/14	8/7	7/8	9/29	9/2	11/21	10/26
3/2	1/26	4/24	3/20	6/16	5/15	8/8	7/9	9/30	9/3	11/22	10/27
3/3	1/27	4/25	3/21	6/17	5/16	8/9	7/10	10/1	9/4	11/23	10/28
3/4	1/28	4/26	3/22	6/18	5/17	8/10	7/11	10/2	9/5	11/24	10/29
3/5	1/29	4/27	3/23	6/19	5/18	8/11	7/12	10/3	9/6	11/25	10/30
3/6	2/1	4/28	3/24	6/20	5/19	8/12	7/13	10/4	9/7	11/26	11/1
3/7	2/2	4/29	3/25	6/21	5/20	8/13	7/14	10/5	9/8	11/27	11/2
3/8	2/3	4/30	3/26	6/22	5/21	8/14	7/15	10/6	9/9	11/28	11/3
3/9	2/4	5/1	3/27	6/23	5/22	8/15	7/16	10/7	9/10	11/29	11/4
3/10	2/5	5/2	3/28	6/24	5/23	8/16	7/17	10/8	9/11	11/30	11/5
3/11	2/6	5/3	3/29	6/25	5/24	8/17	7/18	10/9	9/12	12/1	11/6
3/12	2/7	5/4	4/1	6/26	5/25	8/18	7/19	10/10	9/13	12/2	11/7
3/13	2/8	5/5	4/2	6/27	5/26	8/19	7/20	10/11	9/14	12/3	11/8
3/14	2/9	5/6	4/3	6/28	5/27	8/20	7/21	10/12	9/15	12/4	11/9
3/15	2/10	5/7	4/4	6/29	5/28	8/21	7/22	10/13	9/16	12/5	11/10
3/16	2/11	5/8	4/5	6/30	5/29	8/22	7/23	10/14	9/17	12/6	11/11
3/17	2/12	5/9	4/6	7/1	5/30	8/23	7/24	10/15	9/18	12/7	11/12
3/18	2/13	5/10	4/7	7/2	6/1	8/24	7/25	10/16	9/19	12/8	11/13
3/19	2/14	5/11	4/8	7/3	6/2	8/25	7/26	10/17	9/20	12/9	11/14
3/20	2/15	5/12	4/9	7/4	6/3	8/26	7/27	10/18	9/21	12/10	11/15
3/21	2/16	5/13	4/10	7/5	6/4	8/27	7/28	10/19	9/22	12/11	11/16
3/22	2/17	5/14	4/11	7/6	6/5	8/28	7/29	10/20	9/23	12/12	11/17
3/23	2/18	5/15	4/12	7/7	6/6	8/29	8/1	10/21	9/24	12/13	11/18
3/24	2/19	5/16	4/13	7/8	6/7	8/30	8/2	10/22	9/25	12/14	11/19
3/25	2/20	5/17	4/14	7/9	6/8	8/31	8/3	10/23	9/26	12/15	11/20
3/26	2/21	5/18	4/15	7/10	6/9	9/1	8/4	10/24	9/27	12/16	11/21
3/27	2/22	5/19	4/16	7/11	6/10	9/2	8/5	10/25	9/28	12/17	11/22
3/28	2/23	5/20	4/17	7/12	6/11	9/3	8/6	10/26	9/29	12/18	11/23
3/29	2/24	5/21	4/18	7/13	6/12	9/4	8/7	10/27	10/1	12/19	11/24
3/30	2/25	5/22	4/19	7/14	6/13	9/5	8/8	10/28	10/2	12/20	11/25
3/31	2/26	5/23	4/20	7/15	6/14	9/6	8/9	10/29	10/3	12/21	11/26
4/1	2/27	5/24	4/21	7/16	6/15	9/7	8/10	10/30	10/4	12/22	11/27
4/2	2/28	5/25	4/22	7/17	6/16	9/8	8/11	10/31	10/5	12/23	11/28
4/3	2/29	5/26	4/23	7/18	6/17	9/9	8/12	11/1	10/6	12/24	11/29
4/4	2/30	5/27	4/24	7/19	6/18	9/10	8/13	11/2	10/7	12/25	11/30
4/5	3/1	5/28	4/25	7/20	6/19	9/11	8/14	11/3	10/8	12/26	12/1
4/6	3/2	5/29	4/26	7/21	6/20	9/12	8/15	11/4	10/9	12/27	12/2
4/7	3/3	5/30	4/27	7/22	6/21	9/13	8/16	11/5	10/10	12/28	12/3
4/8	3/4	5/31	4/28	7/23	6/22	9/14	8/17	11/6	10/11	12/29	12/4
4/9	3/5	6/1	4/29	7/24	6/23	9/15	8/18	11/7	10/12	12/30	12/5
4/10	3/6	6/2	5/1	7/25	6/24	9/16	8/19	11/8	10/13	12/31	12/6
4/11	3/7	6/3	5/2	7/26	6/25	9/17	8/20	11/9	10/14		
4/12	3/8	6/4	5/3	7/27	6/26	9/18	8/21	11/10	10/15		
4/13	3/9	6/5	5/4	7/28	6/27	9/19	8/22	11/11	10/16		
4/14	3/10	6/6	5/5	7/29	6/28	9/20	8/23	11/12	10/17		

Bitte beachten: Die erste Zahl ist der Monat, die zweite der Tag.

Anmerkungen

Einführung

1. Weitere Informationen über Entstehung und Geschichte des magischen Drei-mal-Drei Quadrats finden Sie in *Numerology Magic* von Richard Webster (Llewellyn Publications, St. Paul 1995).
2. *The Numerology Workbook* von Julia Line (Aquarian Press, Wellingborough, 1985).
3. *Numbers and Their Influence* von Hettie Templeton (DeVorss and Company, Marina del Rei, 1940). *Mark Gruner's Numbers of Life* von Mark Gruner und Christopher K. Brown (Taplinger Publishing Company, New York, 1978). *Secrets of the Inner Self* von Dr. David A. Phillips (Angus and Robertson Publishers, Sydney, 1980).

Kapitel 4

1. *Numbers and Their Influence* s.o.

Kapitel 9

1. Der tatsächliche Mondumlauf variiert von neunundzwanzig Tagen, acht Stunden bis neunundzwanzig Tage, neunzehn Stunden. Die Länge des Monats richtet sich nach der nächsten Anzahl von Tagen des aktuellen Mondumlaufs. Deshalb sind die lunaren Monate entweder neunundzwanzig oder dreißig Tage lang.
2. Schaltmonate, die den lunaren Kalender in Übereinstimmung mit dem solaren bringen sollen, gibt es mindestens seit der Zeit Wu-tings, der von 1324 bis 1266 v.d.Z. herrschte. Man nimmt an, daß er am Jahresende einen Schaltmonat einfügte und so das Jahr mit dreizehn Monaten schuf, wann immer es nötig war. Sein Sohn Tsu-chia schob den Schaltmonat nach jedem Monat ein, wann es nötig wurde und nannte ihn genauso wie den vorhergehenden Monat. Auf diese Weise sind die Schaltmonate entstanden. *(Encyclopedia Britannica*, Macropedia, Band 4, Seite 302. Fünfzehnte Auflage 1983.)

Auch in anderen Kulturen gibt es Schaltmonate. Der jüdische Kalender enthält in einem Zyklus von neunzehn Jahren sieben Mal einen dreizehnten Monat. Der moslemische Kalender aber wird nicht in Übereinstimmung mit dem solaren Kalender gebracht, dort gibt es keine Schaltmonate.

3. *Feng Shui for Beginners* von Richard Webster (Llewellyn Publications, St. Paul, 1997), S.79. Im Feng Shui gilt die Zahl Vier meist als günstig.

4. *Feng Shui for Beginners*, S.81.

5. *Numerology* von Austin Coates (Citadel Press, Secaucus, NJ, 1974) S.10.

6. *Feng Shui for Beginners*, S.14. Auch *Numerology Magic*, S.29.

Es ist eine interessante Tatsache, daß die alten Chinesen die Luft nicht zu den fünf Elementen rechneten, besonders da Ch'i, die universelle Lebensenergie des Feng Shui, dem Wesen nach Luft ist.

Interessant ist auch, daß alle chinesischen Orakelsysteme sich von Yin und Yang und den fünf Elementen herleiten.

Kapitel 10

1. *Chinese Astrology* von Derek Walters (Aquarian Press, Wellingborough, 1987), S.257.

2. *Numerology Magic*, S.21.

3. *The Key of it all, Book One: The Eastern Mysteries* von David Allen Hulse (Lewellyn Publications, St. Paul, MN, 1993), S.350. Hulse beschreibt in diesem Buch viele Yin-Yang Kombinationen.

4. *Chinese Astrology* von Derek Walters. Auf den Seiten 256 und 257 beschreibt er Beispiele von farbigen magischen Quadraten aus dem Jahr 982.

Kapitel 11

1. Nicht alle Fachleute sind der Meinung, daß die Zahl des Geburtsmonats von geringerer Bedeutung ist als die Zahl des Geburtsjahres. Takashi Yoshikawa schreibt in seinem Buch *The Ki* (St. Martin's Press, New York, 1986), daß die Monatszahl viel wichtiger sei als die Jahreszahl.